Early Childhood Curriculum

A Creative-Play Model (Fourth Edition)

幼儿教育课程

——一种创造性游戏模式

（第四版）

［美］Carol E. Catron，Jan Allen 著

李敏谊 郭宴欢 杨智君 等 译

中国轻工业出版社

图书在版编目(CIP)数据

幼儿教育课程：一种创造性游戏模式：第四版／（美）卡罗尔·E.卡特伦（Carol E. Catron），（美）简·艾伦（Jan Allen）著；李敏谊等译. —北京：中国轻工业出版社，2017.8（2023.8重印）

ISBN 978-7-5184-1261-7

Ⅰ.①幼… Ⅱ.①卡… ②简… ③李… Ⅲ.①游戏课—学前教育—教学参考资料 Ⅳ.①G613.7

中国版本图书馆CIP数据核字（2016）第322576号

版权声明

Authorized translation from the English language edition, entitled EARLY CHILDHOOD CURRICULUM: A CREATIVE-PLAY MODEL, 4th Edition by CAROL E. CATRON; JAN ALLEN, published by Pearson Education, Inc., Copyright © 2008 Pearson Education, Inc.

All rights reserved. No part of this book may be reproduced or transmitted in any form or by any means, electronic or mechanical, including photocopying, recording or by any information storage retrieval system, without permission from Pearson Education, Inc.

CHINESE SIMPLIFIED language edition published by CHINA LIGHT INDUSTRY PRESS Copyright © 2017.

本书中文简体翻译版授权中国轻工业出版社"万千教育"独家出版，并仅限在中国大陆地区销售。未经出版者书面许可，不得以任何方式复制或发行本书的任何部分。

本书贴有Pearson Education（培生教育出版集团）激光防伪标签。无标签者不得销售。

责任编辑：王慧超
策划编辑：高　君　　　　　责任终审：杜文勇
责任校对：刘志颖　　　　　责任监印：吴维斌

出版发行：中国轻工业出版社（北京东长安街6号，邮编：100740）
印　　刷：三河市鑫金马印装有限公司
经　　销：各地新华书店
版　　次：2023年8月第1版第5次印刷
开　　本：850×1092　1/16　印张：28
字　　数：346千字
书　　号：ISBN 978-7-5184-1261-7　定价：82.00元
著作权合同登记 图字：01-2016-1743
读者热线：010-65181109，65262933
发行电话：010-85119832　传真：010-85113293
网　　址：http://www.chlip.com.cn　http://www.wqedu.com
电子信箱：1012305542@qq.com
如发现图书残缺请拨打读者热线联系调换
161058Y1X101ZYW

译 者 名 单

李敏谊　郭宴欢　杨智君

张语麟　张　倩　管亚男

焦　娇　秦丹婷　许靖怡

译 者 序

游戏、学习与课程：理想与现实

> 我们走出去是要学习别的地方、别人的经验以及做事情的其他方式。但是，我们这趟学习旅程的根本原因以及最终的回报当然是为了更好地认识我们自己。[1]
>
> ——霍华德·加德纳

就幼儿教育（early childhood education）而言，在美国是指0—8岁，也就是从出生到小学二年级这个阶段。一般来说，美国8岁前的幼儿教育阶段分为preschool（3—5岁，有些托幼机构也把服务的起点向前延伸至婴儿的看护服务）、kindergarten（5—6岁）和小学低年级（6—8岁，对应中国的一二年级）。随着美国很多州开展针对贫困儿童（部分州面向全体儿童）实施1~2年的免费学前教育（pre-kindergarten，一般是半日制，每周提供20个小时的免费看护服务），越来越多的公立小学把原来附设的kindergarten向下延伸，开展了针对3—5岁儿童的学前教育（在不同的州和学区由于公共经费的差异，实施免费教育的儿童的年龄和每周免费的小时数都不同）。就服务的儿童年龄段而言，preschool和pre-kindergarten类似于我国幼儿园的小班和中班，实施混龄教育；kindergarten类似于我国幼儿园的大班。但是，从学制上讲，kindergarten在美国大多数州是正规学校教育的起点，是附设在公立小学的一个独立班级，实行的是免费教育，以前多数实施半日制教育，现在更多的实施全日制教育。为符合中文的表达习惯并方便读者理解，我们一般把"preschool"和"pre-kindergarten"翻译为幼儿园和4岁幼儿班，把"kindergarten"翻译为学前班。不过，我们也希望读者能理解这几个术语在中文中无法找到完全对应的表达。此外，因为中国和美国在制度和文化等方面存在诸多差异，所以我们在面对美国的先进经验时，不仅要知其然，还要知其所以然。

本书所描述的创造性游戏课程主要针对的是0—5岁的幼儿。它自1985年由美国田纳西大学诺克斯维尔分校研发并实施至今，已有超过30年的历史。这种课程模式基于皮亚杰的认知发展理论、建构主义的学习理论和发展适宜性实践，在美国幼儿教育界具有一定的影响力。创造性游戏课程意识到创造性个体发展的重要性，以及儿童的不同发展领域之间的联系与整合。创造性游戏课程重视鼓励和支持儿童进行游戏，以便促进儿童在以下六个领域的综合发展：个人意识、情感健康、认知能力、交流能力、社会化和感知运动技能。

创造性游戏课程最可贵的地方在于，它用一种务实、中庸的哲学观强调：儿童要在真实的创造性游戏活动中学习知识、技能和情感态度等，以便发展成为"完整的儿童"，而不是通过训练和

---

[1] Project Zero, Reggio Children. Making Learning Visible:Children as Individual and Group Learners [M]. Reggio Emilia, Italy：Reggio Children, 2001：339.

做作业来学习。儿童能够而且应该发展成为一个有知识、有技能技巧且态度积极的问题解决者，而不是消极被动、等待接受知识的学习者。这种哲学观，一直到现在都没有过时。尤其是在当今关于如何看待游戏与学习、课程的关系的讨论仍然非常热烈的情况下，这样一种思路值得我们重新审视。

游戏作为儿童发展的需求和基本权利，对儿童的学习具有重要的意义。游戏在美国幼儿教育的意识形态传统中拥有至高无上的地位，尤其得到了浪漫主义和自由主义哲学传统的坚守。这从全美幼儿教育协会（NAEYC）的立场声明中就可以看出来："游戏应该成为幼儿教育阶段课程核心的核心。"[1]但是，游戏到底是什么，确实极其难以给它下定义。

游戏是充满各种可能性的实验。充分而富有想象力地进行游戏，让游戏者跨越到另一个现实，在日常生活的裂缝中徘徊。尽管我们仍然可以看见现实世界中充满着各种冗杂的生活常规和责任，但它们的力量已经被不可思议地剥夺了。游戏者从日常生活中选取事物，并在此基础上发挥天马行空般的想象。像任性的儿童一样，游戏者拆分现实，把现实在身体上踩踊或者在房间里丢来丢去。事物在游戏中被儿童拆解并被重新建构。[2]

有研究者进一步指出，所谓游戏必须具备以下特征：游戏是由儿童选择的；游戏是由儿童创造的；游戏是假装的，但像真实的活动一样被完成；游戏关注"做"（注重过程而非结果）；游戏是由游戏者（儿童）而不是成人（教师或家长）完成的；游戏需要儿童全身心的投入；游戏是有趣的。[3]

但是，今天游戏（尤其是自由游戏）的地位和作用在各国面临越来越多的挑战。以儿童为中心与以教师为中心的课程的整合与平衡是发展趋势。比如，1997年修订的《发展适宜性实践》[4]就尝试在"建构主义课程"（以儿童为中心）和"训导主义课程"（以教师为中心／以学科为中心）之间探索中庸之道：

- 儿童建构自己对于概念的理解，同时也从比自己能力更强的同伴那里和教师的教学中获益。
- 儿童受益于有机会通过学习整合的课程来理解学科之间的关系，同时也受益于有机会深入学习某一个领域的内容。
- 儿童受益于学习环境中预先设计好的结构和有秩序的一日生活，同时也受益于教师灵活地和自发地回应他们生成的想法、需要和兴趣。
- 儿童受益于有机会对自己将要做什么和学什么做出有意义的选择，同时也受益于对"什么样的选择是得到许可的"这样一个范围有清晰的认识。
- 儿童受益于有机会与同伴合作以及在集体中获得一种归属感，同时也受益于被看作一个有着自己的强项、兴趣和需要的独立

---

[1] Copple C, Bredekamp S. Developmentally Appropriate Practice in Early Childhood Programs: Serving Children from Birth through Age 8 [M]. 3rd ed. Washington, DC: National Association for the Education of Young Children, 2009.

[2] Henricks T S. Play Reconsidered: Sociological Perspectives on Human Expression [M]. Urbana, IL: University of Illinois Press, 2006.

[3] Meckley A. Observing Children's Play: Mindful Methods [J]. International Toy Research Association, London, 2002, 12.

[4] Bredekamp S, Copple C. Developmentally Appropriate Practice in Early Childhood Programs [M]. Rev, ed. Washington, DC: National Association for the Education of Young Children, 1997.

个体。
- 儿童需要形成一种积极的自我认同感，同时也需要尊重那些与他们有着不同观点和经验的个体。
- 儿童有着巨大的学习能力以及对这个世界的无穷的好奇心，同时他们在认知和语言方面的能力受到年龄的限制。
- 儿童受益于参与那些他们自己创造的、自发的游戏，同时也受益于那些教师设计的、结构化的活动和方案。

随着对教育问责呼声的高涨，全美幼儿教育协会明确支持了"有准备的教师"（an intentional teacher）[1]这个概念，要求平衡教师发起的活动和儿童发起的活动。2009年最新版的《发展适宜性实践》更加强调教师的有效性。教师的多种角色表现为：创设一个关怀儿童成长的环境（学习者社区），把教学目标定位于促进儿童的发展与学习，为了实现重要的发展目标而对课程进行精心策划，评估儿童的发展和学习，与家庭建立互惠的关系。[2]

近年来，许多国家的政策文件中都提出了"教育性游戏"（educational play）这一主张，把游戏引向了中间偏右的发展道路。比如，英国的《幼儿基础阶段纲要》采取了工具论的视角看待游戏：

儿童必须通过有计划、有目的的游戏，以及通过结合成人主导的活动和自己发起的活动来实现各个领域的学习与发展。游戏对儿童的发展至关重要，游戏可以让他们树立信心。通过游戏，儿童能够学会探索、思考问题以及与他人建立关系。儿童通过主导自己的游戏并参与成人主导的游戏来学习。实践工作者需要不断地做出判断，以维持儿童主导的游戏和成人主导或指导的游戏之间的平衡。实践工作者必须回应每个儿童萌发的需求和兴趣，并通过热情、积极的互动来指引他们发展。[3]

我们不妨把本书中明确提出的创造性游戏课程看作中间偏左的发展道路。它更加坚守游戏的意识形态传统，更加信奉童年的力量。维果茨基的理论指出，只有当所有游戏元素完全发展成社会性假装游戏时，游戏才会成为早期教育阶段儿童的主导活动。足够长的年龄跨度能够让儿童体验成熟的游戏形式，而成熟的游戏形式的特点在于有想象情境、社会角色、人际关系以及基于真实生活情境的规则。如果游戏过早消逝甚至被淘汰，儿童将不会受益于成熟的游戏所带来的潜在好处。

总而言之，游戏被认为是人类终身的思维活动。游戏的复杂性和挑战性在不断地增强，远不是在童年结束时就终结了。[4]对于人类而言，保持终身的游戏性就是保持创造性！

我非常有幸主持本书的翻译工作。在这里，我首先要感谢中国轻工业出版社万千教育编辑部邀请我参加本书的翻译工作。其次，我要感谢高

---

[1] Epstein A S. The Intentional Teacher: Choosing the Best Strategies for Young Children's Learning [M]. Washington, DC: NAEYC, 2007.
[2] Copple C, Bredekamp S. Developmentally Appropriate Practice in Early Childhood Programs: Serving Children from Birth through Age 8 [M]. 3rd ed. Washington, DC: National Association for the Education of Young Children, 2009.
[3] DfE (Department for Education). The Statutory Framework for the Early Years Foundation Stage. Setting the Standards for Learning, Development and Care for Children from Birth to Five [EB/OL]. (2012-04-15).
[4] Broadhead P. Early Years Play and Learning: Developing Social Skills and Co-operation [M]. London: Routledge Falmer, 2004.

君编辑高质量的润色工作。最后，我还要感谢参与本书翻译工作的所有成员。

本书的翻译工作具体分工如下：

前言和第一、二章：李敏谊、郭宴欢、张语麟；第三、四、五章：杨智君、张语麟、张倩；第六、七章：郭宴欢、管亚男、焦娇；第八、九、十章：管亚男、郭宴欢、张语麟；第十一章至第十六章：郭宴欢、杨智君、张语麟、张倩、秦丹婷；附录和术语表：李敏谊、郭宴欢、秦丹婷。最后，由李敏谊、郭宴欢、杨智君和许靖怡负责全书的审读和修订工作。

心怀感恩，文责自负。

李敏谊

2017年春于北京师范大学

前　　言

1985年，有些幼儿教师产生了这样一种需求：将教学理论与课程目标结合起来，将课程计划与对儿童发展的评估结合起来，将幼儿（包括残障儿童）教育项目的所有方面整合起来。然而，当时没有这样一个全面的、基于游戏的发展适宜性课程。于是，我们开始着手撰写本书。

本书旨在帮助教师为儿童、家庭和教师自己提供一种高质量的课程。本书体现了我们长期以来的、历经实践检验的信念：

- 创造性游戏课程能够促进儿童的个人意识、情感健康、社会化、交流能力、认知能力和感知运动技能的发展。
- 创造力的发展不只是儿童发展的一个下属领域。创造力的发展存在于儿童发展的各个领域之中，它是发展适宜性课程中具有整合性的一部分。
- 只有当儿童能够重组原有的知识和经验进行创造时，他们才能很好地解决问题并产生新的想法。
- 游戏是培养儿童的创造力并促进其发展的途径。
- 课程计划和儿童评估是整合为一体、相互补充的，不是相互独立、平行运作的。

我们使用了多种资源来构建这个创造性游戏课程模式。我们有关儿童发展、幼儿教育和教师教育方面的教育背景，让我们能够使用这些领域的理论和实践经验来得出结论，并为课程的发展和实施提供建议。我们根据自己在公立和私立幼儿园、早教机构、开端计划[1]、托幼机构和大学实验室的教学和管理经验，知道了理论和研究所不能告诉我们的知识，即哪种课程实践才是真正有效的。本书融合了理论与研究，以及发展、使用和评估课程的最佳方式。

内容简介

本书囊括了幼儿教育课程中的基本原则和已有研究。同时，本书也为0—5岁儿童提供了一个全面的、基于游戏的发展适宜性课程的实践指南。这个创造性游戏课程模式为教师提供了一个整合性和个性化的教育方案，以帮助他对具有不同发展水平、不同文化背景和经历的儿童保持敏感，并制订出相应的课程计划。

本书的实用性和全面性通过以下几个特征体现出来：

- 强调创造性游戏支持儿童的学习和发展。除了概述其他的课程模式外，本书重点描述了如何实施创造性游戏课程模式的不同部分。我们想让你明白，实施一个以游戏为基础、由建构主义学习理论支持的课程模式所需要的具体步骤。
- 指明了复杂的、相互关联的显性课程和隐性课程。我们列出了设计和实施一个有效的、全面的幼儿教育课程的所有必要组成部分，并说明了每个部分对于整个课程的意义。

---

[1] 开端计划（Head Start），是美国联邦政府迄今为止规模最大的早期儿童发展项目，被誉为美国学前教育的"国家实验室"，对美国幼儿教育产生了十分重要的影响。——译者注

- 整合了课程计划与儿童发展评估。我们在附录B中展示了与课程目标相关的发展核查表。课程计划和儿童发展评估二者是整合为一体、相互补充的,而不是相互独立、平行运作的。我们想让你理解在课程计划和儿童发展评估中都运用与儿童发展有关的信息的重要性。
- 所有领域的课程都包括为残障儿童提供的课程信息。为了帮助教师设计一个能满足所有儿童包括残障儿童的需要的课程,我们为残障儿童提供了调整后的课程和活动方案。
- 注重帮助儿童掌握应对这个令人不安的世界的技能,以帮助他们与爱他们的成人建立一种相互支持、相互关爱的关系。如果积极回应儿童的教师能够使用一个基于游戏的发展性课程,那么他们就能给儿童提供一个安全的、充满爱的环境,支持儿童的情感健康发展并帮助他们应对这个充满压力的世界。
- 提供了许多图表。把本书提供的图表改动后可以运用到你的幼儿教育课程中。

组织结构

本书主要包括四个部分。第一部分为幼儿教育课程。在这一部分,我们阐述了幼儿教育课程的目的,并说明了幼儿教育课程的影响因素。我们呈现了其他几种课程模式并描述了一个完整的课程的不同组成部分。之后,我们详细描述了一个具体的课程模式——创造性游戏课程模式,这是全书其余部分的组织框架。创造性游戏课程模式是灵活的、开放的,可以让教师很容易地将其加以改动,以适应从婴儿到学前儿童等不同年龄阶段、不同群体的儿童的需要。

第二部分为隐性课程。在这一部分,我们描述了幼儿教育课程中对教学环境有重要影响的方面。然而,这些方面通常既不容易被观察者发现,也没有得到仔细的规划。在把课程向儿童和家长开放前,教师必须对这些方面进行仔细的考虑和设计。这一部分的内容包括:教师的作用、与家长的合作关系、班级管理与指导、教室设计与布置、户外游戏环境。这些内容为教师提供了理论和实践方面的信息,并向那些努力实施高质量课程的教师列举了需要重点关注的事项。这些事项包括:工作环境、与其他教师的关系、发展职业认同感以及通过达到多方面的标准和要求来创设优质的幼儿教育环境。

第三部分为显性课程。我们关注了幼儿教育课程中显而易见的部分——课程活动和对儿童的观察与评估。这一部分针对每个发展领域都设有单独的一章。

第四部分为幼儿教育课程中的当代问题。我们关注当代的压力源以及它们给儿童的发展带来的威胁,同时还给出了教师实施课程时的相关建议,以促进儿童的健康成长并提升儿童的情感健康指数。

附录包括评估儿童发展的工具,有发展核查表以及儿童观察指南等。你可以很容易就把这些资料复印下来并在教室中使用。

各章板块

本书的每一章在开头时都呈现了一个"教室小故事",以展示现实中儿童和家庭会遇到的情况和困境。这些真实的例子鼓励教师批判性地分析情况并考虑解决办法。在每个小故事后面都有一连串的提问,这是教师在确定行动方向前需要思考的问题。每一章在结尾时都给出了解决方案,以供教师参考。这些小故事是我们从自己的幼儿教育经验中抽取出来的。它们有利于我们把理论、研究、最佳实践与教师的实际行动和回应联系起来。

在每一章的结尾处都设有"本章小结"以及"反思与应用"两个板块,以帮助你理解和批判性地思考文中的内容。

在第十章至第十五章中,每一章都呈现了儿童的一个发展领域。书中将发展领域与实践信息联系起来,帮助你支持儿童在这一领域中的成长。每一章的后面都列出了该领域的具体课程活动。每章中都贯穿了实际应用方面的例子,并伴有课程评估的标准和实施课程的指导条目。

术语方面

我们交替使用词语"儿童保育""幼儿教育""教育项目"来指代服务于0—8岁儿童的幼儿教育项目。本书重点介绍的是服务于0—5岁儿童的幼儿教育项目。为了方便课程设计和环境布置,我们这样定义以下群体:婴儿,6周至15个月;学步儿,15个月至3岁;学前儿童,3—5岁。大多数幼儿教育项目都有不同的、混杂的年龄分组,教师应相应地选择并调整活动和教学方法以适应每一个具体的班级。

新增内容

本版有许多新的特征,更便于学生和教育工作者使用:

每一章新增了"与家庭合作拓展课程"部分。这一部分指出在支持儿童发展与学习的过程中,教师应与家长建立合作关系,互相分享儿童在发展、学习和参与课程活动等方面的情况。

每一章后面的"反思与应用"更清晰地强调反思和批判性思考的作用,这对于教师有效地教学并与幼儿共同学习是十分重要的。

本版增加了图表和儿童的作品,以解释关键的概念、原则和教学实践。

我们更新了相关的研究成果,因此本版新增了80个参考文献。我们在每章末尾处加入了新的资源,包括电子版和纸质版的。我们也保留了那些重要的和经典的研究成果,我们今天的许多研究仍受惠于它们。

相较之前的版本,本版还更新或者增加了如下内容:

- 有关儿童脑部发育的认知神经科学方面的新信息,这给我们带来了新的教学启示和有关儿童学习的启示(第十四章)。
- 更多关于瑞吉欧教学模式方面的信息,包括布置教室和策划活动的理论基础和实践(第一章、第六章)。
- 儿童新出现的健康问题,包括儿童肥胖的相关信息(第九章、第十五章)。
- 有关儿童生活中的压力源方面的更多信息,关注全面运用课程来帮助儿童发展应对技能(第十六章)。
- 关于早期读写能力发展的新信息(第十三章)。

更新后的《教学手册》(Instructor's Manual)和《试题库》(Test Bank)现可在线获得。在线版的《教学手册》是免费的,它包括每一章的教学注意事项、基于对话题的理解和批判性的分析开展活动的建议、可打印的材料和其他的学习案例(包括教学中的道德两难问题)。在线的试题库包括许多不同形式的测试问题。

专业性问题

本书反映了我们毕生的职业信念:为幼儿创设最好的学习环境。本书体现了我们诸多方面的努力,如保证幼儿教育项目有充足的资金、为教师和儿童设计有利于成长的环境、寻找教师职业倦怠和频繁转行的原因、针对身处压力之中的儿童和家庭有效地开展工作、让政府官员和政策制定者理解儿童和家庭的需要。我们写作的目的是为儿童、家长和教师提供优质的幼儿教育课程。我们衷心希望我们对幼儿生活质量的关注能够对你有所影响，并对幼儿教育项目中的课程有所影响。

目 录

第一部分　幼儿教育课程/1

第一章　课程在幼儿教育项目中的作用 …………………………………… 3

课程的目的 ………………………………………………………………… 5
课程的影响因素 …………………………………………………………… 7
　　对幼儿教育项目的需求 ……………………………………………… 8
　　儿童发展和学习理论 ………………………………………………… 8
　　批判理论与课程 ……………………………………………………… 15
幼儿教育项目的效果分析 ………………………………………………… 15
　　认知发展与幼儿教育项目 …………………………………………… 15
　　社会性发展与幼儿教育项目 ………………………………………… 15
　　情感发展与幼儿教育项目 …………………………………………… 16
　　幼儿教育项目的质量 ………………………………………………… 16
　　针对课程的研究 ……………………………………………………… 17
课程模式概览 ……………………………………………………………… 17
　　认知导向的高宽课程 ………………………………………………… 18
　　银行街课程 …………………………………………………………… 18
　　蒙台梭利教育法 ……………………………………………………… 19
　　进步教育 ……………………………………………………………… 19
　　行为主义教学技术 …………………………………………………… 19
　　瑞吉欧·艾米莉亚课程 ……………………………………………… 20
　　创造性游戏课程 ……………………………………………………… 20
跨文化视角下的幼儿教育项目 …………………………………………… 21
　　欧洲的幼儿教育 ……………………………………………………… 21
　　其他国家的幼儿教育 ………………………………………………… 23
为自己的幼儿教育项目设计课程 ………………………………………… 23
　　邀请教师参与课程设计 ……………………………………………… 24
课程的组成部分 …………………………………………………………… 25
对课程效果的评估 ………………………………………………………… 26
创建优质的幼儿教育项目 ………………………………………………… 27
　　国家认证 ……………………………………………………………… 28
与家庭合作拓展课程 ……………………………………………………… 29

第二章　创造性游戏课程模式·····················33
　　创造性游戏在课程中的作用 ·····················37
　　促进儿童的全面发展 ·····························38
　　　创造性游戏促进儿童个人意识的发展 ············39
　　　创造性游戏促进儿童情感健康的发展 ············40
　　　创造性游戏促进儿童社会化的发展 ··············41
　　　创造性游戏促进儿童交流能力的发展 ············41
　　　创造性游戏促进儿童认知能力的发展 ············42
　　　创造性游戏促进儿童感知运动技能的发展 ········42
　　创造性潜能 ·······································43
　　隐性课程 ···44
　　显性课程 ···45
　　全纳教育 ···46
　　课程整合 ···47
　　创造性游戏课程模式 ·····························47
　　与家庭合作拓展课程 ·····························48

第二部分　隐性课程/51

第三章　教师的作用·····························53
　　有效的教师 ·······································56
　　教师的作用 ·······································57
　　　与儿童互动 ···································58
　　　照料儿童 ·····································59
　　　帮助儿童进行压力管理 ························60
　　　促进儿童的创造力发展 ························60
　　　为儿童策划活动 ······························61
　　　丰富儿童的学习环境 ··························62
　　　解决儿童的问题 ······························63
　　　为儿童的权益呼吁 ····························63
　　　促进自身学习 ································65
　　创设良好的教学环境 ·····························66
　　　工作环境 ·····································67
　　　与同事的关系 ································68
　　　发展职业认同感 ······························69

　　　　普及幼儿园项目 …………………………………………………………… 70
　　　　与家庭合作拓展课程 ………………………………………………………… 72

第四章　与家长的合作关系 ………………………………………………………… **75**
　　增强家庭和托幼机构之间的合作 ………………………………………………… 79
　　家长的参与和贡献 ………………………………………………………………… 82
　　参与、教学与支持家庭 …………………………………………………………… 84
　　　　日常互动 ………………………………………………………………………… 84
　　　　通过现代科技进行沟通 ………………………………………………………… 86
　　　　一对一家长会 …………………………………………………………………… 86
　　　　书面交流 ………………………………………………………………………… 88
　　　　集体家长会 ……………………………………………………………………… 89
　　　　家长资源中心 …………………………………………………………………… 90
　　支持处于危机中的家庭 …………………………………………………………… 90
　　　　残障儿童的家庭 ………………………………………………………………… 90
　　　　患慢性病儿童的家庭 …………………………………………………………… 91
　　　　离异家庭 ………………………………………………………………………… 91
　　　　虐待儿童的家庭 ………………………………………………………………… 91
　　与多样化的家长群体进行合作 …………………………………………………… 92
　　与家庭合作拓展课程 ……………………………………………………………… 94

第五章　班级管理与指导 …………………………………………………………… **97**
　　制订指导目标 ……………………………………………………………………… 99
　　　　错误行为 ……………………………………………………………………… 100
　　设定切合实际的期望 …………………………………………………………… 101
　　预防不良行为的发生 …………………………………………………………… 101
　　营造一种支持性氛围 …………………………………………………………… 102
　　进行有效的交流 ………………………………………………………………… 103
　　回应儿童的行为 ………………………………………………………………… 104
　　促进儿童成长的指导策略 ……………………………………………………… 105
　　　　忽略小的问题 ………………………………………………………………… 105
　　　　鼓励儿童 ……………………………………………………………………… 106
　　　　为儿童提供替代性选择 ……………………………………………………… 107
　　　　与儿童讨论行为的后果 ……………………………………………………… 107

　　　　向儿童传授解决冲突的方法 ································· 109
　　　　做出有关班级指导的有效决策 ································· 110
　　　　与家庭合作拓展课程 ··· 110

第六章　教室设计与布置 ··· 115
　　精心设计的教室环境的特征 ··· 117
　　　　精心设计的教室环境要能满足儿童的需要 ······················· 120
　　　　精心设计的教室环境要能满足成人的需要 ······················· 120
　　布置教室 ··· 121
　　　　教室中的空间 ··· 122
　　　　教室中的材料 ··· 122
　　　　教室中的通道 ··· 122
　　　　教室中的储存空间 ··· 123
　　　　具有回应性的环境 ··· 123
　　　　婴儿的教室 ··· 124
　　　　学步儿的教室 ··· 126
　　　　学前儿童的教室 ··· 128
　　一日作息时间表 ··· 132
　　教师的任务安排 ··· 135
　　　　制订工作计划 ··· 135
　　　　跟班走 ··· 137
　　　　监管儿童 ··· 137
　　　　制订班级计划 ··· 137
　　　　执行日常活动和保育工作 ····································· 137
　　为残障儿童所做的教室调整 ··· 138
　　与家庭合作拓展课程 ··· 139

第七章　户外游戏环境 ··· 143
　　户外课程 ··· 145
　　户外活动场地的类型 ··· 146
　　户外活动场地的安全性 ··· 147
　　户外活动场地的设计 ··· 151
　　　　感觉、触觉器材与活动 ······································· 156
　　　　创造性游戏和戏剧游戏的器材与活动 ··························· 157

　　　　大肌肉运动器材与活动 ·· 159
　　　　实际方面的思考 ·· 160
　　　与家庭合作拓展课程 ·· 160

第三部分　显性课程/163

第八章　儿童观察与评估 ·· **165**
　　　发展性评估的目标 ·· 167
　　　选择发展适宜性的评估方法 ·· 168
　　　教师作为评估者 ·· 170
　　　评估中的家园合作关系 ·· 171
　　　评估过程的要素 ·· 171
　　　　发展核查表 ·· 172
　　　　儿童观察 ·· 174
　　　　档案袋 ·· 176
　　　　项目记录 ·· 177
　　　目标设定过程 ·· 177
　　　一对一家长会 ·· 178
　　　发育筛查 ·· 178
　　　转诊 ·· 179
　　　与家庭合作拓展课程 ·· 181

第九章　活动策划 ·· **185**
　　　活动策划指南 ·· 188
　　　活动和学习区角的选择 ·· 189
　　　基于技能、主题和项目的活动策划 ······································ 190
　　　教室中的多样性 ·· 194
　　　教室中的科技 ·· 195
　　　　教师在科技应用中的作用 ·· 196
　　　个别化学习经历 ·· 197
　　　为残障儿童所做的调整 ·· 198
　　　　针对身体残障儿童的指南 ·· 198
　　　　针对言语/语言残障儿童的指南 ······································· 199
　　　　针对视觉残障儿童的指南 ·· 199

针对听觉残障儿童的指南 ··· 200
针对行为失调/情感障碍儿童的指南 ····································· 200
通过有效计划实现发展目标 ··· 201
与家庭合作拓展课程 ··· 201

第十章　促进个人意识发展的课程 ··· **205**

个人意识领域的发展里程碑事件 ··· 208
　发展独立性和控制力 ·· 208
　理解性别 ··· 209
　发展性别认同 ··· 209
关于幼儿性别和性别认同的研究 ··· 210
通过创造性游戏课程促进儿童的个人意识发展 ···························· 211
　独立与控制 ·· 211
　发展性别意识 ··· 211
　性别认同 ··· 212
　安全问题 ··· 213
　个人健康 ··· 213
促进儿童个人意识发展的目标和活动 ··· 214
　自理能力 ··· 215
　独立性 ·· 216
　个人健康 ··· 218
　个人安全 ··· 219
与家庭合作拓展课程 ·· 221

第十一章　促进情感健康发展的课程 ·· **223**

情感健康领域的发展里程碑事件 ··· 226
　关注心理—社会性发展（埃里克森） ····································· 226
　关注依恋和独立（布雷泽尔顿） ·· 226
　关注情感发展的里程碑事件（格林斯潘） ································ 227
关于游戏和情感健康的研究 ··· 228
通过创造性游戏课程促进儿童的情感健康发展 ···························· 230
　辨识自我 ··· 230
　建立信任关系 ··· 230
　发展自主性和独立性 ·· 231

主动地游戏和学习 ································· 232
　　　表达情绪和发展自尊 ····························· 232
　　　应对变化和压力 ···································· 232
　　促进儿童情感健康发展的目标和活动 ············ 233
　　　情感意识、接纳和表达 ························· 233
　　　应对技能 ··· 235
　　　人格整合 ··· 236
　　　树立价值观 ··· 237
　　与家庭合作拓展课程 ································· 239

第十二章　促进社会化发展的课程 ············ **243**

　　社会化过程中的发展里程碑事件 ··················· 245
　　　皮亚杰关于儿童社会化的理论 ················ 246
　　　同伴和儿童道德发展 ····························· 246
　　　帕滕的社会参与分类 ····························· 247
　　关于儿童社会化的研究 ······························· 248
　　　儿童与成人的社会性互动 ······················· 248
　　　儿童与教师的社会性互动 ······················· 249
　　　儿童与同伴的社会性互动 ······················· 249
　　通过创造性游戏课程促进儿童的社会化发展 ···· 252
　　　培养社交能力和责任感 ·························· 252
　　　通过游戏满足社会交往需要 ··················· 252
　　促进儿童社会化发展的目标和活动 ··············· 254
　　　社会性互动 ··· 254
　　　合作 ·· 256
　　　保护资源 ·· 257
　　　尊重他人 ·· 259
　　与家庭合作拓展课程 ································· 260

第十三章　促进交流能力发展的课程 ········ **263**

　　交流领域的发展里程碑事件 ························ 265
　　　儿童的语言发展阶段 ····························· 266
　　　早期读写能力 ····································· 267
　　关于儿童交流能力的研究 ··························· 269

读写能力发展中的教师作用 ································· 270
　通过创造性游戏课程促进儿童的交流能力发展 ··············· 271
　　谈话时间 ·· 271
　　语言游戏 ·· 272
　　社会戏剧游戏中的语言 ·· 272
　　早期读写能力 ·· 273
　促进儿童交流能力发展的目标和活动 ······························ 275
　　接受性语言 ·· 275
　　表达性语言 ·· 276
　　非语言交流 ·· 278
　　听觉记忆/辨别 ··· 279
　与家庭合作拓展课程 ·· 281

第十四章　促进认知能力发展的课程 ································ 283
　认知领域的发展里程碑事件 ··· 285
　　感知运动阶段 ·· 285
　　前运算阶段 ·· 286
　　维果茨基关于认知发展的社会文化理论 ······················ 288
　　班杜拉关于认知发展的社会学习理论 ·························· 288
　　认知发展的其他理论 ··· 288
　关于认知发展的研究 ·· 288
　　儿童的记忆 ·· 289
　　认知和学习风格 ··· 289
　　关于脑部发育的研究 ··· 290
　通过创造性游戏课程促进儿童的认知能力发展 ·················· 291
　　扩展儿童的好奇心 ·· 291
　　学习新概念 ·· 292
　　发展问题解决技能 ·· 292
　　支持儿童的快乐体验 ··· 293
　促进儿童认知能力发展的目标和活动 ······························ 293
　　问题解决/推理 ··· 293
　　概念形成 ·· 295
　　模仿/记忆 ··· 296
　　联想/分类 ··· 297

与家庭合作拓展课程 ·· 298

第十五章　促进感知运动技能发展的课程 ································· 301
　　感知运动技能领域的发展里程碑事件 ·· 303
　　　操作物品 ··· 304
　　　发展精细动作技能 ··· 304
　　关于感知运动发展的研究 ·· 306
　　　运动技能的发展 ··· 307
　　　儿童健康与肥胖 ··· 308
　　　身体意象 ··· 308
　　通过创造性游戏课程促进儿童的感知运动技能发展 ·························· 309
　　　练习性游戏 ·· 311
　　　象征性游戏 ·· 311
　　　规则游戏 ··· 312
　　促进儿童感知运动技能发展的目标和活动 ······································ 313
　　　手眼/脚眼协调 ·· 313
　　　位移技能 ··· 314
　　　非位移技能 ·· 316
　　　对身体的管理与控制 ··· 317
　　与家庭合作拓展课程 ·· 318

第四部分　幼儿教育课程中的当代问题/321

第十六章　当代社会中的儿童 ·· 323
　　儿童对压力性生活事件的理解 ·· 326
　　　皮亚杰的理论与儿童对压力源的认识 ······································· 326
　　　儿童与死亡 ·· 327
　　　儿童与离婚 ·· 328
　　　儿童与暴力 ·· 328
　　　儿童与性虐待 ··· 330
　　　儿童与国家灾难 ··· 330
　　　儿童与非发展适宜性的教室 ·· 331
　　与儿童谈论压力性事件 ·· 331
　　　儿童游戏与应对压力 ··· 333

儿童读物与应对压力 …………………………………………………… 334
　　儿童绘画与应对压力 …………………………………………………… 335
　　有效教学的五个C ……………………………………………………… 336
　与家庭合作拓展课程 ……………………………………………………… 338

附　录 …………………………………………………………………………… 341
　附录A　全美幼儿教育协会的《伦理行为守则和承诺声明》………………… 343
　附录B　发展核查表 ………………………………………………………… 353
　附录C　儿童观察指南 ……………………………………………………… 403

第一部分

幼儿教育课程

第一章

课程在幼儿教育项目中的作用

你正在接受人生第一份工作——幼儿教师的面试。尽管你有那么一点紧张，但是你觉得自己作为幼儿教育专业人士已经接受了良好的培训——你不仅学习了儿童发展和幼儿教育方面的课程，还有各种各样与儿童打交道的实践经验。你也觉得自己已经为面试做了充足的准备，因为负责指导你教育实习的教师已经带领所有的学生对面试的场景进行了模拟。因此，当这个教育项目的主管开始问下列问题时，你就可以凭借自己的知识和经验来回答了。

◆ 你认为，幼儿在什么样的教学环境中学得最好？
◆ 你能简单地陈述一下自己的幼儿教育理念吗？
◆ 你将如何选择课程并把它运用到你的课堂教学中？这个课程包括哪些要素？
◆ 你能引用相关理论或者研究来支持你的这种课程选择吗？
◆ 你将如何评估这种课程的有效性？

我们将在本章末尾与大家分享关于上面问题的应对建议。

当你阅读本章的时候，你需要关注课程在幼儿教育项目中所起的重要作用，形成一种教育哲学观并把它作为你的课程选择基础，以及了解相关理论和研究在理解儿童学习和发展方面的重要作用。同时，你也要意识到各种各样的课程要素以及用于评估课程效果的各种策略。

"课程"一词对于幼儿教师、幼儿园管理者和幼儿父母这些不同的群体来说，有着不同的含义。课程，既可以是为了达成预定目标而进行的一系列具体的活动，也可以是选择材料和活动的一个依据，还可以是培养完整儿童的一个综合性方案。因为人们对课程抱有这些不同的期待，所以幼儿教育领域有着各种各样的课程模式并存在着哪种模式最有效的争论，也就不足为奇了。这些课程模式是以儿童发展与行为的各种不同理论为基础的，如精神分析理论、行为主义理论、成熟论、认知理论、多元智力理论以及社会文化理论。这些理论对儿童的发展做出了诸多相互对立的解释，并因此提出了幼儿教育和保育的不同方法。

课程的目的

不管一个幼儿教育项目采用何种方法或者模式，课程都是基础。它以儿童发展与学习的某种哲学理念或者理论假设为依据，提出了一个总体规划，为回答"教什么"和"如何教"这两个问题提供了基础。此外，它也为教师怎样组织课堂教学以及怎样引导和回应儿童的行为提供了决策方面的指导。在一个由全美幼儿教育协会与美国教育部幼儿教育专家协会发布的联合声明(NAEYC & NAECS/SDE, 2003)中，课程被定义为"一个有组织的框架，它描述了儿童的学习内容、儿童为了达成预定的课程目标所经历的学习过程、教师为了帮助儿童达成这些目标要做的事情以及教与学发生的情境"(p.21)。

课程应该是具体的。它要能为教师提供方向和指导,帮助他们解决面临的教学以及与儿童互动方面的问题。比如,我应该如何布置教室?什么样的材料适合班上的儿童?最有效的教学策略是什么?我应该如何引导儿童的行为?如何才能有效地与儿童的父母合作?

课程应该是灵活的。它不仅要能适应它所在的幼儿教育项目中儿童和家庭的特殊需求,包括发展、文化、经济和社会方面等,还要能不断地把当前有关儿童发展和幼儿教育研究方面的新观点纳入进来。

课程应该是清晰明了、解释详细,具有指导性的。它不应该是僵化的或者不灵活的。教师必须把课程看作为幼儿、父母和教师自己规划一个最理想的教育项目的过程。设计一个教育项目的过程就是研发课程的过程,它反映了课程动态变化的本质。

教师应该选择或者研发出一种课程作为课堂教学的基础,并且这种课程应该是一个包括指导方针、活动、政策和哲学理念等内容的书面文件。缺少课程目标,很可能会导致无效的计划:"在设计教学内容时,如果没有对它们的来源进行统一和细致的思考,那么就会导致教学草率和不负责任。研发一种课程可以促使人们认真考虑他们研发的目的并质疑已有的教学实践。"(Langenbach, 1976, p.22)

不管一种课程的具体目标是什么,大多数幼儿教育工作者都认可以下关于课程的一系列假设(Bredekamp & Copple, 1997; Seefeldt, 1987a; Williams, L., 1987):

- 课程与教育项目的整体质量密切相关。"课程明确并澄清了很多问题,包括教师的行为和提问风格、课堂组织、与家庭的关系以及是以教师为中心的教学还是以儿童为中心的教学等。有效的教育项目和无效的教育项目之间最大的分水岭在于,无效的教育项目中的员工没有参与到课程的决策中。"(Weikart, 1986, p.8)
- 课程必须聚焦于"完整儿童"并按部就班地整合儿童发展的各个领域。"在现实生活中,一个人发展的各个领域都必须得到全面的关注。只有当教师认识到这一点并提供促进儿童全面发展的课程时,儿童才能进行真正的学习并获得真正的能力。"(Hendrick, 2003, p.5)
- 游戏对于幼儿来说具有多方面的作用。其中,一个最重要的作用就是,它是幼儿学习的主要方式。"对于幼儿教育研究者来说,这种观点与他们所知道的幼儿是如何学习的情况背道而驰……实际上,越来越多新近的研究表明:让儿童通过一种具体的、以游戏为导向的方式来学习是最有效的。"(Bredekamp, 1987. p.1)图1.1所显示的是在建构区玩积木游戏的儿童。当儿童玩积木游戏的时候,无论他们是独自玩还是和其他人一起合作,他们都可以在游戏中探索形状、尺寸、重量、颜色、材质等概念。同时,他们还可以发展各种技能,如数、平衡、问题解决以及与同伴和成人交流有关积木的各种想法等。
- 教师必须认同课程的哲学基础与课程实践,并理解课程内容。"教师关于生活、人类发展、家庭动态以及教育的理念,都会反映在儿童教育项目中以及他们与他人的互动中。"(Hildebrand, 1994, p.367)
- 教师也必须理解有关儿童发展和学习的理论。"教师的主要活动就是理解儿童。

如果教师能理解儿童的思维,那么他就能了解如何为儿童提供课程结构和常规、何时提问和如何提问以及如何帮助儿童形成并说出自己的观点和想法。"(Seefeldt, 1987a, p.275)

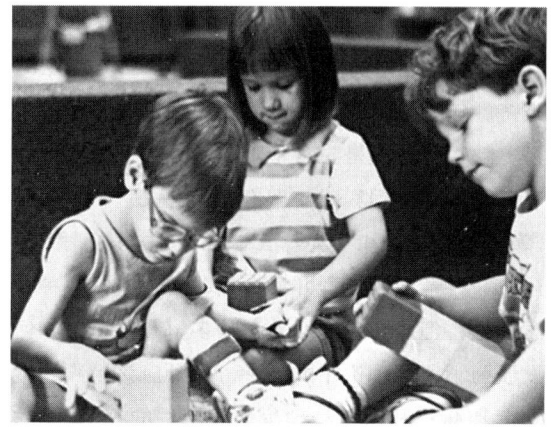

图 1.1

- 儿童是主动的学习者。"幼儿阶段是唯一一个认真看待发展理论,并为儿童的主动学习研发出标准和流程的教育阶段。"(Jones, 1986, p.123)
- 课程应该是发展适宜性的。"尽管幼儿教育项目的质量可能受很多因素的影响,但是一个决定性因素是实施者把有关儿童发展的知识应用到教育实践中的程度,也就是教育项目的发展适宜性程度。"(Bredekamp, 1987, pp.2—3)
- 课程应该反映儿童所处的社会和文化背景在其学习与发展中的作用。"幼儿教师需要理解社会文化背景对于儿童学习的影响,认识到儿童正处于发展中的能力,并接受儿童可以通过多种途径展示其发展成就。"(Bredekamp & Copple, 1997, p.12)

课程的影响因素

在更广阔的背景下,课程的研发以及教育项目的开展受到社会、经济和政治因素的影响。我们可以从美国社会政策发展过程中的一些历史事件和近期事件中看到这一点。根据1941年《兰汉姆法案》(Lanham Act)由政府资助成立的儿童保育中心,其项目目标包括提升第二次世界大战期间女性劳动力的人口数量。于1965年开始的"开端计划"(Head Start)作为约翰逊总统"向贫困开战"计划的一部分,其制定目的就是为了抵抗贫困、提升公民权利和为处境不利的儿童获得学业上的成功做好准备。于1975年颁布的94-142公法(Public Law 94-142),即《所有残疾儿童教育法案》(Education for All Handicapped Children Act),强制要求所有公立学校都要为学龄阶段的残疾儿童提供个别化的教育计划。于1986年颁布的99-457公法,强制要求为3—5岁的残疾儿童提供公共的教育服务,支持各州为0—2岁的特殊儿童提供服务,强调所有儿童享有公平受教育的权利(Ballard, Weintraub, & Zantal-Wiener, 1987)。由美国国会于1990年通过的101-336公法,即《美国残疾人法案》(Americans with Disabilities Act),涵盖了残疾幼儿享受平等的进入幼儿教育项目的权利。

此外,于同年通过的101-576公法,重新授权了《所有残疾儿童教育法案》,并把它更名为《残疾人教育法案》(Individuals with Disabilities Education Act, IDEA);同时,它还把新的残疾类型纳入进来了(Surr, 1992;Wolery & Wilbers, 1994)。于1991年颁布的《残疾人教育法修正案》,即102-119公法,支持家庭在早期干预中发挥更大的作用;于1994年颁布的《残疾人相关科技援助法案》(Technology-Related Assistance for Individuals with Disabilities Act)，即103-218公法，要求为包括幼儿在内的残疾人提供与科技有关的服务（Brett，1997）。

1997年，克林顿总统签署了105-17公法。它对《残疾人教育法案》做出了重大修订，包括：父母要发挥更大的作用；政府要资助私立学校和特许学校，以便为符合资格的儿童提供特殊教育服务；提高残疾儿童在课堂、课程和评估中的参与度，以及恰当回应和对待有行为问题的儿童（Howard, Williams, Port, & Lepper, 2001）。2001年，小布什总统签署了107-110公法，即《不让一个儿童掉队法案》（No Child Left Behind Act）。它的条款包括：增强责任制，同时为父母提供更多的选择等。此外，它还给予地方更多的控制权和弹性，这一点反映了当时主流的政治哲学和教学实践。

对幼儿教育项目的需求

最近，"普及学前教育项目"获得了越来越多的支持，这突显出整个社会越来越相信幼儿教育的价值。此外，单亲家庭的增多以及女性劳动力人数的大量增长，也使得人们对于儿童保育服务的需求日增。当前，有1200万学前阶段的儿童接受保育服务和幼儿教育服务（U.S. Department of Health and Human Services, 2005）。

20世纪90年代，接受儿童保育中心服务的儿童人数是20世纪70年代的4倍（Willer et al., 1991）。从20世纪90年代初期到中期，接受儿童保育中心服务的儿童人数几乎增长了50%。人们越来越关注有关儿童保育方面的支持，这反映出人们在经济方面对劳动大军生产力的重视，以及对更高质量的幼儿教育项目的需求。不过，与社会、经济和政治力量等因素相比，影响课程的更直接的因素来自儿童发展和学习理论及相关研究。

儿童发展和学习理论

所有课程的基础都源自发展理论，或者有关儿童是如何发展和学习的理念。这些理念指引着我们的教学观和我们对作为学习者的儿童的支持。作为某一课程基础的发展理论可能是显而易见的，也可能是隐含于其中的。课程的研发者可能描述了课程实践与理论之间的关系——表明"教师做什么"和"为什么这样做"之间的关系。还有一种情况是课程并没有指明自己基于何种发展理论，但是它确实反映了诸多解释儿童是如何发展与学习的理论中的一种。教师应该批判性地思考和衡量利用何种理论作为课程的组织框架，以便最能体现他们与儿童一起工作的经验以及他们对于儿童的理解。下面描述了几种主要的发展理论。

成熟论

有关儿童发展的成熟论经由G.斯坦利·霍尔（G. Stanley Hall, 1844—1924）、罗伯特·哈维格斯特（Robert Havighurst, 1901—1991）和阿诺德·格塞尔（Arnold Gesell, 1880—1961）等人的工作衍生出一系列相类似的理论。霍尔开启了对大样本儿童进行测试和观察的传统，并在测试和观察的基础上描述了每一个年龄段儿童的一般行为或典型行为。这些描述性的年龄常模被用于判断儿童在不同年龄段的典型行为。哈维格斯特把人的一生划分为五个发展阶段，并用十类行为描述了这五个阶段的发展任务。哈维格斯特认为，发展任务是指"一个人想要被别人认为同时也想被他自己认为是一个相当快乐和成功的人时，必须学习的一类活动"（Havighurst, 1953）。比如，在发展的第二个阶段,即幼儿阶段(2—3岁到5—7岁),针对发展良知这类行为,幼儿的任务首先是要发展听从指导以及在权威人物在场的情况下服从的能力;其次,他们还要发展在权威人物不在场的情况下仍然服从的能力。

格塞尔和他的同事在位于美国康涅狄格州纽黑文市的耶鲁大学格塞尔儿童发展研究所(Gesell Institute of Child Development)中,研发出大量的测量和测验工具来评估和描述儿童在十个主要领域的发展,这十个主要领域包括:动作、个人卫生、情感表达、恐惧和梦、自我和性、人际关系、游戏和娱乐、学校生活、道德感及哲学观。每个领域都包含若干方面,比如,哲学观就涵盖时间、空间、语言和思维、战争、死亡等。格塞尔利用从这些领域测试得来的数据提出了"成长梯度"这一概念,用以描述每一个阶段儿童发展的常模或者是典型行为。格塞尔认为,儿童的发展与行为是由儿童的遗传天赋决定的,而且儿童内部的成熟因素指引着儿童的成长和发展(Gesell & Ilg, 1949)。比如,儿童在完成身体活动(如跳跃或者系鞋带)方面的能力差异,应该归因于儿童遗传上的差异而非环境上的差异。儿童的发展、成熟和学习,都需要遵循其内部的时间表。

心理动力学理论

西格蒙德·弗洛伊德(Sigmund Freud, 1856—1939),是第一个从心理动力学或者精神分析的视角来描述儿童发展和行为的人。弗洛伊德曾经作为一名内科医生接受培训,当时他注意到自己的病人中有一些女性的健康问题可以追溯到她们童年期经历的情感创伤。对儿童情感和心理方面的重视,促使弗洛伊德提出了儿童发展的阶段论。当儿童依次经历不同的发展阶段(口唇期、肛门期、性器期、潜伏期和生殖器期)时,他们的发展和行为可以用潜意识力量所驱使的活动来解释,这些潜意识力量就是本我、自我和超我。这三股力量的交锋影响着儿童的行为。本我,由与生俱来的内驱力构成,是儿童出生时就存在的。自我,是在第二个阶段即肛门期(1—3岁)开始发展的。自我是人格的一部分,控制着儿童的情感、思维和行为。超我,是在第三个阶段即性器期(3—5岁)开始发展的。它代表着道德观和良知。终其一生,代表着本能驱动力的本我和代表着道德观的超我都在不断交锋。自我则负责调解追求快感的本我和追求道德感的超我之间的纷争,从而形成一种现实的、可以被接受的行为(Freud, 1938)。

埃里克·埃里克森(Erik Erikson, 1902—1994)是一个出生于德国的精神分析学家。他改进了弗洛伊德的人格发展理论,把关注点聚焦到儿童发展上。他的八个心理社会发展阶段与弗洛伊德的性心理发展阶段是平行的。他明确描述了每一个人在每一个阶段都必须解决的一个认同危机或任务。比如,对于6岁以下的儿童来说,前三个阶段中每一个阶段的任务分别是:信任对不信任(0—1岁),自主对羞耻与怀疑(2—3岁)和主动对内疚(3—6岁)。比如,就处于"主动对内疚"这个发展阶段的儿童而言,当他们的努力(见图1.2)得到了成人的支持和鼓励时,他们就可以"产生一种没有被破坏的主动性,并以此为基础形成更高的但又现实的理想和独立性"(Erikson, 1959)。在每一个特定的阶段,成功地完成每一个发展任务都可以让儿童正确地认识世界和觉察自己,促进他们健康人格的发展,并帮助他们主动掌控环境以及在所处的文化中进行适宜的社会化(Erikson, 1963, 1968)。

图 1.2

行为主义理论

行为主义理论关注的是那些可以影响人类行为的客观的、可以观察到的原理。约翰·华生（John B. Watson, 1878—1959）是行为主义运动的奠基人。行为主义有两大理论框架可以用来解释儿童的发展。第一个就是由美国最知名的心理学家斯金纳（B. F. Skinner, 1904—1990）提出的操作性条件反射。斯金纳借鉴了俄国心理学家伊万·巴甫洛夫（Ivan Pavlov, 1849—1936）的经典条件反射模式。巴甫洛夫提出了刺激—反应理论，指出使用一个非条件的刺激和一个非条件的反应可以引出一个针对条件刺激的条件反应。但是，这个理论无法解释那些并非由可以观察到的刺激引发的行为。斯金纳的操作性条件反射理论指出，很多自发的行为并不总是对某些刺激的反应。同时，他认为重要的是行为的结果，而非导致行为出现的刺激。斯金纳把这些行为的结果描述为奖励（强化）和惩罚。因此，儿童的学习被视为儿童接受调节的一个过程，即教师通过采用强化和惩罚等措施，使儿童表现出人们所期待的行为和知识。斯金纳描述了一个理想的育儿环境，并宣称人类自身的因素和环境中的物理要素应该被精确地"操纵"，以便产生确定的、可以预测的结果（Skinner, 1971, 1974）。

阿尔伯特·班杜拉（Albert Bandura, 1925—）对华生和斯金纳的刺激—反应理论进行了修正，形成了行为主义的另一流派，即社会学习理论。社会学习理论试图描述个体的认知，或者说儿童在行动时的所思所想。社会学习理论还认识到观察、模仿、示范和随机学习在儿童的行为与学习中的作用（Bandura, 1977）。

认知发展理论

人们在提到认知发展理论时很自然地就会想到让·皮亚杰（Jean Piaget, 1896—1980），因为这一理论是由他提出来的。皮亚杰最初是一名生物学家。他早年受雇于法国巴黎的比奈研究所，负责为儿童的成就测验进行评分。在这个过程中，皮亚杰开始对不同年龄段的儿童就测验题目给出的错误答案感兴趣。他发现，同一年龄段的儿童会给出同样错误的答案。这一发现促使他提出了认知发展理论。皮亚杰指出，人类的认知发展需要经历四个阶段[1]：感知运动阶段（出生到18—24个月），前运算阶段（18—24个月到6—7岁），具体运算阶段（6—7岁到12—13岁）和形式运算阶段（12—13岁到成年；Piaget, 1926）。不管儿童处于哪个年龄段或者发展阶段，我们都

---

[1] （1）感知运动阶段，个体靠感觉与动作认识世界；（2）前运算阶段，个体开始运用简单的语言符号进行思考，具有表象思维能力，但缺乏可逆性；（3）具体运算阶段，个体出现了逻辑思维和零散的可逆运算，但一般只能对具体事物或形象进行运算；（4）形式运算阶段，个体能在头脑中把形式和内容分开，使思维超出所感知的具体事物或形象进行抽象的逻辑思考和命题运算。——译者注

可以用以下几个过程来描述他们的发展与学习。在自然环境和社会环境中,当儿童通过积极的探索和发现来建构知识时,学习就发生了。同化和顺应这两个相互对立又互相关联的过程,可以帮助儿童适应环境。当儿童把自己从周围环境中获得的概念、技能和信息与他们先前形成的认知模式或理解图式匹配在一起时,就是同化。当儿童必须改变心理图式以适应新的概念、技能和信息时,就是顺应。当同化发生时,信息是被吸收到或者纳入儿童先前就已存在的心理结构的。当顺应发生时,儿童的心理结构要做出调整以适应新的知识。在皮亚杰的认知发展理论看来,儿童是积极地探索和加工信息以及建构知识的学习者（Piaget, 1926）。

20世纪90年代,认知发展的其他理论开始受到人们关注。信息加工理论就是其中之一。信息加工理论把大脑看作计算机模型,以此来解释信息是如何被接收、解释、储存和提取的。但是,信息加工理论无法充分或者准确地解释短时记忆和长时记忆的结构和功能,情感在认知中的作用,以及一个人是如何把他的目标同他对刺激的感知联系起来的（Thomas, 2005）。比约克隆（Bjorklund, 1997）提出,我们需要一种新的认知理论,而且这种理论必须包括对脑的发展、进化理论和个体差异的认识。

生态学理论或生物生态学理论

尤里·布朗芬布伦纳（Urie Bronfenbrenner, 1917—2005）是一名美国心理学家,长期担任康奈尔大学的教授。他强调儿童与社会和文化环境相互作用的重要性。布朗芬布伦纳运用"过程—人—环境"的理论模型来描述儿童的行为和发展:儿童（人）在不同环境（环境）中所经历的相互作用（过程）。后来,布朗芬布伦纳又在这个理论模型上增加了时间这个维度,以便更好地描述儿童的发展、行为和学习的动态本质。

正如图1.3所显示的那样,儿童的发展是在不同的生态环境中发生的。这些生态环境包括微观系统、中间系统、外层系统、宏观系统和时间系统。微观系统是指与儿童发生相互作用的家庭、学校、操场、教堂等直接环境。中间系统是指各微观系统间的相互作用,包括父母与教师的互动,母亲与父亲的互动等。外层系统是指那些尽管儿童并未直接参与但是仍然受其影响的环境,包括父母的工作场所、州和联邦的法律等。宏观系统是指通过上述相互联系的系统或环境而影响儿童的社会价值观、信仰、态度、风俗以及其他方面等。最后,布朗芬布伦纳还介绍了时间系统,它以各系统的变化为特征。出生和收养、死亡和离婚以及新的工作和法律政策等,都会使各个系统发生变化并适应这种变化;反过来,这些变化也会影响儿童的发展（Bronfenbrenner, 1979, 1993, 1995）。

多元智力理论

霍华德·加德纳（Howard Gardner, 1943—）是美国哈佛大学教育研究生院的教授,他提出了新的理论框架来描述各种不同的智力。尽管大多数认知理论学家和教育工作者都强调语言智力和数理—逻辑智力,但是加德纳认为至少还存在另外五种智力,即音乐智力、身体—运动智力、空间智力、人际交往智力和内省智力。儿童是通过以下多种方式来认识世界的:语言、数理—逻辑思维、空间表征、音乐思维、利用身体去解决问题或者进行创造、理解他人和认识自己。儿童的差异之处在于"这些智力的强项不同……而且唤醒并组合这些智力以执行不同的任务、解决各种各样的问题和在不同领域有所作为的方式也是不同的"（Gardner, 1991, p.12）。最近,加德纳又提出了其他的智力,包括自然观察者智力、精神智力、存在智力和道德智力（Gardner, 1999）。儿童所处的家庭、文化和社区都会影响儿童智力的发展，影响人们对不同智力的价值观以及智力的表达方式。对于教师来说，认识到文化对于儿童智力发展和评估的影响，对于他们规划课程以及设计最适宜的幼儿评估方法是至关重要的。课

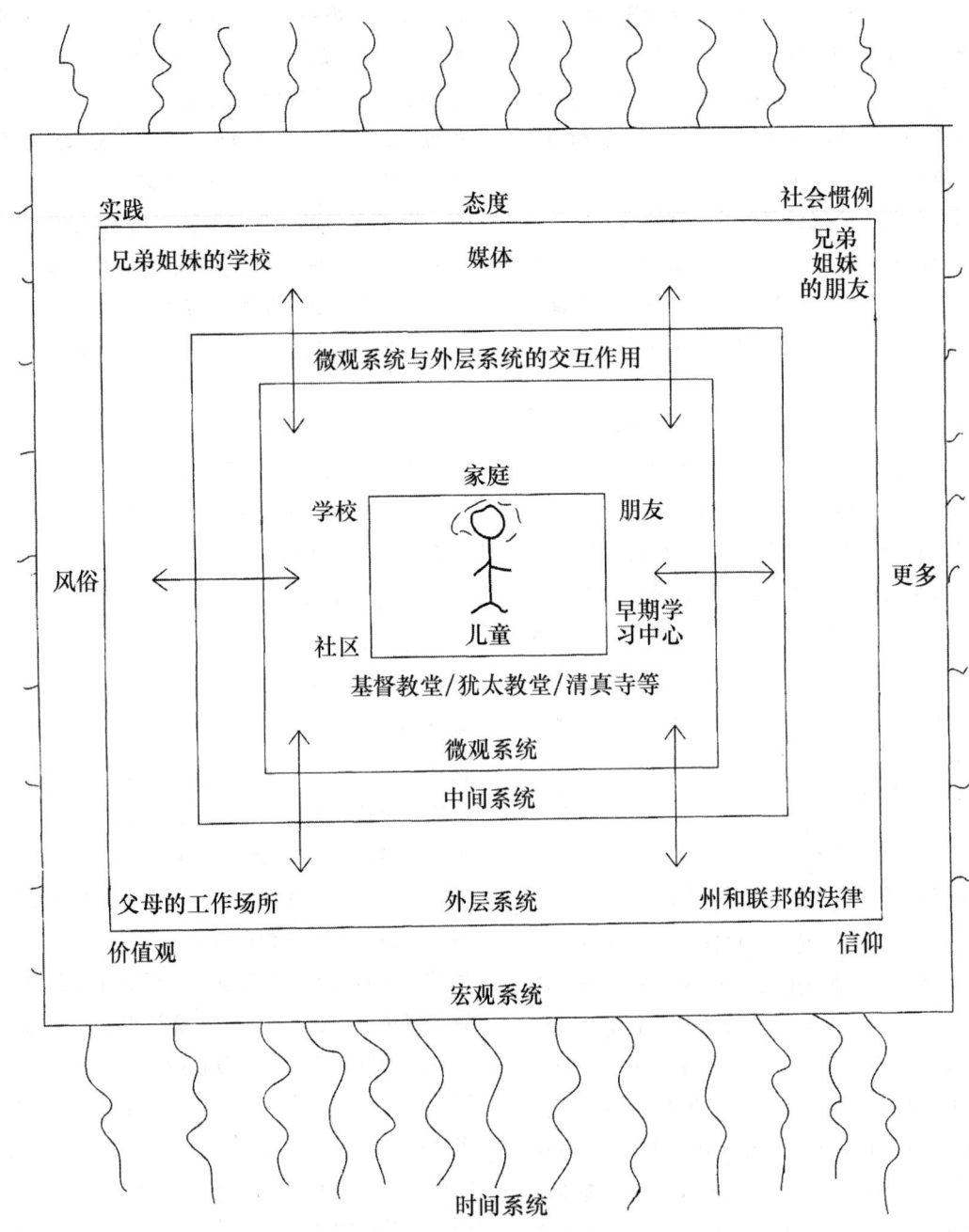

图1.3 布朗芬布伦纳的发展生态学理论

程必须为儿童提供各种各样的机会以促进他们各种智力的发展，同时评估必须超越传统的、与学业成就相关联的内容。多元智力理论帮助教师识别出儿童的强项，而这些强项在传统学校环境中并不总是受到重视。此外，当儿童在一个可以促进其多种智力发展的环境中游戏和学习时，多元智力理论还可以促进儿童的自尊发展（Gardner, 1993）。

社会文化理论

利维·维果茨基（Lev Vygotsky, 1896—1934）是一名出生于俄国的心理学家。他强调社会和文化对于儿童发展的影响，以及语言在发展高级思维能力中的作用。此外，他还强调游戏对于促进儿童的社会合作性行为发展的重要性。维果茨基提出了"最近发展区"的概念，意指"儿童独立解决问题的实际发展水平与儿童在成人的指导下或者与更加能干的同伴合作解决问题的潜在发展水平之间的距离"（Vygotsky, 1933/1978, p.102）。幼儿教育工作者可以利用这个概念来为儿童提供个别化的游戏经验。"游戏为儿童创造了一个最近发展区。在游戏中，儿童的表现总是超出其平均年龄，总是高于他的日常行为水平。儿童在游戏中的表现要比平时高出一头……游戏以一种浓缩的方式涵盖了所有的发展倾向，并且游戏本身就是一个主要的发展源。"（Vygotsky, 1933/1978, p.86）

伍德、布鲁纳和罗斯（Wood, Bruner, & Ross, 1976）三位研究者引入了"支架"（scaffolding）这个概念来描述成人对儿童游戏和学习的指导。成人会鼓励儿童投入到"有趣的且有文化意义的"，同时涵盖合作与问题解决内容的活动中。当儿童进行合作时，主体间性这个过程就发生了（Newson & Newson, 1975）：儿童必须与其他有着不同思维水平的人分享知识。当他们合作解决问题时，他们就达成了共识并提出了解决方案。就这样，当儿童通过讨论、协商和妥协来解决问题时，他们就从个体和社会性两个方面建构了知识。

维果茨基认为想象游戏所带来的影响是很复杂的：它不仅可以促进儿童的认知发展，尤其是可以增强儿童的记忆和推理能力，还可以提升儿童的社会能力，促进儿童的语言发展（Berk & Winsler, 1995）。"维果茨基的理论提供了另外一种合理的解释来说明游戏在幼儿园和小学学习环境中具有重要的作用。对于那些因为关心学生的学业进步而忽视游戏，或者把游戏从儿童的学校生活中排除出去的教师来说，维果茨基的理论为改变这种状况提供了一个富有说服力的论据——它阐述了为什么假装游戏是培养儿童能力的重要活动，而这种能力不管对于儿童的学业成就还是今后人生的成功来说都是至关重要的。"（Berk & Winsler, 1995, p.79）

将维果茨基和皮亚杰的理论进行比较是不可避免的，因为二者都关注语言和社会经验在儿童认知发展中的作用。维果茨基强调语言尤其是内部语言，促进了儿童的认知发展；皮亚杰则认为是认知发展，比如婴儿期的感知运动探索，促进了儿童语言的发展。维果茨基认为游戏具有社会性特点，皮亚杰则认为游戏最初是儿童独自进行的，只有当儿童在认知上发展成熟并且变得不那么以自我为中心后，他们的游戏才变得具有社会性。

对于教师来说，应该如何使用这些理论呢？下面，我们列举一个例子进行说明。亚历克丝是一名4岁的儿童。一天下午，她发现了一个空的硬纸箱。在没有与人讨论的情况下，她自发地爬到箱子里面坐了下来。很快，她又爬了出去跑到屋里。一会儿，在这样一个阳光明媚的日子里，她竟然拿了两把雨伞出来并重新坐到了箱子里面。然后，她把雨伞放在箱子顶部的两端，手握伞把开始划动箱子。此时，她把箱子当成了船，把雨伞当成了船桨。在这一切发生的过程中，亚历克丝既没有和旁边的成人或者同伴进行交流，也没有与他们进行互动。回想行为主义理论和班杜拉的社会学习理论中所提到的观察和模仿（在这个案例中是指延迟模仿）在儿童学习中所起的作用，教师可以提问："你和家人一起划过船或者钓过鱼吗？钓鱼的时候，大家还会做其他的事情吗？我们还需要什么道具吗？"秉承认知发展理论的教师则认为，亚历克丝正在探索一件她熟悉的东西——箱子，并构建了它的一种新用途。亚历克丝运用她正在发展中的关于形状、尺寸和运动方面的知识，并把这些知识同化到她不是很熟悉的"船"的概念中，同时结合想象力建构了一个新的活动。这位教师还可以通过提出一些能促进探索和发现的问题，甚至是和儿童的认知不一致的问题，来促进儿童进一步组织新知识。比如，教师可以问："你还能用这个硬纸箱（或者这条船）做些什么呢？你的这条船可以坐多少个小朋友？还有别的东西能浮在水面上吗？你想验证一下看看吗？"运用这些理论，教师可以描述甚至预测儿童的行为，然后为儿童提供一个丰富的和支持性的环境来促进他们的发展与学习。

研究

幼儿教育课程必须基于研究和理论。过去三十年，为了寻求"支持儿童学习与发展的最佳实践"，相关研究的数量飙升。诸多发展性研究都强调了学前阶段在儿童学习中的重要性。过去，针对教学与教师作用的研究关注更多的是基础教育领域；现在，我们有大量的文献关注幼儿教育项目，为幼儿教育课程的研发提供了真知灼见（Goffin, 1989; Spodek, 1982; Raver & Knitzer, 2002; Shonkoff & Philips, 2000）。

教师理应熟悉儿童发展与教育研究的不同领域，以便努力改进教育项目的质量。这些领域包括：儿童的认知、社会性、情感、身体和创造力发展，教师的特征与行为，教学方法和策略，课堂的组织特点，儿童管理和纪律策略，儿童的动机，家庭和同伴对儿童的影响等。上述每一个领域的研究都可以指导教师决策出有效且适宜的课程。美国国家研究委员会的一份报告为幼儿教育课程提出了相关建议，反映了认知科学领域的最新研究（National Research Council, 2000a）。建议如下：

- 有效的幼儿教育课程应聚焦于儿童当前的理解能力并以此为基础。
- 当儿童在获取信息的同时可以发展技能时，儿童的概念发展就可以得到促进。
- 那些鼓励儿童进行"反思、预测、质疑和假设"的课程活动，不仅可以让儿童获得信息，还可以让他们获得进行更有效学习的认知技能。（p.8）

在幼儿教育研究的诸多领域中，教师和研究者都会讨论以下问题：应该对哪些主题和问题进行更多的研究？哪些具体问题的答案可以帮助一线教师？如何才能把这些研究结果更好地应用到课堂中？教师和研究者到底应该建立什么样的关系？如何才能支持和促进这种关系？幼儿教育研究的"生产者"和"消费者"一致同意：幼儿教育研究与其应用之间的对话可以增强人们对幼儿教育的了解（Allen, J., & Catron, 1990）。幼儿教育工作者必须利用现有的研究信息，并把自己看作课堂实践中的研究者（Bisplinghoff & Allen, 1998; Burnsford, Fischer, & Hobson, 2001;

Seefeldt，1987a）。

批判理论与课程

然而，最近十年来幼儿教育学者已经主张，我们必须避免只依靠儿童发展理论和研究来指导我们的幼儿教育实践；我们还必须融入"批判理论"来充分理解儿童的发展和学习。当家庭和文化发生改变时，我们的幼儿教育实践也必须与时俱进，以反映这些社会变化。批判理论认为，知识是在一个政治社会中被建构而成的，在这个政治社会中有统治者和被统治者。知识的建构及其使用方式反映了对不同性别、种族和文化的不同重视。比如，儿童是基于性别模式与同伴和成人进行互动的，其中男性被认为更有力量和更具权威。从批判理论的视角来看，教育可以采用不同于传统刻板印象的定位来帮助儿童重新建构对性别角色的认识。对于儿童而言，并非一个男孩或者一个女孩的身体特征而是男孩们和女孩们形成并展现出来的特质，帮助他们形成了身份认同，包括权力和权威（Ryan & Grieshaber, 2004）。

同样，最近十年来研究者也聚焦于幼儿教育质量的决定因素，包括不同的利益相关者是如何定义幼儿教育质量的。达尔伯格、莫斯和彭斯（Dahlberg, Moss, & Pence, 1999）从一个后现代主义的视角描述了幼儿教育的质量，他们认为"世上本无绝对知识、绝对现实……无确定的外在位置，也不存在脱离历史和社会的普遍共识。而历史和社会恰恰为真理、知识和伦理提供了基础"（p.23）。相反，当每一位幼儿教育和保育的参与者都共同合作来建构意义而非寻找真理时，关于幼儿教育质量构成要素的真理和绝对性就出现了。"知识及其建构总是扎根于具体的环境并承载着价值观，这对现代主义者信奉的普遍真理和科学中立提出了挑战。"（p.23）

幼儿教育项目的效果分析

随着1965年"开端计划"的启动以及学前教育项目在20世纪七八十年代的涌现，大量有关效果评估的研究开始出现，以评判幼儿教育对儿童和家庭产生的影响。20世纪60年代和70年代的早期研究主要考察了儿童的发展和行为，如智商、语言技能和社会行为等。在长期的追踪研究中，研究者又测试了儿童之后的学业水平。当追踪研究完成的时候，研究者发现：幼儿教育的积极作用通常会在儿童上小学二三年级的时候消退。研究者开始意识到幼儿教育项目对儿童有更加复杂的影响，并在后续研究中拓展了测量项目效果的指标。这些拓展后的指标包括儿童的学业理想、职业理想及他们学校之外的行为，如就业情况、是否读大学和是否有被逮捕的记录等。此外，这些指标还涉及了儿童家长的行为和育儿实践，以便衡量幼儿教育项目对儿童的间接影响。

认知发展与幼儿教育项目

尽管仍然有很多问题没有得到解答，但是就幼儿教育项目对儿童和家庭的作用而言，教育工作者还是在一些领域达成了共识。很多家长、教师和研究者都关注儿童的认知发展。总的来说，高质量的幼儿教育项目对于儿童的认知发展具有积极的作用，尤其是可以促进儿童语言的发展。对于那些面临发展迟缓和学业失败风险等不利处境的儿童来说，他们可以从大多数幼儿教育项目中得到认知水平的提升。

社会性发展与幼儿教育项目

备受关注的第二个领域就是儿童的社会性发展。与那些主要由父亲或者母亲照料的儿童相比，有过学前教育经历的儿童更合群，会开展更多的合作性游戏和联合游戏，会与其他儿童进行更多的积极的和消极的社会性互动（图1.4中，两位"超级英雄"虽然针锋相对，但是他们仍然勾肩搭背站在一起）。一些研究指出，这些儿童更具有攻击性；但是也有研究指出，这些儿童只是更自信而已，并不一定具有攻击性。

图 1.4

情感发展与幼儿教育项目

人们关注的第三个领域就是儿童的情感发展，尤其是关于亲子依恋的问题。这个领域早期的大多数研究都认为，那些没有接受过父母照料的儿童会形成多重依恋，即对父母的依恋和对其他照料者的依恋。同时，它们还指出，婴儿对其他照料者的依恋并不会影响他们亲子依恋的质量。一个最新的研究提出，应该关注婴儿项目的效果，尤其是那些为出生第一年的儿童每周提供30个小时以上保育服务的项目的效果。但是这个研究由于样本偏小或者儿童数量不多，同时也因为评估婴儿依恋使用的工具不适宜而饱受批评。这个评估工具是在20世纪60年代被研发出来的，是用于评估那些没有或者很少被父母以外的人照料的儿童。因此，当现在把这个评估工具用于评估大量有着丰富的幼儿教育项目经历的儿童时，它的适宜性就有待商榷了。

研究还考察了幼儿教育项目对儿童的间接影响。比如，当父母改变了家庭环境，改变了他们与儿童的言语互动、身体互动，或者改变了他们的育儿实践时，就会对儿童产生间接的影响，这是父母参与幼儿教育项目的结果。幼儿教育项目影响了父母的行为，进而使这些家庭环境的改变影响了儿童的发展和行为。

幼儿教育项目的质量

通过回顾幼儿教育项目对儿童发展的影响，我们可以知道：并非所有的幼儿教育项目都会产生同样的效果，也并非所有的儿童都以同样的方式受到影响。这些幼儿教育项目之所以会产生不同的效果，是因为项目本身存在着差异。其中，一个因素是幼儿教育项目质量存在着差异。高质量的幼儿教育项目既可以促进儿童的认知、社会性和情感的发展，又可以培养儿童的思考、学习和人际互动的技巧。高质量的幼儿教育项目不仅师幼比较高、班级规模小，还包括发展性课程、发展适宜性评估工具以及安全而充足的空间和材料。此外，教师也是幼儿教育项目质量的一个重要组成部分。教师应该接受有关儿童发展与教育方面的培训，应该认识到儿童和家长的需求并对他们的需求保持一定的敏感度，应该与家长协同合作对儿童进行教育，应该得到合理的待遇，应该接受在职培训并获得上级主管的支持；只有这样，他们才能留在自己的岗位上，留在幼儿教育领域（Schweinhart, 1988）。

针对课程的研究

另外一个导致幼儿教育项目对儿童产生不同效果的变量,就是课程。在一项有关幼儿教育对儿童影响的研究中,研究人员把课程作为一个变量进行了考察。这项研究一共涉及54名儿童,分别追踪了他们15岁和23岁时的情况。这些儿童来自社会经济地位较低的家庭,他们在3—4岁的时候接受了幼儿教育。在接受幼儿教育的第一年,这些儿童的智商得到了显著的提升。然而,随着时间的推移,他们的智商增长速度和学业成就反而下降了。当他们长到15岁的时候,这些接受过三种不同课程模式的儿童表现出了显著的发展差异。与接受过认知发展课程模式或自由游戏课程模式的儿童相比,那些接受过行为主义课程模式(由教师主导)的儿童出现了更多的不良行为,并且数量是前者的2倍。此外,那些接受过行为主义课程模式的儿童还存在着诸如与家庭成员关系不良、不积极参加学校体育活动、不太会寻求帮助来解决个人的事情等问题(Schweinhart, Weikart, & Larner, 1986)。当这些儿童长到23岁的时候,与接受过认知发展课程模式或自由游戏课程模式的儿童相比,那些接受过行为主义课程模式的儿童因为重罪而被捕的人数是前者的3倍,因为情感障碍而接受治疗的人数几乎是前者的8倍。此外,这些儿童也不太可能参与志愿工作或者1996年的总统大选。这些结果表明,"如果幼儿教育项目要产生长期的积极效果,那么以儿童发起的学习活动为基础的具体的课程模式是必不可少的"(Schweinhart & Weikart, 1997; Schweinhart et al., 2005)。

某些研究者研究了幼儿教育项目所产生的长期的、与社会发展有关的效果,这是对文献做出的一个有价值的贡献。来自社会经济地位较低的家庭并接受了正规幼儿教育的儿童,与那些家庭背景类似但是没有正规幼儿教育经历的儿童相比,更不太可能留级,更不太可能接受特殊教育安置、成为少女妈妈、有青少年犯罪记录或者从高中辍学;相反,他们更有可能顺利毕业,更有可能产生更高的职业理想,更有可能在高中毕业后找到工作。与为儿童提供幼儿教育所花的费用相比,因为儿童没有接受幼儿教育而在长大后产生更多的不良后果,从而需要社会提供服务而花的费用是前者的7倍(Berrueta-Clement, Schweinhart, Barnett, Epstein, & Weikart, 1984; Consortium for Longitudianl Studies, 1983; Schweinhart et al., 2005)。

未来有关幼儿教育项目效果的研究,必须要关注那些复杂的、互相联系的且影响儿童发展的生态学变量。比如,幼儿教育项目中的教师可能会影响家长的育儿实践,而家长的育儿实践又会影响儿童的行为和发展。此外,未来的研究还必须关注那些可以在项目或者管理层面做出调整的变量。最后,纵向研究以及那些考察幼儿教育项目对于儿童、家庭和社会具有多种效果的研究也是必要的,因为它们可以指导人们对幼儿教育项目做出更明智的决策。

课程模式概览

尽管有关幼儿发展的理论已经存在了几个世纪,但是幼儿教育课程模式出现的时间并不长。1957年苏联人造卫星"伴侣号"(Sputnik)的发射,促使美国重新重视教育。此外,美国联邦政府对幼儿教育的参与以及为了干预幼儿教育而于1965年发起的"开端计划",都聚焦于为学前儿童提供教育课程。从20世纪60年代开始,无论是在研究的范围还是在研究的数量上,有关幼儿教育和课程的研究都迅速扩大了。

研究者开始探索幼儿教育对儿童的作用,尤

其是要评估幼儿教育对儿童的智商、入学准备、语言发展、社会性发展和人际交往技能的作用。研究结果显示，人们需要深入考量那些有助于解释幼儿教育效果的具体因素。因此，在过去的20年里，有关幼儿教育的研究日益关注儿童变量、教师变量、家庭变量、项目或课程变量之间复杂的相互关系和相互作用，以便判断哪些幼儿教育项目是成功的。

从有关儿童发展的理论中已经衍生出了一些有组织的课程框架。下面我们将描述这些课程框架，并简要介绍几种被广泛运用和研究的课程。教师在选择这些课程时应该参考后面列出的参考文献，以便更加全面地了解每种课程的信息。

我们把一些以认知发展理论作为基础的课程模式，泛称为相互作用课程模式或者建构主义课程模式。尽管皮亚杰并没有明确指出认知发展理论的教育实践，但是很多幼儿教育项目的设计者确实是以皮亚杰的理论为基础的。在20世纪60年代有关"遗传还是环境在儿童智力发展中起决定作用"的大辩论中，很多教育工作者就开始支持并使用皮亚杰关于"儿童是主动的创造者和知识的建构者"的理论了。在这种课程模式下，教师会评估儿童的发展水平，并为儿童提供发展适宜性的材料和活动。教师会为儿童提供很多机会来寻找问题的答案，而这些问题是儿童自己提出来的关于环境方面的，而非那些教师认为儿童应该知道答案的问题。

心理动力学课程模式以弗洛伊德和埃里克森的理论为基础，重视情感环境，并把它作为支持儿童发展和学习的一种氛围。这种课程模式主要关注的是儿童社会情感的发展，如提升儿童的自尊感和学习动机等。成熟主义课程模式以经典的关于儿童发展和成熟的理论为基础，所规划的活动是为了支持儿童达到发展上的"里程碑"。教师会为儿童提供教育活动并鼓励他们进行社会性学习，但是教师在教学中并不是太主动。行为主义课程模式以行为主义理论和社会学习理论为基础，通常有着高度结构化的学习环境。在这种学习环境中，活动一般由教师发起，活动目标是帮助儿童掌握学业技能和前学业技能。教师会使用奖励措施，如代币、食物等，也会使用惩罚手段来引导儿童表现出适宜的行为。这种课程模式针对指导儿童的技术进行了详细的描述，尤其是指导有特殊需要的儿童的技术。这些技术被广泛用来改正和指导儿童的行为。

认知导向的高宽课程

高宽（High/Scope）课程以皮亚杰的理论为基础，是由位于美国密歇根州伊普西兰蒂的高宽教育研究基金会（High/Scope Educational Research Foundation）的戴维·魏卡特（David Weikart, 1931—2003）及其同事于1964年开始研发的。在这种课程中，儿童被看作教室中主动的学习者和规划者。教师的作用就是布置教室、提供材料以及规划一日生活流程，以便让儿童设计、实施和回顾各种活动和实验。自20世纪60年代以来，针对高宽课程实施效果的研究就一直没有中断过。同时，研究人员也对那些接受高宽课程的儿童进行了追踪研究，一直追踪到他们40岁。结果表明，这种课程对儿童的智力、学业成就和社会性发展都产生了积极效果（Berrueta-Clement et al., 1984；Hohmann, Banet, & Weikart, 1978；Schweinhart et al., 2005）。

银行街课程

银行街（Bank Street）课程是由露西·米切尔（Lucy Mitchell）发起的，之后得到芭芭拉·比伯（Barbara Biber）的进一步拓展和完善。银行街课程首先在纽约市的城乡学校（City and Country School）中推行，并由银行街教育学院（Bank Street College of Education）对它的教育效果进行了研究。银行街课程的理论基础是弗洛伊德的心理动力学理论、进步教育和杜威（John Dewey, 1859—1952）的观点。银行街课程既为儿童提供了与他们的年龄相适宜的材料，也为所有不同年龄的儿童提供了共同的发展目标。这些目标包括促进儿童的自主性、探索精神、自我概念、沟通能力和技能的发展。教室里各个区域内的材料常常由教师制作并摆放好。教师负责规划环境，并在儿童的技能发展和学习中发挥示范作用（Biber, 1984; Biber & Franklin, 1967）。此外，银行街课程还包含相互作用课程模式或者建构主义课程模式的理念。

蒙台梭利教育法

蒙台梭利教育法是以玛利亚·蒙台梭利（Maria Montessori, 1870—1952）的教育原则为基础发展起来的。作为一名意大利医生，蒙台梭利在20世纪初把她的教育方法运用到智力发展迟缓的儿童身上；在获得成功后，她又把这种方法拓展到所有学前儿童身上。蒙台梭利博士分别于1913年和1915年到美国做演讲，并且随着她的有关工作的文章的发表和1929年国际蒙台梭利协会（Association Montessori Internationale）的成立，她的教育方法开始广为流行。蒙台梭利教育法旨在支持儿童的个性和认知能力的发展。它鼓励儿童自律、自我指导和独立。它为儿童准备的环境和材料具有"自我纠错"的特点，也就是说儿童使用这些材料的结果将会"告诉"他们是否正确使用了这些材料。大部分活动都是儿童独自进行的，即儿童通过与材料的相互作用而不是与其他儿童合作来完成的。教师的作用就是在儿童通过恰当地使用材料进行自我教育的时候，为他们准备一个能回应他们需求的教室环境（Montessori, 1949; Perryman, 1966）。

进步教育

杜威既是一名哲学家，也是一名教育家。他把教育环境看作培训民主的场所。课堂应以小组活动、合作以及共同的责任和目标为中心。儿童对小组工作和生活所做出的贡献赋予了他们在小组中的发言权，同时成为小组的一部分也促进了儿童在智力和社会性方面的发展。教育就是为了培养"富有创造性的个体"。儿童通过主动地"参与"身体和智力活动而学习。这些活动是教师基于儿童的兴趣、需要、目标和能力而提供的。"学习是主动的。学习要延伸到心智之外。学习是个体内部有机同化的过程。确切地说，我们必须坚持同儿童在一起以及最后必须离开他的立场。"（Dewey, 1902, p.9）

杜威也把教育中的民主看成社会中的所有成人想要为所有儿童提供的适宜的教育。"那些最优秀、最睿智的父母想要给自己孩子的，必须是这个社会想要给所有儿童的。除此之外，其他任何一个关于我们学校的理想都是狭隘的和丑陋的。"（Dewey, 1900, pp.3—4）杜威把他的这种教育理想看作支持一个民主社会并教会儿童在一个民主社会中生活所必不可少的内容。杜威的进步教育哲学对美国的公立教育产生了最深远的影响，这是20世纪里任何一种理论都无法比拟的。

行为主义教学技术

在把行为主义理论应用到幼儿教育方面，人们讨论得最为广泛的一个例子也许就是贝—恩（Bereiter-Engelmann）模式。20世纪60年代，它被设计和广泛用来为经济处境不利的儿童提供补偿教育,尤其是促进他们的语言技能发展。在这种模式中,教师使用直接教学法来教授数学、阅读和语言等内容。上课和活动也都是由教师发起和主导的,同时要求教师进行结构化和重复性的教学。教师利用奖励(包括食物和口头表扬)来激励和鼓舞儿童。教师给予儿童的学习经验也主要是封闭性的,是为了让儿童得到并展示预期的正确答案(Bereiter & Engelmann, 1966)。

瑞吉欧·艾米莉亚课程

来自意大利的瑞吉欧·艾米莉亚教育模式被看作幼儿教育领域的一个典范。它秉承以下原则:"关于儿童的事和要为儿童做什么事只有从儿童身上才能了解到。"(Edwards, C., Gandini, & Forman, 1993, pp.43—44)洛里斯·马拉古兹(Loris Malaguzzi, 1920—1994)是意大利瑞吉欧·艾米莉亚市幼儿教育项目的创立者和第一任主管。瑞吉欧·艾米莉亚市投资开办了针对0—3岁儿童的婴儿—学步儿中心和针对3—6岁儿童的学前学校。这些全日制的儿童教育项目面向所有儿童开放。瑞吉欧·艾米莉亚教育就是一种文化的分享,并且是以家长和社区的高度参与为基础的。这种迄今为止历经了三十多年发展且具有黏合力的教育模式强调课程和教室环境的美学元素;高度重视儿童的想法和日常经验,并以此为基础把课程变成深入的项目探索;重视师生关系的持续性,甚至会让这种关系持续三年;鼓励儿童通过他们所有自然的"语言"或者创造性表达方式来表达他们自己(Edwards, C., et al., 1993)。实际上,据马拉古兹所说,他们把这种幼儿教育项目设计成了一种环境,"让儿童可以在一种愉悦和平和的氛围中探索他们的不同语言,而成人可以研究他们的语言"(1993, p.68)。

瑞吉欧教育模式为幼儿教育提供了一种有趣的视角来看待另一种文化中的教学、学习以及儿童的发展。意大利瑞吉欧·艾米莉亚市的学校是第二次世界大战后由家长和市民一起重新建起来的。家长和市民渴望让他们的孩子重新回到学校接受教育,也渴望在这个新的民主社会中为教育所有儿童确立共同的责任和愿景。因此,遭受战争破坏而成为废墟的村庄很快就变成了新的学校。

这些学校面向所有儿童开放。有特殊需要的儿童以及没有大家庭来照顾他们的儿童可以优先进入学校,这反映了这一社会的新的民主哲学。在随后的几十年里,瑞吉欧·艾米莉亚市又通过了一些具有里程碑意义的法律,包括提供免费的幼儿园,为3—36个月的儿童提供婴儿—学步儿中心,以及支持女性同时履行劳动者和母亲角色的政策。

本书中,当我们讨论幼儿的学习环境和活动时,我们都会提到瑞吉欧学校。然而,瑞吉欧学校的教师和主管看到后可能马上会说:"你在美国的纳什维尔、伊萨卡和圣达菲不可能拥有瑞吉欧学校。你在纳什维尔只能拥有纳什维尔学校,你在伊萨卡只能拥有伊萨卡学校,你在圣达菲只能拥有圣达菲学校。"瑞吉欧教育项目的核心在于,它反映了入学儿童所在家庭的文化、经历和期望。在后面的章节中,我们将会继续探讨你所在的学校是如何反映当地儿童及其家庭的文化和经历的。

创造性游戏课程

在后面的章节中,我们将会详细描述创造性游戏课程这一课程模式。创造性游戏课程是由美国诺克斯维尔市的田纳西大学于1985年研发并实施的。它以皮亚杰的发展理论、建构主义的学习模式和幼儿教育的发展适宜性实践为基础。它是一种基于游戏的课程,并且认识到个体创造性发展的重要性以及不同发展领域之间的相互联系。创造性游戏课程重视鼓励和支持儿童进行游戏,以便促进儿童在六个领域的发展,即个人意识、情感健康、认知能力、交流能力、社会化和感知运动技能。

一些幼儿教育项目采用了折中的课程方案,它们对几个不同课程的要素进行了选择和修改,以便更好地满足儿童的需要,适应具体的文化和社会期望,或者在资金有限的情况下发挥作用。最终,一个幼儿教育项目所实施的课程可能由一些课程中最具创新性、最符合经济原则和最让人满意的部分构成。

跨文化视角下的幼儿教育项目

很多奠定了幼儿教育理论基础的研究只关注美国的幼儿教育项目和课程。然而,通过一个跨文化的视角来审视幼儿教育,我们可以促进和扩大自己在政策和课程实践发展方面的努力和理解。尽管美国幼儿教育的研究水平很高,但是在考察幼儿保育和教育的本质方面,尤其是在考察幼儿保育和教育的质量、综合性、政府支持和领导力方面,我们国家远远落后于其他国家。大部分西欧国家都会为所有的学龄前儿童提供免费的幼儿教育项目服务。相比之下,美国的儿童保育系统却是一团混乱;不仅质量参差不齐,功能互相重叠,而且政府几乎没有发挥任何领导或支持作用(Kamerman & Kahn, 1978)。

欧洲的幼儿教育

瑞典为所有7岁入学儿童及7岁前的儿童,提供了一个综合性的保育和教育项目。这个被称为"儿童中心"的教育系统包括幼儿园(可能是提供全日制保育服务的日托中心,也可能是非全日制的机构)和空闲时间中心(为学龄儿童提供上学前和放学后的保育服务)。家庭保育中心也分布广泛。此外,作为"补充性学前教育活动"的教育项目还为那些家有病童的政府雇员提供儿童保育服务,为那些希望短暂离开儿童的家长提供在公园中照顾儿童的服务,以及为那些有特殊需要的儿童和因为患有慢性病而无法上幼儿园的儿童提供服务。所有这些服务都是在地方政府的支持下提供的并接受地方政府的督导和资助,同时也接受国家相关机构的领导。保证高质量的幼儿教育和保育被看作政府和公民广泛社会职责的天然组成部分,以促进所有儿童的健康和发展。瑞典的幼儿教育项目证明,"通过中央政府和委员会的领导、鼓励和技术、资金的支持,诸多地方政府可以在自己的权限内进行高水平的和富有想象力的幼儿项目规划"(Kahn & Kamerman, 1975)。

研究人员曾经对128名瑞典儿童进行了一项追踪研究,从他们出生追踪到他们13岁,同时采纳了多种方法和测量工具来获取这些儿童在认知、社会性和情感发展方面的数据。研究结果表明,与留在家中更晚进入保育机构的儿童相比,那些1岁前就进入保育机构的儿童有着更高水平的言语技能,更自信、更有毅力、更独立,并且焦虑水平较低。研究者总结说,"更早进入日托中心的儿童更容易成长为一个具有创造性、社交上很自信、人见人爱、性格开朗且独立的青少年"(Anderson, 1992, pp.32—33)。

丹麦为家庭日托中心提供了国家指南(美国则没有为儿童保育或幼儿教育机构提供国家指南)。每位社会服务督导员负责50名或50名以下的儿童（并非幼儿教育项目），每月至少回访两次。这些督导员每天至少为教师提供两个小时的电话咨询服务，包括和教师交流、回答教师的各种提问并为教师提供支持。政府负责提供设施、材料、责任保险、员工的工资、病假、带薪假期（5周），以及为所有家庭日托中心的负责人提供带薪假期来接受培训。家庭日托中心负责人收入的三分之一是免税的，用于支持食物、水电气和家庭用品损耗等的开支。丹麦政府的这些做法确保了它的幼儿教育拥有竞争优势，尤其是在管理和监督、培训、财政支持和补偿方面。"与得到政府全面支持和督导的丹麦幼儿教育和保育系统相比，美国的幼儿教育和保育系统在很大程度上没有得到规范的管理。这使得我们开始质疑我们优先考虑的事情到底应该是什么。"（Corsini，1991，p.15）

此外，很多欧洲国家为幼儿提供的教育项目都强调游戏和个别化学习。那些强调正规化学习的项目一般来说在儿童的发展历程中开始得比较晚，有些国家的儿童接受正规化学校教育的起始年龄是7岁。比如，美国公立学校课程领域的一个重大关注点就是儿童阅读技能的发展，很多家长和教师也很早就开始关注儿童在阅读方面的准备，但是文盲问题仍然是美国的一个主要问题。然而在丹麦，幼儿园课堂关注的是幼儿各种各样的语言经验，正式的阅读教学一直推迟到小学二年级才进行；但是，丹麦人的识字率却是100%（Elkind，1987）。

英国的幼儿学校和小学同样强调儿童个别化的学习经历。教室是一个丰富的环境，会提供具有创造性的具体材料、动手操作的玩具和各种各样的学习中心。早期阅读和数学活动并非强迫性的，而是只有在儿童感兴趣的时候才会提供给他们。这种非正式的教育是以教师为每一个儿童做出规划，并尊重儿童独一无二的学习风格为基础的。学习环境的另一个特征是它高度信任儿童有能力运用各种学习活动来促进自身发展，并允许儿童"充分参与到对自己的目标、问题和选择的追求中"（Weber，1971，pp.134—135）。显而易见，儿童是其学习和学校生活的主动参与者。

在匈牙利，由埃米·皮克勒（Emmi Pikler）博士研发的针对婴儿保育和教育的方法，已经拓展到其他国家并被它们使用。这种方法被称为"皮克勒模式"或者"婴儿保育者资源模式"。皮克勒模式认为婴儿和成人之间建立互相尊重的、双向的互动和交流很重要，并以此为基础。为了让婴儿成长为既尊重自己又尊重他人的成年人，教师必须用尊重的态度对待他们。皮克勒模式的原则包括：帮助婴儿以有意义的方式参与到和他们自己有关的日常生活和各种活动中，允许婴儿通过随机学习的机会来解决问题，通过可信赖的、一直陪伴他们的成人来教会婴儿信任，在儿童的每一个发展阶段关注高质量的互动和学习活动而非催促儿童尽快达到发展的里程碑（Gonzalez-Mena & Eyer，1997）。

法国的保育学校是一个有着18000多所幼儿园的教育系统，为200多万名2—5岁的儿童服务。在法国，84%的学前儿童入读的是由国家资助的幼儿教育机构。此外，有30万名儿童虽然入读的是私立和宗教幼儿园，但是这些幼儿园也得到了政府的补贴。法国的这些幼儿教育机构面向所有的学前儿童免费开放，不管这些儿童的家庭收入如何，也不管他们是否为法国公民。幼儿教师必须获得幼儿教育领域的硕士学位或者同等学力。法国幼儿园的班级规模一般比美国的大，大多数班级有28名儿童。然而，幼儿园的开办者表示，高工资、高素质和低流失率的教师队伍可以弥补相对较低的师幼比所带来的遗憾。一个针对两万名曾入读保育学校的儿童所做的研究发现，这些儿童比其他儿童更有可能从六年级升入中学，他们的升学率更高。针对这些儿童的情感发展所做的研究表明，2岁入读保育学校的儿童要比3岁入读的儿童更容易从家庭生活过渡到学校生活。虽然一些研究者已经注意到了大班额和儿童入学年龄问题以及有关儿童情感发展和亲子关系方面一些悬而未决的问题，并表示了他们的担忧，但是法国免费且普及的幼儿教育系统代表了政府勇于承担为所有儿童甚至是非常年幼的儿童，提供保育和教育的责任（McMahan，1992）。

其他国家的幼儿教育

一项针对11000多名泰国儿童的学业成就所做的研究表明，那些入读过儿童保育中心或者幼儿园的儿童在数学和语言测试方面的分数更高（Boocock, Barnett, & Frede, 2001；Raudenbush, Kidchanapanish, & Sang, 1991）。一项针对将近2500名3—6岁的新加坡儿童所做的研究发现，那些入读过幼儿园的儿童表现出更高水平的语言技能和人际交往技能（Sim & Kam, 1992）。

与美国那些旨在减轻因贫困和经济歧视而带来的负面作用的幼儿教育项目类似，哥伦比亚（McKay & McKay, 1983）、牙买加（Grantham-McGregor, Powell, Walker, Chang, & Fletcher, 1994）和其他发展中国家的经验表明，拥有训练有素的教职工和能够兼顾儿童健康与营养的优质幼儿教育项目可以减轻不利的处境对儿童发展的伤害。

其他国家大量的儿童教育实践都强化了以下这一观点，即不仅要把儿童发展的里程碑看作理解儿童发展的指南，还要把它看作促进儿童发展的助手。支持儿童的发展并不是要推动儿童"准时"达到发展的里程碑。相反，教师应利用发展的里程碑知识来了解儿童需要成人怎样来支持他们的发展与学习，以便帮助儿童按照他们自己的时间而非"准时"达到他们的发展水平（Gonzalez-Mena & Eyer，1997）。

为自己的幼儿教育项目设计课程

为某一个具体的幼儿教育项目所设计的课程应该具有以下特征：它必须很好地匹配儿童的需要和兴趣、家长的价值观和期望、社区的传统和文化以及教师的特点和能力等。很多课程都是以总体目标以及大多数家长和教师都认同的具体目标为基础的。比如，培养儿童的独立性、责任感和自尊，是很多课程模式的具体目标。但是，不同课程用于实现这些目标的具体内容和方法却各不相同。当教师和家长讨论他们有关幼儿教育和保育的价值观、期望、目标等问题时，针对到底要选择哪一个进行争论是很正常的。

课程除了要满足儿童的需要外，还"必须突显其所在具体社区的文化，并且对其所在社区来说是相关的和有意义的"（NAEYC & NAECS/SDE, 2003, p.23）。为了反映并尊重家庭和社区的不同文化、语言、价值观、需要和兴趣，不同幼儿教育项目的课程实践也可能是不同的。教师必须选择一个适合保护这种多样性而非使教育项目和家庭同质化的课程（Ball & Pence, 1999；Seefeldt, 1987a）。课程要反映儿童、家长和教师的需求，因为为这三个群体准备的环境决定了教育项目的总体质量和效果。如果一个教育项目为教师提供了很糟糕的工作环境，或者没有充分认识到父母育儿的困难，那么对于儿童来说，这就不是一个最优质的教育项目。

2003年，全美幼儿教育协会与美国教育部幼儿教育专家协会联合发表了一个立场声明，为教师评估课程内容提供了指南。声明建议，教师可以运用以下这些问题来审视任何一种计划中的课程，并且所有这些问题的答案都应该是肯定的。

家长也可以参与到课程审议的过程中，或者教师为家长提供这些问题的副本并告知家长他们选择的课程需要符合这些问题的答案。问题如下：

- 它能促进儿童间的互动学习并鼓励儿童建构知识吗？
- 它能帮助儿童实现社会性、情感、身体和认知方面的发展目标吗？
- 它在引导儿童获取知识和技能的同时，鼓励儿童培养积极的情感和学习品质吗？
- 它对儿童来说是有意义的吗？它和儿童的生活相关吗？通过把课程和儿童已有的经验联系起来，能使它和儿童的生活更加相关吗？儿童能很容易地从课程中获得直接经验吗？
- 此时，对儿童的期望是符合实际且可以实现的吗？或者说，通过现有的课程，儿童稍后能更轻而易举、更有效地获取知识和技能吗？
- 它对儿童和教师来说是有趣的吗？
- 它对文化和语言的多样性保持敏感和尊重吗？它期待、认可并欣赏儿童的个体差异吗？它能促进教师和家长之间积极关系的建立吗？
- 它是建立在儿童当前知识和能力的基础之上吗？
- 它是通过帮助儿童在一个有意义的情境中建构他们自己的理解来引导他们理解概念吗？
- 它促进了传统意义上不同学科领域内容的整合吗？
- 根据相关学科已有的标准，它所呈现的信息是准确的和可靠的吗？
- 课程内容值得学习吗？现在儿童可以有效且高效地学习它们吗？
- 它鼓励儿童积极学习并允许儿童做出有意义的选择吗？
- 它注重培养儿童的探究能力，而非聚焦于正确答案或者儿童完成任务的正确方式吗？
- 它能促进儿童的高级能力（如思维能力、推理能力、问题解决能力和决策能力等）发展吗？
- 它能促进并鼓励儿童与成人之间的社会性互动吗？
- 它尊重儿童的生理需要（如对活动、感官刺激、新鲜空气、休息、营养和排泄的需要）吗？
- 它能促进儿童的心理安全感、私密感和归属感的形成吗？
- 它提供了学习活动以提升儿童在学习上的成就感、胜任感和愉悦感吗？
- 它给了儿童和教师一定的灵活性吗？

（NAEYC & NAECS/SDE, 2003, pp.31—32；在全美幼儿教育协会授权下复印）

邀请教师参与课程设计

教师是决定幼儿教育项目质量最重要的因素。同时，教师应该在课程决策中发挥重要作用，以便使课程与自己的价值观、特点、能力很好地匹配起来。教师应该参与到以下工作中：

- 制定有关课程选择与设计的决策。
- 在课程使用过程中，接受职前培训和在职培训。
- 在家长会和其他会议中与家长一起讨论课程和儿童的日常生活经历。
- 在实施课程的过程中持续进行讨论。
- 对课程进行调整以适应项目中儿童和家庭的特殊需要。

至于就某个具体的幼儿教育项目而言，到底采用何种课程模式才是最合适的，或者使用不同课程模式中的哪些成分才是最合适的，还必须考虑其他的评估标准。这些评估标准应该反映在评估一种课程的时候考虑教师需要的重要性。一个对儿童来说优质的学习环境，对教师来说也是一个优质的环境。以教师的需求、经验和培训为基础的课程评估标准如下：

- 课程允许教师使用各种各样的教学策略吗？
- 要想有效地实施课程，教师需要具备哪些必要的资质呢？
- 需要多少时间来培训教师以使他们学会使用这个课程？对于教师来说，需要多久的职前培训和在职培训？
- 要想有效地实施课程，教师需要具备哪些必要的特点和技能呢？
- 课程的综合性如何？它包括了儿童的所有发展领域吗？教师需要其他资源来补充这个课程吗？
- 教师能够轻而易举且准确地评估儿童的发展吗？
- 相关的评估信息可以让教师用来制订课堂目标和设计活动吗？
- 教师能基于评估结果、儿童的需求和家长的意见而对课程进行调整吗？

通常来说，幼儿教师要比小学和中学教师拥有更多的自主性，因为小学和中学教师必须遵循各州的课程指南。因此，对于幼儿教师来说，了解发展理论、当前的研究和各种课程模式并选择适合自己班级的发展适宜性课程实践就显得非常重要了。

课程的组成部分

一个综合性课程包括四个基本的组成部分：哲学理念、总体目标和具体目标、课堂活动及儿童评估。

- 哲学理念囊括了课程其他组成部分所依据的基本理论。它反映了一系列假设，包括儿童作为学习者以及教师和环境在支持和鼓励儿童学习中的作用。它还反映了幼儿教育诸多发展理论和方法中的一种，或者反映了几种理论和方法的结合。
- 一个课程应该包括幼儿教育项目的总体目标和儿童在不同发展领域（如认知、社会性、情感和身体运动领域等）的具体目标。尽管课程好似把儿童各个领域的发展说成相互割裂的或者独立的，但是儿童的发展涉及跨领域的能力。儿童的发展是一个复杂的、各领域互相联系的过程，课程应该认识到这一点并支持这种整合性的发展。

  "发展适宜性实践"这个概念强调，班级中的幼儿教师作为课程适宜性的主要决策者是非常重要的。教师应该根据自己掌握的有关儿童发展与学习的知识、有关班级中个别儿童的知识以及有关儿童背后多元化的家庭、社会和文化的知识来制定这些决策。作为儿童发展主义论者，教师还必须继续从研究和教学实践中汲取营养，以便就"哪种课程最适合幼儿"这个问题做出明智的决策（Bredekamp & Copple, 1997）。

- 规划和实施课堂活动意味着教师要对儿童的日常生活经历进行选择。这些活动既反映了儿童的学习目标，也代表了儿童在所有领域的发展。实施这些活动要求教师准备一个能够促进儿童成长的班级环境，以及有效地使用各种教学策略。如果说课程的哲学理念代表的是课程中的"为什么"，课程的总体目标和具体目标代表了"是什么"，那么课程的实施就代表了

"怎么做"。课程的实施是对课程计划和教学的落实,是书面材料和课堂实践的连接。不同的教师对同一课程模式的实施可能千差万别,因为个体是通过不同的方式对书面的课程材料进行阐释的,或者因为要满足特定的儿童群体的需求而对课程内容做出了调整。课程实施在不同的幼儿教育项目之间也存在差异,这是因为课程本身就鼓励教师自己决定如何实施课程。教师应该继续对课程内容进行研发和修订,以确保为所有儿童提供多种多样的发展适宜性实践活动。

- 儿童评估包括有关儿童发展与学习的评估过程、方法和工具。收集可以与儿童家长分享的关于儿童发展方面的信息并把它作为评估课程与项目整体质量的一个方面,也是很重要的。教师关于课程设计、教学和评估方法的决策应该基于课程的哲学理念。此外,这些决策也应该反映出对教育项目中每一个儿童的回应,而这决定了课程的总体有效性。

对课程效果的评估

对课程的有效性进行评估是一个涉及面很广的过程,它不仅需要仔细记录儿童在不同发展领域的进步、观察儿童是如何参与活动以及如何使用教室环境的,还需要家长和其他教职工参与其中。教师可以通过使用各种各样的观察、记录手段来对儿童的发展进行适宜的评估。评估内容还包括儿童创造性表达的作品,如儿童的绘画作品(见图1.5)。评估过程应该基于教师对儿童发展里程碑的理解,同时还应该强调每一个儿童的独特性。关于儿童的发展性评估应该包括以下内容:

图1.5 儿童的创造性表达是发展性评估的一部分

- 从家长那里获取信息。
- 观察并记录儿童在游戏、一日生活和人际互动中的表现。
- 对每个儿童进行综合性的评估。
- 把观察和评估结果应用到课程规划、实施和评估中。(Leavitt & Eheart, 1991, p.5)

当评估被看作一个综合的、持续的过程时,评估就成为课程中不可或缺的组成部分了。此时,评估结果不仅可以用来表明每一个儿童的发展进步,还可以用来判断整个课程的有效性。评估结果不应该用于儿童之间的横向比较,而应该用于准确地指出儿童之间的发展差距,以便教师后续通过调整课程来缩小这种差距。

儿童对教室设施和空间的使用以及他们在活动中的参与水平,都是决定课程有效性的重要因素。教师应该对教室进行定期的观察,以便分析使用教室的不同区域的儿童的数量。教师还要对教室里的每一个区域进行观察，并判断儿童是否以一种有意义的方式使用教室里所有的区域。

此外，教师还应该使日常备课表中包含评估内容，以便每天都可以对活动是否成功进行评估。比如，教师可以通过以下这些问题来监控日常教学活动：儿童今天问了更多的问题吗？儿童自己找到答案和想到好点子了吗？儿童用多种方式使用材料了吗？儿童看起来很自信吗？儿童是高高兴兴地参与活动（像图1.6中的孩子一样）吗？通过分析这些观察和活动评估的结果，教师就可以判断是否需要对教室环境或者活动计划做出必要的改变。

图 1.6

邀请同事和家长参与到课程评估中，可以拓展信息的来源并为评估过程增加不同的视角。教师不仅可以邀请家长定期参与书面评估，还可以在日常交往中和家长会上邀请家长提供更多的非正式的口头反馈信息。教师可以邀请同事观察课堂活动，并请他们提供关于儿童参与活动的情况和教学策略有效性的客观信息。

此外，教师还可以利用已经发表的有关不同教学策略或者不同课程模式的研究结果来改进自己的课程。那些已经形成了幼儿教育哲学观并通晓不同课程模式的教师，最能做出课程实施的有效决策，从而既让课程实施符合哲学理念，又让它能回应儿童和家长的需求。

创建优质的幼儿教育项目

不管这些幼儿教育项目被归类为儿童保育中心、幼儿园还是学前班，大多数幼儿教育工作者都同意：所有的幼儿教育项目都应该是优质的，都应该为幼儿提供优质的保育和教育。何谓优质的幼儿教育项目？可以用以下三个主要特点来描述：

- 优质的幼儿教育项目从来不会把幼儿保育和教育割裂开来。
- 优质的幼儿教育项目是具有弹性的，同时它的课程与教学方法是适合幼儿的年龄和发展的。
- 优质的幼儿教育项目有三个互相联系的、必不可少的元素：师资、薪酬和经济承受能力。优质的幼儿教育项目要有合格的师资。合格的师资要求幼儿教育项目支付较高的薪酬。较高的薪酬又要求幼儿教育项目通过各种渠道募集更多的资金，而不能仅限于家长能够支付得起的学费。
（Smith, M., 1989, pp.6—7）

为了创建优质的幼儿教育项目，专业人士必须支持政府增加对幼儿教育项目的资助以及对幼儿教育项目提出更高的标准。此外，幼儿教育领域的专业组织必须培训有效的教师并为他们提供执照。这些受训人员包括专业人士和准专业人士[1]，他们善于实施发展适宜性实践（Bowman, 1990）。

---

[1] 准专业人士（paraprofessionals），指那些在社区学校里接受了两年教育的幼儿教师。相对于接受了四年大学教育的幼儿教师，他们被称为准专业人士。——译者注

国家认证

　　幼儿教育项目认证委员会是全美幼儿教育协会的一个分支机构。它的创建是为了研发和实施有关优质幼儿教育项目的国家标准。幼儿教育项目认证委员会为优质的幼儿教育项目制定了一系列判断标准，并且这些标准于1984年被全美幼儿教育协会的理事会采纳。同时，幼儿教育项目认证委员会还为认证中心设计了幼儿教育项目的认证过程（NAEYC, 1991）。后来，这些认证标准和过程经过了大量的修订。新的认证过程在2006年年初实施。

　　国家认证的目的在于促进幼儿教育专业人士参与到这个可以改进他们教育项目质量的认证过程中，同时对教育项目做出质量评估并为那些"基本符合优质幼儿教育项目判断标准"的项目提供认证（NAEYC, 1991, p.1）。

　　国家认证是一个自愿的过程。首先，申请认证的幼儿教育项目要自学认证标准并评估自己项目的各个组成部分，包括课堂环境、项目管理、人员配备和家长参与等。其次，利用自评结果为提升项目质量设定目标。在达成这些项目目标后，向幼儿教育项目认证委员会提交一份最终的项目描述报告。最后，幼儿教育项目认证委员会派出训练有素的评估者对项目进行实地考察，并由幼儿教育项目认证委员会的评估团队根据结果来决定是否提供认证。认证的有效期为五年（NAEYC, 2005）。

　　在实施国家认证的头十年（1985—1995），共有1.3万个儿童保育项目参与了认证过程。其中，超过4500个项目得到了认证。2006年，美国有1万个项目得到了认证。然而，全国却有8万个儿童保育项目符合认证的资格。因此那些得到认证的项目和它们自身作为优质教育项目的高标准，只能服务于少数为自己的孩子寻求高质量的儿童保育的家长（Bredekamp & Glowacki, 1996）。认证过程成功与否，很大程度上在于那些幼儿教育专业人士所投入的时间和精力。这些幼儿教育专业人士在认证过程中发挥着不同的作用：作为项目导师，负责帮助项目参与到自评的过程中；作为评估委员会成员，负责判断项目是否适合进行认证。认证过程的优点在于它在支持教育项目多样性的同时，可以识别出优质的幼儿教育环境的共同特征。

　　幼儿教育项目的国家认证是创设和支持优质幼儿教育环境的重要一步，但是这个认证系统并不能解决因许可证监管缺失和大量低质量的儿童保育项目出现而导致的幼儿保育和教育的危机。国家认证已经完成了这样两个主要任务：让幼儿教育专业人士在研发、实地测试和实施一套项目评估标准的过程中，达成了共识；让教师、家长和公众意识到，高标准的幼儿教育项目是很重要的。然而，国家认证无法解决项目质量参差不齐的问题，这是因为各州为儿童保育项目发放许可证的标准和国务院针对学前班到三年级教育项目的指导方针大相径庭。

　　还有至关重要的一点是，我们需要把发展适宜性课程和优质教育项目的高标准应用到所有的幼儿教育项目中，以降低保育项目和教育项目之间、0—5岁教育项目和5—8岁教育项目之间以及幼儿教育项目和幼儿特殊教育项目之间的衔接难度。要做到这一点，我们需要采取以下措施：实施一套强制性的国家标准，而这套标准将会保护所有儿童在一个健康的、促进成长的、具有发展适宜性的学习环境中进行学习的权利；认识到需要在幼儿教育领域和幼儿特殊教育领域之间建立更强的联系。

与家庭合作拓展课程

和家长一起讨论你的项目中的教师是如何深思熟虑并精心设计课堂活动的。使用相关研究或者理论,帮助家长和教师思考如何通力合作以研发和使用一种与儿童的发展相适宜并能回应儿童的家庭、社区及文化需求的课程。与家长分享地方政府和国家有关促进优质幼儿教育项目发展的措施。组织一些特定的活动和利用非正式的机会邀请家长进教室观察,并与儿童和教师互动;鼓励家长提问并讨论发生的事情,这样你们就可以互相学习并持续为孩子创建一个具有发展适宜性的、能回应其文化需求的幼儿教育项目。

本章小结

本章关注幼儿教育项目中课程的作用,包括课程的定义和目标。教师针对课程做出的诸多假设应把课程与项目质量、儿童的全面发展、游戏的作用、教师的哲学理念和实践、儿童的发展、儿童作为学习者、发展适宜性实践等问题联系起来。很多社会、经济和政治因素影响了课程。发展理论,尤其是成熟论、心理动力学理论、行为主义理论、认知发展理论、多元智力理论和社会文化理论,也是幼儿教育课程的决定性影响因素。

幼儿教育项目采用的课程模式主要有以下几种:认知导向的高宽课程、银行街课程、蒙台梭利教育法、行为主义教学技术、瑞吉欧·艾米莉亚课程和创造性游戏课程。为一个幼儿教育项目选择并评估课程,是教师的重要任务。课程的四要素——哲学理念、总体目标和具体目标、课堂活动和儿童评估以及它们之间的联系,是一个综合性课程不可或缺的组成部分。课程效果的评估是一个涉及面很广的过程,其中儿童、家长和教师都是评估的信息源。

面试过程中,当你开始回答面试官提出的问题时,你意识到了整理自己想法的重要性,也意识到了把自己的知识和技能整合成为一个能够清晰阐述的哲学框架的重要性。你要使用自己在儿童发展和幼儿教育方面的知识来做出以下回答:

◆运用发展理论和相关的研究信息,说一说幼儿是如何学习的以及你为什么要选择一个以儿童为中心的教育理念和课程。

◆谈一谈你关于把课程目标作为一个综合框架来布置教室、与家长和儿童互动以及为儿童选择发展适宜性活动的看法。

◆描述课程的不同组成部分,包括项目的总体目标和具体目标,在儿童的所有发展领域开展的活动以及评估儿童成长与发展的各种方法。

◆描述你是如何评估课程的有效性的,包括追踪记录儿童的发展进步,通过课堂观察来评估儿童对材料和环境的使用,以及邀请家长和同事参与到评估过程中等。

反思与应用

1. 讨论本章开头的小故事。你还有其他的问题或看法吗？讨论本章结尾对小故事的回答。对于这种情况，你还有其他的应对方法吗？
2. 反思你关于儿童学习与发展的理念并罗列出来。这些理念与哪种或者哪些儿童发展理论最相似？
3. 想想一个8个月大的婴儿正对着自己的爸爸微笑的场景。弗洛伊德会如何解释这种行为？皮亚杰呢？斯金纳或者班杜拉又会怎么说？在解释婴儿的微笑行为时，你觉得哪种理论最有用？
4. 观察一组正在做游戏的儿童。选择儿童的三种行为或者互动活动，并尝试用两种或者更多的理论来解释。哪种行为或互动活动最容易被哪种理论解释呢？
5. 观察教室中的儿童。教师所设计的课程是通过哪些方式显现出来的？就你的观察而言，教师采用的理论框架或者哲学理念是显而易见的吗？他们采用的课程方法是显而易见的吗？你是根据什么做出判断的？

补充资源

[1] Ayers, W. (1989). The good preschool teacher. New York: Teachers College Press.

[2] Bodrova, E., & Leona, D. (2007). Tools of the mind: The Vygotskian approach to early childhood education (2nd ed.). Upper Saddle River, NJ: Merrill/Prentice Hall.

[3] Cuffaro, H. (1995). Experimenting with the world: John Dewey and the early childhood classroom. New York: Teachers College Press.

[4] Epstein, A., Schweinhart, L., & McAdoo, L. (1996). Models of early childhood education. Ypsilanti, MI: High/Scope Press.

[5] Fu, V. R., Stremmel, A. J., & Hill, L. T. (Eds.). (2002).Teaching and learning: Collaborative exploration of the Reggio Emilia approach. Upper Saddle River, NJ: Merrill/Prentice Hall.

[6] Goffin, S., & Wilson, C. (2001). Curriculum models and earlychildhood education. Upper Saddle River, NJ: Merrill/Prentice Hall.

[7] Goldhaber, D. E. (2000). Theories of human development: Integrative perspectives. Mountain View, CA: Mayfield.

[8] Hendrick, J. (Ed.). (1997). First steps toward teaching the Reggio way. Upper Saddle River, NJ: Merrill/Prentice Hall.

[9] Mooney, C. (2000). Theories of childhood: An introduction to Dewey, Montessori, Erikson, Piaget, and Vygotsky. St. Paul, MN: Redleaf Press.

[10] Morrison, G. (2007). Early childhood education today (10th ed.).Upper Saddle River, NJ: Merrill/Prentice Hall.
[11] Wortham, S. (2006). Early childhood curriculum: Developmental bases for learning and teaching (4th ed.). Upper Saddle River, NJ: Merrill/Prentice Hall.

第二章

创造性游戏课程模式

一个名叫杰尔姆的3岁儿童即将进入你的班级学习。在为他举行的入园前会议上，他的父母很关心他究竟能在这里学到什么。杰尔姆的父母对班级的诸多方面都表示了肯定。他们对训练有素的教师和较高的师幼比感到很满意。同时，令人愉悦的且充满创意的教室环境也给他们留下了深刻的印象。然而，他们对你所采用的创造性游戏课程存在疑问。

杰尔姆的父母对于你的教室如此重视游戏提出了质疑，他们想要你保证杰尔姆能在这里学习到字母、数字和其他一些概念等。他们认为，这些知识对于确保杰尔姆在学前班和小学低年级获得成功至关重要。

为了与杰尔姆的父母建立一种良好的关系，也为了使杰尔姆能够拥有最好的学习环境，你必须阐明你的教育哲学理念和课程并与家长达成共识。

◆ 你如何证明游戏对于幼儿发展的重要性？
◆ 你能够举出什么样的例子来说明创造性游戏课程的有效性？
◆ 你能够描述学前阶段哪些领域的发展对幼儿来说是至关重要的吗？
◆ 你怎样向杰尔姆的父母保证你的课程能够为杰尔姆在学前班和小学低年级获得成功的学习经历做好准备呢？
◆ 你会采取什么样的步骤来让杰尔姆的父母参与到课程中，并帮助他们进一步理解在家里如何通过游戏来支持孩子的学习？

我们将在本章末尾与大家分享关于上面问题的应对建议。

当你阅读本章时，请关注创造性游戏课程的哲学理念以及游戏促进完整儿童发展的诸多方式。同时，了解隐性课程的组成部分，包括教师的作用、班级管理与指导、家长的参与、教室的设计与布置及户外游戏环境等。此外，你也要了解显性课程的组成部分，包括活动策划、儿童观察与评估及目标设定等。

在快速变化的世界里，研发一种能满足儿童、教师和家长的需要，且同时能把一种哲学理念和有关幼儿是如何发展与学习的研究整合起来的课程，是一个复杂的过程。第一章概述了各种各样的课程模式并讨论了幼儿教育工作者在研发课程中所起的重要作用。本章则将大致介绍在能帮助儿童通过游戏进行积极探索的环境中，促进儿童获得最佳发展的一种课程模式。同时，这种课程模式也重视培养儿童和教师之间的关系以及项目和家长之间的合作关系。在后现代时期，"这个世界以及我们对它的了解，都被看作社会性建构的过程。我们所有人都是这个过程的积极参与者"（Dahlberg et al.，1999，p.23）。

因此，创造性游戏课程是一个灵活的、开放的课程模式。它可以让教师很容易地做出一些调整，以适应从婴儿期到幼儿园阶段的不同年龄的儿童以及不同的家长群体。创造性游戏课程模式的中心目标，就是通过一种整合的、相互作用的、基于创造性游戏的方法来为儿童创设学习环境，从而促进他们的最佳发展。这种方法超越了促进儿童能力发展的范畴，以促进儿童的最佳发展或者自我实现为目标；它也超越了给予儿童一种支持性环境的想法，形成了一种创造性的、鼓励儿童的动态环境。费恩和克拉克－斯图尔特（Fein & Clarke-Stewart, 1973）指出，"一种广泛的具有教育发展性的方法"引领我们把幼儿教育项目的未来目标看作"超越促进儿童能力发展的范畴，以促进所有儿童的最佳发展或者自我实现"（p.295）。具体来说，儿童的最佳发展包括以下几个目标：

- 具有自我价值感和自信心。
- 具有信任他人、尊重他人并对他人投入情感的能力。
- 具备有效的社会交往技能。
- 具有独立行动和思考的能力以及自控力。
- 具有交流想法和感情的技能。
- 能理解并组织自然环境和社会环境中的信息。
- 能获得并运用问题解决的技能。
- 对世界充满好奇心并在学习和探索中获得快乐。（Child Development Laboratories Policy Committee, 1985）

儿童面临日益复杂的社会需要，他们必须发展批判性思维、问题解决和应对技能等适应21世纪生活所必需的技能。儿童的最佳发展，只有在一个支持他们通过创造性游戏和与其他儿童及成人的社会互动来进行知识建构和意义建构的环境中才能得到实现。

对幼儿创造性潜能的关注，为幼儿未来的批判性思维发展打下了基础。幼儿现在学习到的发散性思维技能将会促进他们日后批判性思维的发展，并让今天的他们有能力解决明天的问题。（Tegano, Moran, & Sawyers, 1991, p.115；得到了国家教育协会的使用许可）

通过提供一种具有发展适宜性、创造性和激励性的课程和班级环境，教师影响着儿童的发展。在设计和编写本课程的过程中，我们提出了关于有效的幼儿教师的以下假设：

- 有效的幼儿教师要尽可能为自己项目中的儿童提供最高质量的保育服务。他们对安全、管理和活动的要求远远高于最低标准或强制执行的标准。
- 有效的幼儿教师既接受过培训又经验丰富。这个课程可以成为教师培训的一部分内容。同时，教师还可以把它与录像带、其他教师的监督和反馈、熟手教师所示范的有效教学以及其他职前职后的培训与教育方法结合加以使用。
- 有效的幼儿教师是足智多谋的。他们会选择使用每一章末尾列出的资源或者挑选和利用其他资料，以增进他们对本书所呈现的主题和问题的了解。
- 有效的幼儿教师尊重儿童的个体差异。他们对儿童发展和文化方面的多样性很敏感，并且能够灵活地调整课程以促进所有儿童的创造性潜能的发展。
- 有效的幼儿教师是自主的。他们自己决定如何使用课程和其他的材料、资源。他们做决定时所采取的方式既反映了他们的专业性和他们对儿童的关心，也反映了他们致力于为儿童提供最高质量的保育和教育的决心。

我们不应该把课程看作一个包装好的产品，而应该把它看作一个动态的和发展的过程。这个过程是通过所有儿童每天一起参与到学习活动中而形成的。我们应该期望并鼓励教师去调整和修订课程，以满足儿童、家长以及教师本身的需要。

创造性游戏在课程中的作用

游戏是一种能够促使儿童获得最佳发展的手段。因为游戏是儿童世界中一种强有力的、能促进他们成长且必需的活动,所以它构成了创造性游戏课程模式的基础。游戏为儿童提供了了解自己、他人和环境的机会,从而直接影响了儿童各个领域的发展。游戏让儿童能自由地想象、探索和创造。儿童具有游戏的内在动机,他们玩游戏是为了享受游戏、体验胜任感并"把新事物与已知事物结合起来"(Rogers, C. S., & Sawyers, 1988, p.2)。儿童能够从他们动态的和积极的游戏体验中获得对世界的控制感和自尊感(Caplan & Caplan, 1974)。游戏对于儿童的生活来说是十分必要的:

> 对于儿童来说,游戏就是生活本身。游戏充盈于儿童的大脑、身体、思想和情感中。专注于自己游戏的儿童,是富有创造性的、自由的和快乐的。通过不同种类和不同深度的游戏,儿童学习并成长着。游戏是一件严肃的事情,是儿童的整个世界。(Evans, 1974, p.267)

自发性、自我表达性和灵活性是儿童游戏的特点,它们使儿童变得具有创造力和想象力。在一个鼓励儿童进行积极探索、欢迎儿童提出新奇想法并支持儿童通过多种途径表达自我的氛围中,儿童的好奇心、创造性思维和问题解决能力将得到培养(Vandenberg, 1980)。从图2.1、图2.2中我们能看到儿童早期拥有的问题解决能力。图片中,一个小男孩正在玩"装扮"游戏。最初,他没有脱下自己的鞋子,而是想把成人的鞋子直接套在自己的鞋子上。之后,在没有成人指导的情况下(我们常常太快地介入),他注意到

图 2.1

图 2.2

鞋子大小和形状的问题，于是先把自己的鞋子脱掉。游戏让儿童有机会想出很多点子，并让他们非常有可能想出新奇的点子；这些点子能够在非评估性的气氛中得到检验，从而促使儿童的问题解决技能得到发展（Sawyers, Moran, & Tegano, 1986）。

想象游戏可以促进儿童创造力的发展。想象游戏使儿童沉浸在假装情境中，并在角色扮演的过程中产生新奇的、富有创意的点子（Curry & Arnaud, 1984）[1]。参与想象游戏的学前儿童在创造性任务中会表现得更为出色（Moran, Sawyers, Fu, & Milgram, 1984）。游戏环境不应包括对儿童行为和教育结果的严苛要求；相反，它应该鼓励儿童冒险、思考多种可能性、不一味地服从以及形成许多不同的观点等，而这些都是儿童创造力发展中极其重要的组成部分（Starkweather, 1971）。当教室中拥有许多开放性的游戏材料（如积木、橡皮泥、玩水工具等）时，当教室中的教师鼓励儿童尝试各种游戏材料、在活动中提出开放式问题以及更看重儿童的探索过程而非最终的作品是否具有美感时，这间教室就能够促进儿童创造力的发展。创造性活动并不局限于表达性艺术活动；只要教室中的材料和教师鼓励儿童进行探索、想出新的点子和解决问题，任何一个发展领域的活动都具有促进儿童创造力发展的潜能。因此，儿童创造力的发展是他们通过游戏进行学习的一种扩展。通过提供发散性的游戏材料和一个灵活的、体验式的学习环境，教师能支持儿童创造力的发展（Pepler, 1986; Tegano et al., 1991）。

课程为教什么提供了依据，教师则为如何创设支持性的学习环境提供了方法。这个方法的核心就是游戏，"儿童游戏的过程就是课程实施的过程"（Morrison & Rusher, 1999, p.3）。因此，儿童创造性潜能的发展是在探索性的游戏环境中得到促进的。在这样的环境中，教师的哲学理念和课程实施方法支持儿童的发散性思维和问题解决技能的发展。课程的发展与教师的态度及行为应该是相互补充、整合的过程，它们共同为儿童创造力的发展创造了条件（Tegano et al., 1991）。

促进儿童的全面发展

游戏对于儿童各方面的发展都是至关重要的。"大量研究表明，想象游戏（象征游戏）是促进儿童各种能力发展的一种重要力量。这些能力包括创造力、顺序记忆、小组合作、接受性词汇、亲属关系概念、控制冲动以及从不同的空间、情感、认知角度进行观点采择的能力。"（Gowen, 1995, p.78）创造性游戏课程涉及儿童发展的六个方面：个人意识、情感健康、社会化、交流能力、认知能力和感知运动技能。这六个方面都是非常重要的，而且我们必须把它们看成是相互影响的而非平行起作用的。创造力的发展不应被看作一个额外的发展领域；相反，它是一个自发的游戏环境中不可缺少的组成部分，而且创造力发展的潜能是所有发展领域本身所固有的一种潜能。因此，创造性游戏课程并没有把某一领域作为它的主要关注点，而是支持并鼓励儿童获得全面的发展。创造性游戏环境是这个课程模式的哲学基础；儿童在以上六个领域的全面发展，是这个课程模式的中心。

表2.1概述了儿童发展的六大领域。

---

[1] 本书中的"想象游戏"（imaginative play）、"假装游戏"（pretend play）、"角色扮演游戏"（role play）实际上指同一种游戏，可交换使用。——译者注

表 2.1　创造性游戏促进儿童在六大领域的发展

个人意识	自理能力（提高独立进餐、穿衣服的能力，学会如厕并养成良好的睡眠习惯）； 独立性（展现对自我和环境的控制）； 个人健康（掌握关于身体各部分、营养、卫生、防止吸毒和健康方面的知识）； 个人安全（学会保护自己免受虐待，知道坐车和步行时的安全知识；意识到所处环境中的危险）。
情感健康	情感意识、情感接纳和情感表达（辨识各种各样的情感并向他人表达自己的情感）； 应对技能（对压力源、冲突或变化做出适应性的、健康的反应；使用放松的技巧；解决情感冲突或问题）； 人格整合（表现出综合的调节能力、自主性和积极的自我概念）； 树立价值观（培养同理心、信任、尊敬和尊重等品质）。
社会化	社会性互动（与同伴和成人互动；解决冲突）； 合作（帮助、分享、轮流）； 保护资源（恰当地使用、保护材料和环境）； 尊重他人（理解并接受个体差异；理解多元文化问题）。
交流能力	接受性语言（服从指令；理解基本的概念）； 表达性语言（表达需求、愿望和情感；使用单词、短语和句子；说话时语言清晰明确）； 非语言交流（使用适宜的交流方式、面部表情、身体姿势和手势）； 听觉记忆/辨别（能听懂口语；能辨别不同的声音）。
认知能力	问题解决/推理（运用发散性思维；为同伴的问题提供解决建议；回答问题；有逻辑地扩展句子或故事）； 概念形成（理解空间关系；识别颜色、数字、形状）； 模仿/记忆（模仿；回忆过去的事件；给事件排序）； 联想/分类（配对；分类；组合；归类；建立物体间的联系）。
感知运动技能	手眼/脚眼协调（绘画、写作、操作物体、视觉追踪、抛、抓、踢）； 位移技能（在空间中移动身体，如走、跳、跑、飞奔、滚、爬等）； 非位移技能（在空间中无位移的运动，如弯曲、转向、扭动、舒展、摇摆、蹲下、坐下、站立等）； 对身体的管理和控制（展现身体意识、空间意识、节奏感、平衡感；具有开始、停止和改变方向的能力）。

创造性游戏促进儿童个人意识的发展

游戏有助于儿童独立性的发展，并帮助他们实现对环境的掌控。通过游戏，儿童发现、探索、模仿并实践每日生活中的常规，并以此作为发展自理能力的一种途径。成功获得这些能力可以提高儿童的胜任感。儿童正在发展中的独立性促进了其日常决策能力的发展，比如读哪本书，是画画、玩洋娃娃还是搭建积木，等等。那些有机会探索和尝试非刻板角色[1]和行为的儿童，更有可能理解各种各样的人物角色和职业角色。当儿童在角色扮演游戏中扮演各种各样的角色时，他们更有可能看到自己身上的多种可能性并做出更明智的个人选择。

游戏同时能够通过一种适宜的、可感受的且不具威胁性的方式，支持教师把有关个人安全方面的知识教给儿童。教师应该增强儿童的安全意

---
[1] 比如，"过家家是女孩子玩的游戏，爬树是男孩子玩的游戏""所有的警察都是男人，所有的护士都是女人"，等等，就是所谓的刻板角色。——译者注

识，同时给他们提供一种安全感，让他们知道关爱他们的成人会对他们的安全和健康负责。当教师能够意识到保护儿童不受虐待和防止儿童吸毒的措施很重要时，当教师对儿童认知的局限性和情感的脆弱性很敏感时，他们就能利用游戏和儿童一起就健康和安全问题进行适宜的讨论。通过游戏，教师可以在帮助儿童信任自己和成人的同时，促使他们做出明智的个人选择并规避风险。因此，负责任且善于做出回应的教师能够为儿童创设一种既能促进他们积极自我形象的形成，又能增强他们日常生活独立性的环境。

总的来说，游戏在以下几个方面促进了儿童个人意识的发展：

- 自理能力（提高独立进餐、穿衣服的能力，学会如厕并养成良好的睡眠习惯）。
- 独立性（展现对自我和环境的控制）。
- 个人健康（掌握关于身体各部分、营养、卫生、防止吸毒和健康方面的知识）。
- 个人安全（学会保护自己免受虐待，知道坐车和步行时的安全知识；意识到所处环境中的危险）。

创造性游戏促进儿童情感健康的发展

游戏能够促进儿童的内在成长和自我实现，帮助他们解决发展中遇到的冲突，并消除他们的痛苦和情感创伤。游戏通过"治愈伤害和悲伤"（Cass, 1973, p.12）促进了儿童情感的健康发展。通过游戏，儿童可以使用一种富有建设性的和积极的方式来学习接纳、表达情感并处理情感。

游戏使儿童有机会做他们自己并认识自己。当游戏经历使儿童能够解答内心的疑问时，他们就开始了解自己与世界的关系。儿童的这些疑问包括："这个世界存在和我一样的事物吗？我如何才能确定我的存在？这个世界对我来说有什么意义？"（Bettelheim, 1981, p.105）游戏也是儿童生活中一个有价值的治疗工具（Catron, 1981；Koplow, 2002）。儿童在一个接受他们且支持他们的游戏环境中能释放他们的情感和不安全感，并找到更令他们满意的解决方法。

游戏在促进儿童的人格整合和人际关系发展方面有着重要的意义。西曼（Seeman, 1963）提出，心理整合的原则（即一个人认识自己和理解自己的过程）与儿童的发展过程相关。通过想象游戏，儿童意识到自己是拥有众多想法和丰富情感的、独立的、自主的和独特的个体。鼓励儿童理解并接受他们自身的情感，可以促使儿童获得更全面的发展，同时改善他们的人际关系，提升他们成功地应对压力和变化的能力（Seeman, 1963）。图2.3中的儿童对于自己刚刚完成的粉笔涂鸦作品非常满意。由此可见，儿童通过创造性游戏产生了一种成就感和自尊感。

图 2.3

总的来说，游戏促进了儿童的情感健康在以下几个方面的发展：

- 情感意识、情感接纳和情感表达（辨识各种各样的情感并向他人表达自己的情感）。

- 应对技能（对压力源、冲突或变化做出适应性的、健康的反应；使用放松的技巧；解决情感冲突或问题）。
- 人格整合（表现出综合的调节能力、自主性和积极的自我概念）。
- 树立价值观（培养同理心、信任、尊敬和尊重等品质）。

创造性游戏促进儿童社会化的发展

游戏为儿童的社会化发展提供了一条途径。"当儿童一起玩游戏的时候，游戏就成为他们进行积极的社会化、培养对他人的同理心以及去除以自我为中心意识的重要方式。"（Arnaud,1971,p.5）游戏促进了儿童的社会化发展，增强了他们的集体归属感。通过游戏体验，儿童学会了一些亲社会行为，如轮流、合作、分享、互相帮助等。角色扮演游戏能够帮助儿童把自己放到他人的位置上思考，培养他们的同理心以及为他人考虑的能力。比如，那些在想象的医院场景中进行假装游戏的儿童，或许对患有慢性病且需要经常住院治疗的同伴有更深的理解。

与同伴一起游戏和进行社会性互动，能够促使儿童从他律道德推理阶段（受以自我为中心意识的控制）向自律道德推理阶段（以自主、互惠、合作为特点）转变（Piaget,1932）。教师可以通过以下方式为儿童进行这类互动提供适宜的机会：提供多种途径让儿童扮演他人的角色，允许儿童参与班级政策和规则的制定，使用"引导儿童从他人的角度进行思考"的策略进行行为管理（Hoffman,1970），以及适当促进那些能为儿童提供挑战和机会来让他们解决冲突和不和谐情况的社会性互动（Allen,J.,1988b）。教师可以利用一个游戏情境（比如，儿童因为使用玩具而发生了冲突）来帮助儿童学会用语言表达自己、倾听其他儿童的观点以及制订解决问题的行动方案。

游戏能够促进儿童之间的和平交往。儿童通过那些能够帮助他们在一种公正的、富有建设性的氛围中发展协商能力、调解能力、冲突解决能力和问题解决能力的游戏体验，学习成为游戏冲突的调解者（Carlsson-Paige & Levin, 1985; Peachey, 1981）。当儿童的游戏体验是在一个以积极的人际关系和欣赏人类多样性为特点的课堂环境中产生时，儿童就学会了互相尊重、互相关爱，以及在与他人互动时做出善解人意的选择（Rogers, V. R., 1973）。

总的来说，游戏促进了儿童的社会化在以下几个方面的发展：

- 社会性互动（与同伴和成人互动；解决冲突）。
- 合作（帮助、分享、轮流）。
- 保护资源（恰当地使用、保护材料和环境）。
- 尊重他人（理解并接受个体差异；理解多元文化问题）。

创造性游戏促进儿童交流能力的发展

游戏是一种特别有效的向儿童传授语言技巧的工具。在自发的游戏情境中，儿童通过与其他儿童和成人进行互动来扩大他们的词汇量，以及提高他们的接受性语言和表达性语言技巧。

假装游戏为儿童提供了一个有助于他们分享想法、情感以及新奇观点的自然情境，促进了他们的多种语言技巧的发展。在社会戏剧游戏中，儿童通过一种具有创造性和趣味性的语言运用方式来表演角色并交流需求、想法和愿望。

社会戏剧游戏包含语言交流和非语言交流两种形式。它能促进儿童交流能力的发展，使儿童能收发清晰连贯的信息。在游戏情境中，儿童需要有效地交流、互相理解并听从同伴的指令，而这些需要又促进了儿童语言熟练性的发展。

总的来说，游戏能够促进儿童的交流能力在以下几个方面的发展：
- 接受性语言（服从指令；理解基本的概念）。
- 表达性语言（表达需求、愿望和情感；使用单词、短语、句子；说话时语言清晰明确）。
- 非语言交流（使用适宜的交流方式、面部表情、身体姿势和手势）。
- 听觉记忆/辨别（能听懂口语；能辨别不同的声音）。

创造性游戏促进儿童认知能力的发展

游戏对于儿童来说是一种有意义的和快乐的活动。"它扮演着儿童认知学习的促进者和组织者的角色。"（Arnaud, 1971, p.5）在游戏中，儿童会遇到新的经验，会操作材料和设备，会与他人进行互动，也会开始理解他们所处的世界。游戏为儿童理解他们自己、他人以及环境提供了框架。"游戏是儿童以后所有认知能力发展的基础，因此游戏在儿童的生活当中是不可或缺的。"（Athey, 1974, p.34）

游戏在儿童的智力发展中以及在同化和顺应这两个相互关联的过程中都发挥着重要的作用。同化，是指从外部世界提取信息并把它们纳入已有的知识系统中；发生顺应时，儿童则需要改变他们已有的知识系统（Piaget, 1926）。

游戏能使儿童积极地融入环境，处理内部和人际间的冲突以及完成智力和认知方面的任务。当课程以游戏为基础并为儿童提供了选择的机会和自我指导的活动时，它就能鼓励儿童按照自己的节奏学习，同时让儿童"获得一种自主感和有效感，积极主动地去掌控学习，以及发展诸如自我指导、自我信任、自我肯定以及自我价值感等特质"（Anker, Foster, McLane, Sobel, & Weissboard, 1981, p.107）。

通过基于观察、调查以及探索的学习活动，游戏能够促进儿童的记忆、思考和问题解决能力的发展。游戏还提供了经验、信息以及技巧，为儿童未来的学习奠定了基础（Hendrick, 1996）。

总的来说，游戏能够促进儿童的认知能力在以下几个方面的发展：
- 问题解决/推理（运用发散性思维；为同伴的问题提供解决建议；回答问题；有逻辑地扩展句子或故事）。
- 概念形成（理解空间关系；识别颜色、数字、形状）。
- 模仿/记忆（模仿；回忆过去的事件；给事件排序）。
- 联想/分类（配对；分类；组合；归类；建立物体间的联系）。

创造性游戏促进儿童感知运动技能的发展

游戏满足了儿童对于积极的互动以及参与到自然环境中的需求。当儿童还是婴儿时，他们就开始通过对所处环境中物体的感知操作来了解这个世界了。随着儿童的控制能力和身体管理能力日益发展，他们的动作变得更为精细。

开放的且富有挑战性的游戏环境能促进儿童的位移技能（包括肢体在空间中的移动，见图2.4）以及非位移技能（包括在空间中无位移的运动，见图2.5）的发展。日益复杂的操作性游戏活动促进了儿童的精细动作技能以及手眼协调、脚眼协调能力的发展。

大量的运动、动手操作学习活动以及使用大小肌肉进行感知运动活动的机会，能够促使儿童刚出现的运动能力得到充分的发展。

图 2.4

图 2.5

总的来说，游戏促进了儿童的感知运动技能在以下几个方面的发展：

- 手眼/脚眼协调（绘画、写作、操作物体、视觉追踪、抛、抓、踢）。
- 位移技能（在空间中移动身体，如走、跳、跑、飞奔、滚、爬等）。
- 非位移技能（在空间中无位移的运动，如弯曲、转向、扭动、舒展、摇摆、蹲下、坐下、站立等）。
- 对身体的管理和控制（展现身体意识、空间意识、节奏感、平衡感；具有开始、停止和改变方向的能力）。

创造性潜能

创造性潜能存在于创造性游戏课程模式的所有发展领域中。所有儿童都具有创造性潜能；然而，像儿童在其他发展领域的发展那样，儿童创造力的发展也是一个高度个性化的过程，并受各种生物和环境因素的影响。泰加诺等人（Tegano et al., 1991）已经识别出那些可能表明儿童具有创造力的认知特点和人格特点。

能够表明儿童具有创造力的认知特点如下：

- 想象——参与社会戏剧游戏和想象游戏。
- 发散性思维——形成多种答案和想法。
- 好奇心——提问、探索和检验。
- 隐喻性思维——能够产生或理解隐喻。（Tegano et al., 1991, pp.23—35）

能够表明儿童具有创造力的人格特点如下：

- 气质——适应能力、毅力、活动的高度参与性和低水平的注意力分散性。
- 不墨守成规——创造性和灵活性。
- 愿冒风险——愿意接受挑战或者冒犯错的风险。
- 动机——内部的控制因素。（Tegano et al., 1991, pp.35—40）

当幼儿教师能够意识到表明儿童具有创造力的上述特征时，他们就能够区分儿童的个体差异并促进儿童的创造力在所有领域的发展。

隐性课程

以下幼儿教育项目的组成部分促进了儿童在以上六大领域的发展：教师的作用、与家长的合作关系、班级管理与指导、教室设计与布置以及户外游戏环境。这些组成部分构成了隐性课程（见图2.6）。它们是室内学习环境的基础，而

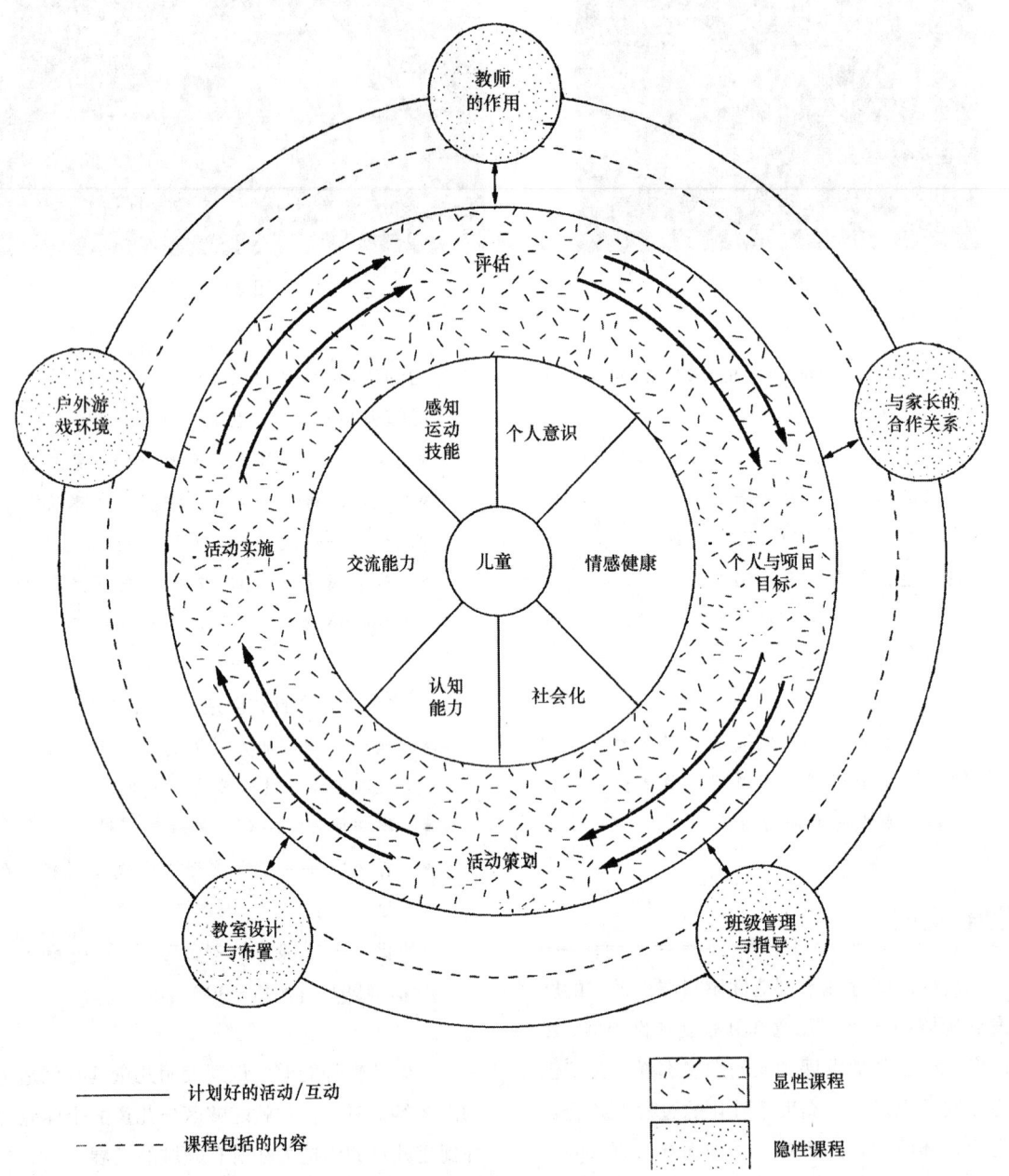

图 2.6　创造性游戏课程模式

且对于观察者而言并非可见的或显而易见的。此外，它们也是创造性游戏课程发展过程中不可或缺的一部分。教师的作用，就是创设环境以满足儿童的需求并充分利用儿童的兴趣。教师要为儿童提供一个充满挑战性但又不会让儿童产生挫折感的学习环境。他们可以通过观察、提问、示范和提供支持，以及通过为儿童提供他们自己无法发现的信息来促进儿童的学习。创造性游戏课程模式的核心概念就是探究式教学，或者说支持儿童建构知识的教学。知识的建构被认为是一种转化行为，其中，成人和儿童一起扮演着积极的、自我反思的角色，从根本上说，他们是教育过程中的共同创造者（Goldhaber, D.E., 2000）。教师也可以通过设定与儿童发展相适宜的行为限制、支持儿童开展积极的社会性互动以及鼓励儿童使用问题解决技巧来解决冲突等为儿童提供合适的课堂指导。

与家长形成合作关系在每个儿童的发展过程中都是很重要的一点，同时它对于成功实施幼儿教育项目而言也至关重要。教师应该努力支持家长履行他们的儿童抚育责任。教师还应该通过以下方式鼓励家长参与到教育项目中来，比如，经常与他们分享关于儿童的信息，征求他们关于项目实施和发展的意见，以及尽可能地把他们纳入一日生活常规和活动中，等等。在教师、家长和儿童之间建立密切的联系，可以为建立一个真正的学习共同体打下基础（Fu, Stremmel, & Hill, 2002）。

安全的、具有发展适宜性的且精心规划的教室环境和户外游戏环境可以促进儿童的全面成长，并为儿童提供各种各样的学习机会。在规划室内和户外学习环境时，教师应该考虑到日常活动安排的重要性、对儿童的监管以及材料和设备的数量、类型、布置等因素。为儿童提供的学习环境应当支持他们成为积极的经验组织者并允许他们指导自己的游戏。

显性课程

创造性游戏课程模式（见图2.6）既包括为婴儿、学步儿和学前儿童设计的活动，也包括为了满足全纳教育项目中有特殊需要的儿童而提出的调整建议。尽管创造性游戏课程中的活动适合发展水平不同的儿童，但是为了适应儿童的学习差异以及帮助儿童享受整个学习过程，一些调整还是有必要的。创造性游戏课程中的活动也反映了项目对儿童全方面发展的关注以及对完整而均衡的幼儿园一日生活的强调：室内活动与室外活动、安静的活动与激烈的活动、成人发起的活动与儿童发起的活动以及个人活动与小组活动。创造性游戏课程强调的是以过程为导向的学习，而非以结果为导向的学习。当儿童的学习过程成为关注对象时，教师就要为儿童提供道具和材料并承担儿童学习支持者的角色，儿童则是探索并指导自己游戏的主体。开放性的活动（过程）可以让每个儿童在每一种发展水平上都能获得成功。成功的体验又提升了儿童的自信心，并促使儿童继续积极地探索、行动并与他们所处的环境进行互动。

除了课程活动之外，创造性游戏课程模式也强调发展性评估和儿童观察。它们被完全整合进课程模式中，以便为教师提供儿童的个别化发展信息。发展性评估，是教师为每个儿童制订个别化目标和课程目标的基础。这种课程模式的灵活性也鼓励教师把那些有特殊需要的儿童囊括进来，如具有学习障碍的儿童、来自特殊家庭环境的儿童以及发展迟缓的儿童等。发展核查表、教师观察、学习档案和儿童的档案袋都强调了创造性游戏课程的六大发展领域，并完成了评估、目标设定和活动计划之间的循环。计划—教学—评估这一循环构成了显性课程的基础,即对教室里的观察者来说可见的或显而易见的教学策略和活动。同时,这个循环也包括了有效教学和项目设计的根本任务。

全纳教育

图2.6中的创造性游戏课程模式是一种个性化的、发展性的学习模式。这种模式支持把具有学习差异的儿童纳入幼儿教育的课堂中。全纳教育,是家长、幼儿教育工作者和特殊幼儿教育工作者都拥护的一种教育实践。全纳教育的操作性定义由以下四个重要的部分组成:

- 无论是否存在发展迟缓问题,儿童都可以积极地参与到同一幼儿教育项目中。
- 来自不同学科领域的专家通过制订计划和合作来提供服务。
- 由家长、专家、准专业人士等不同人员组成的设计团队为发展迟缓的儿童制订的个别化目标,因幼儿教育项目所提供的服务而得以实现。
- 评估儿童在实现个别化目标过程中所取得的进步。(Brown, W., 1997, p.4)

特殊儿童委员会幼儿教育分会发布了《全纳教育立场声明》。它于1994年被全美幼儿教育协会采纳。《全纳教育立场声明》提出了以下建议来支持全纳教育实践:

- 持续地发展、评估并推广全纳教育的支持服务和系统,以便为幼儿提供高质量的全纳教育。
- 发展职前和在职培训项目,以便使幼儿家长、管理人员和服务的提供者能在全纳性的环境里发展和工作。
- 所有重要的利益相关者通过合作来实施灵活的财政和管理程序,以支持全纳教育的开展。
- 开展研究以便能让我们了解到最高水平的保教服务。
- 对社会、教育、健康和干预方面的支持和服务进行重整和统一,以便使它们更好地满足所有儿童的需要。(p.78)

要想设计和实施一个有效的全纳教育项目,还必须考虑关于隐性课程的以下问题:

- 教师必须理解何为发展、何为残障。
- 在开展家园合作项目时必须考虑家庭所需要的支持和指导。
- 班级指导策略必须足够灵活,以适应不同发展水平的儿童并满足儿童的特殊需要。
- 户外游戏区必须能让具有学习差异的儿童参与。
- 教室环境在设计和布置上一定要鼓励存在学习差异的儿童去探索、交往和解决问题。

布罗默(Bromer, 1999)关注了让残障儿童参与假装游戏的需要,并列出了以下挑战和机遇。

全纳教育面临的挑战:

- 儿童的游戏活动受限。
- 游戏材料几乎没有变化。
- 成年人不愿意参与并推动假装游戏。
- 儿童的性情喜怒无常。
- 儿童的交流技能正处于发展阶段。
- 儿童的社会性技能正处于发展阶段。

全纳教育带来的机遇:

- 寻找更多样化的道具和游戏材料。
- 从儿童的图书和经验中挑选主题。
- 调整道具以满足儿童的需要。
- 向儿童展示如何使用玩具和材料。

- 支持并促进游戏的开展。（p.20）

除此之外，评估儿童的发展、确定儿童的个别化发展目标、制订项目目标以及根据这些目标设计和实施活动等显性课程的组成部分，提供了一个灵活的且高度个性化的教育环境，以促进存在学习差异的儿童参与进来。全纳教育的课堂不仅将有特殊需要的儿童纳入进来，还包括：首先把所有儿童都当作儿童来对待；获得额外的资源来满足那些存在学习差异的儿童的教育和发展需要；支持那些存在学习差异的儿童获得社交上的成功、情感上的健康和受教育的机会；鼓励班级的所有儿童都获得互动式、参与式和积极的学习体验（Allen, K. E., 1996；Kaiser, 1991）。一个个别化的、整合的幼儿教育项目，能够使所有儿童相互学习，使他们从关爱他们的成人那里和周围的环境中学习，从而促使他们获得全面的发展。

课程整合

教师为儿童提供高质量的发展适宜性项目的能力，取决于他们对相关研究和项目模式的了解、对项目支持和资源的利用以及对课程各组成部分的理解。其中，考虑实施创造性游戏课程的众多组成部分有时很难。这些组成部分既包括诸如教师的作用、邀请家长参与的策略、指导儿童行为的技巧以及室内和户外环境的布置与组织等隐性课程的构成元素，也包括诸如评估过程、目标制订、活动策划等显性课程的必要内容。为了将课程的各种不同组成部分整合到一个能促进儿童全面发展的教室环境中，教师必须揭开课程概念的神秘面纱，并思考如何用一种有利于课程实施的方法来定义课程。

课程，就是儿童和教师每天一起做的事情。课程，就是儿童和成年人一起打发时间或共同学习时所发生的事情，包括互动、活动、惊喜、情绪的起伏、从一个地方转移到另一个地方等。教师要想实施课程既需要了解儿童（他们的特点、他们喜欢做什么以及他们是如何学习的），又需要了解优秀的教师（优秀的教师有哪些特点、他们是如何与儿童互动的以及他们是如何实施教学的）。教师要想实施课程还需要把理论和实践结合起来，并表现出一定的灵活性和开放性。此外，教师还需要提高专业上的判断力，以便可以做到以下几点：

- 为一些特殊的儿童和家庭调整课程，认识到并重视个体的多样化需求。
- 寻找新的点子和创意活动来丰富课程内容。
- 运用最新研究的信息和发现来评估并修改课程实践和教学策略。

对课程进行整合包括准备好教室环境以达成项目的总体目标，以及计划好每日活动和每周活动来促进儿童实现个人发展目标。一个真正的整合课程会使儿童顺利地度过幼儿园生活的每一天；它会为儿童的全面发展提供许多机会，会考虑到儿童在学习方式和学习速度上的个体差异，也会通过各种各样的游戏体验来促进儿童的创造力发展。在后现代时期的学校里，儿童越来越迫切地需要培养自己的创造性技能，以便能够解决问题、形成新的观点并适应这个快速变化的世界（Tegano et al., 1991）。同样，存在学习障碍的儿童也越来越迫切地需要得到其所处的全纳性教育环境的干预。一个具有包容性且注重儿童个别化发展的课程模式可以促进所有儿童的发展，不论儿童处于何种发展水平（Odom & Warren, 1988）。

创造性游戏课程模式

创造性游戏课程模式把创造性游戏作为它的

哲学基础，把儿童的全面发展作为它的中心，把隐性课程和显性课程的各部分内容作为它的框架。图2.6中的虚线既反映了课程包括的各部分内容，也展现了课程的各个方面具有相互联系的特点。

本书其余章节将详细阐述创造性游戏课程模式相互联系的各个组成部分，以及它们在引导儿童发展方面的作用。让儿童通过创造性游戏来学习和成长是一个综合的过程。这个过程应得到以下几个方面的支持：为儿童有创新思维而高兴的家长和教师，鼓励儿童进行游戏和探索的教室环境，提升儿童的自我指导能力和问题解决能力的活动，以及用于认识所有儿童与生俱来的创造性潜能的评估过程。幼儿教师可以促进创造性游戏课程各方面的发展：

在一个重视学习过程超过学习成绩的班级里，在一个教师接受过培训以学会观察和理解儿童游戏的班级里，在一个教师至少会在一段时期内包容模棱两可状况的班级里，在一个教师鼓励儿童参与游戏互动的班级里，在一个教师也看重自身的创造力的班级里，儿童的创造力得到了培养。（Tegano et al., 1991, p.109；已得到国家教育协会的复印许可）

创造性游戏课程支持儿童努力形成自己独特的人格，支持儿童探索与他人和环境的关系，也支持儿童培养对学习和生活的好奇心和快乐感。创造性游戏课程促进了儿童的成长，让他们勇于做出改变和冒险，也有助于他们个人潜能的全部实现。

与家庭合作拓展课程

当你与家长谈论你对孩子们实施的发展适宜性课程时，你应该强调游戏在促进儿童学习和培养儿童行为中的重要作用。正如本章前面所描述的那样，游戏为儿童提供了探索、发现以及形成理解和认识的机会。你要为家长鼓励、支持儿童进行游戏并与儿童交流游戏提供方法和建议；与家长讨论适合婴儿、学步儿和学前儿童使用的道具、游戏材料；与家长分享儿童进行假装游戏的方式和他们对假装游戏的反应；与家长讨论儿童参与规则游戏的能力的发展情况；帮助家长理解儿童游戏的重要性和他们在支持儿童游戏中的作用。

本章小结

本章所描述的创造性游戏课程模式，其设计目的在于通过一种综合的、相互作用的、创造性的游戏方法来促进儿童的最佳发展。创造性游戏课程的目标包括培养儿童的自我价值感和自信心、信任和尊重他人的能力、有效的社交技能和交流技巧、对自然环境和社会环境的理解、问题解决技能、对这个世界的好奇心以及对学习的热爱。能有效实施课程的教师是训练有素和经验丰富的，也是主动的和机智的，并且他们会努力提供最高质量的教育。创造性游戏课程能够促进儿童在个人意识、情感健康、社会化、交流能力、认知能力和感知运动技能等领域的全面发展。儿童的创造力应在所有的发展领域、交流和活动中都得到发展。隐性课程是儿童学习的基础，它包括教师的作用、与家长的合作关系、班级管理与指导、教室设计与布置、户外游戏环境等内容。显性课程包括为儿童设计和实施活动以及对儿童进行发展性评估。"计划—教学—评估"这一循环是有效教学的根本任务。全纳教育把存在学习障碍的儿童纳入所有活动、项目和环境中，并且要求教师根据儿童个体的需要和发展水平做出适宜的反应。

> 重要的是，在杰尔姆登记注册之前让他的家长对你的教育理念和课程感到满意。家长常常需要教师清楚地解释游戏在儿童发展中的重要性，并且要确定孩子把时间花在游戏上不是在"浪费时间"而是通过这种方式在学习。运用以下建议使杰尔姆的家长对你的项目感到满意：
>
> ◆ 探讨游戏对促进儿童的个人意识、情感健康、社会化、交流能力、认知能力以及感知运动技能发展的重要性，并给出具体的例子。
> ◆ 从有关幼儿教育的文献中选取一些简短清晰的案例来说明游戏作为儿童了解世界的方式的重要性。
> ◆ 和杰尔姆的家长一起观察教室，并指出班级环境和具体的活动是如何促进儿童学习某些概念和技能的。
> ◆ 向杰尔姆的家长展示一个发展性评估方面的案例，并描述你是如何利用评估结果来为每个儿童制订个人目标和设计课堂活动的。
> ◆ 讨论你作为教师在设计适宜的学习活动中的重要作用，并强调家长参与到项目中对于促进杰尔姆的成长和发展是十分必要的。

反思与应用

1. 观察婴儿、学步儿和学前儿童的教室。隐性课程的各个组成部分是通过什么方式呈现给你的？描述一个关于教师规划班级环境、设计指导策略并以非常明确的方式跟家长一起支持儿童发展与学习的例子。
2. 你现在所熟悉的各种儿童发展理论是如何解释儿童的创造力发展的？你将运用什么方式来与儿童交流和互动以促进其创造力的发展？

补充资源

[1] Frost, J., Wortham, S., & Reifel, S. (2005). Play and child development (2nd ed.). Upper Saddle River, NJ：Merrill/Prentice Hall.

[2] Hendrick, J. (2007). Total learning：Developmental curriculum for the young child (7th ed.). Upper Saddle River, NJ：Merrill/Prentice Hall.

[3] Henniger, M. L. (2005). Play in childhood. In M. L. Henniger (Ed.), Teaching young children：An introduction (3rd ed., pp.114—139). Upper Saddle River, NJ：Merrill/Prentice Hall.

[4] Isenberg, J., & Jalongo, M. (2006). Creative thinking and arts-based learning：Preschool through fourth grade (4th ed.). Upper Saddle River, NJ：Merrill/Prentice Hall.

[5] Koralek, D. (Ed.). (2006). Spotlight on young children and play. St. Paul, MN: Redleaf Press.

[6] Lytle, D. (Ed.). (2003). Play and culture studies: Vol.5. Play and educational theory and practice. Westport, CT: Praeger.

[7] Monighan-Nourot, P., Scales, B., & Van Hoorn, J. (with Almy, M.). (1987). Looking at children's play: A bridge between theory and practice. New York: Teachers College Press.

[8] National Association for the Education of Young Children (NAEYC). (1971). Play: The child strives toward self-realization. Washington, DC: Author.

[9] Pellegrini, A., & Boyd, B. (1993). The role of play in early childhood development and education: Issues in definition and function. In B. Spodek (Ed.), Handbook of research on the education of young children (pp.105—121). New York: Macmillan.

[10] Piaget, J. (1962). Play, dreams, and imitation in childhood. New York: Norton.

[11] Salend, S. J. (2005). Creating inclusive classrooms: Effective and reflective practices for all students (5th ed.). Upper Saddle River, NJ: Merrill/Prentice Hall.

[12] Scarlett, W., Naudeau, D., Salonius-Pasternak, D., & Ponte, I. (2005). Children's play. Thousand Oaks, CA: Sage.

[13] Sponseller, D. (1974). Play as a learning medium. Washington, DC: National Association for the Education of Young Children.

[14] Steglin, D. (2005). Making the case for play policy: Research-based reasons to support play-based environments. Young Children 60(2), 76—85.

[15] Trawick-Smith, J. (1994). Interactions in the classroom: Facilitating play in the early years. Upper Saddle River, NJ: Merrill/Prentice Hall.

[16] Van Hoorn, J., Nourot, P., Scales, B., & Alward, K. (2007). Play at the center of the curriculum (4th ed.). Upper Saddle River, NJ: Merrill/Prentice Hall.

[17] Zigler, E., Singer, D., & Bishop-Josef, S. (2004). Children's play: The roots of reading. Washington, DC: Zero to Three.

第二部分

隐性课程

第三章

教师的作用

当你扫视你的教室时，你注意到图书角的一场冲突开始升级了。走近后，你发现一群孩子正围着贾内尔。贾内尔是一个善于交际、口齿伶俐的4岁小女孩。此时，她正蜷缩在一张豆袋椅上，用手捂着脸，抽泣着让其他孩子走开，因为她想一个人待着。

在你轻轻地安抚和鼓励她之后，贾内尔开始告诉你她怎么了。她不假思索地说："我现在不想和小朋友们一起玩，每个人都想让我立刻去做一些事情，这让我的行动变得太快。早上，我必须很快地起床和吃早餐；和小朋友们玩时，他们总想让我玩得快一些。此外，老师也会说：'打扫卫生的时间到了，赶快出去。'然后，我们就不得不赶快回家、吃晚饭、睡觉。我们做的每件事都太快了！"

贾内尔已经向你传递了一个非常清晰且强烈的求救信号。

◆ 你对贾内尔的情绪宣泄有何感受？
◆ 你如何定义这个问题的本质和严重性？
◆ 你会用什么样的语言和行为来回应贾内尔？哪些语言和行为会对她有所帮助？哪些可能会伤害到她？哪些语言或活动可能会帮她缓解痛苦？这种情况需要及时且长期的干预还是需要我们仅仅把它假设为一个孤立的事件就可以了？
◆ 你在解决这个问题时会涉及那些想要和贾内尔玩的孩子吗？会涉及整个班级吗？
◆ 你会邀请贾内尔的家长参与讨论这个问题吗？如果会，你打算何时且如何与他们讨论？
◆ 作为一名教师，你需要使用哪些技能和发挥哪些作用来有效地帮助贾内尔解决这个问题？

我们将在本章末尾与大家分享关于上面问题的应对建议。

当你阅读本章时，请注意理解作为关心幼儿且有能力的幼儿教师必须具备的重要态度和技能，并且能够意识到有效的幼儿教师应该承担的不同角色。你所扮演的角色，包括你的态度、情感、知识以及技能，都会对儿童的日常生活产生巨大的影响，同时它们也构成了隐性课程最重要的一部分。

班级教师的作用或许是隐性课程最重要的组成部分，因为它对幼儿保育和教育的有效性和质量起着决定性作用。在儿童的早期教育和保育过程中，教师也许是最重要的因素（Feeney, Christensen, & Moravcik, 2001）。社会越来越期望幼儿教育项目能够对儿童产生积极的效果。家长也期望教师能够帮助儿童为将来的学业成功做好准备，让儿童适应具有多元文化的社会，帮助他们克服环境中的不利因素，以及发展他们的情感能力以应对不断变化的世界所带来的巨大压力。幼儿教育工作者必须运用自己的知识来平衡社会和家长的这些期望，告诉大家什么最适合儿童、最能够促进儿童的成长。为了向儿童提供一个最理想、最富有创造性的学习环境，教师必须培养有效的教师所必需的态度、特质及能力，并且学会平衡好自己需要承担的各种责任。

有效的教师

卡尔·罗杰斯（Carl Rogers，1983）指出，有效的、可靠的教师应具备三项重要的品质和态度，即真诚、重视学习者和具有同理心。真诚，使得教师能帮助儿童获得全面发展。重视学习者，使得教师能接纳儿童的情感和个性，并且相信值得信赖的他人可以为儿童的学习创设一种支持性的环境。具有同理心，使得教师能保持敏感并理解儿童对世界的感知。

可靠的教师还应具备其他态度或行为上的特征，包括：敢于冒险；能在人们之间搭建爱的桥梁；能向儿童示范快乐与主动性；争取所有的机会既是教师又是学习者；与大家分享他们的独特之处和人格魅力（Buscaglia，1984）。可靠的教师还具备走进儿童的世界、保持神秘感和敬畏感以及和儿童一样拥有好奇心的能力。如果我们善于倾听、乐于关注并且对儿童要教给我们的东西保持开放的心态，儿童就会非常高兴。实际上，"课程也许提供了一个学习的框架，但是要想让它充满活力则需要教师进行大胆的教学"（Frazier，1980，p.263）。

有效的幼儿教师具备很多特质和特点。菲尼和丘恩（Feeney & Chun，1985）的研究综述表明，最优秀的幼儿教师表现出以下特征：

- 温暖。
- 敏感。
- 灵活。
- 诚实。
- 正直。
- 自然。
- 具有幽默感。
- 接纳个体差异。
- 在不过度保护儿童的情况下促进他们成长。
- 身体强壮。
- 有活力。
- 富有同情心。
- 能接纳自我。
- 情绪稳定。
- 自信。
- 不断努力。
- 从经验中学习。（Hymes，1968；Read & Patterson，1980；Yardley，1971）

法伊夫－珀金斯（Phyfe-Perkins，1981）在她的研究综述中总结道，有效的幼儿教师是积极的、爱鼓励人的、温暖的、细心的、以儿童为中心的，并且能让儿童以个人和小组的形式活动而不是对他们进行直接的大班教学。

那些能够有效地鼓励儿童发挥创造性潜能的教师是灵活的和开放的。研究发现，这些教师在包容性和趣味性测试中得分很高，并且表现出觉察性和直觉性等人格特点（Tegano, Groves, & Catron, 1999）。那些能够促进儿童创造力发展的教师具有以下特征：

- 他们能体会字里行间的言外之意，联想到多种可能性。
- 他们能预见儿童未来发展的可能性，尤其是创造力发展的可能性。
- 他们对于新的迹象和发展持开放的态度，对事物表现出更强的好奇心而不是轻易下定论。
- 他们对未曾尝试的新事物表现出浓厚的兴趣，也爱凭直觉学习新的材料，理解它们的意义和复杂性。
- 他们更愿意从事与理论和想象力有关的工作，而不是处理那些有形的和具体的细节。
- 他们能轻松地应对偶然的和意外的事件。
- 他们表现出灵活性、适应性和包容性。

（Teagano et al., 1991, p.102；已得到国家教育协会的复印许可）

要想具备有效的教育幼儿的能力，幼儿教育专业人士需要经过认真而全面的训练。他们需要了解有关儿童发展、项目设计以及与儿童及其家长进行互动和交流等方面的信息。幼儿教师还需要接受指导来提升技能、获得知识。西费尔特（Seefeldt, 1973）的研究以及迈斯纳、斯温顿、希普曼、韦布和席摩斯科（Meissner, Swinton, Shipman, Webb & Simosko, 1973）的研究综述，探讨了教师接受正规教育的年限、教学年限与作为教师的有效性之间的关系。两个研究都指出，儿童的成绩与教师的受教育水平、教学经历呈正相关。斯奈德和富（M. H. Snider & Fu, 1990）的研究发现，教师的受教育水平、教师学习有关幼儿发展和幼儿教育课程的数量以及教师把课程与实践经历相结合的情况，对于教师获取知识和把发展适宜性实践应用到教室中的能力的发展有着极其重要的影响。幼儿教育专业人士需要不断地获得关于专业发展的培训、经验和机会，以使自己有能力履行不同的责任以及应对后现代社会的需要。

当班级包括有特殊需要的儿童时，教师就需要具备额外的知识和技能。幼儿教师在应对所有儿童时所必需的教学能力基本上是相同的，但是要想有效地应对有特殊需要的儿童，幼儿教师还需要具备以下一些特殊的技能：

- 具备关于儿童正常发展和非正常发展的知识。
- 能够辨别出特定残障问题的症状表现。
- 具备观察和记录个别儿童行为的技能。
- 能采用非正式的方式来诊断儿童发展方面的问题。
- 能够针对每一个儿童的学习风格以及观察到的儿童的优缺点来制订具有发展适宜性的长期目标和短期目标。
- 能创设环境以满足特殊儿童的需求。
- 能理解并相信课程模式所采用的哲学理念。
- 能通过有效的交流与儿童建立一种相互信任的关系。
- 能运用技巧来加强不同能力水平、不同文化和不同种族的儿童之间的积极互动。
- 作为团队的一员，熟悉各类专业人士并能和他们一起有效地工作。
- 具备招募、培训准专业人士以及与他们合作的能力。
- 能主动倾听家长的心声并开发一种可行的、允许家庭参与的项目，以体现自己对家庭系统理论的理解。
- 能促进儿童学习那些能帮助他们获得最佳发展所必需的社会技能。
- 当儿童有需要时，可以为他们提供示范和帮助。
- 能够承认自己的缺点并在适当的时候寻求帮助。（Cook, R. E., Tessier, & Klein, 1992, p.7；Safford, 1989, pp.273—274）

当幼儿教师理解儿童的发展是一个个别化的过程时，当幼儿教师把儿童视作有着优缺点的独特个体时，他们就具备了对所有儿童实施有效教学所必需的态度和知识。

教师的作用

在更清楚地了解了有效教师所应具备的态度、特质和能力之后，接下来我们将探索教师所起到的复杂的且相互联系的不同作用。教师必须理解这些不同的作用，培养评估和判断技能并对自己在教室中所起的作用做出有效的决策。图3.1显示了教师在教室中的不同作用，包括：与儿童互动、照料儿童、帮助儿童进行压力管理、促进儿童的创造力发展、为儿童策划活动、丰富儿童的学习环境、解决儿童的问题、为儿童的权益呼吁、促进自身学习等。

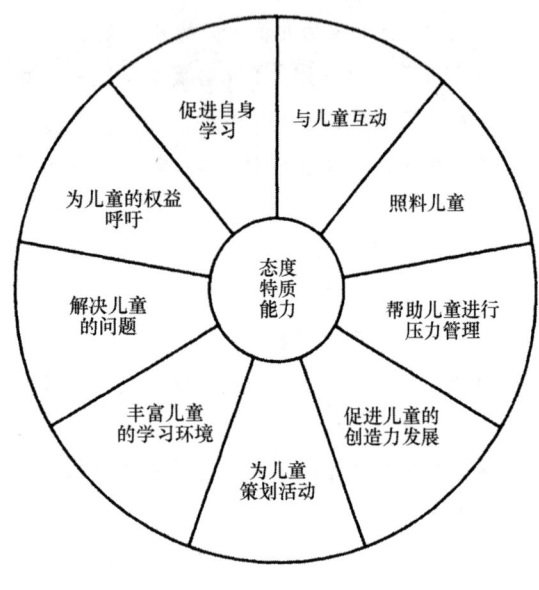

图 3.1 教师的作用

与儿童互动

幼儿教师在照料儿童的过程中应该频繁地与他们进行互动。互动的形式既可以是言语的，也可以是非言语的；无论是哪种形式，都应清楚地表现出对儿童的尊重和喜爱（NAEYC，1991）。教师应该主动发起一系列的言语互动，比如主动向儿童提供信息、提出开放式问题、对儿童进行指导、与儿童进行简单的交流等。在恰当的时机向儿童示范一系列非言语互动形式，对于幼儿教师来说也是极其重要的。微笑、触摸、拥抱、握手、进行眼神交流以及跪下来或坐下来以与儿童的视线保持平齐等，都是可以向儿童传递温暖和尊重的非言语互动形式（NAEYC，1991）。

对儿童做出积极回应的教师能通过仔细地聆听和耐心地回答问题，与儿童建立一种积极的和相互信任、相互关爱的关系。对儿童做出积极回应的教师会安抚那些受伤的、痛苦的和焦虑的儿童。为了满足儿童对时间、被关注以及与照料他的成人进行互动的需求，教师应该具有灵活性和富有同情心，而这一点又增强了儿童对教师的信任。为了促进与儿童之间的互动，戴（Day，1983）建议教师开展一些与儿童正在做的事情密切相关的活动，并让儿童参与与活动相关的谈话。当教师积极地参与活动时，儿童对活动的专注度也会提高。

为了增强与儿童之间的交流，教师在与儿童进行谈话、对儿童进行指导和向儿童提出要求之前，首先要通过言语或非言语的方式吸引他们的注意力。教师在与儿童交流时，应当跪下来或坐下来以与他们的视线保持平齐，同时与他们进行眼神交流，或者叫他们的名字。教师还要考虑儿童的发展水平、智力水平以及交流能力，并且使用他们能听得懂的语言（Cherry，1983）。清晰的交流也将减少儿童失败和做出不恰当行为的可能性。比如，当教师说"准备好到外边去"时，儿童的反应或准备工作不一定能让教师满意。教师应该说："穿上衣服在门口等我。"当教师传达的信息具体明确时，儿童就能够做出适宜的反应。此外，当教师真诚地表扬、鼓励儿童以及用热情的语言与儿童进行互动时，这不仅能增强教师与儿童之间的关系，激发儿童的学习动机，而且能促进儿童的成长（Hymes，1968；Smith，C. A.，1982）。

为了确保能与儿童进行积极的互动，教师不能因为自己某一刻的沮丧或愤怒情绪而对儿童使用冷漠无礼的语言，包括大喊、责骂或者羞辱。

儿童是从成人的行为示范中习得某些行为的。当成人示范出体贴、关心他人和谦逊有礼的行为时，儿童就学会了体贴、关心他人和对他人谦逊有礼。"儿童应当感到被关心和被尊重，而这种感觉又会让他们表现出对他人的关心和尊重。"（Stone，2001，p.42）教师同样需要与成人建立积极回应的关系。儿童需要看到教师与同事、志愿者及家长进行互相尊重且积极的互动。

当教师私下与成人讨论儿童的行为和有关班级的事情时，应该表现出对儿童和成人的尊重。当儿童可以适当参与讨论时，教师应吸引成人与儿童加入进来共同讨论日常活动、特殊的活动以及问题解决的办法。对有关儿童和他们家庭的信息保密是教师职业素养的一个重要组成部分，表现了教师对他人的敏感性和对自己教师角色的高度尊重。教师与成人之间进行适宜的互动，能够增强儿童对成人的安全感和信任感，同时也为儿童提供了一个清晰的、有礼貌交流的示范。

照料儿童

幼儿教育工作者被鼓励运用触摸和身体接触等方式来照料儿童（Allen，J.，1986）。拥抱儿童、轻轻晃动儿童的身体、搂着儿童、握着儿童的双手等方式，对于儿童的身体和心理发展都是必要的。教师应通过游戏、保育以及教学与儿童进行身体接触，这对于促进儿童的身体发育、情感健康以及培养他们对教师的依恋情感是非常重要的。

当成人用一种尊重的、积极回应的方式与儿童进行身体接触时（见图3.2），能够帮助儿童形成积极的身体意象和自我概念。教师充满爱意的照料和抚摩，能够促进儿童的情感发展和认知发展。那些对教师形成了情感依恋的儿童，会成为更有能力的学习者。儿童对材料和活动的反应，受他们与教师的情感关系的影响（Fogel，1980）。

图 3.2

当教师触摸儿童和对儿童进行身体爱抚时，他们正在向儿童示范安全的触摸。儿童能够观察到教师们相互拥抱、握手以及通过身体接触来表达情感的方式，同时也能从教师那里得到受尊重的且适宜的触摸。这让儿童有机会去学习和进行适宜的触摸，并帮助他们区分出不恰当、不安全的触摸。

教师的言语支持和"每个人都很重要"（Weiser，1970，p.235）的态度也会影响儿童。当教师在倾听儿童和与儿童谈话中表现出专注和对他们的尊重时，儿童就会觉得得到了支持。照料儿童的教师会认识到，儿童的学习是建立在他们被看作有情感、有希望和有梦想的人的基础上的。

教师向儿童积极地传达自己对他们的爱护和关心，能够帮助儿童建立自尊：

这让每一个儿童都可以被看见，因为当一个

人不被看见的时候,他就什么都不是。这意味着每一个教学日结束后,儿童都会觉得今天的自己比昨天的自己更好。这意味着儿童对教师有一种心理安全感;他不再持续地被迫证明自己比别人更有能力,也就是说他的努力被认可并被认为有价值。(Weiser, 1970, p.237)

能够有效地照料儿童的教师,可以培养儿童与外界接触并与他人建立相互关爱的人际关系的能力。他们帮助儿童了解到"人是最重要的"(Hymes, 1968, p.64)。

帮助儿童进行压力管理

如今的儿童生活在一个持续发展的、复杂的生态环境中,因而承受着很多压力。许多相互依存的因素,包括儿童变量(年龄、性别、气质、发展阶段)、家庭变量(婚姻状况、家庭关系、抚养方式、社会经济地位)以及与儿童相关的社会环境和自然环境变量(邻里关系、儿童保育项目、同伴),都影响着儿童感知和应对压力的方式(Benswanger, 1982; Honig, 1986)。此外,这个快速变化的社会也给儿童和他们家庭的日常生活带来了压力。

教师应该为儿童创设游戏和学习环境,以培养儿童应对压力和进行压力管理的技能。教师还应该就压力事件为儿童提供一些准确且适宜的解释,分享儿童的担忧,认可儿童的感受,给予儿童身体上的抚慰,并且鼓励儿童提问、表达感情以及讨论他们自己的看法(Allen, J., 1988a)。游戏(包括社会戏剧游戏、想象游戏和角色扮演游戏等),可以通过多种方式帮助儿童减少和应对压力。比如,当一个儿童因弟弟或妹妹的出生而面临压力时,他可能选择玩"照顾小宝宝"或者"把自己当成一个宝宝"的角色扮演游戏,以帮助自己适应这种新情况。教师可以利用游戏来帮助儿童解决问题,从他人的视角看问题,让现实变得更容易接受,以及在一个安全的环境中重现让他们感到恐惧的经历。

教师应准备好帮助儿童认识并应对这些压力,教师所起的作用是至关重要的。对于很多正面临着家庭成员出生、死亡以及父母离婚或者其他家庭变化的儿童来说,教师和幼儿教育项目可能是他们稚嫩生命中最稳定的因素(Hatfield, Allen, & Bowditch, 1981)。

促进儿童的创造力发展

儿童需要有机会来进行想象游戏、表达自我、发现问题、探究各种选择,以促进自身创造力的发展(Curry & Arnaud, 1984; Milgram, Moran, Sawyers, & Fu, 1983; Vandenberg, 1980)。教师需要保持一种开放、客观、接纳的态度,同时为儿童提供一个有着丰富资源和活动的轻松、自由的学习环境,以促进儿童创造力的发展。

当教师为儿童提供了各种机会让他们进行个人探索和活动解读时,他们就在促进儿童自我表达能力的发展。当儿童有许多机会进行想象游戏并有充足的时间沉浸在假装游戏、讲故事和角色扮演游戏中时,他们的自我表达能力也得到了培养;同时,这些机会也成为儿童"创造性想象的一个来源"(Piaget, 1962)。儿童发现问题和解决问题的能力,可以在一个鼓励他们具有好奇心和冒险精神、思考各种可能性和进行创新的环境中得到提高。那些鼓励儿童自主选择活动、探索各种选择以及发明新东西或产生新想法的教师,能够促进儿童的发散性思维和用独创性办法解决问题的能力的发展(Sawyers et al., 1986; Starkweather, 1971)。当教师允许儿童利用大块的时间进行游戏和探究而不去打扰他们时,能够激励儿童坚持完成一项活动或维持一种状态、充分探索各种可能性以及富有创造性地解决问题。

个性活泼主动且喜欢在教室中开展有趣的、快乐的活动的教师，能够促进儿童自主性的发展。比如，当一名教师同一群学前儿童快乐地玩吹泡泡游戏时，她就为儿童创设了一个可以自由体验的环境。在游戏过程中，儿童很有可能提出这样的问题："你是如何把泡泡吹出来的？你能吹出多少种不同形状和大小的泡泡呢？"如果这位教师思想开明且重视对这些问题做出独特的、不同寻常的回答，她就能促进儿童创造性思维的发展。在一个自由的但是经过精心设计和布置的环境中，教师能最大程度地促进儿童创造性思维的发展；同时，在这个环境中，儿童的想法会得到重视，并且课程的内容是由儿童和教师共同设计的。

西尔维娅·阿什顿-沃纳（Sylvia Ashton-Warner, 1963）描述了一位想要在纪律和自由、安全和自主、集体需求和个人需求之间保持平衡的教师。这类教师"享受生活中的未知和快乐，喜欢有趣的人。他们喜欢生活中出现的一切有趣的、疯狂的或甜蜜的事情，无论它们是多么微小"（p.93）。这就是一个能促进儿童创造力的发展而不是使课堂一片混乱的教师的本质所在。

为儿童策划活动

教师通过为儿童提供一个在身体和心理上都能感到安全的环境来满足儿童的安全需求。教师需要对教室和操场进行检查，并移走任何不安全或者破损的玩具、材料和设备。

安全也是教师在为儿童设计课程活动时需要考虑的问题。儿童有关烹饪、玩水、做木工和攀爬等方面的活动，需要教师进行周到的考虑和认真的监督。对儿童进行安全教育，是许多幼儿教育专业人士关心的问题。幼儿教育工作者必须记住，保障托幼机构中儿童的安全是教师的责任。

教师应该教给儿童与他们的发展水平相适宜的有关自我意识、相互关系和问题解决的知识，同时也应该向儿童保证成人有责任监督和保护他们。

教师通过安排均衡且综合的班级一日活动和开展课程活动来满足儿童对于活动、被关注、激励和成功的需要。教师也需要计划一日生活活动和过渡环节；否则，在这些时间里儿童和成人都将会是混乱而沮丧的。处于等待中的儿童经常会因为无聊而表现出一些不良行为，这使得教师必须回应不良行为并在过渡时间里一直催促儿童。儿童每天所经历的生活活动和过渡环节都应该是他们学习的机会。当儿童参与到一日生活活动和过渡环节中时，教师应引导他们，以便将他们等待的时间减少到最少。当儿童准备好后，他们就可以以小组或者个人的形式，安全且不紧不慢地从一个地方转移到另一个地方，从一个环节转移到另一个环节。当儿童必须等待一小段时间时，教师可以组织一些活动来吸引儿童参与，如唱歌、玩手指游戏、讲故事等。教师也应该是灵活的，并能够视天气变化、儿童的不同兴趣以及特殊情况等很快地重新评估活动并实施替代性的活动。

然而，要想制订出富有创意的活动计划，教师就要承认每天班级的生活都是流动的，承认个别儿童的发展变化以及师幼共同建构知识和意义的动态本质。泰加诺（Tegano, 2002）在借鉴瑞吉欧·艾米莉亚学校经验的基础上，建议教师将自己的教学视为是有技巧、有想象力、共同协作和有激情的。事实上，有技巧的教学被视为"精神与心灵"的结合。"有技巧的教学将我们直观感觉中的最佳元素和思维意识中的最佳元素结合了起来。有技巧的教学需要我们内在的能量和方向感。"（p.162）能意识到自己的直觉和思维的有技巧的教师持开放的态度，他们能根据自己与儿童、家庭和环境之间不断发展的关系而改变活动计划和调整方向。这些教师每天都会快乐地与儿童一起充满好奇心和想象力地进行自发的、真诚的合作(Eyre & Eyre, 1994)。

丰富儿童的学习环境

教师的另一个作用是丰富儿童的学习环境。教师应为儿童提供具有发展适宜性的学习机会。"幼儿的学习方式决定了教师的教学方式。"(NAEYC, 1996d, p.21)全美幼儿教育协会提出了以下建议，以确保教师能有效地运用发展适宜性的教学策略：

- 教师应为儿童创设一个能使他们通过积极探索以及与成人、其他儿童和材料互动来学习的环境。
- 儿童可以从教师准备的各种学习区域中选择自己的活动，这些区域包括表演区、积木区、科学区、数学区、拼图游戏区、图书区、视听区、美术区和音乐区等。
- 教师应期待儿童成为身心活跃的个体。儿童既可以选择教师提供的各种活动，也可以选择他们自发进行的各种活动。
- 儿童在大多数时间里能独自游戏或者和其他儿童组成一个非正式的小组一起游戏。
- 教师应为儿童提供具体的学习活动，并且这些活动应该包括与儿童的生活经历相关的材料和人。
- 教师在儿童中间来回走动，通过提问、提供建议以及增加更加复杂的材料和想法等来促使儿童充分地使用材料和参与活动。
- 教师要承认，问题往往不止有一个正确答案。教师也要意识到，儿童是从自我指导的问题解决过程中和实验中学习的。

（NAEYC, 1996d, pp.11—12）

这些教学策略是通过"谈话教学"和"无声教学"这两种方式来实施的(Hymes, 1968, pp.98, 103)。谈话教学，包括分享信息、抓住机会进行随机教学以及在教室中开展新的活动等。比如，图3.3中，当儿童针对一本书提出问题并对它做出评论时，教师可以参与其中以丰富儿童的学习经验。无声教学，包括向儿童示范态度和行为以及教师的价值观、观点和做事方式被儿童认同的过程。因为无声教学比谈话教学更加微妙和间接，所以儿童的学习可能没有被注意到或察觉到。不过，无声教学可以向儿童传达重要的态度、价值观和行为，让儿童可以感知、模仿和学习。这两种教学方式都有助于教师为儿童提供一个有效的、丰富的且适宜发展的学习环境。

图3.3

有特殊需要的儿童或者存在学习障碍的儿童可能需要教师更多地参与到他们的活动中并给予指导，以帮助他们掌握一定的技能和行为。虽然发展适宜性实践代表了一种更以儿童为中心的、非教师主导的教学方式，但是教师在帮助残障儿童发展能力和树立信心的时候，偶尔组织一些更具结构性和以教师为主导的活动是非常合适和必要的。教师还可以利用随机教学来向儿童呈现一些信息或者对他们进行提问。对于残障儿童，教师可能需要创设情境来运用随机教学策略，比如利用午餐时间来促进儿童的语言能力和社交能力的发展（Cavallaro，1983）。教师在遵从发展适宜性实践和以活动为基础的参与式教学的原则的同时，应计划好儿童的学习活动、按照一定的顺序介绍具体的技能并给儿童提供额外的帮助（Bricker，1986）。对于残障儿童来说，掌握技能、控制某些行为以及与周围的人和谐相处等都能够提高他们的自尊，激发他们对学习的渴望。

解决儿童的问题

教师在解决儿童的问题时要经历这样一个过程：获取信息、思考各种解决办法、评估结果和将这种反馈应用到教育实践中。比如，针对"一名儿童经常打或推其他小朋友"这个问题，首先，教师需要查明儿童出现这种不良行为的原因；然后，教师需要思考可以防止、减少或者应对这种行为的方法；接着，教师需要评估这些方法是否有效，是否与项目的哲学理念和儿童的需求相一致；最后，教师需要运用这个新的信息来维持或改变班级管理和指导的策略。

要想发展自己的问题解决技能，教师首先要提升判断力，即有效地评估和应对教室中各种情况的能力。判断力的提升需要教师具有带班经验，需要教师观察业务熟练的教师、获取更多的知识以及了解教室中每一个作为独立个体的儿童。教师需要使用判断力来实现以下几个方面的平衡：为儿童提供支持与帮助儿童独立；为儿童提供他们能掌握的活动内容与向儿童提供新的挑战来拓展他们的知识；帮助儿童和同伴一起处理问题与鼓励儿童自己解决冲突。那些了解儿童个体的需求、兴趣、情绪，并能对班级事件做出正确判断的教师，可以有效地评估各种问题情境。那些能最有效地解决问题的教师能够预测与识别儿童和家长可能会遇到的问题以及他们关注的东西，并能充分利用资源就重要的班级问题做出明智的决策。

为儿童的权益呼吁

成为儿童权益和幼儿教育事业的呼吁者是幼儿教师的一项很重要却经常被忽视的责任。

教师有责任为教育项目中的每个儿童尽可能地提供最好的环境和资源，并且要呼吁社会为儿童尽可能地提供最高质量的保育和教育。每天，有超过1300万名儿童会全天或者在一天中的部分时间里待在托幼机构（Johnson, J., 2005）。如果这些托幼机构提供的保育和教育是高质量的，那么它们就可以促进儿童的健康发展和学习。高质量的儿童保育对于低收入家庭中的儿童尤其有利，因为它能促使这些儿童的能力发展和社会性发展产生显著的变化。然而，对于很多儿童来说，他们所接受的儿童保育非但不利于他们的最佳发展，反而会危害到他们的健康和发展。在美国，可能只有不到15%的儿童保育项目算得上良好或者优秀，大多数儿童保育项目都是中等和偏差的。在有着最低师幼比的幼儿教育项目中，为儿童提供的保育和发展适宜性教育实践对于88%的婴儿、78%的学步儿和88%的学前儿童来说都是不充分的或者说勉强够（Howes, Phillips, & Whitebook, 1992）。美国审计总署2000年发布的一份报告《各州为执行安全和健康要求所做的工作》（State Efforts to Enforce Safety and Health Requirements）指出，即使是儿童保育环境中有关健康和安全的最基本的问题，也没有得到充分的解决。州政府发证机构的监测和执行活动并未普及到很多地区，有三分之一的州的发证人员有至少两倍的案件未处理。此外，很多州没有为全体保育人员制定规范，导致部分儿童保育人员在不符合标准或者没有定期接受检查的情况下工作（Children's Defense Fund, 2001）。

美国的幼儿保育和教育质量以及由此给家

长、教师和儿童带来的问题（包括家长寻求可以负担得起的儿童保育项目，教师的薪酬过低和培训不足，以及儿童每天都要接受这种低质量的保育）已经构成了一种危机。儿童需要"选择的机会、有意义的课程、与他人建立联系和拥有能理解积极学习价值的教师……活动要能够提升他们的自尊、为他们提供互动的机会并且对他们具有难以抗拒的吸引力"（Witmer，1996）。我们要呼吁社会为所有儿童提供高质量的幼儿教育项目。

教师必须为班级中目睹过暴力或遭受过暴力伤害的儿童呼吁。被杀害是导致儿童死亡的第三大原因。在一些社区，有高达90%的儿童报告说自己目睹过谋杀和其他暴力犯罪行为。据估计，美国有330万名儿童目睹过家庭成员的暴力行为（Kochanek & Hudson，1995）。这些儿童被虐待或被忽视的可能性是那些没有目睹过家庭暴力的儿童的15倍。2003年，据报道有超过300万名儿童是儿童虐待的受害者，其中有超过100万名儿童被证实遭受过虐待或被忽视过（National Clearinghouse on Child Abuse and Neglect Information，2005）。"儿童在家里必须是安全的，以便形成积极的自我意识，进而成长为健康的、有用的、关心他人的人；儿童在社区里必须是安全的，以便能够探索并发展与他人的关系；儿童在学校里必须是安全的，以便可以顺利地进行学习。"（NAEYC，1993）生活在暴力中或受到暴力威胁的儿童需要班级为他们提供身体上和心理上的安全，需要教师给予他们温柔的指导、设定有利于他们发展的限制以及教给他们对抗暴力的办法。作为教师，我们在教育和道德方面都有义务为遭受暴力伤害的儿童呼吁。

教师必须为班级中的残疾儿童呼吁。有超过10%的儿童身体有残疾，需要接受特殊的服务或者做出适应性改变（Terman, Larner, Stevenson, & Behrman, 1996）。教师是决定儿童能否获得成功和全纳教育质量的关键因素，也是使儿童形成接纳态度和促进儿童技能发展的关键因素。教师必须通过组织儿童就残疾状况进行适宜的且令人安心的讨论来让儿童做好准备，并帮助他们拥有一种积极的学习体验。教师要意识到给儿童贴标签的负面影响。即使儿童有相同的残疾，他们也是不一样的。给儿童贴标签强调了儿童不能做什么，而不是他们能做什么。教师给儿童贴标签通常关注的是儿童的不足，而不是学习环境或者教学策略的不足（Cook, M., Mayfield, & Finn, 1992）。

教师必须为班级中遭受饥饿的儿童呼吁。在美国，每44秒就有1个新生儿出生在贫困家庭中（Children's Defense Fund，2005）。据估计，美国有1200万名儿童，全世界有1.95亿名儿童患有营养不良。营养不良会导致儿童没有精力去游戏和学习、认知功能受损、生长发育迟缓、对疾病的抵抗力降低甚至死亡（Bown & Pollitt，1996）。教师在教育和伦理上有义务为这些儿童呼吁。

教师必须为班级里没有充分得到医疗保健服务的儿童呼吁。在美国，虽然儿童的疫苗接种率已经得到显著提高，但是只有78%的2岁儿童接种了常见的儿童疾病疫苗。种族差异持续存在，黑人和西班牙裔儿童接种疫苗的可能性要低于白人儿童。此外，有1080万名儿童，或者说有1/7的儿童没有健康保险。美国是24个工业化国家中唯一一个不提供全民健康保险和医疗保健的国家（Children's Defense Fund，2005）。美国的婴儿死亡率比其他19个工业化国家要高；美国黑人婴儿出生第一年内的死亡率是白人婴儿的两倍。那些出生时体重就较低的身体健康状况不佳的儿童，其一生所要花费的医疗费用平均为40万美元（Carnegie Corporation，1994）。

教师必须为班级里生活状况缺乏安全感的儿

童呼吁。大约有56.8万名儿童生活在被收养的家庭，这个数字在过去十年间增长了48%。此外，还有超过10万名儿童等待被家庭收养。越来越多的儿童因为父母不在身边或无法照顾他们而生活在亲戚家。有近150万名儿童的父母正在监狱里服刑；自1991年以来，母亲入狱的儿童的数量增加了近一倍（Children's Defense Fund, 2005）。

无家可归仍然是贫困家庭的一个问题。调查显示，在1999年到2000年之间，25个城市对紧急避难所的需求平均增长了17%。对其中一半城市的调查报告显示，这些家庭无家可归的时间平均增加到5个月（Children's Defense Fund, 2005）。这些无家可归和支离破碎的家庭，很多都住在短期的和临时的住处。这些家庭里的人更有可能经历失业、暴力和其他的家庭压力。这些家庭里的孩子对于安全感、空间、相互关爱的关系、处理问题的技能以及基本的必需品有着更大的需求（Klein, Bittel, & Molnar, 1993；McCormick & Holden, 1992；Swick, 1997）。

此外，教师作为呼吁者的作用远远不止满足自己班上儿童的需要，还应拓展到公共政策领域，以致力于提倡优质的幼儿教育服务。教师应该坚持最高标准的个人道德和职业道德；全美幼儿教育协会的《道德行为守则》（Code of Ethical Conduct, Feeney, & Kipnis, 1996；见附录A）是一个考虑全面且在幼儿教育领域被广泛接受的标准。

教师需要从社区和国家层面针对儿童的问题发声。教师可以通过了解有关项目和资金的需求，了解相关的立法活动，以及给政府官员写信或者致电等渠道进行呼吁。教师加入专业组织，可以让自己有机会在公共政策方面做出努力；同时，可以和其他幼儿教育专业人士共同努力来让公众注意到儿童的需求，并呼吁国家和地方政府提供必需的资源来全力支持为所有儿童提供高质量的幼儿教育项目（Goffin & Lombardi, 1988）。

促进自身学习

最后，最优秀的幼儿教师是致力于不断学习和发展的有效的幼儿教育专业人士。新手教师必须意识到的一点是，他们最初所接受的教育只是让他们成为称职的和关爱儿童的教师的基础；他们还需要经历不同的发展阶段而继续取得进步，并且需要有机会得到支持、建立人际关系、参加专业活动以及获得额外的培训，以便能够提升教学技能、避免职业倦怠和逐步成长为专业的教育人士（Katz, L. G., 1977）。

专业成长与发展。莉莲·卡茨（Lilian Katz）将教师的专业成长与发展划分为四个阶段：生存、巩固、更新和成熟。第一个发展阶段即生存阶段，以教师意识到教学的现实情况为特征。卡茨认为，处在这个阶段的教师需要得到大力的支持、指导和培训以获得基本的知识和技能。在第二个阶段即巩固阶段，教师将自己的知识和技能进行综合和巩固，并发展更加有效的关注个体需求、个体的特殊情况等方面的能力。这个阶段的教师培训应注重运用更广泛的知识基础和更多样化的资源。在第三个阶段即更新阶段，教师发现自己最初的热情、创造力和决心已经减弱了。因此，这个阶段的教师培训重点应该放在更新上，包括给教师一些新的体验，比如让他们接触其他幼儿教育专业人士、参观其他幼儿教育项目、阅读大量的专业材料、参加研讨会，等等。在最后一个发展阶段即成熟阶段，教师会将自己的知识和技能整合为具有更深刻的"洞察力、观点和现实性"的哲学理念（Katz, L. G., 1977, p.11）。这个阶段的教师培训包括让教师有机会通过在研讨会上发言、撰写和发表文章以及与其他教师协商解决问题来分享自己的见解。

无论处于哪个发展阶段，教师都能从对自己

教学特征、教学理念和教学能力的个人反思中获益。这种反思可以采取多种形式。它可以是教师头脑中的"内部对话";可以是教师使用日志来记录自己对班级情况、个别儿童及其家庭情况的感受和反应;还可以是深化自我反省、促进个人专业成长的集体讨论。一种更加正式且动态的反思过程是建立一个教学档案袋。建立教学档案袋是一种反思性活动。它包括不断地收集教学活动和班级活动方面的例子,反思教学的作用、个人和职业的价值以及职业道德。一个教学档案袋可能包括教师的自传、职业目标陈述、教学的哲学理念和教师的简历等。

记录教学经历的文档里面包括照片、活动计划、与家长沟通的案例、活动开展的案例,以及对所参加的研讨会的反思等内容;它生动地展现了教师的成长(Feeney et al., 2001)。无论是新手教师还是有经验的教师,都可以使用教学档案袋。这是一个富有创造性的活动,它鼓励教师通过类似于给自己描绘自画像的形式来了解自己入职以来在教学技能、教学智慧和洞察力方面所发生的改变和取得的进步。

善于反思的教师视教学为一个旅程——一个帮助他们增进自我理解,同时让他们对儿童更加敏感,也更加知道如何去促进儿童学习的旅程。"教师必须明白的一点是,在教儿童的时候,自己也将受到教育;在帮助儿童发展的时候,自己也将发生改变和获得成长……当然,这里面包括一些未知的因素;教师要愿意承担一定的风险。"(Ayers, 1993, p.80)反思性教学是一个具有挑战性且要求教师具有冒险精神的活动,也是一个涉及道德和个人的专业性活动。反思性教学使得教师诚实地面对自己、不断地更新自己,并能关注重要且有意义的事情而不是紧急且琐碎的事情。反思性教学是一个不断形成观点、改变生活的活动。反思的过程是评估过程的下一步,它不涉及对他人的评判,而是一种对自我的审视,它决定着教师可以做些什么来使自己发生变化。

真正能够对儿童的生活产生影响的教师具备以下几点:(1)对自己的教学态度、特质和能力有清楚的认识;(2)能在与儿童互动、照料儿童、帮助儿童进行压力管理、促进儿童创造力的发展、为儿童策划活动、丰富儿童的学习环境、解决儿童的问题、为儿童的权益呼吁以及自身学习方面做出有效的决策;(3)追求专业和个人的卓越发展。对于一个可靠的、积极回应儿童的幼儿教师来说,教学实际上是"一个充满激情且对我们的心灵和头脑提出双重挑战的活动"(Smith, C. A., 1982)。充满激情的教师会沉醉于与儿童一起探索、一起思考、一起跳舞、一起唱歌、一起哭和一起笑,并且认识到自己和儿童要作为真实的人一起生活,彼此分享思想和身体、精神和灵魂。

创设良好的教学环境

各种幼儿教育项目因为为儿童提供的活动不同,所以提供给教师的工作环境也存在差异。成人和儿童一样,只有在一个积极的、充满关怀的环境中才能更有生产力和创造力,才能持续地学习和发展。没有同事和管理者的支持以及可利用的项目资源,即使是最努力且博学的幼儿教师也不能做到有效教学。为了给儿童创设一个最佳的学习环境,教师的工作条件也必须是最佳的(Katz, L.G., 1977)。大多数教师认为一个良好的教学环境应该包括开放且自由的工作环境、与其他成人间密切的合作关系以及优厚的薪酬。

工作环境

幼儿教师从事的是一个助人的职业。这个职业需要幼儿教师不断地付出情感、精神和体力以满足儿童和家庭的需求。对于幼儿教师来说,一个支持他们且接纳他们的工作环境是非常必要的,因为它能帮助教师获得成功、更新想法并促使他们不断地成长。

能够提升幼儿教师工作环境幸福感的因素主要包括以下几点:

- 幼儿教师个人的教学观点与幼儿教育项目的哲学理念一致。
- 有数量充足且合格的幼儿教师来为小规模的儿童提供个别化的教育经验。
- 有充足的项目资源可以使用,如教学材料、室内和室外设备以及教室用品。
- 管理人员能持续地支持教师并能针对教师的表现给予令人鼓舞的、促进他们成长的反馈。
- 为教师提供持续学习和专业发展的机会。
- 让教师参与决策制定,使教师在班级活动中更投入、更自主。
- 为每天的工作做好安排,包括带薪休息的时间、工作计划以及全体教师参加的会议等。
- 与同事建立积极的、合作的且能产生共鸣的关系。

研究人员调查了教师对于薪酬、福利以及其他工作条件的满意度。调查结果表明,导致教师满意度较高的几个因素包括:工作自主、与领导和同事的关系良好和工作明确(Jorde-Bloom, 1988);日常工作需求得到满足(Whitebook, Howes, & Phillips, 1990);与儿童一起工作、在智力上有挑战性且拥有发挥创造力的机会(Granger & Marx, 1988);与儿童保持密切的联系(Kontos & Stremmel, 1988);每日工作计划安排得当、与其他教师的关系良好、工作有保障、项目资源丰富以及认同项目的目标和哲学理念(Allen, J., & Catron, 1987)。艾伦和卡特伦的研究也表明,教师对以下几个方面非常不满意:薪酬、工作量以及晋升的机会。在研究中,当研究人员询问教师他们不喜欢自己工作的哪些方面时,被提及频率最高的是待遇问题——薪酬或福利,或者二者兼有。

我们从幼教行业的高流动率也能看出教师的不满(Phillips, Howes, & Whitebook, 1991)。一项针对宾夕法尼亚州169位儿童保育人员的调查显示,41%的受调查者表示在不久的将来会离职;一年后,其中23%的受调查者已经离开了工作岗位。据报道,那些意识到自己还可以从事其他工作或者在工作倦怠测验中得分较高的幼儿教师更有可能离职;其中,前者能很好地预测出教师实际的流动率(Manlove & Guzell, 1997)。

大部分关于幼儿教师流动率的研究表明,幼儿教师每年的流动率为26%~41%(Whitebook, Phillips, & Howes, 1993)。很显然,在所有行业中,幼儿教育行业每年的流动率是最高的。流动率高在很大程度上与低薪酬有关。有关全国儿童保育工作人员的研究指出,薪酬水平是最能预测流动率的一个因素。在有着更高薪酬和福利待遇的幼儿教育项目中,教师对工作有更高的满意度,也会与儿童进行更积极和更适宜的互动(Whitebook et al., 1990)。在纽约,由于州立法要求提高幼儿教师的薪酬水平并提供了资金支持,所以幼儿教师的薪酬平均增加了1200美元,教师的离职率也因此缩减了一半(Marx & Zinsser, 1990)。

对于大多数幼儿教师来说,他们得到的薪酬和福利待遇并不能与幼儿教师这一职业要求他们所付出的相匹配。幼儿教师这一职业要求教师接受较高水平的培训、富有经验并且对幼儿的安全、健康和教育负起高度的责任。一些研究表明，有超过三分之一的儿童保育人员拿的只是最低薪酬或者更少。大多数儿童保育人员工作12个月所得的薪酬比在公立学校工作9个月的教师还少。很多研究都表明，幼儿园教师的收入只是高年级教师收入的一半（Granger & Marx, 1988; Pettygrove, Whitebook, & Weir, 1984）。据报告，美国儿童保育人员的年平均薪酬是15430美元，比垃圾清洁工的薪水还少（Children's Defense Fund, 2001）。

承认教师需要得到支持、认识到为教师提供专业发展机会的重要性以及为教师提供足够的薪酬和福利等，都有助于幼儿教育环境的健康发展和教师满意度的进一步提升。当幼儿教师对支持和薪酬的基本需要得到满足后，他们就能把精力更多地投放在为儿童设计并实施具有发展适宜性且能够激发儿童创造力的课程中。图3.4表明，当托幼机构的环境是积极的且能支持教师和儿童时，他们就能一起享受学习的乐趣。

图3.4

与同事的关系

大部分培训幼儿教师的项目都把大量的精力投放在课业和实习活动上，以帮助学员更有效地与儿童建立良好的关系。然而，教师工作满意度的一个很重要的组成部分就是他们与其他教师的关系。与其他教师的消极关系以相互间缺乏信任、紧张又充满冲突的气氛以及频繁的误解为特征，这会导致工作环境变得令人沮丧而无效。与其他教师的积极关系以相互信任、相互尊重和情感上的相互支持为特征，这会使得教师在工作环境中充满幸福感并且有较高的工作效率。

要想建立有效的教学团队、提高合作水平以及培养表达明确的沟通技能，教师了解彼此间在性格、气质类型以及沟通方式等方面的差异是很有必要的。幼儿教师要想和其他教师建立积极的关系，就必须理解个体的独特性。

理解个体差异是促进有效沟通的一个方面，而创建畅通的沟通渠道来表达自己的关心或者问题是另一个方面。比如，当一名教师与同事发生冲突时，最适宜的做法就是直接和同事说清楚。教师开诚布公地与同事讨论问题，同时不加以指责或责备，通常会使问题或者冲突得到有效的解决。但如果选择其他的做法，比如和其他教师谈论这个问题或者什么都不做，通常会使冲突升级，并且造成紧张和不信任的关系。教师还应该有一些公开的渠道同管理者沟通，这样就可以使幼儿教育中的问题得到及时且专业的解决。

幼儿教师如果能够做到理解并重视他人做事的偏好、欣赏他人的长处以及学习有效沟通的策略，就能增强与其他人的联系，并加深工作中的团队意识。与其他教师保持积极的关系，能够增强彼此间的合作、共同解决问题以及营造一个教师和儿童都感觉良好的高效的工作环境。在这种有利的工作环境中，教师可以专注于提供能满足幼儿需求的最佳教育。

发展职业认同感

那些能够与同事形成有效且互相促进成长的关系，能够为得到更好的工作条件、薪酬和福利待遇而呼吁，以及能够为儿童提供最佳学习环境的幼儿教育工作者，正在建立一种职业认同感。当下，幼儿教师面临的另一项重要任务是教育公众追求高质量的幼儿教育项目。关于这一点，幼儿教师应该与幼儿教育界的其他专业人士共同努力来完成。在过去的三十年里，虽然幼儿教育事业已经取得了巨大的进步，但是它并没有获得大众足够的认同感，人们对于社会上众多的幼儿教育项目和相关服务仍然存在很多分歧和误解。人们使用不同的词汇来称呼幼儿教育项目，如幼儿园、学前班、日托中心、保育学校、儿童发展中心和实验学校等。其中，一些项目被贴上了"照顾孩子"或者"提供临时看护服务"的标签，另一些项目被贴上了"学校"或者"教育项目"的标签。幼儿教育项目存在多样性是一种优势，因为这给家长们提供了可选择的机会；同时它也是一种劣势，因为它会导致幼儿教育项目的质量缺乏一致性（Caldwell，1990）。

教师在向家长和公众科普高质量的幼儿教育项目之前，必须先审视自己是否足够了解儿童，是否清楚儿童是如何学习的，必须和其他幼儿教育专业人士并肩站起一起。儿童出生后的前几年对于他们的发展和教育来说是至关重要的；儿童会从他们的全部经历和所处的多样化的环境中学习。以下几个因素对于高质量的幼儿教育项目起着决定性作用：

- 小组教学和有较高的师幼比。
- 训练有素的教师。
- 安全、卫生的自然环境。
- 家长的合作和参与。
- 成人与幼儿之间频繁且一致的互动。
- 拥有能促进儿童在自我调节和游戏中学习并着重培养他们的社会互动技能和价值观的课程。（Bowman，1990，p.27）

能否为幼儿提供高质量的学习环境，最重要的影响因素是教师的专业知识。幼儿教师可以通过多种方式接受培训。学院和大学会通过它们的教育系或者儿童发展系来提供幼儿教育方面的教师培训项目。有些大学还为那些志在服务残障儿童的教师提供了幼儿特殊教育方面的专业学位。幼儿教师培训项目应该为教师提供一个通识教育和专业研究的大背景，并且要尽早让他们了解儿童发展和幼儿教育方面的原则。幼儿教师培训项目必须包括各种实践活动，必须强调理论和实践相结合（NAEYC，l996a）。开展特殊教育方面的专业培训和课程是非常有必要的，因为它们有助于幼儿教师为班级中可能存在的特殊儿童制订有效的计划和开展有效的教学。最近，在各州的教师许可证要求和大学的教师培训项目中出现了一个新的趋势：把幼儿教育项目与幼儿特殊教育结合起来，以强调所有的幼儿教育项目都要容纳残障儿童。这些教师培训项目最终会授予学士学位，这对于教师获得所在州的认证以从事幼儿教育教学工作是十分必要的。具有学士学位的教师在班级的课程发展中能够起到领导作用。

有很多社区大学会开设为期两年的幼儿教育培训项目，最终可以授予准学士学位。这类项目通常不包括对幼儿教师进行儿童发展和教学策略方面的深入培训，而是强调如何为儿童设计活动并提供与幼儿打交道的各种实践经验。具有准学士学位的教师通常会在班级里担任助教。此外，教师或许还可以通过儿童发展协会（Child Development Associate，简称CDA）的项目来接受培训和获得证书。儿童发展协会的培训是一个以能力为基础的培训项目,它允许教师在各种环境中接受培训,包括在大学的班级里和独立研究项目中。儿童发展协会的培训是以学院或者大学为基础的传统培训的一种替代方式,它使幼儿教师能够承担更多的班级责任 (Maxim, 1997)。尽管很少有幼儿教育项目只雇用受过大学教育的教师,但是为每个班级都雇用一个在幼儿发展和教育方面有广泛培训经历的主班教师,将会提升幼儿教育项目的质量。

那些接受过专业培训,在促进自身发展的环境中工作并且认为自己有价值和有效的教师,更有可能看到自己和孩子的前途。这些教师通过关注儿童和环境、质疑现状、追求创新、做出改变以及积极地与儿童、家长、同事进行交流来不断地探寻教学的本质。

对于幼儿教师来说,现在是时候骄傲地宣布自己对职业的认同感了。幼儿教师必须成为真正的专业人士:不是冷漠、客观的专家,而是富有人文关怀精神、有知识、有爱心的教育工作者 (Satir, 1988, p.21)。现在是时候撕掉那些人们因为误解而给幼儿教育项目贴上的标签,呼吁所有的幼儿教育项目一起大声地向那些认为幼儿教育仅仅是在临时看护孩子,并且只提供照看服务的项目说"不"了。贝蒂·考德威尔 (Bettye Caldwell) 认为,教育和保育在高质量的幼儿教育项目中是同等重要的 (Caldwell, 1990, p.6)。为儿童创造机会让他们进行学习和与成人建立相互关爱的关系,对儿童的成长是很重要的。生活和成长于当下的幼儿,再也经不起教育者的争辩和犹豫不决了。虽然社会上已经有各种幼儿教育项目来满足不同的儿童和家庭群体的需要——这是幼儿教育行业的一个优势,但是这个行业必须立场坚定地为幼儿提供高品质的、适合幼儿发展的教育项目,也就是要兼顾对幼儿的保育和教育。这是这个行业最重要的任务。教师必须与其他教师、家长和领导建立联系。幼儿教育专业人士必须并肩站在一起,寻求更高标准的州立教师许可证颁发要求、一套强制性的国家标准以及从政府、企业和当地的学校系统那里得到资源和资金的支持,从而使幼儿教育事业蓬勃发展的愿景变为现实。

普及幼儿园项目

在过去的十年间,幼儿教育专业人士在寻求更高的标准、更多的资源和高质量的幼儿教育项目的过程中,把大量的精力放在了普及幼儿园项目方面。2004年,美国参议员汤姆·卡珀 (Tom Carper) 提出:"如果你有机会做一项具有7倍回报率的投资,那么你一定要立刻去做。"卡珀是在描述投资高质量的幼儿教育在促进幼儿教育普及方面带来的收益。普及幼儿园项目,十多年以来已经成为各州的立法、财政和教育方面关注的话题。佐治亚州是第一个立法并资助普及幼儿园项目的州。1993年,佐治亚州针对所有4岁儿童开展了普及幼儿园的项目;2002年,有55%的4岁儿童在幼儿园项目中就读;2006年,有80%的4岁儿童被纳入州政府资助的"开端计划"项目或普及幼儿园项目中。佐治亚大学的研究人员在研究了普及幼儿园项目的成果后报告说,与国家规定的入学准备标准以及那些在私立幼儿园项目中就读的富裕家庭的儿童所获得的技能水平相比,参加普及幼儿园项目的儿童的入学准备水平更高 (Malakoff, 2006)。

俄克拉何马州也在1998年实行了针对4岁儿童的普及幼儿园项目。这些项目被安排在公立学校里,而公立学校所在的地区会资助每一个登记入学的儿童。俄克拉何马州有超过90%的学区提供幼儿园项目,州内有65%的4岁儿童在这些项目中就读。俄克拉何马州要求这些项目中的教师要有学士学位和幼儿教育方面的资格证书。

乔治敦大学的研究人员研究了俄克拉何马州的幼儿园项目所带来的影响并指出，儿童在认知和语言方面的测验分数得到了提高。非洲裔美国儿童和西班牙裔儿童的涨幅最高，分别为17%和54% (Carper, 2004; Malakoff, 2006)。

芝加哥实施的普及幼儿园项目主要针对的是低收入的少数族裔儿童。美国威斯康星大学的一项持续了15年的追踪研究表明，在1000名参加了普及幼儿园项目的儿童和550名没有参加这个项目的儿童之间，存在着教育和经济水平上的显著差异(Reynolds & Temple, 2006)。

关于普及幼儿园项目所取得的成果的报告是喜忧参半的。新泽西州的学校在1998年对30个学区的最贫困的儿童开展了普及幼儿园项目。所有参与这个项目的幼儿教师都有幼儿教育方面的资格证书，并且每个班15个孩子就配有两位教师。然而，调查发现，尽管政府已经提供了结构上的支持（大力进行师资培训和较高的师幼比），但是这些项目的教育质量相对较低(Barnett et al., 2002)。其他的30个州要么已经实施了普及幼儿园项目，要么已经打算通过立法来这么做。

齐格勒(Zigler)和他的同事从两个维度描述了一个示范性的普及幼儿园项目：高质量和全面性。研究人员一致发现这两个方面能使儿童的入学准备产生更积极的效果。"高质量的项目，是指除了维持基本的结构特征（如师幼比、教师培训）的高标准外，还要具有发展适宜性的特点。这意味着这些项目要运用适合幼儿发展和学习水平的教学技巧并促进他们的适宜发展。全面的项目，是指项目要能够强有力且有效地开展，以解决儿童各个发展阶段的问题，并能够惠及各种养育环境中的每一个儿童。"(Zigler, Gilliam, & Jones, 2006, p.248) 除此之外，这个示范性的项目还必须体现对以下七个与儿童的积极发展相关的独立变量的研究：

- 学制。理想情况下，项目应该为儿童提供至少两年受教育的机会。
- 位置。项目应该被安排在公立学校中，并受公立学校系统持续、集中且有效的管理。
- 班级规模和师幼比。全美幼儿教育协会提倡，每20名4岁儿童的班级应配备2名教师。
- 教师资格。教师应具有学士学位和幼儿教育方面的资格证书。助理教师也应该有社区大学授予的准学士学位或儿童发展协会颁发的证书。
- 项目内容。理想情况下，各州应该采用一种经过验证的并且对儿童发展和学习的影响已经被研究了的课程。项目还应该包括一些和"开端计划"相似的内容：交通、健康普查、家长参与、家庭支持服务——包括对家长进行教育、职业培训以及为家长提供健康和法律援助。
- 过渡服务。这类项目应该"遵循发展生态学的模式。那些能够不断地在儿童家庭和学校环境之间建立联系同时能保证课程和教学的连续性的实践，是最有效的"。(Zigler, Gilliam, & Jones, 2006, p.255)
- 评估。齐格勒和他的同事建议使用"全国性的、规范的、可靠的且有利于儿童发展的工具"来评估儿童的学习和发展(p.255)。这些工具不仅可以用来测量儿童的发展成果，还有助于回答关于儿童入学准备和项目有效性的问题，而这也是推行"普及幼儿园项目"政策时各界在一直争论的关键所在。争论的焦点主要在于州政府的资金和预算、计划推行的质量以及成本与效益等问题。

与家庭合作拓展课程

当你发展自己的技能以及发挥自己作为幼儿教师的多重作用时，应与家长交流你是如何帮助幼儿发展和学习的。同时，也要帮助家长明白他们作为孩子的"第一任老师"所起的至关重要的作用。在儿童的整个发展过程中，家庭对孩子有着最初的且持续的影响。儿童不仅从父母那里获得了外貌并习得了母语，还从家庭中和父母对待暴力的态度中了解了攻击和暴力行为。儿童道德的发展很大程度上受父母所使用的不同类型的管教方式的影响。即使是在青春期，比起他们的同龄人，儿童也更愿意采纳（尽管并不总是仿效）父母的观点和价值观。儿童的父母是重要的教师，同时家庭在我们努力帮助儿童学习的过程中是非常关键的。

本章小结

教师对幼儿教育项目的质量起着决定性作用。教师的态度、特质和能力都是非常重要的。教师必须是可靠的、真诚的、有同理心的，并能为儿童创设一个支持性的学习环境。教师应具备的特质包括灵活性、坦率、幽默。教师应具备的能力包括策划活动的能力、互动能力、沟通能力，以及应用关于儿童发展的知识的能力。儿童发展和教育课程、特殊教育课程以及有经验的教师所给予的监督和反馈等，对于培训技能熟练的幼儿教育专业人士是非常重要的。教师必须清楚地了解并有效地发挥他们在与儿童互动、照料儿童、帮助儿童进行压力管理、促进儿童创造力的发展、为儿童策划活动、丰富儿童的学习环境、解决儿童的问题、为儿童的权益呼吁以及促进自身学习等方面的重要作用。

要想回应儿童的需求，教师需要迅速地评估情况并根据自己的经验和个人特质做出恰当的反应。教师稍后可能还需要运用额外的知识和技能，对儿童或者整个局面做进一步的评估。在贾内尔的案例中，教师在解决问题的过程中需要运用上面描述的多重角色——照料者、互动者、压力管理者、问题解决者、策划者和促进者。

审视你自己对于贾内尔情感爆发的感受。你对这种干扰感到生气吗？你关心贾内尔内心的痛苦，并且对如何回应她感到困惑吗？所有的这些感受都是自然的反应。认识到你自己的感受并超越它去理解幼儿的痛苦和悲伤程度，是你应该采取的第一步措施。

然后，要评估这一事件的严重性并决定如何做出回应。恰当且及时的回应对于儿童来说是一种安慰和支持。对贾内尔来说，这是一个不寻常的行为；很显然，她是很苦恼的，她需要得到他人的关爱和理解。贾内尔可能需要教师来帮助她选择一种安静的个人活动，如读书、玩拼图游戏或参与艺术活动。让贾内尔自己来安排这一天里和其他人互动的节奏。另外，向想要和贾内尔一起玩的那组小朋友解释："贾内尔现在觉得有些压力，她需要一些独自玩耍的时间。"教师要理解贾内尔现在的感受，并对她想要独处的需要表达出尊重的态度。教师可以帮助其他孩子选择一个不同的游戏活动，直到贾内尔想要加入他们的游戏为止。如果贾内尔能向其他孩子表达她的感受，那么教师要鼓励她这么做。

当贾内尔的父母来接她离园时，找一个单独的地方把贾内尔今天的表现告诉他们。教师要安慰家长说孩子每天和成人一样经历着生活的压力，并且告诉他们，你将会很感激他们帮助你观察贾内尔的任何相关迹象。这是继续关心她的一个方面。贾内尔的父母对她的这种行为可能还有其他的看法，或许这是他们第一次看到孩子的这种表现。

在一天结束的时候，你需要重新评估贾内尔的行为并决定是否需要采用长期的策略来帮助她应对压力。在做这个决定之前，你首先应对贾内尔接下来几周的游戏和互动行为进行观察与记录。如果你确定压力是贾内尔面临的一个严重问题，那么你需要采取以下步骤来帮助她解决这个问题：

◆ 计划开一个家长会，和家长深入探讨贾内尔难以应对压力的可能原因。争取在家长的支持和帮助下制定在学校和家里帮助贾内尔应对压力的策略，同时确保贾内尔有足够的玩耍和休息时间。

◆ 评估整个班级的日常作息时间表和活动构成，以确保对儿童的期待与他们的发展水平相适宜，同时要确保儿童有足够的安静时间和独自游戏的机会。让儿童有更多的机会玩想象游戏和开展创造性游戏活动，允许儿童按照自己的节奏慢慢来，并促进儿童发现和解决问题的能力的发展。

◆ 利用带班机会来识别和对压力事件进行归类，并通过提供角色扮演游戏和解决冲突的机会来丰富教室环境，从而帮助儿童学会管理压力。

反思与应用

1. 讨论本章开头的小故事。你还有其他的问题或看法吗？讨论本章结尾对小故事的回答。对于这种情况，你还有其他的应对方法吗？
2. 回忆你最喜欢的老师。这些老师身上有哪些品质和特点呢？哪些品质是你也具有的？哪些品质是你需要进一步提升的？
3. 研究一个当前存在的亟须呼吁的问题，如贫困儿童、无家可归的儿童、缺乏医疗保健和健康保险的儿童、患有艾滋病的儿童等。你如何做才能有效地在你所在的社区和州为这些儿童呼吁？
4. 观察一位教师或者多位教师与一组儿童在一起的情况。分别找出一个关于教师照料儿童、帮助儿童进行压力管理、促进儿童学习以及解决问题的案例。仔细观察教师的行为，你观察到了什么？结果是什么？教师是如何反思并利用与儿童在一起的这些经验来进一步了解儿童的学习和发展的？
5. 作为教师，请你为自己的发展设计一个职业规划。在现在所处的这个职业阶段，你会利用什么经验和资源来促使自己不断成长为一名专业人士？

补充资源

[1] Henderson, B., Meier, M., & Perry, G. (2004). Voices of practitioners: Teacher research in early childhood education. Young Children, 59(2), 94—100.

[2] Israel, M. (2004). Ethical dilemmas for early childhood educators: The ethics of being accountable. Young Children, 59(6), 24—32.

[3] Jalongo, M., & Isenberg, J. (2004). Exploring your role: A practitioner's introduction to early childhood education (2nd ed.). Upper Saddle River, NJ: Merrill/Prentice Hall.

[4] Johnston, P. (2004). Choice words: How our language affects children's learning. Portland, ME: Stenhouse.

[5] Kugelmass, J. W., & Ross-Berstein, J. (2000). Explicit and implicit dimensions of adult-child interactions in a quality childcare center. Early Childhood Education Journal, 28(1), 19—28.

[6] Moustakas, C. (1971). The authentic teacher. Cambridge, MA: Doyle.

[7] Noddings, N. (2002). Starting at home: Caring and social policy. Berkeley: University of California Press.

[8] Raspa, M. J., McWilliam, R. A., & Ridley, S. (2001). Child care quality and children's engagement. Early Education and Development, 12(2), 209—224.

[9] Robinson, A., & Stark, D. R. (2002). Advocates in action: Making a difference for young children. Washington, DC: National Association for the Education of Young Children.

第四章

与家长的合作关系

作为一名婴儿班的教师，你开始对这样的情况感到担心——其中一个孩子的家长在每天早上离开孩子的时候似乎变得越来越焦虑不安。这个孩子叫古斯塔沃，8个月大，入园大约有3个月了。最近，他每天早上在与他的妈妈分离时都表现得很困难。

当他的妈妈每天早上打算离开时，古斯塔沃都会号啕大哭并紧紧地抱着她。他的妈妈也变得越来越不安，眼泪几乎都要流下来了。有几天早上她已经离开了教室，然而过了几分钟又回来了，因为她担心古斯塔沃会很难过。当然，古斯塔沃的母亲返回教室这一做法让古斯塔沃哭得更厉害了。

虽然这位家长始终没有向你表达出她的担心，但是从她的行为和肢体语言中可以很明显地看出，她对于离开她的儿子感到很不安并且开始担心他的健康。为了帮助古斯塔沃和他的母亲应对分离焦虑，你必须想办法与这位母亲讨论这个问题并帮助她学会如何处理这种情况。

◆你如何与古斯塔沃的母亲探讨这个问题？
◆在什么时候讨论这个问题合适？
◆你能够帮助古斯塔沃的母亲选择一种方法来应对早晨的分离焦虑吗？
◆你如何向古斯塔沃的母亲提供安慰和支持，以及满足古斯塔沃对慰藉和安全感的需求呢？
◆你将采用什么策略及时且不断地同古斯塔沃的父母进行沟通呢？

我们将在本章末尾与大家分享关于上面问题的应对建议。

阅读本章时，请关注教师在支持家庭、与家长进行积极的互动、邀请家长参与到幼儿教育项目中所起的重要作用。同时，也要注意与家长进行有效的沟通所需要的策略，比如以口头和书面的形式提供幼儿每日的信息、安排定期的集体家长会和一对一家长会、鼓励家长担任志愿者和主动参与到项目当中，等等。

与家庭建立合作关系是一种基于生态学视角的方法，它涉及多个方面：使家长参与到项目中并教育和支持家长；通过家园之间不断增强的互动及家园教育的连续性来丰富儿童的整体经验；通过家庭的参与和贡献来丰富课程。合作关系的形成是一个分享信息和建立关系的过程；它是隐性课程的基础之一，并且在儿童世界中搭建了家园教育一致性的桥梁。强有力的合作关系有很多益处，而这些益处只有在一个家庭友好型的幼儿园环境中才能获得。

与家庭建立强有力的关系，意味着要创建欢迎家庭参与的教室和学校。由于儿童生活在不同的家庭中，因此在本章中我们所指的家长包括父母、单亲父母、祖父母、养父母及其他监护人。要想创建家庭友好型的学校，我们需要做到以下几点：

- 在外在表现和内在情感上都欢迎家长的参与。
- 适应不同家庭的情况。
- 使家庭可以很容易地参与进来。
- 向家长表明他们的意见和参与是非常重要的。
- 为家长创造参与的空间。

- 为家长提供帮助和资源（Henniger, 2002, p.199）。

家长参与到幼儿教育项目中有助于满足儿童、家庭和幼儿教育项目的需要。儿童因此有机会接触到更广泛且拥有不同职业、兴趣、文化背景和思想的成人群体。当家长受到欢迎并参与到各种项目活动中时，儿童在教室环境中会获得支持感和安全感。当教师为工作繁忙的家长提供了参与活动的机会并鼓励他们参与时，这些家长就能增加与自己孩子互动的时间。比如，图4.1中，家长可以在入园和离园时间与孩子一起游戏。当这些工作忙碌的家长参与到幼儿教育项目中时，他们还可以减少因为没有亲自照料孩子而带来的压力和愧疚感。当教师能够倾听家长的话、与家长分享关于儿童的信息、帮助家长解决育儿问题以及鼓励家长更好地发挥他们的作用时，家长会感受到教师给予的支持。此外，当家长能够有机会与其他家庭进行交流和互动时，他们也能得到鼓励和支持并产生一种真正的集体感。

图 4.1

当家长的参与度很高时，教师就可以在更广阔的家庭背景下获得更多的有关儿童发展的信息，并对儿童有更深入的了解。以完整儿童的视角看待儿童，能够使教师对于儿童的需求、压力、关注的问题以及与家庭环境有关的变化变得更加敏感，并且能够通过制订更积极地回应儿童的、更全面的、以儿童为中心的计划来更加有效地满足儿童和家庭的需求。考虑到后现代社会中儿童和家长所面临问题的复杂性，这一点正变得越来越重要。当家长拥有一些特殊的知识和技能时，他们可以为教师提供非常大的帮助。因此，尊重并重视家长做出的贡献是极其重要的。一个强调分享、开放式交流以及家园合作的项目，能够使家长和教师把他们对儿童未来发展的期望匹配起来。家长和教师应该让儿童感觉到，家庭和幼儿教育项目对其行为的期待是一致的，为让他们获得成功的学习经验而创造的条件是一致的，有关他们发展与教育的价值取向和目标也是一致的。

然而，家长与教师常常由于一些因素而导致关系紧张。工作压力（家长的和教师的）、家长因为没有亲自照料孩子而产生的愧疚感、家长对教师和孩子之间依恋关系的嫉妒以及家长对自己的作用和所承担的责任范围产生的困惑等，都会导致家长与教师之间关系紧张和发生冲突；即使对于最优秀的教师而言，这样的紧张关系和冲突状态也会成为他们与家长建立积极关系的一种挑战（Galinsky, 1988; Powell, 1989a）。为了确保与家长之间建立富有成效的关系，教师应当定期进行自我评估并且试着回答以下几个问题：

- 我欢迎家长作为伙伴参与到孩子的学校教育中吗？
- 我与每一位家长都进行了清晰的交流吗？
- 我使每一位家长都参与到了自己孩子的学习中吗？
- 我明确地告诉了家长为什么需要他们的帮

助以及他们应如何提供帮助吗?
- 我允许家长在各个时间以多种方式参与到项目中吗?
- 我曾用某种理由将某位家长排除在外吗?

如果除了最后一个问题,其余问题的答案都是"是的",那么你制订的家长参与计划很有可能获得成功,因为研究人员已经对此做了研究(Eldridge,2001,p.69)。

从历史上看,关于家长教育和家长参与的先例可以追溯到15世纪的育儿书籍,宗教改革和殖民时期发表的关于育儿方面的杂文,19世纪开始在美国出现的家长杂志,政府发行的有关儿童养育的出版物,白宫召开的关于家庭的会议,以及"开端计划"和其他早期干预计划中对家庭的关注等(Berger,1991)。最近出现的两个主要因素再次强调了对家长进行教育和让他们参与到幼儿教育项目中的重要性。第一个因素是学前儿童的数量及参加工作的儿童母亲的数量自1980年以来稳步上升。2004年,6岁以下的儿童超过2300万名,其中有超过1500万名儿童的母亲参加了工作(Children's Defense Fund,2005)。因此,需要托幼机构和家庭看护中心来照料孩子的家长人数持续增长。第二个因素是在过去的30年中,研究已经证实了家长参与到孩子教育中的价值以及作为抚养环境的家庭和托幼机构在幼儿发展中的重要作用。正是因为第一个因素,家庭和幼儿教育项目之间的合作与合作的持续性都必须得到增强;正是因为第二个因素,教育项目重新燃起了为家长提供教育和支持的兴趣(Powell,1989a)。

后现代社会生活的复杂性、平衡工作和家庭责任的压力以及对家长教育孩子的时间的需要,都拓展了让家长参与到孩子的教育中的观点。埃尔金德(Elkind,1994)讨论了社会从现代到后现代的转变以及相应的家庭结构从核心家庭向渗透型家庭的转变。他指出,渗透型家庭包括了多种关系模式、多种不同的家庭结构和共同承担的教育责任。但是,埃尔金德又描述了一种新兴的家庭结构——活力型家庭。这种家庭有多种亲戚关系,重视互相依存并关注人一生的发展。有关活力型家庭的观点强调每个家庭的优势,并且能够使家园之间形成平等的合作关系。这种合作关系建立在以下信念的基础之上:家长和教师都会为了这段关系做出有价值、有意义的事情,他们会共同关心儿童的健康,会为了实现共同的目标而共同承担责任。这种观点同样承认,家长只有有限的时间参与到那些传统的家庭参与式的活动中。大量的参与机会,让儿童的父母或其他亲属可以选择对他们的生活有意义,而且他们也有时间参与的活动。教师也意识到,家长在幼儿教育中最重要的参与应发生在家庭中,发生在他们与自己的孩子在一起的时候。教师既应支持家长参与照顾幼儿,也应支持家长参与到幼儿教育项目中来(Workman & Gage,1997)。

增强家庭和托幼机构之间的合作

儿童、家长和教师都可以从家庭与托幼机构的紧密联系中获益。教师在与家长初次接触时,就要为与家长形成持久的关系打好基础。教师要鼓励那些有兴趣让自己的孩子参加幼儿教育项目的家长参观你们的机构,并与他们讨论项目的政策、理念、目标和价值观。鼓励家长带孩子来参观,以评估孩子在教室环境中的舒适程度。

一旦家长决定让孩子入园,就要举行一个入园前的会议。幼儿园的领导将会与家长见面来讨论幼儿园的政策和常规并为儿童入园第一天的活动做出规划(见表4.1)。家长应完成入园前的家长问卷（见表4.2），以便与教师交流自己关于孩子参与项目的目标和担忧。当儿童长大一些准备升入下一个班级时，教师也要举行一个较短的升班前会议。在升班前会议中，孩子的现任教师和即将接手这个孩子的教师会与家长见面讨论班级常规的相似点和不同点，并回顾项目的有关政策。儿童应该在现任教师的陪同下去参观新的教室，以便在进入新的班级前熟悉新的老师、小伙伴和环境。

那些经常到托幼机构与孩子共进午餐、观察孩子游戏的过程并参与特殊活动的家长，向孩子传达了这样一种信息，即幼儿教育项目中的活动是重要的和快乐的。家长因此也能更加熟悉项目的课程活动、管理和指导方针，并能保持家庭和教育项目的一致性。那些计划进行家访的教师，表现出他们对儿童作为完整的人的高度关注，并能增强他们与家庭的联系。家访可以是以向家长收集信息和与家长分享信息为目的的社交性拜访，也可以是以培训家长为目的的拜访。那些与家长实现了有效的双向沟通并鼓励他们参与幼儿教育的教师，与家长建立了积极回应的、相互信任的关系 (Henry, 2000)。

表4.1　入园前会议清单

儿童姓名_____　　　　儿童出生日期_____

——项目描述

　　——认证要求简介

　　——全美幼儿教育协会认证手册

——目的

　　——家长手册

　　——家长同意书（实地考察，照片，研究）

——教育理念与课程

——全纳性

——教师队伍（人员比例、人员结构、学生和志愿者）

——教学日历

项目政策

——报名费

——学费

——报到（如果不能来或者延迟报到，请给机构打电话）

　　——发放表格和卡片

　　——逾期报到费用方面的政策

——与员工互动/交流（保密）

——个人资料表

——儿童健康记录

——配药单

表4.1续

——医师的授权单

——疾病/非正式的健康检查

　　——疾病控制中心手册

——事故和紧急情况

　　——紧急情况通知表和卡片

——实地考察批准表

——退学程序表/请假和休假政策

项目常规

——儿童的文件夹（保密）

——每日作息时间表

——实地考察指南

——换尿布/如厕/午餐和点心常规

——额外的衣服

——户外游戏着装

家长参与和获得信息的方式

——招生程序

——家长手册

——家长参观

——集体家长会

——一对一家长会

——评估过程

——简报

——电子公告板

——日常交往

——儿童护理咨询委员会

家长有关幼儿入园第一天的问题和计划

儿童入学日期_____

我证明：在我的孩子入园前，他们已经与我讨论过所有列在入园前会议清单中的项目。我收到了家长手册、园区认证标准、疾病防控中心家长手册以及所有必要的表格。我明白我有责任清楚了解并遵循所有相关的策略和程序。

家长签字_____　　　　　　　　　　　日期_____

家长签字_____　　　　　　　　　　　日期_____

会议举办者：

工作人员签名_____　　　　　　　　　日期_____

表4.2　入园前家长问卷调查表

1. 对于你的孩子来说，你认为他最重要的发展领域是什么？

2. 对于你的孩子进入托幼机构来说，你最关心的问题是什么？

3. 把你最想了解的有关幼儿发展的领域或者问题列出来。

4. 你或者你的家庭有一些需要吗？你们有一些担忧需要我们帮你们消除吗？

5. 参与到幼儿教育项目中是你对项目感到满意以及促进孩子成长和发展的一个非常重要的因素。请在以下各种方式中选出你会参与到教育项目中的方式：
　　——参加集体家长会
　　——参加一对一家长会
　　——为艺术活动或其他活动收集物品
　　——开车带领孩子去实地考察或者陪伴孩子去实地考察
　　——协助托幼机构进行小的维修
　　——把孩子穿不了的衣服或玩具捐赠给托幼机构
　　——向儿童展示你自己（比如，你的一项才能、爱好或兴趣）
　　——安排儿童参观你的工作场所
　　——为儿童读故事
　　——为想象游戏区收集物品（比如，服装、食品罐、钱包、用于装扮的东西等）
　　——缝制一些物品，比如，玩具娃娃的衣服、床单、其他的衣服和布艺玩具等
　　——制作一些设备，比如，家具、木质玩具和游戏设施等
　　——参加园艺与自然活动

家长的参与和贡献

除了鼓励家长前来参观和观察幼儿教育项目外，还要鼓励家长作为志愿者参与到幼儿教育项目中。通过参与，家长能对儿童发展、教学策略和幼儿保育有更深入的了解。家长可以利用自己的知识和技能来丰富儿童在家庭和托幼机构中的经验。那些积极参与托幼机构活动的家长，会成为教师真正的合作者。这在后现代社会中是极其重要的，因

为"这个世界和我们对它的认识被看作社会性建构的产物,而我们所有人都是这个社会性建构过程的积极参与者"(Dahlberg et al., 1999, p.23)。

为了让家长更愿意参观和参与项目,教师必须让他们感到自己是受欢迎的、舒服的和有用的。一些家长与志愿者可能会从一些类似于表4.3列出的指南中受益,因为他们可以从中了解与儿童互动的基本方向。

表4.3 家长志愿者指南

1. 当你头几次参观教室的时候,告诉儿童你的名字,然后向他们解释说:"我每周一的早上都会来你们的教室。"这样的解释可以减少因为教室里有多名志愿者而给儿童带来的困惑。
2. 尽快记住并使用儿童的名字。在和他们聊天、问他们问题、唱歌或者背诵有儿童名字嵌入其中的儿歌时,叫出他们的名字。
3. 在教室里找好位置,把后背对着墙而不是儿童;要能观察到尽可能多的儿童。
4. 制订能确保儿童获得成功的计划。给儿童提供可操作的、与他们的发展相适宜的任务。对儿童说:"你能想办法完成它吗?"给那些看起来受到挫折的孩子提供建议。比如说:"你在开始玩拼图之前,可以把拼图所有有颜色的一面朝上放置。现在,你能决定这几块拼图放哪儿最合适了吗?"
5. 在开始谈话、提问或者进行指导前,要吸引儿童的注意力。你可以坐在小椅子上,也可以跪在或者坐在地板上,以便使自己的视线和儿童的视线保持平齐。温柔地触摸儿童的肩膀或者胳膊,吸引他的注意力。
6. 用肯定的句式和儿童交流。因为当你告诉儿童不要做什么时,他们可能并不理解他们应该做什么。比如,你应该说"往屋里走""把脚放在地上""轻轻地碰他",而不应该说"不要跑""不要把脚放在凳子上""不要那么粗鲁"。
7. 当你提供的信息不清楚或者不具体时,儿童通常就会表现出错误的行为并忽略你的指令、规则或者要求。比如,你应该说"清理时间到了""出门前把手套戴上"告诉他,'我接下来想玩这辆三轮车'",而不应该说"这里太乱了""今天外面很冷""对他友善点"。
8. 应该更多地强化、表扬和鼓励儿童付出的努力而不是他们的作品或所有物。比如,你应该说"你画这幅画时很努力",而不应该说"我喜欢你今天穿的漂亮裙子"。
9. 应在适当的时候鼓励他们付出努力而不是表扬他们已经完成的作品。比如,你应该说"这幅拼图有很多块,但我认为你可以完成它""这幅拼图很难,但我认为你能学会做很难的事情",而不应该说"你这么快就把它完成了""你太棒了"。
10. 当你表扬儿童时,要让你说的话听起来很真诚而不是虚伪的或者表面化的。比如,你应该说"你很努力地画这幅画",而不应该说"你画的这幅画是我见过的最美丽的一幅画"。
11. 在日常照料儿童(如给儿童换尿布或者衣服)时,在抚慰悲伤的儿童时,在为儿童提供身体动作方面的指导(比如为儿童调整方向)时,在提升儿童的自尊感以及促进儿童与成人之间的积极互动时,要用适宜的方式与儿童进行身体接触。身体接触和爱对于儿童的健康发展和高质量的保育来说是十分重要且必要的。每个儿童都有自己的气质、情感类型以及对身体关注和触摸的需求。你要敏锐地关注儿童对身体接触的不同需求。如果你在为儿童提供身体爱抚或者接受儿童的身体爱抚方面存在疑问,请咨询我们。
12. 如果你来托幼机构是想获得关于孩子日常作息安排、菜单以及特殊活动等方面的信息,那么请看专门为家长和教职员工而设计的公告板。
13. 某些孩子会有一些特殊的需要。在你参加项目之前,我们会告诉你他们所需要的特殊活动、食物和设备,比如轮椅或者假肢等。
14. 如果你对观察到的情况存有疑问,或者对我们的政策和程序不是很确定,请咨询我们。如果你有关于儿童的担忧或者问题,请不要在儿童面前讨论。请等待一个更合适的时间,比如儿童午睡时间或他们离开后,和一位教师或者领导以一种专业的方式进行探讨。
15. 对孩子及其家庭的信息保密是很重要的。不应该把孩子及其家庭的信息和与此项目无关的任何人分享。我们欢迎你与他人分享托幼机构及其课程、教育理念方面的信息。但是,当你这么做的时候,一定要隐匿孩子及其家长的身份。

你参与到项目中对我们非常有帮助!我们感谢你与我们分享你的时间和才能!

来源:Allen, J., & Carlson, K. (1989).Volunteers in the classroom: Guidelines for orientation. Day Care and Early Education, 16(1), 4—6. Reprinted by permission of Human Sciences Press.

大部分家长会抓住做志愿者的机会。他们能够做出卓越的贡献,并与儿童和工作人员一起有效地参与到项目中。家长可以以多种方式参与班级的志愿者活动,可以是直接的,也可以是间接的。家长可以陪伴儿童参加实地考察活动或其他活动,比如陪着全班孩子一起去动物园(见图4.2)。家长还可以根据自己的文化知识、职业或爱好来组织一次特殊的活动,并通过这种方式把自己的知识分享给儿童。家长可以积极参与募集资金的活动。家长还可以参与周六的义务劳动,帮助托幼机构种植花草或修建大型攀爬设备等。总之,家长担当志愿者无论是对家长自己还是对托幼机构来说都是有益的。

图 4.2

家长作为政策的制定者和儿童权利的倡导者同样能对项目有所帮助。家长可以积极地参与项目政策和程序的制定。幼儿教育项目咨询委员会或董事会中的家长,在影响儿童学习体验的有关决策中能发挥积极的作用。家长还可以通过倡导儿童在幼儿教育方面的权利来支持儿童。提升保育质量、提高幼儿教育专业人士的地位、增加薪酬、减少教师的流动率以及增强人们有关幼儿教育是社会、政府和企业的责任的意识,等等,都是作为儿童权利倡导者的家长和教师共同追求的目标,以便提高所有幼儿教育项目的质量。倡导者的角色赋予那些自己的孩子有特殊需求的家长以权利。当他们努力工作以确保儿童能够参与幼儿教育项目并得到相应的服务时,不但能促使幼儿教育项目接受特殊儿童并为特殊儿童做出调整,还能帮助其他家长认识到自己的力量和应为孩子承担的责任。

参与、教学与支持家庭

家长对信息、鼓励和减少压力的需要,可以通过参与幼儿教育项目得到满足。在这里,我们将罗列并描述可以实现这一点的几种方法。这些方法必须包括双向沟通,同时教师必须以开放的心态来积极回应家长和他们的担心、问题、意见。教师还必须促使家长参与到其孩子的教育中。

日常互动

在大多数项目中,家长与教师在儿童入园和离园时的互动是他们分享有关儿童的大部分信息的途径(Powell, 1989b)。教师必须认识到主动交流的重要性,乐于接纳家长提供的关于儿童健康、情绪或是经历方面的信息,并将儿童每天发生的重要事情告诉家长。

教师必须为这种互动和沟通创造条件。首先,教职工的日常作息时间需要仔细规划,以便一位教师在迎接家长并与家长进行交流的同时,其他教职人员可以迎接孩子并与他们互动。其次,教师不应该当着孩子的面与家长谈论他,除非这个孩子也会参与到谈话当中。最后,尽管家长和教师在入园和离园的时候通常都是匆忙而紧张的,但是教师必须告诉家长这段短暂的分享、互动时间是非常重要的。

无效的沟通是教师和家长之间建立积极关系

的一个主要障碍。那些学会了有效沟通技巧的教师能提升自我认识，能对家长的想法和感受表现出敏感性，并营造出一种相互支持、相互尊重的氛围。

有效的沟通技巧包括以下几点：
- 进行眼神交流。
- 专注地倾听。
- 接纳家长的感受。
- 与家长分享信息。
- 提问开放式问题。
- 让家长感到轻松自在。
- 尊重家长的个体差异。
- 将家长当作独立的个体。
- 保持友好、客观的态度。
- 在需要时，运用问题解决的技巧。

当与家长发生冲突时，教师要审视自己的情感和态度是否存在偏见，并理解家长们是通过他们自己的经历、思维模式和对教育环境的看法来形成他们的观点的。与家长沟通的困难，可能来源于压力、时间上的匆忙、家长的内疚感、家长和教师不同的价值观和性格上的冲突。大部分教师倾向于避免与家长发生冲突，并希望问题在不需要面对和干预的情况下就能得到解决。然而，回避冲突往往会使冲突升级并造成家长和教师的关系紧张，进而给儿童、家长和教师带来不利的影响。对于教师来说，承认并处理冲突、紧张关系和家长的负面情绪是很重要的。当家长态度消极、敌对或者不予回应时，教师更应保持自己的耐心和专业性。教师特别要避免出现自我防御、对家长进行人身攻击或者与家长发生争执的情况。当沟通的气氛变得让你不舒服时，你要控制你的情绪，寻求同事的帮助，直到你的情绪冷静下来且气氛变得比较平和后，再与家长沟通。只有当你表现出尊敬的态度和彬彬有礼的行为时，家长才有可能以同样的态度和行为对待你(Boutte, Keepler, Tyler, & Terry, 1992; Brand, 1996)。

加林斯基（Galinsky, 1988）指出，家长的工作压力主要来源于四个方面：长时间的工作、缺乏工作自主性、严苛的工作要求和与上司的紧张关系。教师同样承受着工作压力，尤其是以下几个方面的压力容易在家长和教师之间制造紧张的氛围并引发冲突和嫉妒心理：收入差距（与有工作的家长相比）、缺乏与家长合作方面的培训、社会地位低、家长的责备及对儿童的占有欲。为了解决这些问题，加林斯基建议教师做到以下几点：
- 了解自己的期望。
- 理解家长的观点。
- 理解家长的发展。
- 思考自己的态度。
- 接受多样性。
- 获得各方支持。
- 对自己的角色设定适当的限制。
- 思考与家长进行对话时使用的语言。

有些角色是教师不能承担的。许多教师认为，他们能够成为儿童家长的咨询师。然而，大多数教师并没有接受过咨询方面的培训。因此，教师与其将时间花费在与家长谈话上，不如将时间用在与儿童进行互动或者以更恰当的方式同家长合作上。因为家长可以从受过专业培训的咨询师那里得到更好的帮助。当你发现自己被推向一个咨询师的角色时，你可以采取几个步骤"进行澄清，同时又不忽视家长可能感受到的痛苦或困惑"(Hauser-Cram, 1986, p.19)。首先，理解家长的感受和他们正在倾诉的内容。其次，确定家长遇到的问题是班级方面的问题、育儿方面的问题、家庭方面的问题还是其他方面的问题。如果家长遇到的是班级方面的问题，那么你就要制订一个计划去解决它。如果是其他方面的问题，你就要建议家长寻求其他帮助，如家长支持小组、儿科医生、心理专家、治疗师或者其他的机构、项目。最后，作为班级教师，你应该提供与你的身份相适宜的帮助。"通过培训，教师得以注意到其他人的需求并做出回应。他们应该再多思考一下自己在哪些方面最能帮助家长，以及在哪些方面他们所提供的帮助就是向家长推荐更合适的资源。"(p.20)教师在与家长进行真诚沟通的同时也要与他们保持适当的距离，这将会使教师与家长之间的合作变得更加有效。

家长和教师在进行沟通的过程中应取长补短、共同承担责任，把为儿童提供最好的成长环境作为共同的目标。只有通过这种方式，教师和家长才能够在儿童的生活中成为真正的伙伴、合作者、共同教育者和共同决策者(Coleman, 1997)。

通过现代科技进行沟通

家长和教师越来越依赖通过现代的科技创新来实现信息共享。电子通信（电子邮件）的使用是较为常见的。此外，托幼机构还可以在互联网上建立一个主页来与家长分享照片、录像、特殊的活动和课程信息(Henniger, 2002)。再加上定期的私下联系，科技已经成为教师和家长用来分享儿童在托幼机构的生活的一个有效工具。

一对一家长会

一对一家长会是一种很好的可以提供和获得有关儿童信息的方式，每年最少应该举行三次。在分享信息的过程中，教师和家长可以为彼此提供有益的经验。比约克隆和伯格(Bjorklund & Burger, 1987, pp.26—28)为教师举行一对一家长会提出了以下指导建议：

提前准备

与家长沟通是一个持续的过程。通过日常接触与家长建立关系，在家长会的筹备工作中是至关重要的。随着你对家长的了解逐渐加深，你可以预料到家长可能想在这个正式的会议上讨论什么。深入地了解家长，将会帮助你预测家长对家长会的态度。提前为家长会做好准备也是很重要的。首先，除了有关家长会的一般信息外，你可能还想为家长提供有关家长会的一些具体信息，比如举办此次家长会的目的以及家长在会议之前需要考虑的事情等。建议家长把孩子在家的一些表现或者行为方面的问题列在一张纸上，然后带到家长会上。其次，为家长会选择一个适宜的时间。最后，准备、组织并审查所有必要的书面材料，以使会议能够有效地开展。这些书面材料包括儿童发展核查表的副本、有关儿童的观察记录、档案袋和其他评估数据等。

会议正式开始前的准备

为家长会营造一种舒适、安全的氛围，要保护孩子和家长的个人隐私。在会议开始时，介绍出席者（领导、教师、实习生等）并说明每个人在会议中的作用。此外，还要提供一份简要的会议日程表。

与家长交谈

在会议期间，你应该尝试做到以下几点：
- 帮助家长感到轻松、舒适和自己是受欢迎的。
- 根据家长的水平与他们进行交流，避免使用教育上的专业术语。
- 强调儿童表现好的方面。
- 详细地告诉家长课程是怎样为他们的孩子提供活动并满足孩子的需要的，同时为家长提供一些可以在家中进行的活动。
- 提问一些开放式的问题，以引出家长的意见和想法。
- 做一个积极的倾听者以鼓励家长分享关于孩子的信息：积极地倾听要求你关注家长外显的和隐藏的感受，积极进行反思，并做出能促进进一步沟通的回应。

会议内容

会议内容要涵盖"家长会清单"中列出的所有内容（见表4.4）、发展性评估信息以及家长的任何担忧或者想法。
- 儿童的日常活动。教师应当分享有关儿童日常活动的信息，包括讨论儿童的总体适应性、儿童最喜欢的活动和儿童在幼儿教育项目中所发生的趣事。鼓励家长分享有关儿童发展方面以及项目参与方面的信息和问题。邀请家长描述儿童在家中的日常生活经历。
- 发展性评估信息。家长会是分享有关儿童成长和发展方面的评估信息的大好时机。教师可以通过平时对儿童的观察、发展核查表以及儿童个人档案袋中收集的作品来获得这些评估信息。家长可以通过报告儿童在家庭中的发展情况、与教师共同设立儿童的发展目标以及讨论适合儿童发展的活动来做出贡献。

结束会议

总结主要的观点和目标；如果需要的话，商讨出一个行动计划和后续计划；尽量多询问家长是否还有问题和担忧并感谢家长的参与。

家长离开后

家长会的会后工作同样重要。在会后，你应立刻填写会议总结表格（见表4.5），包括家长提出的建议和问题。如果你的回应是家长们所期待的，一定要尽快地做出回应。

表4.4　家长会清单

儿童姓名＿＿＿＿＿＿ 日期＿＿＿＿＿＿
I.欢迎和介绍 II.声明 这个环节的目的在于和家长分享项目的当前信息。这是一个"提醒"家长的时间。这时候分享的信息必须是和会议举行相关的内容。请你用最佳的判断力来决定要和家长分享哪些信息。你可以使用以下列出来的一些例子，也可以添加其他的例子，或者根本就不分享——如果它们与会议无关的话（比如，在六月里和家长讨论针对恶劣的天气学校有哪些政策等） ——假期或者项目不运营的时间 ——即将到来的家长会 ——最近的或者计划中的实地考察活动 ——其他 III.评估 A. 发展核查表/对儿童的观察/档案袋 B. 目标 这个环节的目的是讨论每个儿童的发展情况。这些信息应该包括自从上次会议以来，教师对已经完成的发展核查表、观察记录和档案袋的总结。这个总结应该把重点放在过去的几个月中孩子们是怎样发展能力的，并用书面材料证明每个儿童的发展都是独特的、个性化的。鼓励家长分享他们观察到的有关儿童发展的信息，并听取家长关于目标设置的意见。在这个分享的过程中，聚焦于每个儿童的价值、理解家长的观点、对于家长为孩子设置的目标表现出真正的兴趣、意识到文化多样性问题以及避免过多地使用教育上的专业术语等，对于教师来说都是非常重要的（Howard et al., 2001）。

表4.4续

IV.家长的问题或者担忧
家长会（仅限于第一次会议）为教师和家长共同讨论如何让新加入的孩子适应这个项目，提供了一个适宜的时机。同时，在家长会上，教师还可以回答家长提出的问题，讨论儿童行为方面的变化，或者和家长一起讨论他们可能存在的担忧。教师的坦诚、支持以及对家长和孩子问题的关注，向家长传达出他们对教育的热情以及对家长的尊重，进而促进了今后讨论的开展。
Ⅴ.总结和结束

表4.5 家长会总结表

儿童姓名：奥德丽·威廉斯
参会家长：约翰·威廉斯 & 德洛莉丝·威廉斯
参会教师：梅利莎·罗杰斯
会议日期：5月14日
项目类型：幼儿园

会议要点（简要列出来）：
(1) 分享有关奥德丽发展评估方面的信息。
(2) 讨论奥德丽的安全意识问题。
(3) 讨论奥德丽在园的情感表达问题。
(4) 列举由奥德丽发起的与其他儿童一起游戏的例子。

家长的反应/教师的回答：
(1) 对于奥德丽在发展方面取得的进步，家长感到由衷的高兴。
(2) 德洛莉丝询问，奥德丽在幼儿园里是否对安全问题过度关注。她说，奥德丽在家里对于一些安全问题表示过担忧，比如一个人溺水时该怎么办等。我回答说，尽管奥德丽在幼儿园里表现出了一定的安全意识，比如她在进行攀爬活动时会要求老师看着她，但是她并没有过度关注安全问题。
(3) 约翰询问，奥德丽在幼儿园里是否会大哭或者表现出愤怒的情绪。我回答说，奥德丽极少会这样，而且她即使会这样，也似乎很快就能从这种状态中恢复过来。
(4) 我列举了一些由奥德丽发起的与别的小朋友一起游戏的例子。

结束语（总结会议基调、目标设定以及其他相关的信息）：
这次会议是非常令人愉快的。奥德丽的父母为奥德丽在过去几个月中取得的成长和进步而感到高兴，尤其是奥德丽能以适宜的方式表达情感并且愿意主动与同伴玩。无论是对于项目还是对于教师，奥德丽的父母都感到很满意。

指导教师：梅利莎·罗杰斯

书面交流

家长通讯

家长通讯包括儿童的趣闻逸事、对特殊活动的描述以及家长教育方面的信息。它由教师在一学年中定期地编辑整理而成。家长可以通过分享关于孩子的信息（孩子是怎样过暑假的、孩子的一次特殊的旅行、孩子最喜欢的睡前故事等）为家长通讯供稿（见图4.3）。

家长公告栏

家长公告栏可以用来发布信息、通知和文章，展示儿童的照片、艺术作品和其他创作的成果，以及张贴每日课程计划和食谱。公告栏往往有一个指定的区域用来张贴家长想要传递给教师的信息，因此它是教师和家长进行双向沟通的一个渠道。其他书面沟通的媒介包括家长的邮箱和可擦拭的黑板。公告栏应该被放在一个显眼的地方，同时它的布置和展示应该富有创意，以便能够有效地实现信息的传递和交流。

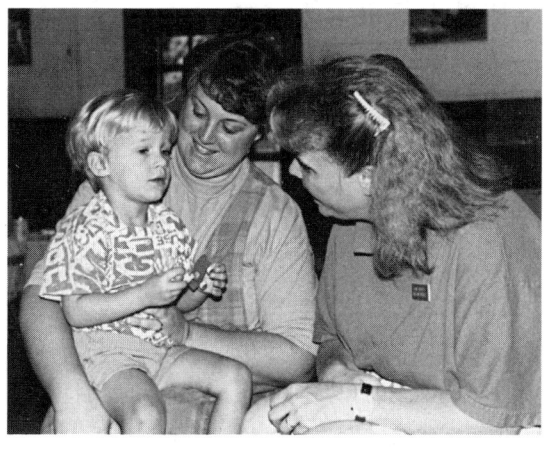

图 4.3

家长便条

这些传递给家长的短小的逸事性信息，描述了儿童在幼儿园一日生活中发生的有趣的或者有意义的事情。它们应该由教师定期分享给家长。便条可以是任何样式的预先印制好的短小表格，用来分享儿童个人的日常信息。

集体家长会

集体家长会应当为家长提供信息，或者告诉家长关于儿童发展、育儿问题以及幼儿教育项目方面的知识。会议应该在一种轻松的氛围中进行。在策划集体家长会之前，教师首先要评估家长当前的兴趣和需求。教师可以设计一个需求评估表或调查问卷并要求家长做出回答。需求评估表能够让家长选择或提出一些自己感兴趣的话题。此外，要想组织一个有效的集体家长会，提前进行安排也是很有必要的。选择一间大小合适的、有座椅的、通风的、明亮的和有视听设备的教室；用一种特殊的方式问候和欢迎家长；提前准备好名牌、儿童的照片展或艺术作品展、点心和"破冰"活动。通过以上这些措施和其他方法营造出一种温馨的气氛，让家长和教师在这样一种氛围中进行交流并分享信息。

用较为正式的方式欢迎家长，概述会议的议程和目的，并发布必要的通知。如果有一个计划好的方案、特别的主题和主讲嘉宾，会议会显得更加正式一些。小规模的集体家长会允许家长在一年中的几个会议时间和主题中选择，为家长提供了更大的灵活性。此外，一系列关于各种育儿问题的午餐研讨会，为家长提供了继续学习育儿技巧以及与教师进行非正式交流的机会。

以下提供了一些有关集体家长会的主题。当然，你也可以添加其他一些与家长的需求和兴趣相关的主题。

- 建立自我概念。目标：为家长提供一些信息，帮助他们了解儿童自我概念建立的重要性；通过举例来告诉他们帮助儿童建立积极的自我概念的方法。

- 兄弟姐妹之间的竞争。目标：提供一些切实可行的指导方法和现实生活中的案例，以帮助家长培养儿童与其兄弟姐妹间的合作关系。

- 健康问题。目标：由专业的医护人员和大家讨论与儿童集体看护有关的健康问题。这些问题可能包括上呼吸道感染、耳部感染、甲型肝炎病毒、艾滋病毒、鹅口疮、水痘等。

- 创造力。目标：解释儿童创造力的发展情况，并提供一些能促进儿童的自我表达能力、想象力、发明和探索能力发展的活动。

- 纪律问题。目标：解释促使儿童遵守纪律以及指导儿童的方法，探讨阻止儿童的不适宜行为的方法以及运用表扬、逻辑后果的技巧,与家长协商帮助儿童解决冲突的策略。
- 交流。目标:指导家长学会有效地倾听儿童,向家长说明了解儿童的情感和意图的重要性,并指导家长通过给予开放式的回答来回应儿童(Berger,1991)。
- 儿童营养。目标:邀请一名营养学专家或者营养师作为主讲嘉宾,为家长提供一些有关儿童营养方面的有用信息。可以与家长分享儿童在托幼中心的食谱。
- 故事讲述和手指游戏。目标:为家长提供一些关于故事讲述和手指游戏运用的有效方法。为家长发放一些关于如何制作手偶以及如何开展手指游戏的小册子(Croft,1979)。
- 入园。目标:帮助家长思考与儿童入园有关的问题,并且帮助他们掌握一些协助儿童顺利入园的策略。

教师应该把上述这些主题放到集体家长会上进行讨论。同时,还应该采用各种各样的形式和方法来策划集体家长会。圆桌讨论、研讨会、课堂观察和实地考察、角色游戏和表演游戏以及小组讨论等,都可以用来为家长提供信息(Berger,1991)。准备一种或多种方法来评估你的集体家长会。征求家长的口头反馈或书面意见,并使用这些信息来计划后续的会议。

家长资源中心

家长资源中心可能仅仅是儿童储物柜上面的一个架子,或者是一个兼做教职工办公室的房间,又或者是教师和家长进行会谈的房间。这里拥有各种材料,包括书籍、杂志、视频和关于儿童的发展和行为、育儿问题以及家庭关系的手册。这些材料既允许家长在托幼中心使用,也允许他们借回家使用。教师还可以拓宽资源的来源,包括创建一个由儿童文学作品和儿童制作的图书组成的家长借阅图书馆,方便家长和儿童一起在家中阅读。

支持处于危机中的家庭

当儿童的家庭面临危机的时候,教师与家长的合作也会面临特殊的挑战。出生、死亡、离婚或分居所造成的家庭成员的增加或减少,可能使家庭结构发生变化。工作状况、疾病或住院所造成的家长角色和责任的改变,可能导致家庭功能发生变化。面对这些发生变化的家庭,教师可能会被要求为它们提供信息和应对策略,并被指定为它们提供援助和咨询服务。这里,我们将探讨一些儿童的家庭面临压力的特殊例子。

残障儿童的家庭

对于残障儿童的家庭来说,家长参与到早期教育项目中是极其重要的。残障儿童的家长需要承受额外的经济、医疗、婚姻和情感上的压力。这就要求教师为他们提供信息、给予他们鼓励并帮助他们减轻压力。

家长适应并接纳儿童先天或后天的残疾需要经过几个不同的阶段。尽管这几个阶段发生的顺序对于大多数家庭来说是相似的,但是这些阶段有时会重叠,而且每个家庭度过这些阶段所花费的时间各不相同。残疾的婴儿、学步儿和学前儿童的父母可能面临着必须在心理、婚姻和家庭方面做出调整的问题。拒绝、责怪、恐惧、内疚、悲伤、退缩、抵制和接受,是家长心理经历的阶段;只有经历了这些阶段,家长才能从心理和情感上接受家庭中出现残障儿童的情况以及随之而来的变化(Chinn, Winn, & Walters, 1978)。教师应当理解家长为了适应这种情况而做出的努力，并提供支持和鼓励来帮助家长接受孩子及其残疾的现状（Moses & Dreidler, 1981）。当残障儿童的家长成为托幼中心的合作伙伴时，教师应帮助他们避免把自己的孩子与幼儿教育项目中的其他儿童进行比较。教师可以通过关注儿童的长处、技能和进步来向家长做出这方面的示范。

患慢性病儿童的家庭

得益于医学和技术的发展，很多患艾滋病、有先天缺陷、需要进行器官移植或者患有致命疾病的儿童现在已经被成功地治愈了。这些儿童也会参与到一般性的幼儿教育项目中，这就要求教师在与他们的家长打交道时必须有一些特殊的考虑。与儿童的父母就儿童的医疗状况和护理进行沟通、准备更详细的有关健康和医疗状况的表格、了解社区能提供哪些服务以及同健康咨询人员合作，等等，都是教师在对待患慢性病儿童的家庭时需要关注的特殊问题（Association for the Care of Children's Health, 1990；Fauvre, 1988）。

教师除了自身需要足够的知识储备并与家长、健康护理人员进行合作之外，确保儿童健康信息的保密性也是很重要的。当患有艾滋病的儿童入园时，教师的首要任务就是做好保密工作。告知所有的家长，你们会采取普遍适用的预防措施来防止血液疾病的传播，降低所有儿童患病的风险。教师也要让家长明白，在必要的时候，他们会被告知儿童或者教师所患的疾病，从而确保所有儿童和家长的安全。教师对儿童的患病信息保密，有利于维持教师与家庭之间相互信任、相互支持的关系（Black, 1999）。

离异家庭

当前的离婚统计数据表明，有50%的婚姻以离婚告终。2002年，有近23%的儿童生活在单亲家庭中（Fields, 2003）。在没有其他家庭压力源的情况下，育儿作为一项困难的工作，受到夫妻矛盾、分居和离婚的显著影响。当儿童的父母面对自己新的角色——单亲父母时，会体会到低自尊感、孤独、抑郁和矛盾等心理。这些感受会改变亲子关系；同时，在抚养方式、依恋程度以及养育时间方面的变化有可能损害亲子关系的质量（Skeen & McKenry, 1986）。针对这种情况，教师可能需要提供额外的支持和鼓励，为单亲父母养育孩子以及帮助孩子应对父母离婚提供建议，并对单亲家长特别关注的事情保持敏感。当与单亲家长打交道时，教师需要考虑为每位家长安排一次一对一家长会，与每位家长分享有关儿童的观察记录，并鼓励家长定期与教师交流孩子的教育方案。教师必须对所有的家庭保持公正无私和支持的态度。

虐待儿童的家庭

在美国，每年有超过1000名儿童死于被虐待。2003年，有将近100万名儿童受到虐待或被忽视。其中，婴儿、学步儿、女孩和非白人儿童受到虐待和被忽视的概率最高。在1500名因被虐待或被忽视而死亡的儿童中，79%是4岁以下的幼儿（National Clearinghouse on Child Abuse and Neglect Information, 2005）。受到性虐待的儿童的人数是很难确定的，因为很多有关儿童受到性虐待的案件从未被上报。然而，据估计，每年有20万～30万个新增的儿童性虐待受害者。自1980年以来，有关儿童受到性虐待的报告数量的增加速度要远远高于儿童受到其他形式虐待的报告数量的增加速度（Finkelhor, 1994）。

当儿童受到非家庭成员的虐待时，他们的父母可能会感到愤怒、内疚和无助。他们需要外界来帮助自己以恰当的并具有建设性的方式来处理这些感受。有些家长试图压抑自己的感受，甚至否认儿童被虐待过。这些家长需要外界来帮助他们面对儿童被虐待的事实，坦诚地讨论自己的情绪，并帮助他们的孩子接受交流、安慰和支持。有些家长会因此变得过度保护他们的孩子。对于这类家长，教师应和他们一起商讨适宜的保护孩子的措施，并鼓励他们把对孩子的教育转到正常轨道上来，以便让孩子感到安全可靠并能继续健康地发展（Schetky，1988）。

约有80%的施虐者是家长自己（National Clearinghouse on Child Abuse and Neglect Information，2005）。那些虐待自己孩子的家长也需要教师的帮助。教师首先必须处理好自己的情绪，尤其是对于施虐家长的负面情绪。儿童之所以被虐待，确切来说应该归咎于经济、社会和环境等一系列复杂的因素；这些因素交互作用导致了儿童被虐待情况的发生。教师应尽可能多地了解有关虐待和忽视儿童的信息，从而在不纵容虐待行为的情况下，有效地、设身处地地与这样的家长沟通（Fontana & Schneider，1978）。

要想帮助这些施虐的家长，教师首先要向当地的儿童保护机构报告虐待事件。很多州政府已授予教师报告的权力。其次，教师要确定社区是否提供咨询服务、家长教育和其他援助的资源，以消除导致家长虐待儿童的具体原因，如失业、就业压力或经济问题等。教师要告诉家长，你想帮助他们掌握更适宜的应对技能，以及帮助他们重新与孩子建立积极的、相互关爱的关系。

与多样化的家长群体进行合作

在美国，不断变化的人口统计数据表明了文化的多样性。这些拥有不同民族语言的群体，现在是美国很多地区的主要群体。2004年，白人儿童占儿童人口总数的59%，西班牙裔儿童占19%，非洲裔儿童占15%，印第安裔儿童占1%，多民族儿童占2%，亚裔儿童占剩余的4%（Kids Count Data Book，2005）。

显然，美国人口的文化、语言和民族多样性正在增强。这就要求幼儿教育专业人士必须准备好与那些在价值观、语言和交流方式、养育子女方式以及家庭关系等方面不同于自己的家庭进行合作。比如，印度支那儿童身上有小瘀伤并不必然表明他们受过虐待。相反，这可能表明儿童玩过硬币，或用硬币强压身体来减少疾病或减轻疼痛（Berger，1991）。一些太平洋地区的美国家庭认为儿童的残疾是对成人错误行为的惩罚，或者是母亲在怀孕期间吃的食物造成的结果，或者是因为恶灵存在于儿童身上（Chan，1986）。"竖大拇指"的动作，在一些南美洲文化中被视为侮辱的手势；在亚洲的某些家庭，轻拍儿童的头是不适宜的行为（Hanson，Lynch，& Wayman，1990）。黑人家庭的孩子通常表现出一种相关性而不是分析性的认知方式，这种认知方式更加感性且以人为中心，并带有非言语交流的显著特点（Hale-Benson，1981）。讲英语方言而不是标准英语的儿童，在他们自己的社区里也许能进行有效的交流。如果教师对那些来自不同文化的家庭的需求、风俗习惯和价值观不敏感，不能通过家长和课程传达出他们很欣赏并珍视这种文化多样性，那么他们将会错失让自己、儿童和家长获得成长和学习的机会。

美国人口统计数据上的变化揭示的另一个现象是，大量有孩子的家庭生活在贫困中。从1994年到2000年，贫困儿童在逐年减少。但是，自2000年以来，贫困儿童增加了12%。在所有儿童中，有超过25%的儿童生活在贫困中；其中，有33%的黑人儿童、32%的拉美裔儿童、10%的亚裔儿童、39%的印第安裔儿童和10%的白人儿童（Children's Defense Fund, 2005）。有些儿童生活在极端贫困中，这意味着他们的生活水平处于贫困线的50%以下，或者说一家三口每天的生活费只有约20美元。这些儿童处于贫困状态的概率几乎翻了一番。大多数（55%）生活在贫困中的儿童，其父母至少有一人全年做全职工作；另有28%的贫困儿童，其父母至少有一人全年做兼职工作或者在一年的部分时间里做全职工作；只有17%的贫困儿童，其父母均没有工作（National Center for Children in Poverty, 2005）。

对于所有这些家庭来说，额外的服务是必不可少的，如图书和玩具借阅馆、健康和医疗服务、保障性住房、就业培训以及其他社会服务。尽管幼儿教育工作者不提供这些服务，但是他们必须呼吁社会让这些家庭能够得到经济和社会服务方面的支持，并且提供信息来帮助满足这些贫困家庭的多种需求。一些教育项目会雇用一位家庭服务指导者，或把这种责任交给一位教职工，请他了解家庭的需求并把这些信息报告给适宜的机构。

人口统计数据上的变化也说明，生活在单亲家庭中的儿童的数量增加了。离婚和未婚生育的女性，特别是少女妈妈的出现，导致超过25%的学前儿童生活在单亲家庭中（Children's Defense Fund, 2005）。最近，还出现了其他的社会变化，包括与单亲父亲以及同性恋夫妇一起生活的儿童的数量增加了。这些同性恋夫妇要么收养儿童，要么从他们之前的婚姻中获得了儿童的监护权。此外，也有越来越多的儿童与非父母的亲属（213万人，自1990年以来增长了51.5%）或养父母（超过50万人，过去十年增长了48.3%；Children's Defense Fund, 2001）一起生活。教师需要充分理解这些生活方式并学会与很多不同的人进行合作，包括单亲父母、双职工父母、继父母、养父母、祖父母以及同性恋父母——他们都在履行着育儿责任。

埃斯科贝多（Escobedo, 1983）建议，当与具有多元文化的家长群体或不同结构的家庭进行合作时，教师需要在文化、教育和经济方面有一些特殊的考虑。

- 家长拥有什么样的文化背景？他们更喜欢什么样的术语？
- 儿童的家人主要讲什么语言？说英语会让家长感到舒服吗？
- 家长的阅读水平怎么样？应该用什么语言给家长写信？
- 儿童是和单亲家长住还是和父母双方住在一起呢？有没有其他成人在家里扮演着父母的角色？
- 同儿童生活在一起的家长都要离开家工作吗？什么时候最方便召开家长会？他们可以从工作中抽出时间吗？会有交通方面的问题吗？（p.117）

此外，垣和戴蒙德（Okagaki & Diamond, 2000）提出，教师应运用多元文化的视角来审视教学实践。教师应：(1)理解家长看待父母角色和责任的方式；(2)了解家长为儿童设立的目标；(3)注意儿童家庭使用的语言；(4)倾听家长并且不对家长的做法存有预设；(5)与家长分享不同的观点；(6)对家长的信仰和相关行为保持敏感；(7)认识到所有的家庭都是不同的，但也有很多方面可以分享。

这些人口统计数据和文化上的变化需要教师将家长视作伙伴，以共同促进儿童多元化价值观的形成。将家庭纳入儿童多元文化的学习中，是以下列理论为基础的：

- 幼儿时期是成人最容易影响儿童对文化的理解、态度和观点的时期。

- 家长是儿童积累社会和文化经验最有力的榜样、指导者和设计者。
- 教师采用家庭参与的策略来促进儿童多元文化的学习,其影响是深远的。(Swick, Boutte, & Van Scoy, 1994, p.17)

家长是儿童文化价值观形成的榜样,他们通过培养儿童对于种族、民族、文化和发展多样性的积极态度来影响儿童的文化观点。那些关注家长长处的教师,能够帮助家长和孩子探索他们自己的文化以及培养他们在项目中与他人分享自己文化的信心。教师和家长之间的相互沟通,是形成一个反偏见的、强调文化多样性的课程的关键因素。教师和家长可以彼此支持以拓宽自己的文化知识,并分享能促进儿童多元文化学习的决策。教师可以和家长一起支持儿童,使他们成为班级或者幼儿园这个多样化群体中敏感的、积极的成员(Swick et al., 1994)。

家长的参与对于儿童获得最佳发展是很有必要的,因为它可以将儿童的家庭生活经历和他们在幼儿教育项目中的生活体验整合在一起。因此,为了使儿童得到最佳发展,教育工作者有责任与家长发展一种积极的合作关系或者增强这种关系。

随着后现代社会时期家庭问题的凸显,教师在与家长共同促进儿童学习的过程中也必将迎接新的挑战。麦克布赖德(McBride, 1999)建议教师采取以下做法:

- 定义或重新定义"以家庭为中心的实践"在不同的背景中到底意味着什么。
- 为那些和家长(不仅仅是儿童)一起工作的人员提供支持和培训。
- 提供灵活且富有新意的服务以满足儿童家庭的独特需求。
- 鼓励家庭参与到幼儿教育和保育的各方面工作中,并确立家庭在其中的主导地位。(pp.66—68)

家长的参与,促进了儿童的学习和发展;同时,也使家长和教师在互利且相互促进的环境中得到了成长。

与家庭合作拓展课程

这一章本身就是探讨家园合作问题的,因此,在与家庭合作拓展课程方面还有什么需要阐述的吗?也许还有这一点,即家长用他们的行为激励着我们为儿童提供高质量的幼儿教育项目,因为他们在一个抚养健康的孩子越来越困难的社会中做出了不懈的努力和勇敢的尝试。当我们试图帮助他们迎接这一挑战时,我们也在向家长学习。

本章小结

家长参与到幼儿教育项目中对于儿童、家长和教师都有益处。与家长建立合作关系并增强这种关系是很重要的,因为很多儿童并非由父母照顾而是由幼儿教育项目照顾;同时,在家庭和幼儿教育项目之间建立合作的、持续的关系对于儿童早期的学习来说很有价值。入园前会议、日常互动、家长参观、一对一家长会、家长通讯、家长公告栏、家长便条、集体家长会以及家长资源中心,都有助于支持和教育家长并与家长分享信息。当家庭面临危机时,如离婚、暴力、儿童患有慢性疾病或有残疾等,教师也就面临着一种特殊的挑战。家长群体的多样性要求教师理解家长在文化、教育和经济上的特殊需要,并对他们的这些需要保持敏感。

很明显，古斯塔沃和他的妈妈需要你来帮助他们解决每天早上的分离问题。古斯塔沃的妈妈看起来不太愿意和你探讨这个问题，所以你有责任接近她，并且以一种能够缓解她的焦虑以及解决问题的方式与她进行沟通。与家长进行清晰的交流并和他们建立积极的关系，是隐性课程的一个重要组成部分。

在一次午后的日常互动中试着接近古斯塔沃的妈妈，向她表达你对于古斯塔沃所面对的分离困难问题的关心。你要确保这次简短的讨论是在一个私人的空间进行的并且保密。同时，你要避免在早上去接近他妈妈，因为那时她正在为与孩子分开而感到沮丧。如果你不太方便在下午安排这次讨论，你可以在白天的某个时候打电话给她来安排一个时间进行非正式的交流。

你在与古斯塔沃的妈妈讨论这个问题时，要表现出平静的态度并安慰她。因为对于她来说，与孩子分离明显是个难题，所以你可能需要马上安排一次一对一家长会。

在一对一家长会上，准备好设身处地地站在古斯塔沃妈妈的角度进行倾听，并向她保证这种分离焦虑是这个年龄段的儿童很常见的一个发展问题。同时，通过举例告诉她古斯塔沃在她离开后是如何很快就从哭闹中恢复过来，以及他在这一天中是如何快乐游戏的来安抚她。此外，你们要一起确定一些策略来帮助她通过保持平静的态度、安慰古斯塔沃以及很快地离开教室来掌控分离的时间。

要确保你们的交流奏效。你可以鼓励她早上到达工作单位后给你打电话，这样你就可以向她报告她离开之后古斯塔沃的表现。你也可以每天通过口头和书面的方式与她沟通古斯塔沃的进步表现。定期给古斯塔沃的妈妈寄一些小便条是很有必要的，因为这样做能够让她知道孩子白天都有哪些快乐的经历，从而使她安心。最后，可以安排一个后续的一对一家长会来讨论儿童的进步。

因为分离焦虑对于婴儿的父母来说是一个常见的问题，所以你可能需要安排一次集体家长会与所有的家长进行探讨。这个会议既能为家长提供重要的信息，也能为家长提供讨论的机会，使家长安心。

反思与应用

1. 讨论本章开头的小故事。你还有其他的问题或看法吗？讨论本章结尾的小故事。对于这种情况，你还有其他的应对方法吗？
2. 布朗芬布伦纳的儿童发展生态理论描述了影响儿童发展的多种环境。根据这个理论，在班级之外，家庭可以为教师提供关于儿童学习与发展的哪类信息？教师应如何利用这些信息来制定有关班级课程的决策？
3. 观察儿童入园和离园时的教室。家长和孩子有哪些互动？家长和教师有哪些互动？评估教师与家长进行有效沟通的能力。
4. 观察一间幼儿的教室。教师通过什么方法将幼儿家庭的对话和照片运用到日常的互动之中？反思这种做法对幼儿的作用或者影响。

5. 在儿童的教育与发展过程中,你可以想出什么创新性策略来与家庭进行合作?

补充资源

[1] Baker, A., & Manfredi-Petitt, L. (2004). Relationships, the heart of quality care: Creating community among adults in early care settings. Washington, DC: National Association for the Education of Young Children.

[2] Berger, E. H. (2004). Parents as partners in education (6th ed.). Upper Saddle River, NJ: Merrill/Prentice Hall.

[3] Birckmayer, J., Cohen, J., Jensen, I., & Variano, D. (2005). Supporting grandparents who raise grandchildren. Young Children, 60(3), 100—104.

[4] Clay, J. (2004). Creating safe, just places to learn for children of lesbian and gay parents. Young Children, 59(6), 34—38.

[5] Delpit, L. (1995). Other people's children: Cultural conflict in the classroom. New York: New Press.

[6] Heath, P. (2005). Parent-child relations: History, theory, research, and context. Upper Saddle River, NJ: Merrill/Prentice Hall.

[7] Joshi, A. (2005). Understanding Asian Indian families:Facilitating meaningful home-school relations. Young Children, 60(3), 75—78.

[8] Lareau, A. (2003). Unequal childhoods: Class, race, and family life. Berkeley: University of California Press.

[9] Powell, D. R. (1998). Research in review: Reweaving parents into the fabric of early childhood programs. Young Children, 53(5), 60—67.

[10] Turnbull, A., & Turnbull, R. (2006). Families, professionals, and exceptionality: Collaborating for empowerment (5th ed.). Upper Saddle River, NJ: Merrill/Prentice Hall.

第五章

班级管理与指导

> 几周后，你注意到3岁的梅林在教室里与其他儿童互动时变得越来越有攻击性。当其他儿童尝试进入她的游戏空间时，她会拒绝和其他儿童分享游戏材料并攻击他们。梅林行为上的这个巨大变化，正在给班级氛围造成一种负面的影响。
>
> 在和梅林的父母讨论了她的行为变化后，你了解到，她的家庭并没有发生能够导致她的行为产生这种变化的巨大变故。这时候，你就必须分析一下你与梅林的关系以及你所使用的班级管理和指导方法是否适宜。
>
> ◆ 你在分析和解决这个问题时采取的第一步措施是什么？
> ◆ 对于这类行为表现不恰当的儿童，对待他们的最有效的方式是什么？
> ◆ 你能教给儿童什么技巧来帮助他们应对与同伴交往时遇到的困难以及指导他们自己的行为？
> ◆ 你有预防儿童不恰当行为的方法吗？
> ◆ 在分析和回应儿童的这种行为变化时，你需要让家长进一步参与其中吗？

我们将在本章末尾与大家分享关于上面问题的应对建议。

阅读本章时，重点理解为儿童创设一种具有支持性的班级环境的重要性，包括将具体的指导目标清晰地传达给儿童。同时，了解促使儿童进行积极的互动以及管理儿童行为的具体技巧，比如，忽略儿童制造的小麻烦、表扬儿童的努力和成果、为儿童提供替代性选择、使用自然后果法和逻辑后果法、教给儿童解决矛盾的技巧以及采用静坐观察的方法等。制定能促进儿童成长的指导策略是创造性游戏课程的一个重要组成部分。关于班级管理的决策，是教师做的最重要的决策之一。指导策略和活动可以是：（1）防止或减少儿童行为和管理方面的问题；（2）对儿童的不良行为做出积极的且能促进他们成长的回应；（3）支持课堂教学和学习的氛围；（4）增强儿童的自尊心、培养他们的责任感和决策能力、帮助他们发展自控力和自律能力以及为他们提供用适宜的方式解决冲突的示范。

与教学策略和活动类似，针对班级管理和指导的有效策略与实践也源自教师的幼儿教育理念。在与儿童进行互动之前，教师必须仔细考虑并制定指导策略。促进儿童成长的指导策略作为隐性课程的一部分，对于有效的教学和互动而言是必不可少的。基于创造性游戏课程的哲学理念，以下指导方针将帮助教师制定积极回应儿童的、有效的且与儿童发展相适宜的指导策略。

制订指导目标

制订指导计划的第一步，是预先确定你想通过班级管理而达到的目标。减少儿童的不良行为仅仅是班级指导的目标之一。其他的重要目标如下：

● 帮助儿童学会自我控制和自律方面的策略。

- 满足儿童对支持、照料和保护的需求，同时与教师对结构、控制和灵活性的需求保持平衡。
- 提升儿童的自尊。
- 帮助儿童掌握解决冲突并与同伴友好相处的技能。
- 通过提供积极有效的学习环境来支持课程的实施。当教师选择指导而不是惩罚儿童的策略时，这些目标就能得以实现。

"那些被责罚的儿童会感觉很丢脸，会隐藏自己的错误、形成消极的自我概念且无法形成内在的控制力来处理以后会遇到的问题。那些遵守纪律的儿童能学会平衡自己与其他人的需求、形成良好的自我感觉并变得越来越独立。"（Miller, 1984, p.15）这些全面的班级指导目标反映了儿童各个方面的发展相互关联以及创造性游戏课程积极、整合的特点。

错误行为

对儿童的行为进行指导，要求教师重新考虑"不良行为"一词的含义。加特雷尔（Gartrell, 1995）提供了一个新的视角，将儿童的不恰当行为看作"错误行为"而不是"不良行为"。他的思考是基于鲁道夫·德雷克斯（Rudolf Dreikurs, 1968）和史蒂文·哈洛（Steven Harlow, 1975）的研究。德雷克斯提出，儿童的行为表现是为了获得社会的接纳。儿童的错误行为是为了引起关注、寻求力量、进行报复以及展示弱点——儿童所有的不恰当行为都是为了获得社会的接纳。哈洛的研究也指出，儿童经常为了寻求社会认同和接纳而犯错误。与传统的纪律措施——"因为儿童有一些自己解决不了的问题而惩罚他们"——不同的是，"……指导策略教会儿童通过一种社会所接受的方式来解决他们的问题"（Gartrell, 1995, p.27）。

要做到这一点，我们必须把儿童的行为看作由以下三种相关的原因导致的错误，即遇到问题、行为调整和生存。

原因之一是遇到问题。当儿童进行试验、探索以及发现和建构新知识时，他们往往会遇到问题。在建构主义的教室中，我们鼓励儿童进行探索和试验。当儿童的探索和试验导致"错误"结果时，我们需要提供指导，在接纳儿童的好奇心并鼓励儿童在尝试中学习并获得新知识的同时，帮助他们避免重复同一行为——也就是说犯同样的错误。比如，一个儿童正在用积木搭一座塔，他想看看自己可以搭多少块积木，以及搭建出什么形状可以不让塔倒下来。在这个过程中，他可能会不小心，导致积木倒下来砸到其他孩子。此时，教师就要向儿童指出塔太高会导致的自然后果，并提醒儿童教室规则要求所搭的塔不应高于他的身高，以此来帮助他避免重复犯错误。

原因之二是行为调整。儿童的行为往往受到社会的影响，他们会根据他人的反应来调整自己的行为。家长、教师、同伴和儿童生活中的其他重要人物是儿童行为的榜样和影响因素。儿童通过模仿他人并得到他人的强化而习得了错误的行为。对于上述那个想把积木塔搭得很高以获得别人注意或者赞扬的儿童，教师需要帮助他找到其他更适宜的方式与同伴进行互动。这样做将有利于提高他的自尊，满足他对被关注和赞扬的需要。

原因之三是生存。它关系到在一个有可能威胁到儿童身心健康甚至生存的环境中儿童对安全的需求。生存受到威胁的儿童往往承受着巨大的痛苦，他们需要的不仅仅是教师的指导。"正如哈洛所说，伴随强烈需要的错误行为，是由儿童心理或身体上的痛苦引起的。而这些痛苦是儿童没有能力处理或者无法理解的。儿童经常在教室里表现出伴随强烈需要的错误行为，因为班级是他们的一个安全港湾。这些儿童在用他们唯一的方式寻求帮助。"(Gartrell, 1995, p.30)如果你确定上面那个搭建积木塔的儿童是故意要伤害其他儿童，那么用逻辑后果法[1]来回应这名儿童的行为，并尝试通过提供身体上的安全感和情感上的支持来应对他内心深处的痛苦和敌意。通常，在儿童所处的环境中造成他们痛苦和心理受到伤害的因素有很多，我们必须予以处理并消除它们。

设定切合实际的期望

有效的幼儿教师能够理解儿童的发展过程，并承认儿童的发展速度存在个体上的差异。比如，图5.1中准备进行游戏的这个儿童，在与其他儿童开始互动前喜欢先观察一段时间，教师也很支持他的这种做法。显然，儿童的发展水平会影响他们的行为、他们与环境的互动以及他们与同伴、教师的关系。通过儿童的发展年龄[2]，教师可以确定儿童的行为是否适宜。比如，一个处于2岁发展水平的4岁儿童，将会少言寡语，具备较低的问题解决能力。而且和大多数的4岁儿童相比，他更容易以不成熟的方式表现出自己的沮丧、疲劳或恐惧。因此，教师要根据儿童的发展年龄而不是实际年龄来设定切合实际的期望，运用与儿童的发展相适宜并能促进儿童成长的指导策略来做出回应。赖因斯贝格(Reinsberg, 1999)建议，针对儿童的行为，教师可以通过提出以下问题来确定如何做出最佳的回应：这种行为是否反映了儿童由于迈入了一个新的发展阶段而正面临着新的挑战？这种行为是否反映了儿童的性格或其他方面的个体差异？是否由于环境布置不当或者配备不足而导致了儿童的这种行为？儿童的行为是否表明，他不知道某些事，或者是他正准备学习一项新的技能，抑或是他准备解决一个新的问题但需要得到帮助来开始第一步？这种行为是否反映了儿童未被满足的情感需求？"儿童表现出的令人不安的行为，如说谎、偷窃、虐待他人或自虐等，可能表明儿童需要得到他人的照料和积极回应，或者是他正面临着压力和危机。"(p.56)

图 5.1

预防不良行为的发生

确定预防行为问题的方法，是制订指导计划的重要一步。一间被精心布置和组织的教室能够消除或减少管理上的问题，暗示儿童做出恰当的行为以及充分利用环境。研究表明，教室环境对儿童的行为方式以及儿童与他人和物体互动的

---

[1] 逻辑后果法(logical consequence)，是指在行为发生前用讲道理的方式告诉儿童其行为将会产生的结果。与逻辑后果法相对应，自然后果法是指让行为自然地发生并产生结果，让儿童从结果中学习。——译者注

[2] 发展年龄(developmental age)，是指儿童的发展水平所对应的某一个年龄应有的水平，与实际年龄有区别。发展年龄可能大于也可能小于实际年龄。——译者注

方式有着显著的影响（Lawry, Danko, & Strain, 2000；Twardosz, 1984）。比如，美术区应远离"交通要道"和儿童来回走动的区域，而且它的布置应该便于儿童取放材料，同时也应向儿童暗示活动的一系列步骤（比如，戴上围裙—把纸放在桌子上—取出颜料罐—把材料放回去—挂上围裙等）。这样的布置可以防止或减少儿童在等待成人将美术材料拿来的过程中出现一些行为问题。图5.2中，儿童可以很轻松地使用积木储存架。架子上的文字和图片告诉儿童，这个架子是用来储存积木的；架子中间的隔层告诉儿童，他们应该按照积木的形状放置积木。一间布置有序的教室，有助于儿童理解教师期待他们游戏过后把材料收起来。

图 5.2

另外，教室的布置情况对残障儿童也有很大的影响。比如，假设一名坐在轮椅上的儿童被要求在离开积木区前将积木放回到架子上，但是由于他无法够到架子，所以他就把积木扔到了架子上，结果他因为违反了不准乱扔材料的规定而遭到了教师的训斥。教师恰当的做法是重新布置积木区，以便这个儿童可以很方便地把积木拿出来或者放回去，或者给予这个儿童更恰当、更明确的指导，比如可以说："杰西，请把积木收起来。你可以把积木递给米琼，让她把积木放在架子上。"

同样地，一个精心策划和实施的课程也能防止由于活动安排不均衡或者不适宜儿童的发展而造成儿童出现一些问题行为。比如，当活动安排不均衡（即安静的活动和激烈的活动之间、室内活动和户外活动之间、小组活动和集体活动之间的不均衡），或者活动过于简单或过于复杂时，都会造成儿童的混乱、沮丧、疲劳并导致不良行为的发生。

儿童缺乏技能也可能导致他们出现不良行为。比如，一个涉及剪纸动作的美术活动，对于一个具有运动障碍的儿童来说可能就太具有挑战性了。所以，这个儿童会扔掉剪刀或干扰其他儿童。适宜的做法是，教师应让其他儿童使用剪刀，而让这个儿童撕纸。在这种情况下，需要改变的是教师的期望和活动计划而不是儿童的行为。

营造一种支持性氛围

在制定有效的指导策略时，另一个重要的前提条件是为儿童营造一种信任的、支持性的和安全的氛围。减轻儿童在环境中的压力、尊重儿童及他们的能力和需求以及与儿童进行热情的互动，等等，是一名积极回应的教师所应具有的特点。成人与儿童之间积极关系的建立，要求彼此相互尊重、花时间分享令人快乐的活动、给予对方鼓励以及通过语言和动作表达对对方的关心（Dinkmeyer & McKay, 1982）。对儿童进行有意义的表扬，同时避免嘲讽、威胁和羞辱儿童，可以营造一种互相信任的氛围。

这种氛围只有在教室里有合理的规则且存在

一个制度能够不断地强化这些规则的前提下才能形成。儿童需要强大的、充满自信的教师，因为这些教师能够在设定规则和维护规则时保持公正性和一贯性，在儿童需要的时候帮助和指导他们并为他们提供保护和安全感，使儿童在游戏和学习时感到自己是被支持的。当儿童相信教师能够理解他们，允许他们失败，在他们准备再次尝试时能够给予他们鼓励，以及在他们取得成功时能够给予他们认可时，班级里就会形成一种勇于探索、冒险和学习的氛围（Bronson，2000；Cherry，1983）。

进行有效的交流

无论是在防止儿童出现不恰当的行为方面，还是在与儿童讨论其行为的后果方面，交流都是很重要的。以下的交流指导方法可以帮助你营造一种充满信任的氛围，并避免由于言语或非言语信息表达不清楚而导致问题行为出现。

在与儿童交谈或向他们提出要求之前，你必须引起儿童的注意。你可以跪在或坐在儿童的对面，眼睛与儿童的视线保持平齐（见图5.3）。你也可以通过触摸来引起和保持儿童的注意

图 5.3

（Cherry，1983）。然后，你可以轻轻地对儿童说："玛丽亚，现在我需要你认真地听我说话。""萨万娜，看着我，我需要和你谈谈。"要对幼儿之间的个体或文化差异保持敏感，因为有些儿童虽然没有与你进行眼神接触，但是可能注意到了你传递的信息。避免尝试通过提高音量来引起儿童的注意，而是在说话时语气要更加坚定。相应地，当儿童努力用恰当的方式来吸引你的注意时，你要给予一定的回应。

要运用与儿童发展相适宜的且容易被儿童理解的语言与儿童沟通。注意说话时的音高、节奏、语调以及它们所传达的信息。你说的话必须与你的语调匹配，与你表达的情感一致，否则儿童将会感到困惑或觉得你不真诚。如果你想让儿童现在收好玩具，那么你在表达时不要让他们觉得这个要求是可以被忽略的，或者让他们觉得你打算在他们回应之前把这个要求重复很多次。当你欢迎儿童进入教室时，要使你的声音让儿童觉得你真的很高兴看到他们。与儿童交流时应只谈论他们的行为而非他们的性格或人格。不要说"你很吝啬（坏或自私）"，而应当说"这样称呼你的朋友是不友善的"，或者"当你尖叫时，你的伙伴并不喜欢你这样"。

有时，儿童不良行为的发生是因为教师没有清楚地向他们解释不能做的事情和规则。教师传达的信息不清晰或不具体的例子有："好好表现""现在到了要出去的时间了""这个房间太乱了""做符合你年龄的事情"。儿童可能听到了这些话，但是无法确定教师提出的这些要求到底是什么意思。你应该这么说："轻轻地抚摸""穿上你的外衣""我们需要把这些玩具放回到架子上""用你自己的话告诉我你想要什么"。

只有当你使用儿童听得懂的语言来描述规则时，儿童才更有可能遵守它们。比如，你可以这

样对儿童说：

"我们到里面谈谈。"

"在这里，我们要互相照顾。"

"我们要爱惜我们的游戏材料。"

"我们要对朋友说些鼓励的话。"

"我们要清理我们所用的东西。"

"有些事我们只能在户外做。"

当教师使用积极的语言描述规则和要求，而不是只告诉儿童不能做什么时，儿童更容易记住并遵守规则。当教师运用清晰积极的语言时（比如前面所提到的例子），儿童更容易理解该做什么。相反，如果你只是说"不要喊""不要打人""不要撕书""不要说不友善的话""不要弄乱了房间"，那么儿童听到的仅仅是不能做什么。

为了帮助儿童理解并遵守规则，教师应当设置数量很少的规则。这些规则要能让儿童记住；同时，你只要说一句"你还记得规则吗"就能提醒他们想起。其他有关班级管理和儿童管理的必要规则包括"多少儿童在某一游戏设施上玩才是安全的"等。这样的限制可能会因活动、设施或教室布置的不同而有所变化。教师不应该期望儿童知道这些限制，但是应该告诉他们或提醒他们。期待儿童记住太多的规则，会使他们感到困惑和沮丧。保护和指导儿童的主要责任在于教室里的成人。

回应儿童的行为

在应对儿童的不良行为时，首先要确定儿童行为的原因。当儿童感到疲倦，接受了太多刺激，感到沮丧、饥饿、无聊或生病时，他们常常会出现行为问题。他们的不良行为是一个信号，提醒你找出课程、一日作息安排、人员安排或班级常规方面的问题并做出适当的调整。

在应对儿童的不良行为时，教师必须采取能够满足儿童需要的方法。教师经常由于愤怒、疲劳、沮丧或者对事物掌控的需要而对儿童采取一些处罚措施。这些措施满足了教师自己的需要，却忽略了儿童出现某些行为的真正原因和真实意图。比如，体罚并不利于提高儿童的自尊心、教会儿童进行自我控制或者增强成人和儿童之间的积极关系。它仅仅满足了成人想要获得控制权、表现自己的权威或释放挫折感的需要。社会科学领域的大量证据表明，体罚根本不起作用；事实上，体罚不利于儿童的情感发展。无论是从体罚的短期效果还是长期效果来看，体罚都是无效的。

- 体罚关注的是不受欢迎的行为而非被社会接受的行为，所以它在教给儿童什么是可接受的或被期望的行为方面几乎没什么帮助。

- 与很多使用体罚的成人所认为的相反，儿童对体罚的消极反应和情感回应更可能与惩罚者联系起来，而不是与他们因何受到惩罚联系起来。因为儿童能更好地从与他们有积极情感关系的成人身上学习，所以这些因体罚而产生的消极反应和情感回应实际上可能阻碍教学（Clarizio & Yelon, 1974; LeFrancois, 1992）。

- 有证据表明，体罚有时会产生与实施者的初衷相反的效果。比如，因为攻击性行为而受到体罚的儿童会变得更有攻击性；因为尿床而受到惩罚的儿童比那些父母用更积极的方式回应的儿童尿床的时间持续得更长。导致青少年反社会行为发生率和青少年犯罪率较高的一个因素就是成人随意地使用专横的惩罚措施。此外，有些儿童渴望用不良行为来引起教师的关注；在这种情况下，惩罚反而强化了教师原本想要消除的不良行为（LeFrancois，1992；Sears，Maccoby，& Lewin，1957）。

- 体罚会在短期内有效地改变儿童的行为——在惩罚者面前，儿童将停止其不良行为或表现出人们所期望的行为。但是，这种明显的效果往往会强化或者增加成人对惩罚手段的使用，导致惩罚变得严厉、不公正或者被滥用。
- 研究已证明，体罚与儿童表现出的较低的自尊、较低的道德推理水平、较少的亲社会行为和较少的积极行为有关（Hoffman，1970）。儿童不太可能从他们认为具有惩罚性和威胁性的成人那里寻求建议和向他们进行咨询。

儿童消极的情绪反应、不良行为的增加以及教育的无效性，是体罚的特征。此外，许多成人认为，出于明显的伦理和人道主义原因，我们也不能对儿童进行体罚。使用体罚也与本课程的哲学理念不一致。全美幼儿教育协会（2005）的认证标准要求教师避免使用体罚或者其他具有侮辱性或恐吓性的纪律措施："在与儿童相处时，所有的教学人员都要有能力在不使用体罚或其他任何形式的心理胁迫或虐待手段的前提下，与儿童进行互动。"美国47个州的认证条例禁止对0—5岁部分年龄段或者所有年龄段的儿童进行体罚。至少有17个国家禁止教师和家庭成员体罚儿童，一些相关法律甚至可以追溯到19世纪晚期；不过，专门禁止家庭体罚儿童的法律是从20世纪70年代才开始的（Block，2005）。

面对儿童的破坏性行为或者攻击性行为，教师要学会恰当地处理自己的愤怒情绪。当教师以富有建设性的方式表达自己的愤怒情绪时，他们不仅可以表明自己的想法和感受，释放紧张情绪，关注儿童的行为而不是贬损儿童，还为那些正在学习如何处理自己愤怒情绪的儿童树立了榜样。当教师以不理性的方式或破坏性的方式来表达自己的愤怒情绪时，他们不仅向儿童传达了消极情绪，攻击了儿童本身而不是他们的行为，加剧了自己对儿童的愤怒情绪，使儿童感到内疚或羞愧，还为儿童提供了一个坏的榜样。教师应学习并使用"广泛的词汇"来表达愤怒的情绪，如"我感到很不满、困扰、恼怒、苦恼、受伤"（Cherry，1983，p.19）。

教师要区分理性和非理性的愤怒表达方式。比如，"你毁了我的一天，你扰乱了整个班级"之类的话传达的信息是：这个儿童是个坏孩子，而且他有能力控制教师和其他儿童的情绪。但是，"请停止尖叫，这让我心烦"就是一种简单且诚实的表述，既没有贬损儿童也没有使教师降低身份。"我"信息作为理性的愤怒表达方式，有助于教师避免使用指责的口吻。那些能够恰当地、以富有建设性的方式表达愤怒的教师，保护了儿童的自尊（Cherry，1983）。

促进儿童成长的指导策略

本节会讨论一些积极的、与儿童的发展相适宜的且能促进儿童成长的指导策略。这些策略可以有效地引导儿童的行为，并支持以创造性游戏为基础的教室环境的创设。

忽略小的问题

有些儿童表现出不良行为是为了得到关注。忽略这类行为，是指导这些儿童表现出适宜的行为并对这些行为进行强化的最有效的策略。

向儿童说明什么行为是不恰当的或无效的。比如，"当你哀号时，我不明白你要说什么。当你用正常的声音说话时，我会认真听的。"这样说可以避免向儿童传递这样一种信息，即教师拒绝倾听他。在简短的说明或解释之后，忽略儿童随后出现的不良行为。有意地忽略小的不良行为（如哀号、哭喊或发脾气等）意味着不给予儿童任何强化——也就是说，不做任何让儿童认为是奖励或者强化的事情；否则，反而会增加儿童这种寻求关注的行为。不要通过盯着这个儿童看、对这个儿童说话或者与其他人谈论这个儿童来回应他。房间内的其他教师和儿童也不应该对这个儿童有任何情绪上或者行为上的回应。之后，当这个儿童用适宜的方式做出回应时，一定要鼓励和表扬他（Cherry, 1983）。

鼓励儿童

当儿童表现出恰当的行为、做某些困难的事情或帮助另一个儿童时，教师要给予关注。教师的口头表扬应该真诚且简洁。要想用非言语的形式表扬儿童，教师可以与儿童进行眼神接触并通过微笑或点头表示赞许。拥抱儿童或轻拍儿童的后背是另一种非言语形式的赞许（Cherry, 1983）。然而，不诚恳的表扬或者过度使用表扬方式，可能不利于教师提高儿童的自尊或管理儿童的行为。

有关表扬效果的相关研究指出，在很多情况下，对很多儿童来说鼓励比表扬更有效（Brophy, 1981; Hitz & Driscoll, 1988; Seefeldt, 1987b）。鼓励可以提升儿童的自我概念、培养儿童的独立性和自主性、激励儿童以及引导儿童做出恰当的行为（Hitz & Driscoll, 1988）。鼓励，意味着"积极的肯定……它关注儿童付出的努力或儿童所完成工作的具体特征"（p.10）。比如，当图5.4中的儿童告诉教师，她正在策划一场婚礼并且已经为这场婚礼准备了玉米卷和米饭时，教师表扬了她在准备美食方面所付出的努力，以及她为婚礼宾客所提供的服务十分体贴周到。

图 5.4

希茨和德里斯科尔（Hitz & Driscoll, 1988）针对教师如何有效地鼓励儿童提出了以下指导策略：

- 鼓励应该是具体的。比如，应该说"你画了很多大大的圆圈"，而不是说"做得好"。
- 鼓励应该是由教师发起的，并且通常是私下进行的。比如，应该说"今天早上，我看到你在出去之前很努力地把积木捡起来"，而不是说"大家看看鲁思，他做得多么努力啊"。
- 鼓励应该注重改进儿童的活动过程，而不是评价一个已完成的作品或任务。比如，应该说"你确实在很努力地读书"，而不是说"你的这幅画画得很好"。
- 鼓励时应该使用自然的声音进行真诚且直接的评论。比如，应该说"法蒂玛，你画的橙色和白色的花让我想起我院子里的百合花"，而不是说"这是我见过的最美丽的画"。
- 鼓励应该帮助儿童获得成功。比如，应该说"安努，你用完布赖恩的剪刀后要及时归还，我相信他很喜欢你这样做"，而不是说"你总是那么讨人喜欢"。

- 鼓励应该帮助儿童欣赏他们自己的行为和成果。比如，应该说"你一定对自己的这次跳跃感到很骄傲"，而不是说"我为你感到骄傲"。
- 鼓励应该避免将儿童进行比较或者让他们进行竞争。比如，应该说"吉娜，你搭的塔很稳固，因为你把较大的积木放在底座上了"，而不是说"你搭的积木建筑是今天所有人中搭得最好的"。（pp.10—12）

为儿童提供替代性选择

当很多儿童都想要在同一个区域玩时，或者当儿童为了玩一个玩具而争抢时，引导一个或多个儿童去进行另一个活动或到其他区域玩往往是最有效的指导方法，这样做可以预防儿童的不恰当行为升级。比如，教师可以对儿童说："顶楼上看起来有太多小朋友了，我感觉很不安全。""5个小朋友围在拼图桌旁，导致每个人都没有足够大的游戏空间。现在，需要你们中的一个人到另一张桌子上看书或串珠子玩。"教师这样说有助于儿童认识到存在的问题或潜在的问题，并给他们提供了恰当的替代性选择。为儿童提供建议或选择而不是命令或禁止他们做某事，能更有效地让儿童听从（Honig，1985a，1985b）。为儿童提供合理的选择，比如"现在顶楼上没有老师，所以你不能爬上去，但你可以画画、玩积木或者听录音"，既有助于引导儿童做出恰当的行为，也让教师有机会培养儿童的独立性和决策能力（Clemens，1983）。

与儿童讨论行为的后果

要想利用儿童行为的后果来培养他们的自律能力，教师必须平等地对待儿童、尊重儿童和注意维持教室秩序。自然后果是以事情的自然发生为基础的，且没有成人的干预。比如，当一个儿童骑三轮车翻倒后，教师说："当你骑这辆三轮车快速转弯时，它就会翻倒。"教师可以通过有效地利用儿童不恰当的或者不受欢迎的行为所产生的自然后果，来帮助儿童认识到自己的行为和不幸的后果之间的关系。逻辑后果则是由教师设计和安排的，要求儿童必须进行有逻辑性的思考。成人必须向儿童描述和阐明其行为的逻辑后果。比如，在美术活动中，当一个儿童把另一个儿童的胶水弄洒后，教师说："你可以把你的胶水拿来和塔娅一起用，因为她现在没有胶水用了。"讨论行为后果对于儿童来说是一个学习的过程，它区别了行为和行为的发出者。儿童是被接受的，但是他的行为是不被接受的。教师必须保持客观、坚决和公正的态度。用严厉、消极或指责的口吻与儿童讨论后果，会使得这种策略带有惩罚性。教儿童自律也是一种教学活动，因此它也需要以一种平和且支持和鼓励儿童的方式进行。后果讨论法允许儿童自己做出决策，同时让教师仍保持教育者和学习促进者的身份，而不是卷入与儿童的权力斗争中。

逻辑后果法的一个具体类型是静坐观察法。当一个儿童不能控制自己的行为时，教师做出的一个合乎逻辑的反应就是让儿童停止活动直到他能重新控制自己的情绪和行为为止。当儿童出现攻击性行为（如打人、踢人、推人、向人吐口水、咬人）时，或当他们出现破坏性行为（如扔游戏材料、毁坏玩具）时，使用静坐观察或计时隔离（time-out）策略是很合适的。教师必须向儿童传达出这样的信息，即在这种情况下，他自己没有选择的余地（比如，"伊贺田根，请不要扔积木玩，你可以用它们来搭建。"）。如果儿童不听从教师的要求，应让他停止活动以及与同伴间进行的互动，并让他静坐观察。首先，教师要向儿童解释为什么让他静坐观察（比如，"之所以让你静坐观察，是因为你打了莫里。我们要照顾我们的朋友。我不会让这里的任何孩子受伤。不伤害朋友的孩子才被允许玩游戏。")。加特雷尔（Gartrell, 2006）建议教师说下面的话来将儿童与活动或同伴分隔开来："你需要冷静下来——深呼吸三次，然后让我们坐下来讨论发生了什么事。"向儿童做出解释是很重要的，这样儿童才能理解他们之所以静坐观察是因为他们的不良行为，而不是因为教师的愤怒或沮丧情绪。

在这名儿童观察了其他儿童一段时间后（不超过3～5分钟），教师要在他返回活动之前再次做出简短的解释，并且和他讨论让他静坐观察的原因："你现在是否感到心情足够的平静，可以重新开始游戏了？""你明白积木是用来搭建的而不是用来扔的吗？你现在能安全地使用它们吗？如果你能做到，你就可以回到小组中。"这样做可以教儿童监控自己的情绪，帮助他自己决定静坐观察时间的长短，并且能促进教师与儿童之间关于情感和行为的讨论。一旦儿童再次加入到活动中，教师就要赞扬和鼓励他的适宜行

为。运用这种方法，既不会让儿童感到受胁迫或丢脸，又能让他们学习恰当的行为。不过，教师应该在其他方法被证明无效之后，再采取静坐观察法（攻击性行为或破坏性行为除外，一旦儿童出现这两种行为，教师就应该立刻采用静坐观察法）。因此，静坐观察法不会像其他方法那样被频繁使用。表5.1是一个使用静坐观察法的例子，它记录了教师使用静坐观察法的情况以及儿童的反应（即有效性或无效性）。这个表格收集了一段时间内儿童的行为模式以及教师使用静坐观察法的频率等方面的信息。在通过其他方法就能很好地解决问题的前提下使用静坐观察法，是对这种方法最常见的误用。

对于儿童来说，使用静坐观察法必须是教师对他们的不良行为做出的合乎逻辑的反应。它是一种能够教会他们表现出更适宜行为的方法，而不是一种控制他们的行为和缓解教师的愤怒情绪的惩罚性措施。如果静坐观察法被频繁地使用，就说明教师必须要对环境做出一些改变，以减少

表5.1 静坐观察记录表

日期	时间	儿童姓名	让儿童静坐观察的原因	儿童对静坐观察的反应	教师姓名的首字母
10月5日	10：05	克里斯	小组活动时打同伴	尖叫和踢人	MR
10月5日	11：30	克里斯	在外面玩时踢同伴	遵从	MR
10月7日	10：45	克里斯	用玩具打别的小朋友	哭喊并讲自己的感受	CN
10月8日	9：30	克里斯	踢同伴	遵从	MR
10月8日	10：15	克里斯	朝同伴扔积木	哭喊	EK
10月10日	11：10	克里斯	在户外时把同伴从三轮车上推下来	从教师身边跑开	AB
10月13日	9：15	克里斯	掐同伴	尖叫和扔椅子	CN
10月13日	10：00	克里斯	在小组活动时抓同伴的后背	遵从	AB
10月13日	11：20	克里斯	在户外时把同伴抱住并摔倒	遵从	EK
10月15日	11：05	克里斯	打老师	从教师身边跑开	MR
10月16日	10：25	克里斯	把同伴推倒	尖叫和推倒一把椅子	CN

儿童冲突和不良行为的出现，如空间安排、材料投放、人员配置、教师的期望、师幼互动等。对静坐观察法的另一种误用是确定一个特定的位置让儿童进行静坐观察，如一把指定的椅子。这就使这种方法变成了惩罚措施，因为这样做好像是在让儿童示众。其实，教师只需要让儿童停止活动或者停止与同伴互动到一旁，让儿童可以在那里观察到其他儿童所做出的持续的、恰当的行为即可（Clewett，1988；Schreiber，1999）。

在某些情况下，特别是涉及儿童的攻击性行为或儿童对材料的破坏性行为时，你需要帮助儿童平静下来。抓住正在打人的儿童的胳膊，或者抓住正在踢人的儿童的腿，有时对于一个失去控制的儿童来说是很有用的。"我将帮助你平静下来，让你不再踢人。当你准备好的时候，我们可以谈谈。"教师应该通过一种支持性的、积极的方式来对儿童的身体进行约束并让儿童平静下来。严厉的态度和惩罚措施只会加剧儿童的愤怒情绪并延长儿童发怒的时间。

向儿童传授解决冲突的方法

当冲突发生时，儿童和成人都需要知道如何和平地解决它，同时又不表现出消极的行为。冲突解决过程给儿童提供了一个机会，让他们判断是什么导致了分歧并帮助他们以后能在冲突发生之前就找到解决问题的方法；讨论冲突能帮助儿童学会谈论他们自己的感受，并让他们在同伴和成人的支持下解决自己的问题（Cherry，1983）。"教会儿童描述自己的情感和动机、设身处地地倾听别人的诉说以及解决分歧，是教师应该传授给儿童的最重要的技能"（p.147）。

舒尔和斯皮瓦克（Shure，1994；Spivak & Shure，1982）提出了教儿童解决同伴间冲突的三个原则：(1)确定儿童对问题的看法；(2)让儿童而不是教师来解决冲突；(3)关注儿童对问题的思考而不仅仅是问题的解决方法。要避免让儿童仅仅因为他们认为某种方法能让成人满意就选择它。注意帮助儿童学会一种思考的方法，即一种能想出多种解决办法、考虑到后果并最终能够积极地解决问题的方法。

图 5.5

在冲突状态下，教师应该鼓励儿童谈论自己的想法和感受，倾听另一个儿童的想法和感受，然后讨论每个儿童想要的是什么（见图5.5）。最后，达成一个双方都满意的解决方案。教师可以通过示范、提问或表述来让儿童用言语和讨论代替身体冲突（Cherry，1983）。比如，当两个儿童为争夺一个玩具而争吵并且他们的争吵并不能使冲突得以解决时，教师可以用以下一系列问题和表述来帮助他们找到有效的表达方式：

"亚历克斯，你想要什么？"
"特德，你想要什么？"
"亚历克斯，特德想要什么？"
"特德，亚历克斯想要什么？"
"我知道你们两个都想骑三轮车。"
"亚历克斯，你认为特德想不想骑三轮车？"
"特德，你觉得亚历克斯是怎么想的？"
"你能想出一个让你们两个都觉得高兴的方法吗？你能想出一个让你们两个都可以骑上三轮

车的方法吗?"

慢慢地,儿童将不需要太多的帮助就可以进行讨论并解决冲突。学习解决冲突的技巧可以帮助儿童成为有效的交流者和具有创造力的问题解决者。

在预防冲突、讨论后果、解决冲突以及静坐观察法都无效的特殊情况下,家长和教师应共同商量其他的方法。在对一些儿童进行行为管理时,教师可能需要使用游戏疗法、行为改进策略或认知改进策略。在很多情况下,教师要依据儿童的个人需要和具体情况来选择和调整策略。对于有语言理解障碍、口头表达障碍及认知能力有限的儿童,教师可以综合采取几种策略。在使用策略的过程中,教师以最佳的决策来实现最佳的指导是更为关键的。教师应该根据从多个渠道(家长、其他教师和园长)得到的关于儿童行为、发展和特定环境的信息来制定一个策略或几个策略,而这些策略可以表达对儿童的关注和尊重、培养儿童的自制力,并能促进教师与儿童之间积极的互动。

生活中有特殊情况的儿童,如遭受过身体或精神虐待、由于残疾导致身体和行为受限或家庭压力过大(在这些家庭中,儿童的健康发展不被关心)的儿童等,需要教师意识到他们正面临着许多困难,并且教师的态度应是真诚的和积极回应的。那些内心受伤或受到打击、不确定、害怕的儿童常常会抨击别人,并且表现出攻击性行为或做出其他不恰当的行为。教师必须对这些儿童所受到的伤害和痛苦做出反应并对他们的成长进行指导,为他们提供一种身心安全的环境和发展自律能力的机会。教师必须对全体儿童及他们的整体环境保持敏感,并制定个别化的指导策略来满足每个儿童的需要。

做出有关班级指导的有效决策

针对班级管理和指导所做的决策有助于教师创设一个温暖、人性化的学习环境,为儿童提供支持和安全保障,减少问题行为,实现创造性游戏课程的目标。对于儿童来说,促进他们成长的指导所带来的益处是更为宝贵和持久的。比如,那些能够理解自己的行为对他人所产生的影响并能对身心受到伤害的他人有同理心的儿童,被证实具有更高水平的道德推理能力。同样地,能够理解教室和社会规则的合理性和必要性的儿童更容易内化规则系统,并能够发展真正的自律能力(Hoffman, 1970)。

此外,教师应向儿童解释并鼓励儿童以和平的、不攻击他人的方式解决冲突,这有助于儿童学会在一个充满暴力或暴力威胁的社会中生活的能力。像儿童一样,生活在一个暴力社会中的教师经常会感到无助和沮丧。幼儿教育工作者已被鼓励采取行动(Day, 1982),其中一个策略是教会儿童通过和平的方式解决冲突。幼儿教育工作者都会同意圣雄甘地(Mahatma Gandhi)的话:"如果我们要教授这个世界上真正的和平,如果我们要真正地反对战争,那么我们必须从儿童抓起。"(Allen, J., & Pettit, 1987)

与家庭合作拓展课程

如何对儿童进行管理和指导也许是大多数家长都怀有疑问的话题。"我能做什么来阻止他咬人?""为什么她一开口就是'不',而且似乎她只有一句话——'不'?""哪些斗争是重要的?""为什么她要把牛奶倒在狗身上?"准备好向家长解释你关于班级管理和指导的理念及策略，并与家长一起讨论你们可以理解和指导儿童行为的方式，以便使儿童成为越来越能规范并控制自己行为的个体。

教师可以考虑采取以下方法：

- 与家长分享有关儿童发展的信息，从而帮助他们了解和控制儿童的情绪和行为。比如，可以说："3岁的儿童在玩自己喜爱的玩具时，无法总是把他们的需要和其他儿童的权利区分开来，很难与他人分享。所以，我们准备了很多有趣的材料和活动，这样儿童就不用一直等着轮到他们。"
- 讨论对儿童行为的期待要符合儿童的年龄。比如，可以说："2岁的儿童会努力表达自己的感受。他们在愤怒或沮丧的时候偶尔会咬人，因为他们还不能用语言表达这些感受。我们可以帮助他们找到他们想要使用的词语；同时，我们还要保持警惕以防止他们咬人；我们还要提醒他们——我们不要对朋友发脾气。"
- 可以与家长分享教室中的实例，以展示你的指导策略能够支持儿童学习，并支持成人有效地帮助儿童学习。
- 让家长与你分享儿童在家中的行为以及他们是如何应对儿童的错误行为的。

本章小结

在儿童学会自我控制的过程中，教师的指导有利于预防并减少儿童的不良行为和错误行为，增进教师与儿童之间的积极互动关系，促进积极的学习环境的创设，增强儿童的自尊心。有效的指导策略包括对儿童的行为设定切合实际的期望、通过适宜的课程以及教室布置预防不良行为的出现、做出明确的指示和进行明确的交流。体罚既不能促进儿童的成长，也是不恰当的行为。这会导致儿童产生不良行为和消极情绪，进而导致与教师意愿相反的结果。教师有时会进行过度的惩罚和辱骂，这会打击儿童的自尊心并抑制儿童积极行为的出现。积极的、有效的、促进儿童成长的指导策略包括：忽略小的问题、表扬和鼓励儿童、提供替代性选择、讨论行为的结果以及传授解决冲突的方法。

确定一个符合儿童和教师需求的班级管理和指导方案，是隐性课程和有效教学的重要组成部分。关于梅林的案例，第一步需要做的是找出她出现不良行为的原因。评估你的教学策略是否设定了切合实际的预期目标，是否营造了支持儿童的氛围并进行了清楚的沟通。

判断你是否持续地使用了以下技巧以恰当地回应梅林的不良行为：忽略小的问题、表扬她的努力、提供替代性选择、讨论行为的结果、传授解决冲突的技巧以及采用静坐观察法。

在你评估了自己的教学行为和对梅林的回应之后，你会意识到梅林的消极行为已经形成了。由于你的消极回应，梅林最初的异常消极行为已经成为恶性循环。在过去的几周里，你对她的行为做出了消极的回应，并没有给予她足够的支持和鼓励。

通过查看你对静坐观察法的使用记录，你意识到你使用这个方法过于频繁，从而加剧了消极行为的出现。同样地，你也忽略了向梅林传授解决冲突的方法，帮助她学会通过非攻击性行为向同伴表达自己的感受。

> 与梅林的父母进行进一步讨论后，你发现他们也对梅林行为的变化做出了比以往更消极和更具惩罚性的反应。虽然你仍然不能确定是什么导致了梅林最初的行为改变，但你和她的父母能够一起决定采用更积极的态度来支持梅林，并帮助她打破这个恶性循环。
>
> 通过教给梅林解决冲突的技巧，你可以帮助她在成人不太干预的情况下解决问题。这让她有机会学习和践行这种对建立成功的社会关系很有用的方法。使用这些积极的方法既有助于她表现出更恰当的行为，也不会导致其消极行为的出现。帮助儿童做决定、观察其行为的影响并对其行为负责任，能让他们感受到教师对他们的尊重。

反思与应用

1. 讨论本章开头的小故事。你还有其他的问题和看法吗？讨论本章结尾对小故事的回答。对于这种情况，你还有其他的应对方法吗？
2. 你所在国家的幼儿保育认证标准是如何规定相关的班级管理和指导策略的？支持这些指导方针的研究和理论基础是什么？
3. 班级管理和指导策略，特别是对体罚的使用，是教师和家长们经常讨论的话题。将多种儿童发展理论与讨论相结合，说说体罚的利弊是什么。
4. 选择一个场所——教室、操场、杂货店或林荫路来观察成人和儿童。寻找一个成人对儿童的错误行为做出反应的例子，尤其是像加特雷尔所描述的那种错误行为。成人是怎么说的？儿童如何回应？成人的行为是否有效？为什么有效？为什么无效？推测儿童从你观察到的互动中能学会什么。
5. 我在教室里观察到一个儿童，他因为无法得到自己想要的玩具而大发脾气。他跺脚、哀号、尖叫、哭泣。教师没有和这个儿童说话，也没有看他。教师对附近的儿童说："看他，他不像个大男孩，我们不要理他。"儿童听到教师描述他"不像个大男孩"后，更加大声地冲着教师哭喊。在另一间教室里，我观察到当一个儿童在午餐桌上没有坐到他想坐的椅子时，他也表现出类似的行为（儿童为什么发脾气？从发展的角度看，儿童何时以及为什么会表现出这种行为？）。教师平静地对这个儿童说："格伦，当你准备好跟我说话的时候，我想听听你想对我说什么。"她接着转向坐在餐桌旁的其他儿童，与他们讨论他们正在吃的食物。这个儿童拍打着地板，哭了一分钟，然后停止了哭泣，看着教师和其他儿童聊天。他一次又一次地把拳头砸在地板上，好像在说："好吧，这样显然不管用。"然后，他站起来坐到了椅子上。这时，教师微笑着对他说："格伦，来和我坐在一起。"格伦于是坐在了教师的膝盖上，他们私下里讨论了他想要做什么。是什么导致了这些不同的结果？在这些情况下，你会做什么？

补充资源

[1] Bell, S., Carr, V., Dennon, D., Johnson, L., & Phillips, L.(2004). Challenging behaviors in early childhood settings: Creating a place for all children. Baltimore, MD: Brookes.

[2] Center for Evidence-Based Practice: Young Children with Challenging Behavior Web site, http://challengingbehavior.fmhi.usf.edu/

[3] Gartrell, D. (2004). The power of guidance: Teaching social emotional skills in early childhood classrooms. New York: Delmar.

[4] Gartrell, D. (2006). Guidance matters. Young Children, 61(2), 88—89.

[5] Hearron, P., & Hildebrand, V. (2005). Guiding young children (7th ed.). Upper Saddle River, NJ: Merrill/Prentice Hall.

[6] Honig, A. S. (2003). Love and learn: Positive guidance for young children [Brochure]. Washington, DC: National Association for the Education of Young Children.

[7] Kaiser, B., & Rasminsky, J. S. (1999). Meeting the challenge: Effective strategies for challenging behaviors in early childhood environments. Ottawa, Ontario: Canadian Child Care Federation.

[8] Loomis, C., & Wagner, J. (2005). A different look at challenging behaviors. Young Children, 60(2), 94—99.

[9] Lynch, S., & Simpson, C. (2005). Social stories: Tools to teach positive behaviors. Dimensions of Early Childhood, 33(2), 32—36.

[10] Marion, M. (2007). Guidance of young children (7th ed.). Upper Saddle River, NJ: Merrill/Prentice Hall.

[11] Rightmyer, E. (2003). Democratic discipline: Children creating solutions. Young Children, 58(4), 38—45.

[12] Stone, J. G. (1978). A guide to discipline. Washington, DC: National Association for the Education of Young Children.

[13] Wein, C. (2004). From policing to participation: Overturning the rules and creating amiable classrooms. Young Children, 59(1), 34—40.

第六章
教室设计与布置

> 一个星期过半,你发现班里的儿童似乎比往常更活跃,也更具攻击性。他们比平时更喜欢一大群人在一起玩,而且看起来总是在互相妨碍,导致教室中充满了推搡碰撞的行为,显得吵吵闹闹。有几个儿童不仅变得愈发地依赖他人、黏人,还很容易哭。其他儿童变得越来越苛刻和不耐烦。每个人看起来都心情沮丧。
>
> 你开始对这种情况进行评估,思考可能是什么发生了变化进而影响了儿童的行为。是天气、一日生活常规、人员安排或者班级成员发生了变化吗?是儿童的家人或者家庭环境发生了什么重大事件而导致他们的生活发生了变化吗?以上这些似乎都不能让你班里儿童的行为有如此明显的变化。但是,你知道这种变化一定是有原因的。
>
> ◆ 你将如何继续分析引起教室混乱的原因?
> ◆ 你改变了教室的结构或活动吗?
> ◆ 你打算重新布置教室中的区角和材料吗?
> ◆ 你将如何让儿童参与其中解决这个问题?
> ◆ 你将如何让同事参与评估这种情况的本质?
> ◆ 你会运用教室设计与布置的哪些原则来有效地评估并解决这个问题?

我们将在本章末尾与大家分享关于上面问题的应对建议。

阅读本章时,注意理解婴儿、学步儿和学前儿童教室有效布置的不同要素,了解教职工的分配、日常活动和生活常规的重要性。一个设施安全、让儿童有安全感且能激发儿童学习兴趣的教室环境是隐性课程的基础,它能提升儿童的幸福感、促进儿童的社会化发展以及扩展儿童在游戏中学习的可能性。

环境对人们的感受和行为有很大的影响。一个为儿童精心设计的环境,其目标是让儿童和教师都能说:"我喜欢这里。我在这里能获得成功。这里对我来说是个好地方!"为了让自己和儿童产生这种感受,教师除了要关注自然环境的设计外,还要考虑许多细节。教室的设计特点、材料的类型和摆放情况、一日活动的时间安排以及教职工的分配等,都影响着儿童的行为、学习以及创造性游戏课程的实施。

研究者已经发现了教室环境是怎样影响儿童的游戏和学习的。在布置得当的教室环境中,儿童更为开心、拥有更强的社交和认知能力、工作的时间更长、能使用更多的语言技能并能更多地参与到合作游戏中(Trawick-Smith,1992)。有效的教室环境设计与布置必须考虑到儿童对活动与休息、吵闹与安静、社交与独处需求的个体差异。教师可以通过恰当的教室布置和作息时间安排来减少当今幼儿园教室中十分普遍的儿童拥挤和活动匆忙的现象。

精心设计的教室环境的特征

精心设计的教室环境应该是安全和健康的,能满足儿童和成人的需要,便于教师进行班级管理,促进儿童在游戏中学习并支持课程目标的实现。教师在为儿童设计活动区时首要考虑的就是要确保儿童的安全和健康。

教师应该了解并遵守各州的托幼机构许可

证颁发要求，因为这些要求提供了确保幼儿健康和安全的最低标准。另一个可以供教师使用的资源是《全美托幼机构研究协会的认证标准与程序》(Accreditation Criteria and Procedures of the National Academy of Early Childhood Programs, NAEYC, 2005)，它为教师提供了保证儿童健康与安全的指南，同时强调了最高质量的托幼机构的发展。表6.1是关于幼儿教室的安全指南。表6.2是关于环境健康的指南。随着人们对托幼机构传染性疾病传播的日益关注，美国疾病控制中心与美国食品和药品监督管理局建议在托幼机构进行全面的健康防疫。全面的健康防疫以使用隔离手段来预防疾病的传播为基础。教师在接触儿童的体液（血液、粪便、尿液和呕吐物）时要戴上手套。用漂白液（次氯酸钠溶液，稀释浓度为1:10至1:100）来清除溅出来的体液以进行消毒。清洗儿童的玩具时，也要使用这种漂白液。此外，教师还要把锋利的材料和清洁材料放在密封的、儿童接触不到的容器里。在阻止疾病传播中，最有效的方法是在给儿童换尿布前后洗手（American Academy of Pediatrics, 1997; Crocker, Cohen, & Kastner, 1992; Edelstein, 1995）。一旦儿童的身体安全和健康得到保障，教师就可以把注意力放到儿童的情感安全上。保障儿童情感安全的一个方法是让儿童和成人的需要都得到满足。

表6.1　幼儿教室的安全指南

一个具有安全意识的教师应该时刻想到："孩子在这里可能会受伤吗？""怎么阻止这种可能性发生呢？"年幼的婴儿和学步儿不知道某些物品会让他们受伤，因为他们对这些物品还未具备相关的经验。教师必须确保儿童所处的环境是尽可能安全的，这就需要他们花时间进行思考。即使是最基本的安全问题，也不应该被轻视。

1. 陌生人获准后方能进入园区和教室。
2. 除非家长提前做出了别的安排，否则教职工要确保儿童是随家长或登记表上指定的其他人离园的。在入园和离园时间接送儿童时，家长要在签到表上签字。
3. 成人全天细心地照看儿童是很重要的。教师无论何时离开教室，都需要在离开前和返回后通知另一位教师。
4. 一直处在尽可能面向最多儿童的位置上，这通常表示你要背靠墙、角落或栅栏站立或者就座。不断地"扫描"环境以发现那些潜在的危险情况，如有必要应及时干预。
5. 保持对潜在事故的警觉并在需要时采取必要的预防措施。如果你质疑任何一个活动的安全性，就让儿童进行其他的活动。
6. 将所有的电源插座配上漏电断路器或使用防破坏的电插板。
7. 将所有的刀具、锋利物和锋利的工具放在儿童够不着的地方。
8. 确保所有的塑料包装和袋子、化学药品和清洁剂锁在一个儿童接触不到的柜子里。
9. 给所有不应该被儿童打开的门、柜子和抽屉配上安全装置或上锁。
10. 密切关注在高处（比如换尿布台）的婴儿或者学步儿，因为他们一不小心就会滚下来或者掉下来。
11. 小心饭桌、书桌和柜台的所有尖角，因为幼儿可能会由于撞上它们而受伤。检查并确认家具和设备的下面没有螺丝钉突出来，否则钻到它们下面的儿童想要站起来时很可能会受伤。也要检查一下家具和设备的上面，以确保没有什么东西会掉到婴儿和学步儿身上。
12. 每天都要检查玩具和器材有无破损或松动的部分。一旦发现，应立即将它们修复好或把它们拿走。确保所有木质材料的毛边或者尖角已被打磨平。检查从器材表面突出来的松动的钉子或者螺丝，因为它们可能会伤害到儿童。

表6.1续

13. 避免使用订书钉、图钉、大头针、钉子、回形针和其他小的办公和家庭用品。气球对儿童来说可能是潜在的危险；因为一旦破裂，儿童就有可能吞下它的碎片而导致窒息。永远不要在幼儿身边使用玻璃或易碎物品，因为玻璃破碎时会产生许多看不见的碎渣，这样幼儿在地上爬或者行走时，他们赤裸的小手、小脚和膝盖就会被扎伤。另外，有些坚硬的塑料制品破裂或被打碎时，会变得和玻璃一样锋利。因此，应该只选择那些不易碎的塑料制品。每天都要检查所有的金属玩具或物品以确保它们的边缘不锋利、不尖锐和没有生锈。

14. 检查婴儿床的安全性。婴儿床围栏之间的间距不得超过6厘米。检查婴儿床上附着的器材或镂空设计，以确保婴儿的头不会被卡住。当婴儿开始在小床上站立的时候，就要把婴儿床上所有用来锻炼的玩具以及床铃拿走，因为这些东西上面经常有婴儿可以吞下的小物件。确保婴儿床的床垫设置在足够低的位置，这样婴儿就不会摔伤或爬出小床。

15. 认真监督那些会用到带有长绳子的玩具的游戏。刚开始学会翻身的婴儿可能会将绳子缠到脖子上而把自己勒住。另外，注意把所有的长绳子、电线、门帘和链条都放在婴儿接触不到的地方，这样他们就不会被缠住，或者把重的东西拽下来掉到地上或他们自己身上。

16. 把热的东西（如热的盘子、熨斗、火柴、蜡烛、热的平底锅或碟子）放在远离儿童的地方。有些热的东西不明显，如热的食物和液体（特别是经微波炉加热的食物，通常受热不均）会烫嘴。所有被太阳照射了一段时间的金属的表面，如长椅、秋千或滑梯的表面等，都可能烫伤儿童赤裸的腿和肚子。快速变热的水龙头或一开始就特别热的水（如从暴露在阳光底下的水管里流出来的水）可能会烫伤儿童。

17. 确保婴儿只咬安全的物品，即那些无法被吞咽、不会碎掉也不会在婴儿口中裂开的物品。另外，留意玩具或物品上剥落的颜料，要确保颜料是无铅无毒的。检查绘画材料，如胶水、颜料、记号笔、蜡笔和橡皮泥等，以确保它们是无毒的。

18. 当婴儿开始站立和行走时，他们会直直地看向前方而非脚下的路。因此，要保证他们有一条畅通的道路来练习这一新习得的技能。应该把玩具和器材移开，这样儿童就不会被绊倒了。小的地毯在光滑的地板上可能会滑动，导致儿童摔倒；或者它们可能会起皱，导致儿童被绊倒。禁止儿童在行走、奔跑或者攀爬时把游戏环境中的尖锐物品（如木质夹子、勺子、棍子和木质钉子等）拿在手里或含在口中。

19. 用积木搭建的建筑其高度不应超过儿童的头。

20. 为婴儿和学步儿提供食物时，记得他们还没有多少牙齿以及咀嚼经验，所以他们容易吞咽整块食物进而被噎到。因此，要保证食物被分成了小块。避免让幼儿吃整粒花生、热狗切片、干的谷物、未煮熟的豆子、苹果皮、鸡皮、葡萄和生的食物，因为这些食物的大小刚好可以堵住幼儿的气管，而且它们难以被嚼烂并且容易引起幼儿窒息。同样地，当幼儿吃花生奶油和果酱三明治时，也要细心地照看他们；因为当幼儿一次吃太多时，这些黏的东西也很容易引起他们窒息。

21. 准备让儿童休息时，要检查儿童的脖子周围和嘴里有无物品。确保儿童在午睡前嚼完了嘴里的食物。

22. 如果教室中养了宠物，那么在"宠物时间"内成人要小心盯着。特别注意不要让婴儿和学步儿吓到或打扰到小动物，因为小动物在发怒或受到惊吓时可能会抓伤或咬伤儿童。为避免细菌的传播，应要求儿童每次接触小动物后都洗手。在把动物带进教室前，还要留意有无儿童对宠物过敏。

表6.2 关于环境健康的指南

1. 需要所有儿童和员工的当前健康检查和免疫记录。留意有过敏症或身体状况特殊的儿童，以便对教室环境做出调整。

2. 制定并与家长沟通明确的健康政策，包括对患轻微疾病儿童的照顾、生病儿童的离园标准、控制传染病的程序、对生病或受伤儿童的紧急处理以及配药的政策等。

3. 要保证员工接受心肺复苏术和急救方面的培训并持有相关证书。同时，在每部电话机旁贴上紧急救护的流程。

4. 每天早晨在欢迎儿童入园时对他们做一次非正式的健康检查，同时与家长交流儿童可能存在的健康问题。

5. 要求儿童和成人养成经常洗手的习惯，以使疾病的传播降到最低程度。在拿食物前以及换尿布、如厕、擤鼻涕后，儿童和成人都应该用香皂和流动的水洗手。帮助儿童形成这些自理能力。对于年幼而不能自理的儿童，成人应该帮助他们洗手。
6. 认真遵循给儿童换尿布的步骤，包括：把干净的尿布等用品放在便于拿取的地方—把换下来的尿布、纸巾和塑料手套放在铺有塑料的有盖的容器中—为儿童穿好衣服并帮助他洗干净手—对换尿布的地方进行消毒—彻底地洗手。
7. 要有家长签字的同意书、书面的服药指导和医生的处方后才能给儿童服药。在教室中指定一个地方放详细的服药和健康记录，以便家长查看。
8. 把所有的药物都放在小柜子里或者小箱子里锁好，这样儿童就拿不到了。
9. 检查建筑材料中有无环境污染物和危害素。通过禁止吸烟、每日通风和定期清洗空气过滤器来提高空气质量。
10. 尽可能地把用餐区和尿布区分隔开；准备食物和处理食物时要遵从健康部门的有关规定。
11. 进行充分的环境清洁工作，包括：处理垃圾；对厕所、尿布区和用餐区进行消毒；洗床单被罩；对儿童用嘴含过的玩具和材料进行消毒。
12. 与那些在健康和环境方面提供咨询服务的专家建立联系。他们将会定期地提供咨询服务、审查项目政策和监测教室环境。

来源：Deitch, S. R. (Ed.). (1987). Health in day care: A manual for health professionals. Elk Grove Village, IL: American Academy of Pediatrics; Kendrick, A. S., Kaufmann, R., & Messenger, K. P. (1995). Healthy young children: A manual for programs. Washington, DC: National Association for the Education of Young Children.

精心设计的教室环境要能满足儿童的需要

在一个既能提供休息和放松机会又能提供探索和游戏机会的安全可靠的环境中，儿童对被照料的需要得到满足；在一个既有储存个人物品的空间又有独自游戏空间的集体保育环境中，儿童对私密性的需要得到满足；在一个既提供了探索和选择的机会又包含许多材料和活动以适应不同能力水平、不同兴趣的儿童的环境中，儿童对多样性和复杂性的需要得到满足。

在一个为具有不同活动水平、学习方式、社会性互动方式和文化的儿童所提供的环境中，儿童对个体差异的认知需要得到满足（Appelbaum, Day, & Olds, 1984; Caples, 1996; Caruso, 1984; Greenman, 1984; Prescott, 1984）。在一个鼓励想象游戏、幻想、创新思维和创造性问题解决技能的环境中，儿童表达自我的需要得到满足（Rogers, C.S., & Sawyers, 1988）。图6.1中，儿童正在对这样的环境做出回应，并使用了他们所拥有的问题解决技能。

图 6.1

精心设计的教室环境要能满足成人的需要

只有成人的需要得到满足了，儿童的需要才能得到满足。通过让其他成人来一起分担在教室里的责任、提供足够的有关教职工日常责任方面的信息、允许教职工就工作表现给予反馈并得到反馈以及利用教职工会议、在职培训和教师发展研讨会来提供持续学习的机会，教师自我发展的需要得到满足。通过确保一日作息时间表中有让教师离开儿童的时间，教师对私人空间的需要得到满足。此外，教师也需要休息和放松的时间以及制订计划和撰写文案的时间。教师还需要有放置私人物品的空间（Catron & Kendall, 1984）。

通过允许岗位轮换的人员分配制度，成人对复杂性和多样性的需要得到满足；通过鼓励教职工彼此分享有关课程目标制订和实施的想法并相互学习，成人对个体差异的认知需要得到满足；通过承认并支持教职工成为独立自主、有创造力、有童心和有想法的个体，成人自我表达的需要得到满足。

一个精心设计的环境能降低儿童行为问题发生的可能性，从而有利于教师对班级进行管理。教师首先要做的就是指出什么行为是被鼓励的和什么行为是不被鼓励的；然后通过对环境的布置来使期望中的行为发生而不受欢迎的行为尽可能少出现（Hart, 1978）。教师需要问问自己："我希望儿童在这里做什么？我怎么确保他们能够这样做？"教师还需要考虑自己想要或者需要做些什么以及如何使之成为可能。教室应该是开放的，以利于教师对儿童进行照看和管理；但同时教师应该用低矮的边界把它分隔成不同的功能区，以鼓励儿童在教室中适当地走动。精心制定一日作息时间表，让儿童最大可能地与教室环境进行互动，同时尽可能地减少不必要的等待时间（Twardosz & Risley, 1982）。

教师必须设计环境并营造一种有许多机会对儿童说"是"而有很少机会需要说"不"的教室氛围。在这样的教室中，儿童有许多机会获得成功和有很少机会失败。有利于儿童成长的环境不关注儿童不应该做什么，而是告诉儿童他们能做许多事情。

只有在确保了环境安全、满足了儿童与成人的需要、预防或消除了儿童的行为问题之后，教师才能把全部注意力集中到实现促进儿童成长和发展的项目目标上。在精心设计的环境中，常规工作能够顺利进行，同时教师也能把注意力放在开展特殊活动或与儿童进行一对一的互动上。

布置教室

精心设计的教室环境包括许多划分出来的区域。在这些区域内，儿童和成人都能找到开展特定活动的材料。这些区域中特定的活动和材料是根据儿童的年龄、数量和项目目标而确定的。比如，在婴儿的教室中，主要的活动区有进餐区、睡觉区、换尿布区和游戏区。学步儿的教室除了以上这些区域外，还需要一个如厕区。另外，在学步儿的教室中，游戏区域可以再做进一步划分，如积木区、小肌肉运动区、想象游戏区、绘画区、图书区和大肌肉运动区等。学前儿童的教室需要进餐区、休息区、如厕区和各种具体的游戏区。不过，学前儿童的教室需要的游戏区的种类更多，区域内的材料也更为复杂。尽管学前儿童的教室通常不需要换尿布的桌子，但是教师仍需要考虑为那些还没有接受过如厕训练的儿童和身体有问题而需要换尿布或导尿管的儿童保留一块区域。

在布置教室时，教师需要考虑几个重要的问题：活动区的分配、每个活动需要的空间、活动的数量和种类、活动区之间的通道、便利性（材料的可见性、活动区便于清扫和材料便于储存）、环境对儿童的回应以及墙面的展示和装饰（Caples, 1996；Hidebrand, 1987）。

教室中的空间

分配教室中的活动区时，教师需要考虑它们之间的相容性。比如，活跃的区域（如想象游戏区和积木区）应该与安静的区域（如图书区和操作区）隔离开；容易搞得乱糟糟的区域（如美术区和玩水游戏区）应该与远离颜料和水的区域（如图书区和想象游戏区）隔离开。

每个活动所需要的空间大小也是一个重要的考虑因素。一些活动（如积木搭建活动、身体活动）需要许多空间来让幼儿走动和工作；其他活动则需要相对较少的空间。图书区、安静角或阅读角的空间可以相对小一些，但要十分安静、舒适和便于使用。有些区域和材料具有多种用途。比如，桌子可以用来绘画、吃点心和吃午饭。午餐时间，可以把高脚椅放到婴儿用于游戏的区域，午餐结束后再把它们收起来。集体活动可以在积木区或大肌肉运动区内进行，因为这类活动需要有很大的空间。在学步儿和学前儿童的休息时间，可以把小床放到房间里，休息过后再把它们收起来。

教室中的材料

活动的数量和种类依教室内儿童的数量而定。教师要考虑每个儿童的活动量。如果教室中的活动和材料只够每个儿童玩一种，那么儿童就可能觉得无聊或出现不良行为、不愿分享等问题。教师应该提供比儿童人数多50%的游戏材料，这样才能促使儿童与材料、同伴进行积极的互动。比如，一个有12名儿童的教室随时都要至少有18种游戏内容和相应的材料。教师可以通过在教室中增加许多复杂的单元来增加游戏内容和活动的数量。普雷斯科特（Prescott，1984）对简单的单元、复杂的单元和超级单元进行了定义。比如，不使用工具堆沙子是简单的单元；加入了挖沙工具，它就变成了复杂的单元；如果再加入水作为第三个元素，它就变成了超级单元。再比如，玩橡皮泥本身是简单的单元；加入牙签，它就变成了复杂的单元；加入牙签和饼干模具，它就变成了超级单元。

复杂的单元和超级单元能更长时间地吸引儿童的注意，并使"儿童可以做的事情的数量成几何级数增长"（Prescott，1984）。要想增加活动的多样性，教师不仅可以通过提高活动的复杂程度来实现，还可以通过增加活动类型来实现。儿童要能够在激烈的游戏、安静的游戏或者两者之间的游戏中选择。儿童还要能够选择是与许多人游戏、与一个同伴游戏还是一个人游戏。

教室中的通道

教室中的通道可以预防问题发生，也可以导致问题出现。教室里需要有明确的道路通向卫生间、室外和各个活动区。那些儿童在其中玩游戏时不能被打扰的区域，如积木区等，需要得到一定的保护。如果通向卫生间的道路正好穿过积木区，那么儿童在去卫生间的路上就可能撞倒其他小朋友搭建好的积木建筑。将积木区移到一个不是通道的区域，会减少这类事情发生的可能性。图书区和操作区也需要不被打扰。教师可以通过设置低矮的边界来保护各个区域，而这类边界既不会妨碍教师观察各个区域，又能被儿童注意到和辨识出来。教师可以用家具、隔断、用软布包裹的大木块或教室地板的变化（不同的颜色或材质）来划定边界。教师还可以在地板上使用小块地毯（在常规地毯的上面）来表明具体的活动区，如拼图区、游戏区和其他活动区等，这样儿童就能学会绕过地毯块走而不是横穿地毯块上的活动区。把胶带粘在地板上也是一种划分区域的方法。

关于教室中的通道，教师需要重点考虑的另

外一点是室外游戏环境的可达性。所有儿童的教室都应该提供直接通向室外游戏区的通道。这个连接室内与室外游戏区的通道让儿童在一天中能更经常地进进出出，同时使室外空间作为学习环境的延伸这一作用得到最大化发挥。

教室中的储存空间

教师应该从活动材料的可见性、活动空间是否便于清洁和活动材料是否便于储存三个方面来考虑活动区的便利性。活动区需要两种储物架。低矮的储物架应被放置在每一个区域内，以存放儿童使用的游戏材料。较高的封闭式的箱柜应被放置在每个区域中或附近，以存放教师使用的材料或儿童暂时不用的材料。容易把地面弄脏的活动，如绘画和进餐活动，需要在水槽旁边开展。如果这类活动所在的地面铺设的是瓷砖，清洁工作会容易一些，同时教师也不用经常提醒儿童要小心一点别弄脏地板（Hildebrand, 1987）。进餐区最好在厨房旁边。如果不能，可以用小推车为儿童和教师提供他们需要的食品。衣物和其他私人物品也应该被放在便于存放的地方。电源插座的位置通常决定了教室如何布置。电脑、录音机和煮饭用的电器应该在电源插座附近使用。因此，电源插座的位置决定了某些活动会在哪里开展。

具有回应性的环境

环境应该对儿童及其行为具有回应性。具有回应性的材料包括可以坐的软的东西，如毯子、枕头、沙发、豆袋椅和草地等。具有回应性的材料还包括沙子、水、橡皮泥、手指颜料、围巾、植物、触摸时会移动或发声的玩具以及其他能被儿童操控的材料。这些具有回应性的材料能让儿童和教师减缓疲劳、增加活动的多样性以及鼓励儿童进行更深入的探索（Caruso, 1984;

Greenman, 1984; Prescott, 1984）。

墙面展示和装饰是环境的重要组成部分。图片和其他展示品应该放在儿童的视线范围内。对于学步儿和学前儿童来说，展示品应该集中在墙面的下半部分。对于婴儿来说，天花板和家具的底部应该是有趣的和有用的。更衣桌上的悬挂物、天花板上的装饰、护壁板的材质和贴在桌子底面的图片也应该是墙面展示和装饰的内容。关于墙面展示，教师需要考虑的另外一点是大多数的展品应出自儿童之手。一方面，儿童会非常高兴地看到自己的作品被用来装饰教室。另一方面，购买展示品费用昂贵，教师制作也会耗费时间。当教师偶尔用别的材料来作为墙面展品时，就可以利用这个机会挑选来自不同文化的人们的照片，以丰富儿童的知识；教师也可以从家庭和博物馆中选取能反映文化多样性的绘画和艺术品。要避免墙面展示一团杂乱，因为太多或太复杂的墙面展示会导致视觉污染或"视觉噪声"（Greenman, 1984, p.25）。教室里由于总有许多人走来走去，因而总是有许多琐碎的事情和活动发生。因此，墙面要有足够的空白区域，或者有一面白墙让儿童看。

教室的照明会影响儿童的学习和游戏，同时也会影响儿童的舒适感和安全感。大多数教室中的日光灯每秒闪120次，虽然我们的肉眼察觉不到，但是它会影响儿童的情绪、身体健康和学习（Hathaway, Hargreaves, Thompson, & Novitsky, 1992; Olds, 1988）。如有可能，使用多种光源：从天窗和玻璃窗照进来的自然的光线；营造了像家一样的氛围的白炽灯；包括各种波长并对儿童的健康、活动水平和学业表现有积极影响的全光谱光（Schreiber, 1996）。

这些指导建议不仅能帮助教师决定教室中该有什么，还能帮助教师决定这些东西该放在哪里。下一步是设计一张平面布置图。哈特（Hart,

1978）建议教师根据已有的指导建议和优先考虑的事项草拟并评估选项，然后进行多种尝试。一旦设计出最佳的平面图，教师就要把家具和材料摆放到位。分别用教师和儿童的眼光看待教室环境。蹲下或趴下从儿童的视角看整个教室。从教室里的多个位置检查照看孩子的可能性。在你对最初的布置感到满意以后，儿童在教室中的行为将会检验你的布置是否成功。如果儿童出现行为不佳或材料误用等问题，第一件要做的事就是重新评估教室的布置，看看是否是环境造成的问题。即便教室的布置令人满意，教师和儿童也喜欢教室中常有变化。教室布置不可能只有一种成功的方案。游戏区域的材料需要根据特定区域的特点和儿童的参与程度每日、每周或每两周更换一次。图书区、大（小）肌肉运动区、想象游戏区、积木区的材料可以每周或每两周更换一次。教师的判断至关重要。教师可以根据儿童对材料的使用程度判断是否需要更换区域材料。如果让儿童参与材料的挑选和更换，这将会让他们更主动地参与活动和探索材料。

婴儿的教室

幼儿通过他们的感官和运动来了解这个世界，因此一个支持幼儿探索、游戏和学习的物质环境是十分重要的。婴儿的四个主要活动区域是游戏区、进餐区、换尿布区和睡眠区。大部分区域应该用于游戏。尽管一些学者建议设置一个单独的房间用于睡觉，但研究者发现在游戏区域睡觉对婴儿的睡眠模式并无不利影响（Twardosz, Cataldo, & Risley, 1974）。把所有的活动区域放在同一个房间加大了监管儿童的可能性。图6.2提供了婴儿教室的布置范例。

探索性游戏对于婴儿的认知发展是很重要的，因为婴儿在与环境的互动中能获得反馈。为了让婴儿能够进行探索，材料必须是可见的、容易获得的。婴儿在游戏区域需要有可以抓取、触摸和堆积的材料。把用坚硬的胶合板制成的不同高度的木块用毛毯包裹后即可成为理想的低矮的房间隔断，并作为安全的爬行区域供婴儿爬行。软垫、泡沫垫、低矮的平台和其他表面材料为婴儿提供了用于坐、爬或短距离行走的空间（Greenman, 1984）。

将全部的游戏区域都铺上毛毯是不必要的，也是不可取的。当婴儿进行的活动（绘画、玩水等）会弄脏地面时，应在开展这些活动的区域铺上易清洁的材料（如瓷砖、油毯等）。这些区域也可以用作进餐区。"地面也可以教会婴儿认识世界。比如，小球在瓷砖地面上只要一小点力气就能滚得很远，但在毛毯上不行。但是，在不那么光滑的毛毯上爬行相对容易一些。"（Wills & Ricciuti, 1980, p.138）

在游戏区域放置多样的且难度不同的材料，以促进婴儿的探索性游戏开展。评估一个玩具或一件器材的适宜性时，问问自己："婴儿能从这个玩具或器材中学到什么呢？"不要使用让婴儿处于被约束和被动地位的器材，如学步车、电动秋千等。相反，应让婴儿使用需要在地上看、听、摸、咬、推、拉、堆、滚、转、捏、摇和摔的玩具（Shaw & Chatt, 1985）。由于婴儿生长发育迅速，所以材料的多样性和复杂性十分重要。即便是几个同样年龄的婴儿，他们的兴趣和能力也会有很大的差异。游戏区域需要同时适合不能坐立的、能坐立的、会爬行的和能走路的婴儿。一些婴儿会做大肌肉运动，一些会做小肌肉运动，还有一些会对书本和图画感兴趣。

仔细思考如何通过在教室中营造温馨的、像家一样的氛围来满足婴儿情感和社交上的需要。一个同时拥有小的舒适的空间和开放的探索空间的教室，能平衡幼儿的日常活动需要。所有的儿童，特别是婴儿，需要有能够与成人和其他儿童

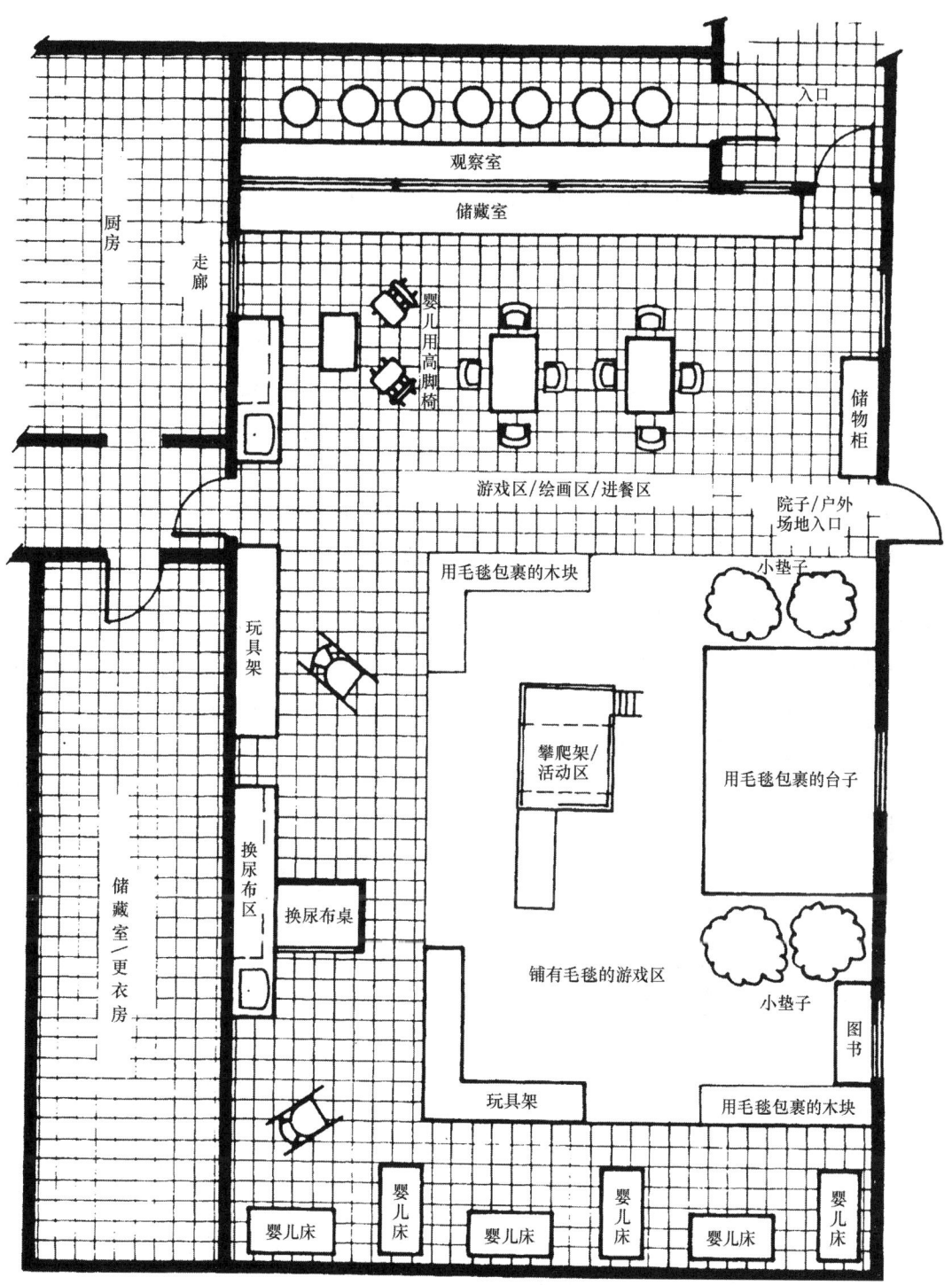

图 6.2 婴儿教室平面图

进行亲密互动的空间,以及能将家庭和早教中心的环境连接起来的空间。

婴儿教室中余下的空间应用来进餐、睡觉和换尿布。进餐区需要在厨房和水槽附近,这样方便教师和婴儿在进餐前后洗手。换尿布区有两个方面需要重点考虑:一方面是换尿布区的位置要能让教师在换尿布时仍能看见房间的其余部分;另一方面是换尿布所需的材料要在教师伸手可及的范围内,包括洗手的水槽(见图6.3)。教师不能把婴儿留在换尿布桌上而不加照看,然后就去找尿布、换洗衣物或其他需要的东西。婴儿床需要被放在同一个房间里,在游戏区域对面。还要注意的一点是,婴儿应只在睡觉时待在婴儿床上。当婴儿醒来需要活动时,就不应该再把他们放在婴儿床上了。

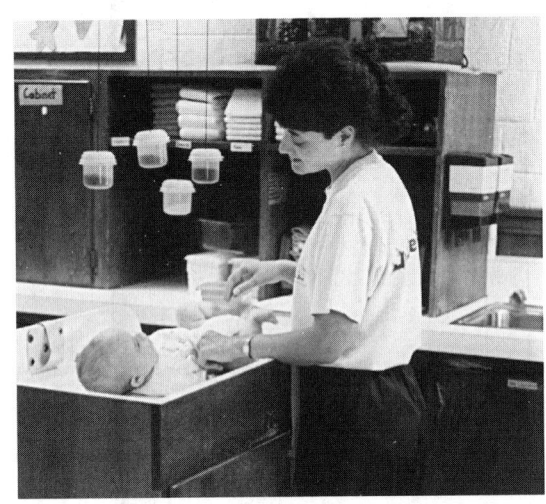

图 6.3

学步儿的教室

学步儿的活动区域包括用于进餐、休息、换尿布、如厕和游戏的区域。和婴儿的教室一样,学步儿教室里的游戏区域应该是房间里最大的区域。但是,学步儿的游戏区域可以再分为更细的区域,如想象游戏区、绘画区、小肌肉运动区、大肌肉运动区、积木区、安静的阅读区等。

尽管学步儿的教室看起来更像学前儿童的教室,因为游戏区域进一步细化了,但要明白,学步儿不是缩小版的学前儿童。否则,这样的想法将会导致不合适的和不切实际的期待(Gonzalez-Mena,1986)。"学步儿需要空间来探索、试验、发现和移动身体。这个阶段的儿童总是处于探索和发现的过程中,他们需要许多机会去练习新获得的技能。"(Vartuli,1987,p.29)学步儿的教室需要反映以上这些人们对学步儿的认知和理解。图6.4展示了学步儿教室的布置方案。

大肌肉运动区需要空间和器材以供学步儿攀爬、跳跃以及钻跨或绕开障碍物。合适的器材包括小的滑梯和爬梯、楼梯、隧道、摇晃的小船、可爬进爬出的箱子。如果CD播放器在附近,大肌肉运动区还可以作为开展集体音乐活动或体育活动的区域。

小肌肉运动区需要有许多供学步儿用双手进行探索的材料。合适的器材包括拼图(3块或4块)、大的串珠、嵌套玩具、堆积玩具、形状分类器和大的拼接玩具等。每个玩具或每套材料都需要有专门的放置地点和容器。学步儿喜欢对玩具进行拆卸、分类和收集。教师可以给他们提供一些贴着某种玩具图片(如得宝[1]、珠子、玩具汽车)的篮子让他们整理、收集玩具,并把收集活动变成一个游戏。确保所有材料大得不能被学步儿吞下去。

绘画区既要有绘画工具,又要有围裙或工作服以保护儿童的衣服不被弄脏(见图6.5)。水槽最好在绘画区附近。如果不能做到这一点,就提供一桶肥皂水、纸巾或毛巾用以清洁。使用有尼龙扣的工作服,这样学步儿就能自己穿脱衣服。在儿童开始某个绘画活动前,应该准备好所有要

---

[1] 得宝(Duplos),是乐高玩具系列中的一种,适合5岁以下的儿童。——译者注

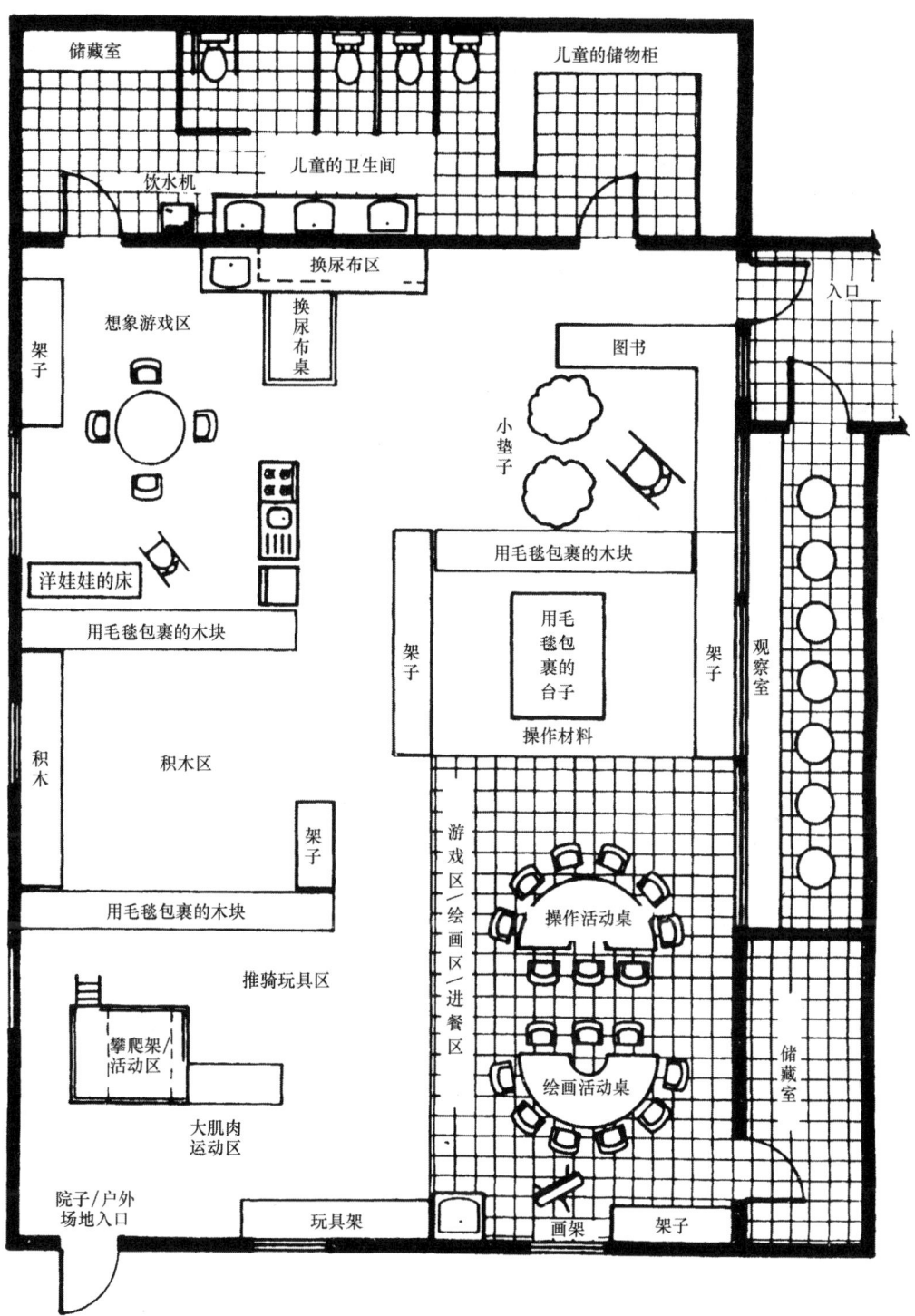

图 6.4 学步儿教室平面图

用到的绘画材料。儿童如果需要等待教师拿来绘画纸或刷子，就可能出现一些行为问题。除了特定的绘画活动所需要的材料外，绘画区还应该有儿童能使用的蜡笔和纸。

图 6.5

积木区应包含大块的纸板或基本的单元积木。该区域需要清晰的边界，这样积木搭建活动才能不受侵扰。给积木区铺上地毯以减少噪声，但地毯应该是低平密实的绒毛毯，这样积木才能保持平衡。在积木区的储物架上贴上图片或积木形状的轮廓图，这样学步儿就可以根据积木的大小和形状放好积木。用于积木搭建活动的其他物品还包括交通工具玩具和由木头或塑料制成的人物和动物模型。使用胶布来表示道路、鱼塘或其他儿童能用积木搭建的图形。

想象游戏区的基本材料包括各种家庭用品，如烤炉、水槽、碗碟柜、锅碗瓢盆、桌椅、洋娃娃、电话、衣服鞋帽和镜子等。其他类型的想象游戏可以利用更多的道具开展，如杂货店的物品或医生办公室的物品。有时不必更换整个区域，只要在区域的一个角落增加道具就足以开展另一个想象游戏了。

图书角需要在一个受保护的安静区域里。教师应该选择多图少字的图书。图书要足够结实，以便学步儿充分进行探索活动。软的抱枕、沙发、豆袋椅和长毛绒地毯将会让图书角变得舒适和受欢迎。教师在本区域可以开展木偶活动和法兰绒板活动[1]，以延伸语言活动并促进想象游戏的开展。

教室里的宠物是学步儿教室的一个重要增添项。学步儿很喜欢观察宠物、与宠物玩耍和帮助照顾宠物。宠物需要持续且精心的照顾。此外，一些儿童可能有过敏症或害怕某些动物。因此，要根据这些因素来选择教室里的宠物。

学步儿可以在日常桌面活动中所使用的矮桌椅上吃点心和午饭。这些桌椅如果靠近厨房会比较方便。如果进餐区在洗手间旁边也会比较好，这样儿童饭前饭后洗手和上厕所时会比较容易得到照看。

到了学步儿的休息时间，教师应把小床从放好的地方搬出来，并放在房间里所有可能的位置。休息时间通常在午饭之后。当儿童吃完午饭准备休息时，教师可以逐渐关掉灯光来营造适合睡觉的氛围。轻柔舒缓的音乐也能帮助教师营造利于儿童休息的氛围。

学步儿教室中的换尿布区和婴儿教室中的换尿布区是一样的。但是，针对刚开始使用马桶的儿童，教师需要在游戏区域旁边设置适合儿童尺寸的马桶和水槽。如果儿童的衣柜也在教室里，那么教师在需要为儿童拿取额外的衣物时会更方便。

学前儿童的教室

学前儿童的教室除了没有换尿布区外，和学步儿的教室很相似。游戏区域被划分为更多具体的区域。区域内的材料也更为复杂，以适用于具有不同发展能力和兴趣的儿童。学前儿童的教室中还有更多类型的游戏区域。图 6.6 和 6.7 展示

---

[1] 法兰绒板活动（flannel-board activity），通常会有许多用绒布（法兰绒）做成的平面的卡通形象，可以让教师和儿童像贴纸一样将它们贴到一块背景板上。法兰绒板活动通常用于讲故事。——译者注

了两类学前儿童的教室的布置方案。图6.6显示了两间共享型学前儿童教室的布置方案。两组儿童在白天相互分享这两间教室，花许多时间在每间教室里进行游戏。同时，两间学前儿童教室的材料和器材各不相同。图6.7显示了一间独立型学前儿童教室的布置方案。一组儿童全天都待在这间教室里，而且教室里有各种各样的材料和器材。

学前儿童教室的游戏区域指导建议与学步儿教室的相同。除了给学步儿提供的大肌肉运动材料之外，给学前儿童的大肌肉运动材料还可以包括需要更复杂动作的器材，如平衡木、沙包等。如果空间允许，可以组合器材让儿童开展难度更大的游戏。教师还可以使用材料组织儿童开展简单的游戏，如用许多木块和一个沙滩球玩保龄球游戏。小肌肉运动区（也叫拼图区、益智区或操作区）包括更多更小块的拼图、小的串珠、木夹和木板、配对游戏材料以及多种多样的建构材料（如得宝、乐高积木）等。学前儿童操作这些材料的水平各不相同。有些学前儿童会觉得拆卸乐高玩具很有趣，也有挑战性；有些学前儿童会觉得使用乐高玩具搭建出非常复杂的结构十分有趣。

在绘画区，学前儿童应该拥有更多种类的材料，如蜡笔和记号笔，各种形状、大小和颜色的纸以及剪刀、杂志、胶水等。有了这些材料，学前儿童就可以自发地开展绘画活动了。绘画区也可以有书写材料；或者在一个单独的写字区里放置用于书写的材料，以便使用全语言教学方法来促进学前儿童早期读写技能的发展。用塑料或卡纸制作的字母和数字、写着儿童名字的卡片以及大号的和常规尺寸的铅笔——这些都鼓励着学前儿童尝试在游戏过程中书写并发展书写所需的手部运动技能（Carlson & Cunningham, 1990）。

积木区应该包括更复杂的材料，因为学前儿童可以搭建更为复杂的结构。除了学步儿使用的材料外，学前儿童还需要材料（如卡纸圆筒、木质的或塑料的绕线筒）来装饰他们搭建的建筑或者为他们的建筑制作标志。

随着学前儿童能力的发展，想象游戏也变得更为复杂。想象游戏区可以变为医生的办公室、兽医的办公室、理发室、杂货铺、沙滩、野餐区、钓鱼池、滑冰场、旅行社、消防站（见图6.8）等等。在想象游戏区（如办公室或图书馆）放入图书和书写材料，也能增加儿童与游戏相关的读写活动，促进儿童读写技能的发展。

图书角的图书应有更多的字，但是每页上的主体部分应该还是图片。图书角还可以包括由儿童自制的关于某些主题（红色的东西、正方形的东西、我们喜欢吃的东西）或一次实地参观活动的图书。教师还应该挑选书籍来扩展儿童对特定游戏主题或特殊活动的学习。图6.9中的图书角包括许多柔软的物品，让儿童可以舒服地阅读；同时，它也为儿童提供了阅读的空间。

学前儿童的教室中多出来的一个区域是探索区。这个区域包括与科学活动有关的材料，如磁铁、棱镜、天平、测量工具、可以倾倒的材料（如沙子、水、鸟食、泥土、干豆子）和玩色材料等。探索区的重点在于提供能让儿童操作和互动的材料。教师可以在教室中的探索区或读写区中投放电脑，这样儿童使用时会比较方便。教室里的宠物如仓鼠、豚鼠或鱼等也可以放在探索区。

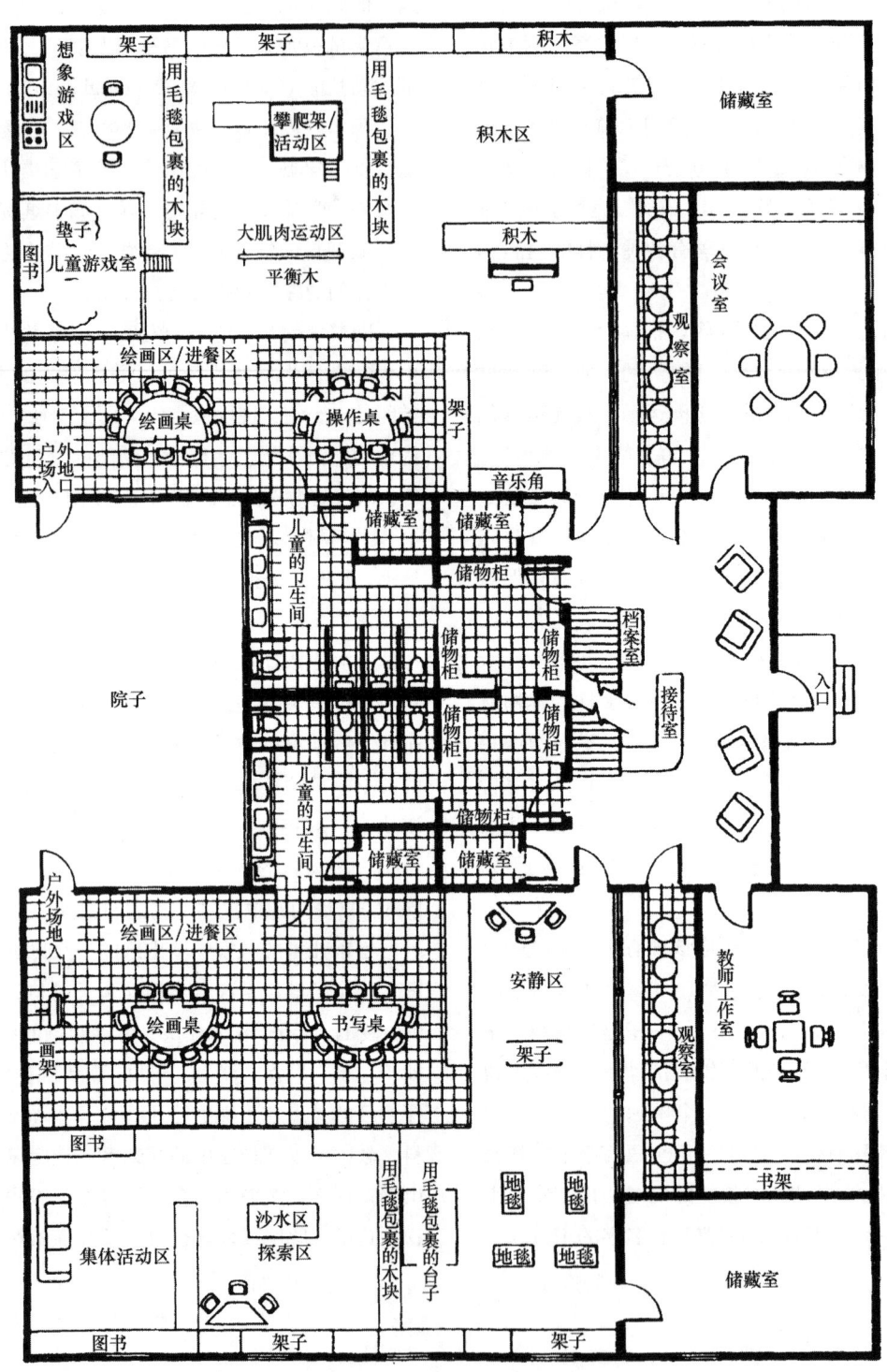

图 6.6 共享型学前儿童教室平面图

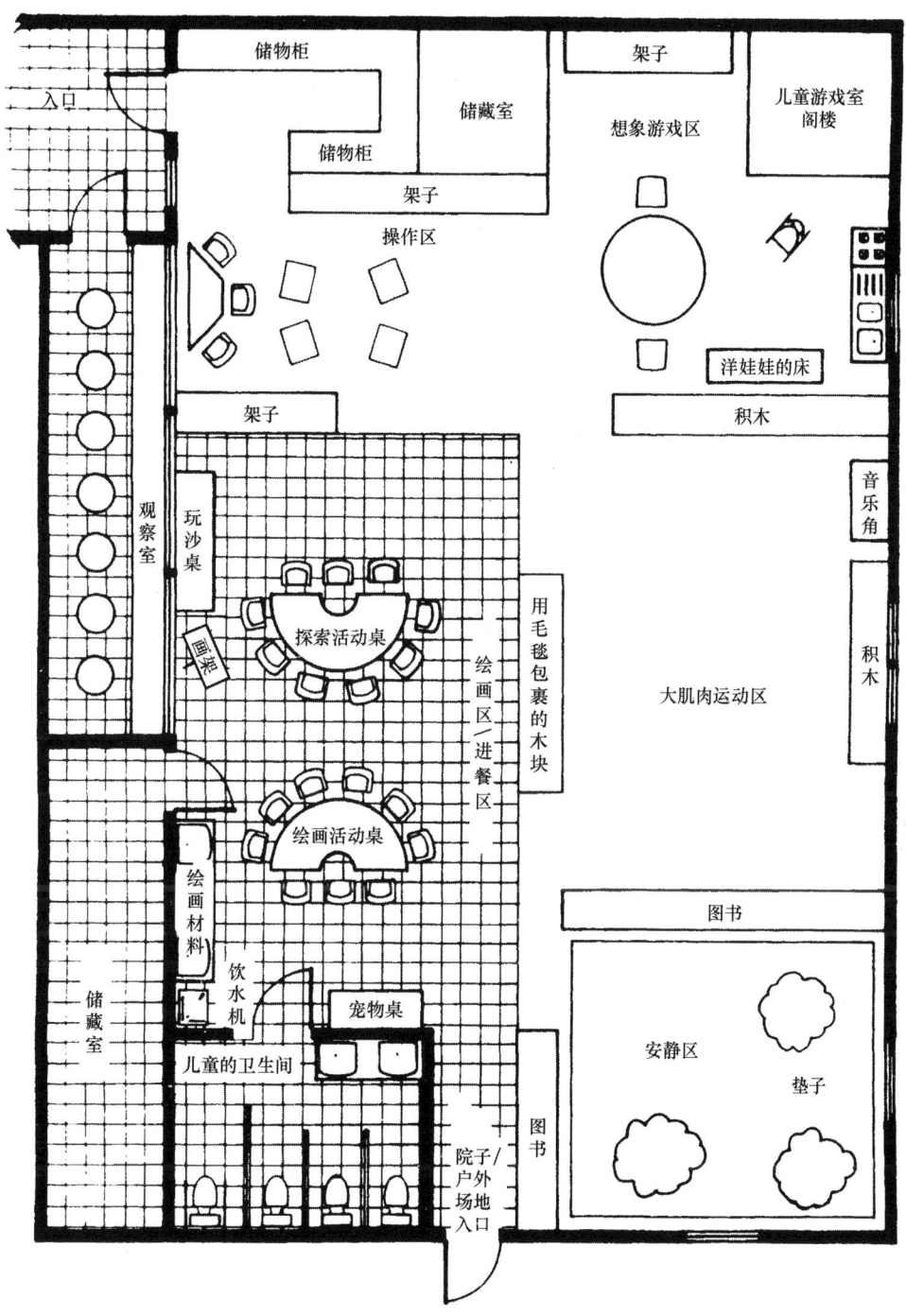

图 6.7 独立型学前儿童教室平面图

图 6.8

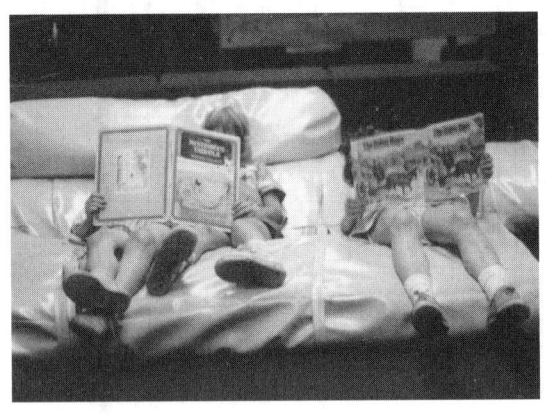

图 6.9

学前儿童喜欢的另一类活动是木工。木工区需要教师进行认真持续的监管。学前儿童可以把钉子锤进木头、树桩、塑料块和卡纸箱里。锯木也是一个受儿童欢迎的活动。尽管钢锯不常用于锯木头，但钢锯是一种学前儿童可以学习操作的坚固的锯子。教师可以用夹子把木头固定在工作台上，这样学前儿童可以用双手来锯木。

如果学前儿童的教室里有一架钢琴或电子琴，那么学前儿童将会喜欢独自弹琴或和朋友一起弹琴。一些学前儿童喜欢把琴键上的颜色或数字和琴谱上的音符匹配起来，以弹奏简单的歌曲。教师可以通过提供乐器、录音带、视频以及体育活动和放松活动的小道具来拓展学前儿童的音乐活动经验。

学前儿童教室里的进餐区、休息区和如厕区的布置与学步儿教室里的相同。如果有患病幼儿需要换尿管或换尿布，可以把一张小床放在卫生间里。同时为了保护儿童的隐私，在为这类儿童换尿管或尿布时应该暂时关闭卫生间。

一日作息时间表

一日作息时间表能帮助儿童和教师了解接下来要做什么，让人有安全感。但如果分秒不差严格按照一日作息时间表来开展一天的活动，无视儿童的需要且阻碍教师进行有益的调整，那么它就成为了一个负担。精心设计的一日作息时间表既提供了有序的计划，又允许做出灵活的时间调整，它应延长那些能吸引儿童的活动的时间，同时压缩那些令儿童感到不耐烦的活动的时间（Hendrick，2003，p.98）。

在制定一日作息时间表时，教师应该基于以下维度考虑和协调活动之间的平衡：（1）室内和户外；（2）激烈和安静；（3）个人、小组与集体；（4）大肌肉运动和小肌肉运动；（5）儿童自发的活动和由教师发起的活动（NAEYC，2005）。一日作息时间表还需要考虑每日保育（进食、睡觉、换尿布或上厕所）的时间以及活动之间的过渡时间。制定一日作息时间表时，还要考虑活动的时间、设施的类型、教师的数量、固定的活动和所在的学年。

一日作息时间表应该为每天安排合理的节奏。儿童需要时间"全情投入正在做的事情。让儿童经常从一个活动跳到另一个活动的一日作息时间安排使得他们不能集中注意力和更深入地参与某个活动，也难免会让他们产生烦躁感"（Hendrick，2003，p.99）。

减少或消除不必要的等待时间。等待会导致无聊、烦躁和不愉快的互动（Twardosz & Risley，1982）。教室可以通过计划有目的性的过渡时间和同时做的活动来减少不必要的等待时间。比如，当从户外活动向午餐活动过渡时，一位教师可以在儿童从游戏场地回来后给儿童读故事，同时另一位教师负责准备午餐。故事讲完后儿童可以慢慢地离开，洗手准备吃饭。

制定一日作息时间表时应列出日常活动和固定事项；划出一大段不受干扰的时间让儿童进行自由游戏和由教师指导的游戏，让他们可以从各种各样的创造性学习活动中做出选择；预留出过渡时间。表6.3、表6.4和表6.5提供了婴儿机构、学步儿机构和学前儿童所在幼儿园的日常作息时间安排范例。

表6.3 婴儿机构的日常作息时间安排范例

时间	活动
7：30—9：00	儿童入园和自由活动
9：00—9：30	换尿布和自由活动（如有需要，全天均可换尿布）
9：30—10：00	点心时间并慢慢地过渡到活动时间（年幼的婴儿有自身的进餐和睡觉时间）
10：00—10：30	教师指导的游戏/创造性游戏时间
10：30—11：15	户外时间、散步和晨间小憩（因人而异）
11：15—11：45	换尿布和自由活动，然后洗手准备吃午餐
11：45—12：30	午餐
12：30—13：00	自由活动和准备午休
13：00—14：30	午休时间
14：30—15：00	换尿布和自由活动
15：00—15：30	点心时间并慢慢地过渡到户外游戏
15：30—16：15	户外游戏
16：15—16：45	换尿布和自由活动
16：45—17：30	教师指导的游戏/创造性游戏时间或自由活动时间

表6.4 学步儿机构的日常作息时间安排范例

时间	活动
7：30—9：00	儿童入园，自由活动；然后是上厕所或换尿布、洗手和准备吃点心（如有需要，全天均可上厕所或换尿布；对正在学习上厕所的儿童灵活处理）
9：00—9：30	吃点心并慢慢地过渡到户外游戏
9：30—10：30	户外游戏

表6.4续

时间	活动
10:30—11:30	教师指导的游戏/创造性游戏时间；然后是上厕所或换尿布，洗手准备吃午餐
11:30—12:30	午餐；然后是上厕所或换尿布，洗手准备休息
12:30—14:15	休息时间并慢慢地过渡到户外游戏
14:15—15:00	户外游戏；然后是上厕所或换尿布，洗手并过渡到点心时间
15:00—15:30	点心时间并逐渐过渡到自由活动
15:30—16:00	室内自由活动
16:00—17:00	室内或室外自由活动
17:00—17:30	教师指导的游戏/创造性游戏时间或自由活动

表6.5 学前儿童所在幼儿园的日常作息时间安排范例

时间	活动
7:30—8:30	儿童入园和自由活动
8:30—9:10	室内和室外游戏（天气允许的话）；然后是上厕所、洗手准备吃点心（如有需要，全天均可上厕所）
9:10—9:30	吃点心并逐渐过渡到集体活动时间
9:30—9:45	集体活动时间
9:45—11:00	教师指导的学习活动/创造性活动时间并逐渐过渡到户外游戏
11:00—11:50	户外游戏
11:50—12:00	过渡到午餐时间（上厕所，洗手）
12:00—13:00	午餐
13:00—13:10	过渡到休息时间（上厕所，洗手，选择图书）
13:10—14:30	休息时间
14:30—15:00	自由活动
15:00—15:30	吃点心并逐渐过渡到户外游戏
15:30—16:30	户外游戏
16:30—17:30	教师指导的学习活动/创造性活动时间或自由活动

年幼的婴儿有自身的进餐和睡觉时间。大一些的婴儿可能会按照更为规律的时间吃点心和午餐。有些婴儿只在午饭后小睡，有些在早上和中午都休息，还有较少的婴儿只在早上小睡。通常每隔3~4个小时为婴儿哺乳一次，期间喂婴儿喝一些水和果汁。年幼的婴儿在吃奶前后睡觉。

需要在教室中张贴一张表格来解释每个婴儿目前的日常作息时间安排。只要婴儿没有被喂奶或参与教师组织的活动，他们就应该自由地玩耍。婴儿每天都需要户外时间。对于疲惫、不安的婴儿来说，转到室外活动能让他们感到愉悦。

不应该匆忙地进行婴儿的日常保育工作。可以利用保育时间与婴儿谈论脸和身体上的部位，谈论温水和冷水等。学步儿也需要大量的日常保育时间，特别是当"本阶段的主要任务是掌握自理技能，如穿衣、进餐、洗手和上厕所等。所有这些技能都需要大量的练习……（包括身体的、智力的和情感的参与）。儿童需要时间获得对身体的控制、理解该做什么并愿意这么做"（Gonzalez-Mena，1986，p.48）。

对于学步儿来说，只有少数活动才应采取集体的方式进行，如吃饭、讲故事和音乐活动。当学步儿失去兴趣时，让他们做另外的活动。年龄大一些的学步儿会很快喜欢上并想要更长时间地参与集体活动（Gonzalez-Mena，1986）。

学前儿童已经做好了参加集体活动的准备。在一个学年开始时或针对年幼的学前儿童，集体活动时间可以是10～15分钟，在学年末或针对大一些的学前儿童可以延长至15～20分钟。主要的集体活动时间应该在早上，即在儿童由于上午的活动感到困倦之前开展。学前儿童的集体活动包括唱歌、手指游戏、体育活动、讨论、讲故事和阅读。如果集体活动作为午饭前的过渡活动，应该只让儿童唱几首安静的歌或为他们讲一个故事。

应计划好在雨天里开展什么活动，不然雨天到来时会显得忙乱。应该在档案卡上把雨天活动简单地记录下来，以便参考。记得儿童即便不能到户外，仍需要大肌肉活动。利用有遮盖的户外空间，每次让一小部分儿童去玩耍。特别是在寒冷的天气里，有一个室内的大肌肉运动空间或区域会非常有帮助。儿童有时可能变得过度活跃。在需要改变教室的节奏时，准备好临时开展一个"冷静下来"的活动，如做做放松操等。

教师的任务安排

教师的任务安排应该足够详细，以便让教师们知道自己何时要去何地做什么。因此，任务不仅应包括工作时间，还应包括谁负责监管儿童、计划课程以及实施一日活动与保育工作。

制订工作计划

工作计划中需要有数量充足的教师来实施课程目标。美国各州的执行标准中通常指出的是所需教职员工的最少数量。但是，全美幼儿教育协会建议班级采用更高的师幼比（见表6.6）。较高的师幼比能提升幼儿保育的质量并减轻每位教师的压力。

减轻教师压力的另一种方法是每间教室里至少有两位教师。一个人全天照顾儿童是不安全的，而且很快就会精疲力竭。如果在清晨或傍晚时儿童数量较少，那么可以合并不同的班级。在一天当中忙碌的时间里（如午餐时间），如果有更多的教师将会很有帮助。教职员工偶尔轮换工作岗位是有益的。傍晚时段通常是最困难的。表6.7展示了婴儿教师、学步儿教师和学前儿童教师的一日工作安排。

表6.6 全美幼儿教育协会建议的班级师幼比

儿童的年龄	班级人数										
	6	8	10	12	14	16	18	20	22	24	28
婴儿（出生—12个月）	1:3	1:4									
学步儿（12—24个月）	1:3	1:4	1:5	1:4							
两岁儿童（24—30个月）		1:4	1:5	1:6							
两岁半儿童（30—36个月）			1:5	1:6	1:7						
3岁儿童					1:7	1:8	1:9	1:10			
4岁儿童						1:8	1:9	1:10			
5岁儿童						1:8	1:9	1:10			
6—8岁儿童								1:10	1:11	1:12	
9—12岁儿童										1:12	1:14

注：研究发现，小规模的班级和较高的师幼比对于儿童积极地与教师互动以及课程的发展适宜性有显著的预测性。
来源：Accreditation Criteria and Procedures of the National Academy of Early Childhood Programs，p.41(1991). Washington DC: National Association for the Education of Young Children.

表6.7 教师的工作/计划/休息时间安排

婴儿：6个，师幼比：1:3
学步儿：10个，师幼比：1:5
学前儿童：16个，师幼比：1:8

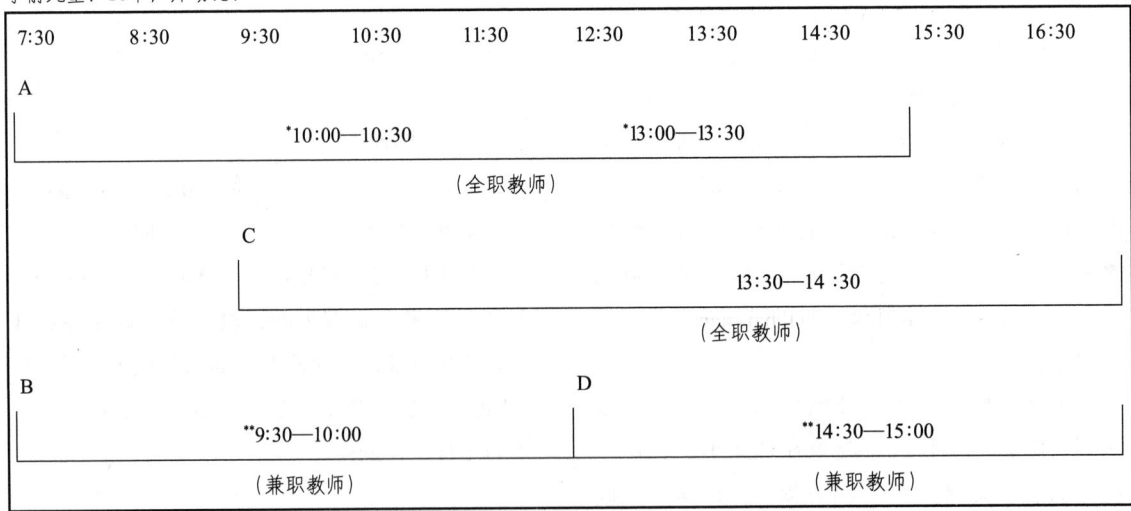

注：A、B、C、D是指教师的轮班安排。比如，A表明，一名全职教师的工作时间是7:30—15:30。
每间教室：
*两名全职教师——40个小时/周；1个小时的带薪休息/计划时间。
**两名兼职教师——25个小时/周；半个小时的带薪休息/计划时间。

跟班走

在过去的十年里，跟班走这一实践引起了学前教育工作者的关注。他们想要与儿童及其家长建立长期的关系并为儿童提供更个别化的课程支持。跟班走，也就是几个学年带同一个班，或者说让儿童和教师在两年或两年以上时间里待在同一个班集体。研究和实践表明跟班走有以下作用：

- 提高家长的参与度。
- 增强儿童的社会性互动。
- 为儿童提供更为个别化的指导。
- 因为教师每年带的是不同年龄和水平的儿童，所以有利于教师的专业发展。（Bellis，1997，1999）

其他研究者表示跟班走可以带来更好的纪律和教室布置、更强的稳定性和更少的伤害、减少有特殊需要儿童的转诊次数、增加教学时间、减少教师和儿童的适应时间（Chapman，1999；Grant，Johnson，& Richardson，1996；Kuball，1999）。有关跟班走的研究发现了一些可能存在的问题：（1）有的教师采用这种教学实践可能不如采用其他的教学实践有效；（2）有的儿童和教师不能与他人建立关系并产生集体感，而集体感对这两年或三年的教育是必要的。这种实践固有的问题表现在它不容易采用新的课程或教学方法，解决之道在于加强教师与家长之间的交流与合作，共同发挥跟班走的益处（Chapman，1999）。

监管儿童

为了让儿童与教师建立稳定的关系，儿童应该一个星期里整天都和教师待在一起。可以把儿童指定给某位教师以便进行监管和评估。给每位教师分配儿童的数量时，不仅应考虑哪些教师有能力给家长提供儿童日常活动的可靠信息，还应考虑对儿童个人目标的评估。负责监管的教师有如下任务：（1）持续更新儿童的档案袋；（2）保证家长获得有关他们孩子在园内活动的日常信息（书面的和口头的）；（3）观察与记录儿童的发展；（4）为每个儿童设置适宜的发展目标和活动；（5）组织家长会并写家长会总结；（6）向主管和家长报告儿童在发展过程中出现的任何问题或自己对儿童发展的担忧。

制订班级计划

基于教职工的数量和可共享的计划数量来制订计划。在一些幼儿园，班主任制订所有的计划。在其他的幼儿园，所有的教职工都参与计划的制订。共同制订计划不仅减轻了教师的压力，而且提升了教师的自尊心、促进了同事关系并增强了教师的参与感。可以是每人轮流在一段时间内计划一切的事情，也可以是让每个人长期负责某一部分。

执行日常活动和保育工作

如果教室中有一位以上的教师，教师们就可以分担日常活动和具体活动的职责。勒劳林和里斯利（LeLaurin & Risley，1972）建议根据区域配备教师。在这个方法中，教师被分配到一个区域里或一个活动中，而儿童可以到这个区域中循环活动。比如，一个有两位教师的教室，每位教师可以被分配监管房间的一半。如果有一个活动需要非常密切的指导（如做饭），一位教师可以监管这个活动，另一位教师管理其余的区域。在婴儿的教室中，可以由一位教师做所有的换尿布工作，另一位教师监管其他儿童游戏或进食。有的教师可能希望按天来确定一日当中每人负责哪个部分；有的教师可能希望有具体的周计划。应该根据员工的经验和他们教室布置的有效性来做出决定。开始时制订详细的任务布置方案，直到所有的教师都适应了管理每一个区域或活动。

为残障儿童所做的教室调整

教室的设计与布置很大程度上影响着残障儿童是否能成功地融入幼儿教育项目。教室的设计与布置能够提高残障儿童的社会化技能、促进他们对材料的恰当使用、促进他们目标技能的发展以及他们对自身行为的管理。

残障儿童可能不会像他们的同伴那样自然地开展游戏。残障儿童一般不会主动开展社交活动，除非有精心设计的能鼓励他们进行社会性互动的情境。教师应当为残障儿童选择鼓励社会性互动的活动区角、游戏区域和活动类型。教师可以通过在不同区域或日常生活中特地展示与他人互动的行为来促进残障儿童的社会化发展。比如，在吃东西时，儿童可以很自然很容易地进行同伴间的互动。精心安排的座位可以在很大程度上推动儿童的社会化进程。将残障儿童安排在教师的身旁，并用口头语言激励他进行社会性互动。比如，可以说："詹妮弗，请你向乔伊介绍一下我们建的塔。"让残障儿童坐在另外两名儿童的中间，增加儿童的社会性互动行为。这样安排座位还能把同伴变为榜样，从而提升残障儿童的语言技能。

让其他儿童在活动过渡环节帮助残障儿童，有助于为残障儿童提供社会化发展的机会。其他的日常活动也可以用来促进残障儿童的社会化发展。比如，饭前洗手的时候，鼓励另一个儿童示范该技能并帮助残障儿童记住这些步骤。

当其他儿童示范材料的正确使用方法时，残障儿童能向他们学习或和他们一起学习。教师所提供的材料难度要各不相同，这样儿童才能从中选择自己能成功操作的物品。比如，益智区应该提供适合所有儿童技能水平的益智玩具。这样，教师就可以鼓励残障儿童玩更难的益智玩具并鼓励同伴提供帮助或做出示范。

要想让残障儿童融入班级，教师要在项目计划中考虑并强调满足个人需要的具体领域。教师通过提供促进儿童特定技能发展的材料，精心设计活动以及在需要时提供必要的帮助来自然而然地进行干预。适合学前儿童教室的大多数材料也适合残障儿童使用。但是，要想最大化地发挥教室材料的益处，需要遵从以下指南：

- 如有需要，帮助儿童学会玩玩具和操作材料。
- 根据儿童的偏好和兴趣选择玩具和材料。
- 提供促进儿童参与、游戏、互动和学习的玩具和材料。
- 调整玩具和材料以提升儿童的注意力、参与度和游戏水平。（Wolery，1994，pp.108—110）

许多残障儿童进行某些活动时需要更多的时间，以充分地探索材料并从中受益。因此，一日作息时间安排需要为残障儿童提供充足的时间参加区角活动。

让残障儿童融入班级不一定需要增加教师的数量。教师的监管、控制和个别指导就能充分且恰当地使残障儿童融入其中。根据全美幼儿教育协会建议的师幼比，教师可以在必要时为残障儿童提供身体帮助，同时用语言指导集体中的其他儿童。如果师幼比较高，师幼之间有亲密的接触，个人活动能得到教师的指导，那么教室中儿童的行为就比较容易得到控制。

以下对环境进行调整的建议能让教室环境更容易被残障儿童使用并避免事故的发生：

- 使用轮椅、支架、拐杖和其他辅助器的残障儿童要能进入教室的各个区域，包括学习区、书架、电脑区、出入口，并且教室内有可让他们移动的空间（Smith, T., Polloway, Patton, & Dowdy, 1995, p.358）。
- 要有有扶手的、宽敞的、平缓的坡道和楼梯，以便于那些使用轮椅、助步器、支架的儿童使用（Garwood, 1979, p.114）。
- 桌子要足够高，让使用轮椅的儿童坐得舒服。镜子、水槽、马桶和饮水机要足够矮，以便儿童使用（Garwood, 1979, p.114）。
- 地面要便于移动。又长又厚的毛毯会阻碍儿童移动；毛毯要紧密地连接且足够光滑，可以让轮椅在上面自由地移动并可以被长时间地使用（Salend, 1990, p.301）。
- 一些儿童可能需要特殊的座椅。一把带扶手的、侧面足够高的椅子能防止儿童从两边摔落；教室中还可能需要一把支持儿童躯干和头部的高背椅子（Spodek, Saracho, & Lee, 1984, p.69）。
- 设计和布置卫生间，让用拐杖、助步器或轮椅的儿童能方便地使用。教师还需要考虑扶手的位置和门的宽度（Safford, 1978, p.225）。
- 教室中要有科技含量较低的辅助器材，如相当便宜的、改造过的勺子和口袋大小的相册；还要有高科技的辅助设备，如能够输出合成的电子声的电脑。教室里的电脑可以配上带有盲文、图片或颜色编码的大的键盘。教师还可以通过给电脑配上触屏和灵活的开关来让儿童做出选择，对电脑软件的选项做出回应（Brett, 1997）。

与家庭合作拓展课程

教室环境能够为教师提供与家长交流的契机。教师可以与家长交流课程是如何设计以促进儿童的发展和学习的。分享儿童在使用和爱护玩具及器材方面技能进步的例子。指出教室环境怎样有效地引导儿童的行为及防止不良行为。鼓励家长花时间在教室中听儿童介绍他们在创造性活动和问题解决过程中是如何使用新材料的。分享教室设计和使用的相关信息，包括一日作息时间表和教师配备情况，帮助家长理解教室布置和日常作息计划中不明显但能让儿童感到快乐和促进他们学习的部分。

本章小结

精心设计的教室环境应考虑到儿童的身体安全和健康。精心设计的教室环境还应该考虑到满足教师和儿童对培养、隐私、多样性和复杂性、对个体差异的认知及自我表达的需要。教室布置需要考虑到活动的分配、活动空间、活动的数量和种类、教室通道和活动的便利性。教室环境要包含柔软的材料以回应儿童。教师还需要为婴儿、学步儿、学前儿童和残障儿童做出不同的考虑和计划。一日作息时间表应该保持室内/室外、安静/激烈、个人/小组/集体、大肌肉/小肌肉、儿童自发的/由教师发起的活动之间的平衡。教师的任务安排应该允许教师有管理、评估儿童和做出计划的时间，以及监管儿童、与儿童互动与教学的时间。

评估教室日常的活动量，包括：观察儿童如何反应、如何使用材料以及他们如何从一个活动转到另一个活动。对于本章开头提到的情况，教师需要判断教室环境布置、教师的配置和一日作息时间安排是否满足了儿童的需要。

如果你发现教师配备和一日作息时间表并没有发生什么重大变化，下一步就是评估当前的教室布置。由于本周的教室是重新布置的，所以活动分配、活动空间、活动数量、活动种类、活动便利性、教室中的通道等因素的变化，都有可能导致儿童行为的变化。

评估的第一步是观察教室。让同事帮你一起弄明白儿童是怎样使用教室的。请求园长在预计的观察时间里给你提供帮助，这样你才能获得客观且全面的反馈。

你观察后发现，教室里有一个大的角落儿童几乎不去。新的操作区里铺上了地毯，架子上摆满了操作材料，但显然没被使用。这种情况的结果是过多的儿童在其余的空间中开展活动，这导致了教室拥挤和材料的短缺，尤其是在受欢迎的想象游戏区。这些剩余的区域没有足够的空间给这么多儿童，教室里的通道变得拥堵不堪。儿童对隐私和多样性的需要没有得到满足。这种情况带来的结果是，感到拥挤和疲惫的儿童表现出更多的行为问题。

为了解决这个教室设计方面的问题，你需要做到以下几点：

◆ 改变活动的分配和活动种类，变更不同区域的空间分配。为操作区留下少一些的空间，给经常被使用的想象游戏区多一些空间，便能解决拥挤的问题。同时，给操作区加上一个小顶棚，便能营造出吸引儿童和保护隐私的氛围。把操作材料从架子上拿下来，在地板上敞开装有材料的箱子，便能邀请儿童玩这些他们能拿到的材料并让教室中儿童的分布更为合理。教室通道的问题也将大大减少。

◆ 一周内继续观察和记录儿童的游戏类型和行为举止。鼓励儿童参加各种各样的活动，必要时更换游戏材料。只要对教室布置做出一些小小的改变，你就能创设一个让儿童变得更积极活跃的环境。

反思与应用

1. 讨论本章开头的小故事。你还有其他的问题或看法吗？讨论本章结尾对小故事的回答。对于这种情况，你还有其他的应对方法吗？
2. 回忆你曾观察或工作过的教室。教室环境体现了哪些关于儿童的理念？教室环境体现了设计者／教师将儿童看作积极的、有创造力的、乐于探索的个体吗？是怎么体现的？或者教室环境并没有将儿童视作如前所说的个体？这又是怎么体现的？
3. 观察一个婴儿教室、学步儿教室或学前儿童教室。你能发现教师认真设计和布置环境的哪些证据？描述环境设计便于儿童学习的一些具体例子。
4. 观察另一个教室。说出根据儿童的需要你会对教室做出的调整。给出你所做调整的理由和预期的结果。说出根据教师的需要你会对教室做出的调整。理由和预期效果是什么？

5.设计并介绍一个新的旨在促进儿童社会性互动或智力发展的教室布置方案。

补充资源

[1] Arson, S. (Ed). (2002). Healthy young children. Washington, DC: National Association for the Education of Young Children.

[2] Colter, J., Aronson, S., & Shope, T. (2005). Managing disease in child care and school: A quick reference guide. Elk Grove Village, IL: American Academy of Pediatrics.

[3] Getch, Y., & Neuharth-Pritchett, S. (2004). Asthma management in early care and education settings. Young Children, 59(2), 34—41.

[4] Greenman, J. (1988). Caring spaces, learning places: Children's environments that work. Redmond, WA: Exchange Press.

[5] Hirsch, E. (Ed.). (1984). The block book. Washington, DC: National Association for the Education of Young Children.

[6] Presler, B., & Routt, M. (1997). Inclusion of children with special health care needs in early childhood programs. Dimensions, 25(3), 26—31.

[7] Preventing SIDS in child care: What can you do? (2004). Young Children, 59(2), 48—19.

[8] Readdick, C. (1993). Solitary pursuits: Supporting children's privacy needs in early childhood settings. Young Children, 49(1), 60—64.

[9] Robertson, C. (2002). Caring for our children: National health and safety performance standards: Guidelines for out-of-home child care. Washington, DC: American Public Health Association and National Resource Center for Health and Safety in Child Care.

[10] Schickedanz, J. (1986). More than the ABC's: The early stages of reading and writing. Washington, DC: National Association for the Education of Young Children.

[11] Wurm, J. (2005). Working in the Reggio way: A beginner's guide for American teachers. St. Paul, MN: Redleaf Press.

第七章

户外游戏环境

> 你的主管最近通知你，你所在的15人的班级将有一个4岁的新生——玛尔塔加入。在见过玛尔塔和她的父母后，你非常高兴地为她完成了新生注册手续。玛尔塔是一个快乐开朗、友善健谈的孩子。她的父母对她充满关爱，满怀支持。
>
> 在入学前会议中及参观教室时，玛尔塔表现得活力十足，她很快地在教室里绕圈，探索不同的材料和学习区。她的轮椅完全不会妨碍她到达教室中的任何一个区角。然而，当你打开教室的门向她展示户外活动场地时，你意识到你面临着一个难题。玛尔塔不能使轮椅越过门槛，她无法到达大部分的户外活动场地。
>
> 你应当采取措施去评估户外活动场地的可达性，做一些适当的调整使玛尔塔能充分利用她的学习环境。
>
> ◆ 你将如何告诉玛尔塔的父母其女儿所面临的问题？
> ◆ 关于对户外游戏区域做出必要的改变，你的主管能发挥什么作用？
> ◆ 你是否需要一个顾问帮助你评估户外活动场地，并给你提供一些改进的建议？
> ◆ 你需要评估哪些游戏区域和器材？
> ◆ 对户外活动场地的整修是否需要特批经费？

我们将在本章末尾与大家分享关于上面问题的应对建议。

阅读本章时，注意户外环境对儿童发展、课程拓展的重要意义。同时，也要关注户外游戏的安全问题、户外活动场地的设计和对残障儿童来说户外活动场地的可达性。一个安全的、精心设计的户外游戏环境可以促进儿童各方面的发展——个人意识、情感健康、社会化、交流能力、认知能力、感知运动技能。户外游戏是儿童完整教育经历的重要组成部分，而不仅仅是儿童为了发泄多余的精力而进行的娱乐活动。兰吉（Range，1979）让人们注意到一个错误的户外游戏观念，即户外游戏对儿童的发展价值很小。她认为如果挑战适宜，户外游戏体验对于儿童的成长有很大的益处。户外课程是隐性课程的重要组成部分，在创造性游戏环境中可以促进儿童的成长与发展。

为残障儿童提供户外场所，以便让他们在游戏中获得成长，是一个很大的挑战。许多时候，残障儿童自身的条件限制了他们去体验环境、与环境互动。然而，许多明确的有关残障儿童的教育目标可以通过自然环境中的游戏来实现。残障儿童需要户外游戏经历来促进他们的个人意识、情感健康、社会化、交流能力、认知能力和感知运动技能的发展，并帮助他们把这些技能应用到日常生活中。

户外课程

设计一个平衡的、多样化的户外课程需要教师理解儿童感知运动技能的发展，整合室内和户外游戏区域的活动流程，定期变化户外环境以增加儿童发展的机会，并且培养儿童对自然世界的探索兴趣。一个精心设计的户外课程可以增强儿童的幸福感、提升儿童的身体意识、促进儿童的社会性互动、提升儿童的问题解决能力、丰富儿童的运动类词汇、发展儿童的感知运动技能、增强儿童对自然的尊重、支持儿童创造性表达能力的发展。

当我们想起户外活动环境时，我们通常想到幼儿在运动。儿童是一种自然存在，而身体运动可能是他们表达自我最重要的途径。"对幼儿来说，运动意味着生命。"（Whitehurts, 1971, p.52）学会运动和从运动中学习是同等重要且相互关联的两个过程。

学会运动……包括有效且快乐地运用身体的能力得到持续发展，同时能控制动作并提升运动质量。运动能力的发展表现为：运动技能越来越多样化、在意料之中或之外的情况下运动、完成越来越复杂的运动任务。通过运动来学习是一种方式……儿童从中可能更了解自己，了解他所处的环境和这个世界。（Halverson, 1971, p.18）

运动让儿童能够发现自我与表达自我，探索物理和社会环境，建立联系和展开交流，体验满足感和感官上的愉悦（Whitehurst, 1971, p.55）。运动是一种媒介，让儿童可以通过它来体验户外环境和课程。

为了满足儿童全面发展的需求，户外课程也需要容纳儿童的思想和好奇心。儿童对周围自然世界天然的好奇心和敏感在户外游戏环境中很容易被激发出来。当成人愿意分享儿童的好奇心和兴奋之情并与儿童一起探索自然时，他们就有机会向儿童示范如何尊重和爱护环境，告诉儿童万物生生相息。康奈尔（Cornell, 1979）曾提出有关儿童自然教育的五个原则：

- 少教育，多分享。
- 做接受性强的教师。
- 集中儿童的注意力。
- 先让儿童观看和体验，稍后再组织他们讨论。
- 让快乐的感觉渗透在户外体验中。

大自然为儿童和成人提供了完美的教室，让人们可以在其中探索、冒险、挑战、了解世界的神秘与神圣。"爬大石头、在水坑里嬉戏、爬树、收集橡树果和松果、寻找木头下的生命或者在雪地里打滚都是完美且常见的学习机会。"（Fenon, 1996, p.10）图7.1中的儿童正在享受挑战和冒险的感觉；成人虽然不在画面里，但是他们正在不远的地方注视着儿童并保护他们的安全。

图 7.1

户外课程可以与室内课程完全整合，通过有计划的活动和体验来实现促进儿童全面发展的教育目标。要满足班级里所有儿童的需求，教师应当欣赏儿童发展存在的差异性，在制订方案时考虑儿童个体的需求和目标，必要时调整环境和活动，并且循序渐进地提高挑战性以发展儿童的能力，同时帮助他们树立信心。为了安排一个合适的、可以调整的场地，教师应该对户外活动场地的类型、户外活动场地的安全性和户外活动场地的设计特点了如指掌。

户外活动场地的类型

在美国和欧洲有许多不同类型的活动场地

曾经风靡一时。那些拥有不能移动的钢制的游戏设施和器材的传统活动场地，被批判者认为维度单一和没有自然景观（Datner, 1969; Forst & Klein, 1979）。传统活动场地阻碍了儿童的实验，没有给儿童提供足够的游戏体验。现代的活动场地通常由专业设计师设计，使用昂贵的材料，并有很强的美学吸引力（Frost, 1986）。

"冒险乐园"（adventure playground）这一概念起源于1943年丹麦景观艺术家卡尔·西奥多·索伦森（Carl Theodor Sorensen）的想法。他注意到，儿童不愿在教师精心设计的、固定的传统活动场地上游戏，于是开始设计真正能反映幼儿游戏模式的场地（Frost, 1992a）。耶基斯（Yerkes, 1982）描述这些场地有新奇的形式和材质，并有符合美学设计特点的高低错落的安排。冒险乐园通常是非正式的游戏场地，由废弃的建筑材料建成（Frost, 1986）。冒险乐园满足了儿童对探索和创造的需求，并允许儿童形成他们自己的游戏想法（Yerkes, 1982）。

弗罗斯特（Frost, 1986）将"创造性的户外活动场地"定义为兼具正式且传统的设计特点和非正式且冒险的设计特点的户外活动场地。富有创造性的户外活动场地有着半开放式的环境和各种手工制作的设施。亨宁格（Henninger, 1994a）将富有创造性的户外活动场地的特点描述如下：

首先，儿童需要有机会进行安全的冒险活动。其次，需要给儿童提供不同层次的挑战。再次，要能够促进各类游戏开展。最后，富有创造性的场地应该允许儿童操作场地中的材料和器材。(p.10)

创造性的活动场地提供了一个灵活的环境，既可以满足儿童的需求，也可以支持课程目标的实现。当我们把户外课程看成教室的延伸时，它就成为促进儿童在自然环境中学习与探索的重要一环（Yerkes, 1982）。

户外活动场地的安全性

为了增强儿童在活动区域的运动能力和创造性，教师必须要仔细思考如何创设和维持安全的户外活动环境。弗罗斯特（1992b）描述了儿童活动场地的主要问题，"它们对儿童的发展毫无帮助"（p.6），"它们不能满足儿童的发展需求，并且是有危险的"（p.7）。大多数受伤事件是因为儿童摔在了很硬的地面上；伤害甚至死亡事件中有很高的比例是由于设备不适宜导致的，这些设备有些没装好，有些缺乏维修。斯诺、特雷基、克莱因和邓恩（Snow, Tleki, Cline, & Dunn, 1992）重新审阅了儿童意外伤害的报告后发现，由于儿童在户外活动场地受伤而需要去医务室或者急诊室治疗的事件发生的比率高达7%。儿童轻微受伤不需要药物处理的事件发生的情况为每年100个儿童中发生284起。有趣的是，儿童在托幼中心受到严重伤害的比率比在其他地方（包括家庭）低48%。在家中受伤的男孩的比率远比女孩高；而与家庭报告不同，在托幼中心的户外活动场地上儿童的受伤情况没有性别差异，这也许是因为男孩和女孩在托幼中心受到了一样的监护。儿童在攀爬的时候最容易受伤，其次是玩滑梯、荡秋千、摔倒在道路上时受伤，有时候骑车玩也会发生意外。约30%的受伤事件发生在儿童与另一个儿童相互戳、打、掐、撞时（Snow et al., 1992）。廷斯沃思和麦克唐纳（Tinsworth & McDonald, 2001）报告了儿童在活动场地上攀爬时更容易受伤；在家时，儿童在秋千上更容易发生意外事故。从1990年到2000年，147个14岁及以下的儿童死于户外活动场地的意外事故中，其中52%的儿童死于窒息，20%的儿童死于跌落，而这些意外事故中的70%发生在家庭中。

在一些非致命的伤害中，75%发生在公共的户外场地，主要是在学校和托幼中心；其中，45%属于重伤——骨折、内伤、脑震荡、脱臼或者摔断腿或胳膊（Tinsworth & McDonald, 2001）。

要想确保幼儿户外游戏时的安全，教师应选择耐用、无毒且牢牢地固定好或安装好的适宜儿童发展的器材，并在攀爬区域铺设至少20~25厘米厚的富有弹性的地面材料，如细沙、木屑、橡胶颗粒或其他缓冲材料。为了防止儿童被卡住，器材上栏杆的间距应该不大于9厘米或不小于23厘米。用结实的栏杆围住户外活动区域，以保护儿童不受伤害和干扰（Frost, 1986, 199; Wallach, F., 1997）。表7.1是评估一个户外活动场地安全性和适宜性的核查表。

表7.1 户外活动场地评估系统

指导语：

评估每个项目，将其分为0—5级。第一部分总计100分，第二部分总计50分，第三部分总计50分，一共200分。将总得分除以2就是最后的评估得分。

第一部分 户外活动场地包括什么

对每个选项的内容是否存在及其发挥作用的程度进行评估，分5个等级（0=不存在；1=有个别元素存在但没有发挥作用；2=较差；3=一般；4=较好；5=所有元素均存在，而且都很好地发挥了作用）。

——1. 一块硬地面，为游戏和带轮玩具的移动提供了空间。

——2. 沙子和玩沙的工具。

——3. 用来开展表演游戏的材料（儿童游戏室或有其他补充材料的汽车或船，如旁边有沙子、水或维护房屋用的工具）。

——4. 一个超级建筑，可以同时容纳许多儿童并向儿童提供一系列的挑战和锻炼（有入口、出口并适合不同水平的儿童）。

——5. 可供攀爬和挖掘的土堆。

——6. 有树和自然区域提供阴凉处，同时可以让儿童在这里学习自然方面的知识和开展游戏。

——7. 规划空间以提供持续的挑战；各个区域相连接并用有效的物理边界区分开。

——8. 玩水区，有喷水器、池子和洒水装置。

——9. 建筑区，有废旧材料，如轮胎、板条箱、平板、木板、砖和钉子等；提供了工具，并且允许儿童拆除和制作工具。

——10. 一个废弃的（或者搭建的）交通工具，如飞机、轮船、汽车，既要保证安全，也不能剥夺它的游戏价值（在一段时间后，应当对其做出改变或者更换位置来激发儿童新的兴趣）。

——11. 游戏活动的器材，如顶部有大大的平台的滑梯（滑梯也许建在山丘的一侧）；无论采用何种方式玩都能确保安全的秋千（底座使用软材料）；用来爬的树（水平放置一棵成熟的已经死亡的树木）。

——12. 一大片柔软的区域（草地或用柔软的树皮覆盖的区域等）可供游戏。

——13. 适合儿童大小的半封闭式的空间，如隧道、壁龛、儿童游戏室、可以躲藏的地方。

——14. 栅栏、大门、墙和窗户既要安全，也要适宜儿童的游戏和学习活动。

——15. 一个花园，儿童既可以接近它，又不会在游戏中破坏它；有种植的工具。

——16. 给宠物留下住处，有宠物和饲料。

——17. 一个从室内向室外过渡的空间。它可以是一个有篷子的区域，与儿童游戏室相邻，可以保护儿童不被日晒雨淋并且将室内的活动延伸至室外。

表7.1续

——18.为户外游戏器材、建筑工具和种植工具提供的充足的储存空间。可以把这些材料分开储存：轮子玩具可以储存在轨道附近；玩沙的工具可以储存在沙池附近；建筑工具可以储存在建筑区附近。储存的架子可以是分开的，挨着建筑或者栅栏，应便于儿童存放工具。

——19.户外游戏区域与更衣区、厕所、饮水机接近。户外游戏区中应有为成人和儿童设置的遮阳处和长椅。

——20.为小组活动（艺术、阅读等）准备的桌子与其他支持性材料。

第二部分　户外活动场是否保养得很好并且相对安全

对每个选项的情况和安全性进行评估，分5个等级（0=没有；1=有但是极其危险；2=较差；3=一般；4=好；5=优秀，即相对安全并且有一定的挑战性）。

——1.在有危险的区域（街道、深沟、水域）设有保护儿童的栅栏（有可以上锁的出入口）。

——2.在所有攀爬或者移动的器材下面铺有20～25厘米厚的未压实的沙子、树皮覆盖物或者其他同等功能的材料；覆盖所有儿童可能掉落的区域并有墙作为保护。

——3.设备大小适合不同的年龄分组；攀爬高度限制在180～210厘米。

——4.场地内没有垃圾、玻璃渣、石块、高压电线和不卫生的物品。

——5.可移动器材没有故障（例如：没有凸起或凹陷，轴承没有过分地生锈）。

——6.设备没有尖锐的边角、突出的部位、损坏的零件和有毒物质，金属部件没有暴露在太阳下。

——7.秋千的座位使用的是软且轻的材料（橡胶，帆布）。

——8.所有的安全设施（如花园的栏杆、标识、铺垫区域、保护层等）都得到很好的保养。

——9.没有敞口的东西可以卡住儿童的脑袋（9～23厘米）；器材之间有充足的空间。

——10.器材在结构上完整，没有弯曲、变形、破损、凹陷等。重型运动器材固定在地上并用混凝土嵌入地下。检查地下部分是否生锈和被腐蚀，检查木质结构有无被白蚁侵蚀。

第三部分　户外活动场地可以做什么

对每个选项的程度和质量进行评估，分5个等级（0=不存在；1=有一些证据但是不明显；2=较差；3=一般；4=好；5=非常棒）。

——1.鼓励游戏：

　　吸引人，可及。

　　开放、流动且宽松的氛围。

　　从室内到室外的明显变化。

　　适宜不同年龄组的器材。

　2.刺激儿童的感官：

　　在大小、光线、质地和颜色上有改变并形成对比。

　　灵活的器材。

　　多样化的活动。

——3.培养儿童的兴趣：

　　儿童可以改变的器材。

　　实验和建构用的材料。

　　植物和动物。

——4.支持儿童基本的社会性发展和身体需要：

　　让儿童感到舒适。

　　给儿童制定规则。

　　身体上的挑战。

表7.1续

```
——5. 允许儿童和资源之间互动：
    系统的材料投放决定了日常活动。
    半封闭的空间用于阅读、益智游戏或者儿童独处。
——6. 允许儿童与儿童之间互动：
    多样化的空间。
    有充足的空间可以避免冲突。
    设备可以激发儿童间的社会性交往。
——7. 允许儿童和成人之间互动：
    易于保持。
    充足且方便的存储空间。
    规划好的空间允许一般性监管。
    为成人和儿童提供的休息区域。
——8. 补充完善儿童感兴趣的认知游戏的形式：
    功能性游戏，如身体练习、大肌肉活动。
    建构游戏。
    戏剧表演游戏。
    规则游戏。
——9. 补充完善儿童感兴趣的社会性游戏的形式：
    独自游戏。
    平行游戏。
    合作游戏。
——10. 促进社会化和智力发展：
    提供循序渐进的挑战。
    室内和户外活动是一个整体。
    成人参与到儿童游戏中。
    成人和儿童一起制订日常计划。
    游戏环境是动态的，处于持续不断的改变当中。
```

来源：play and play scapes by J. L. Frost, 1992, pp.107—109. New York: Delmar Publishers, Inc. Copyright 1992 by Joe L.Frost. 经 Joe L.Frost同意后复印。

选择户外活动场地的器材时，应该遵循已有的标准。要考虑一个器材的实用性——这个器材是否符合项目中儿童的发展需求以及儿童是否能用不同的方式操作。为了保证器材的安全和有效，器材需要适宜儿童的年龄和身材，既耐用实惠又便于维护（Sciarra & Dorsey, 1995）。虽然器材的设计和使用没有强制的国家安全标准，但是一场全国性的户外活动场地安全运动致力于建立自发的标准，以减少户外活动场地伤害事件的发生。美国消费品安全委员会（1997）曾经就户外活动场地的安全设立过非强制的国家标准。美国材料与试验协会[1]（1995）曾经制定了一个全国性的非强制的活动场地器材安全标准。教师始终是活动场地器材选择和保护学生安全的最重要的人。教师必须要知道安全标准中的内容并且监督活动场地器材的使用情况和现状（Frost, 1986）。一旦教师认定了户外活动场地和活动器材是安全的，就可以允许儿童在户外环境中进行"适当的冒险"。"擦破膝盖，弄湿双脚，弄脏衣服"都是儿童在户外进行探索、发现和冒险时的"适当的冒险"（Humphreys, 2000）。

户外活动场地的设计

一个能激发儿童创造力的户外活动场地应该是安全的、可靠的，并且可以鼓励儿童通过游戏与探索认识自己、同伴和环境；一个能够促进儿童成长的户外活动场地需要体现不同儿童的发展水平和能力，包含适合各个年龄段儿童的游戏器材；一个精心设计的户外游戏区域包含为不同年龄的儿童（如婴儿、学步儿和学前儿童）单独设立的游戏区域。虽然不同年龄段的儿童需要适合自身的器材和游戏场地，但是他们也需要向别人学习的机会。户外活动场所应毗邻每间教室，安排户外活动时应该让不同年龄的儿童在户外活动环境中有进行互动的机会。图7.2、7.3和7.4分别是婴儿、学步儿和学前儿童的户外游戏场地设计样例。

广阔的户外游戏空间对于儿童感知运动技能的发展有至关重要的作用，它通过提供多样化的创造性游戏活动可以达成课程目标。全美儿童早期项目研究院（The National Academy of Early Childhood Programs）（NAEYC, 2005）建议为每个儿童提供约7平方米的户外游戏空间；许多幼儿教育项目为每个儿童提供了14～18平方米的户外活动空间。教师在设计户外活动场地时应当考虑周全，以满足不同年龄段儿童的发展需求，并且鼓励儿童积极探索他们的户外活动环境。

儿童的主动探索含有一些冒险因素。儿童应该选择适合自己肌肉运动能力的挑战。给儿童提供接受这种挑战的机会，可以增强儿童完成挑战时的成就感、自我价值感和解决问题的迁移能力。在户外活动环境中，冒险和危险之间是有区别的。教师必须要消除户外活动场地中的危险因素，允许儿童进行冒险和挑战活动。"从这些器材中获得的乐趣和成就感应该一直是儿童积极游戏和成长的一部分。"（Wallach, F., 1997, p.97）

残障儿童也应该充分参与到户外探索活动中，同时教师在设计活动场地时应为残障儿童做出调整。表7.2详细列出了适合残障的婴儿、学步儿和学前儿童使用的户外器材和建筑物的清单。户外场地的路面也应便于使用（见图7.5）。在户外的路面上推轮椅时，所使用的力量不能比在14度的斜坡上推轮椅使用的力量更大。路面的阻力不能太大，以免阻碍拐杖或是助行器、轮子的前进。放置在攀爬架和秋千下面的弹性或缓冲材料不能阻碍轮椅前进。举个例子，坐轮椅的儿童要通过沙子和砾石材质的地面需要花费相当于室内地面6倍的力气。作为缓冲材料的木质纤维，经过一个月或更久的沉降或者压实，也许会少一些阻力，特别是在排水良好并定期维护的情况下。橡胶垫是一种更贵的材料，同时也可能是最好的户外地面材料（Henderson, 1997; Wallach, F., 1997）。

---

[1] 美国材料与试验协会（American Society for Testing and Materials），最初叫国际材料试验协会美国分会，于1898年成立。1902年在国际材料试验协会分会第五届年会上，宣告美国分会正式独立，取名为美国材料与试验协会，主要研究钢铁和其他材料的试验方法问题。

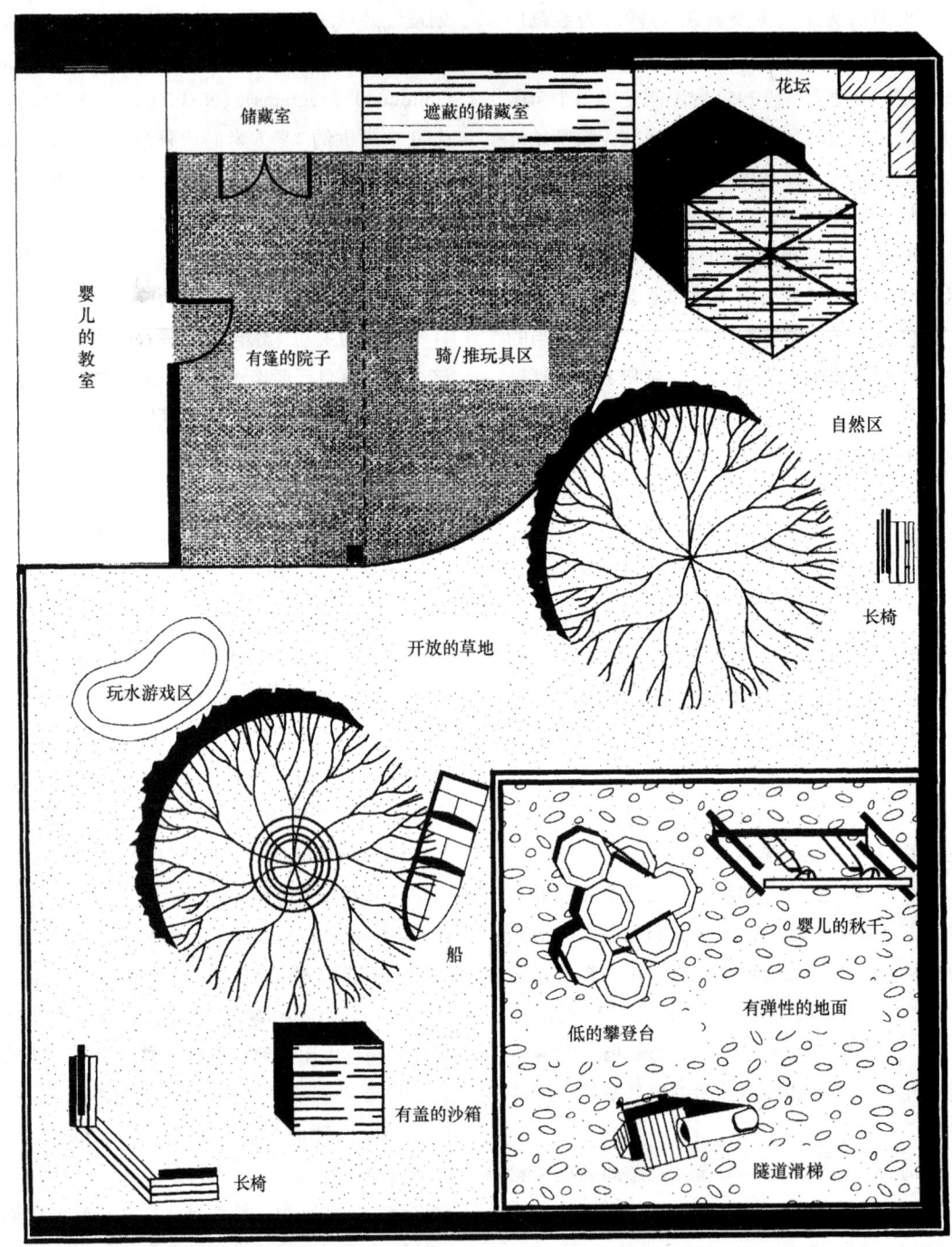

图 7.2　婴儿的户外游戏场地设计图

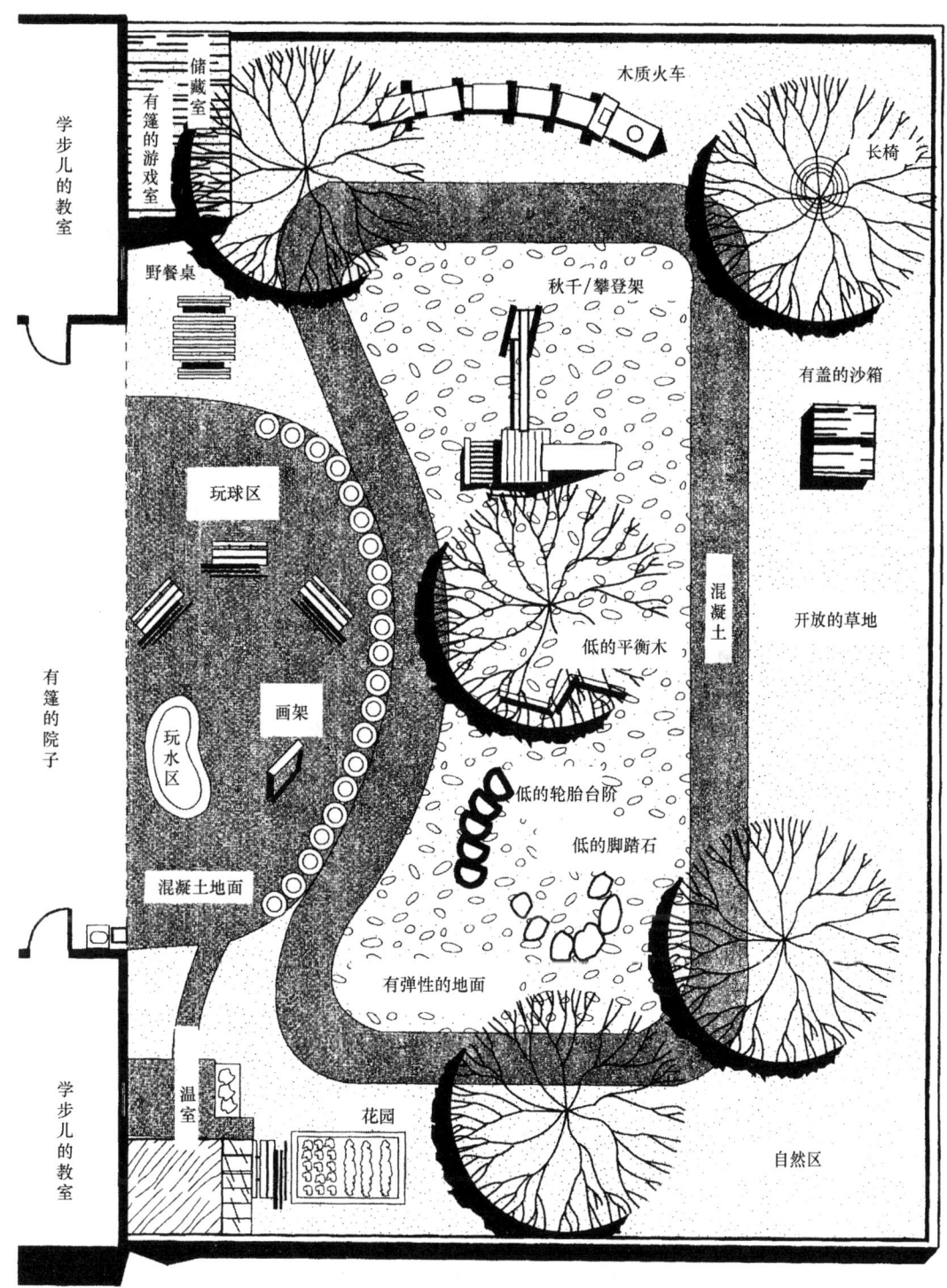

图 7.3 学步儿的户外游戏场地设计图

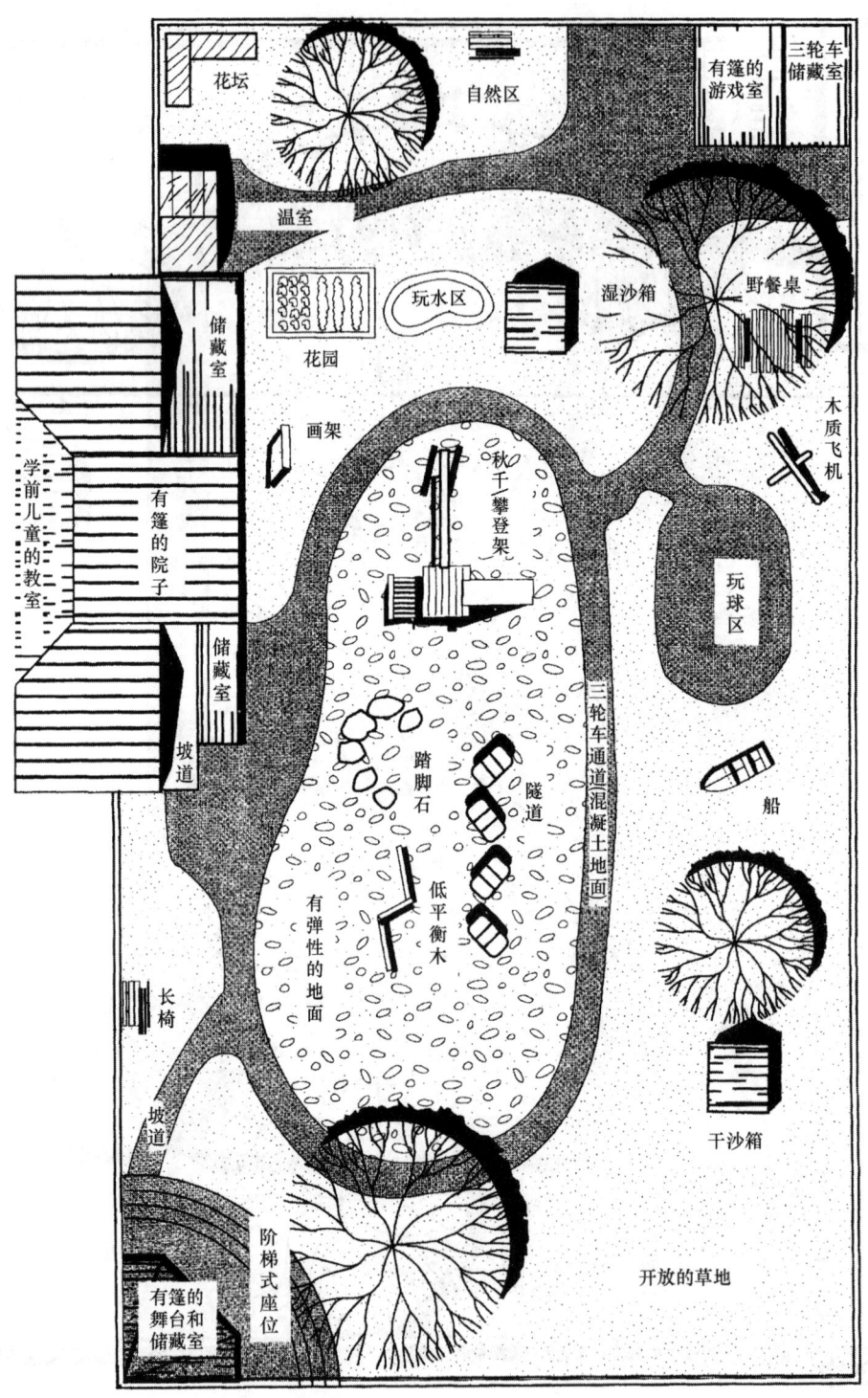

图 7.4 学前儿童的户外游戏场地设计图

表7.2　全纳教育户外活动场地调整表

设备	为残障儿童所做的调整	预期的益处
攀登架	在攀登架下面的地面上搭建一个平台，让坐轮椅不能攀爬的儿童也能靠近它。栏杆的尺寸要依据截肢患者安装的假肢的大小设计。攀登架上横栏之间的距离很小，为运动困难的儿童提供了一个安全、轻松的落脚点，激励他们攀爬。	攀登架有利于促进儿童的社会化、运动技能、动作协调性、平衡能力、想象力和问题解决能力的发展。"上升"的体验也为身体残障的儿童提供了新奇的感受。
儿童游戏室	有斜坡让坐轮椅和其他运动能力受损的儿童可以进入户外游戏室。儿童游戏室的门应足够宽，使得轮椅可以进入。	这个游戏区域促进了儿童的想象力、戏剧游戏、动作技能、社会化、创造力的发展。同时，它为儿童提供了一个安静的角落。
供三轮车使用的道路	这条道路可以容纳三轮车和轮椅并排行驶。	这个区域鼓励儿童发展动作技能、社会化、合作能力、平衡能力、想象力并参与规则游戏。同时，当儿童四处移动时，他们的空间概念得到发展。
温室/花园	盆栽架的高度要适合坐在轮椅上的儿童。	这个区域可以让儿童体验操作性游戏、发展语言能力、进行创造性游戏、解决问题、使用工具、培育植物、照顾植物以及获得感官和触觉刺激。
水台和水池	一个高度到儿童腰部的水台适合坐轮椅的儿童。	这个区域支持儿童的社会性技能、创造力、操作技能、问题解决能力、概念以及感觉/触觉的发展。
秋千类器材	在秋千上为有运动障碍的儿童设计各种各样的木板和平台，以确保他们的安全。	这类器材为儿童提供了前庭觉刺激、动作刺激以及感觉统合和平衡活动。
沙箱	低矮的边缘使有运动障碍的儿童可以使用沙箱。这些边缘的设计可以给不能独立坐着的儿童提供支持。如果儿童的精细运动能力受损，为他们提供适合的工具。	这个区域促进了儿童的触觉、社会化、创造性游戏、问题解决能力和想象力的发展。
露天剧场	设计一个斜坡直达舞台，让坐轮椅和其他有运动障碍的儿童可以到达。在幼儿园的户外活动场地设计这样一个通道，可以让儿童从场地的高处到达场地的低处或者露天剧场。	这个区域促进了儿童的创造力、戏剧游戏、新奇感、故事讲述能力、游戏多样化和社会化的发展。

教师在设计户外活动场地时应选择能让儿童进行安静和激烈活动、个人和集体活动的器材。传统的户外活动场地通常会提供开阔的空间，支持儿童积极地开展游戏。但是，它们限制了儿童单独游戏，因为它们缺乏安静、私密的空间。不论是户外场地的设计还是器材的选择都要平衡儿童集体活动和个人活动之间的关系。图7.6中的学步儿在户外活动场地找到了一个地方安静地和同伴进行对话。其他的课程目标可能包括对教师的培训和研究需求，这可能需要在设计户外场地时开辟一块观察和研究区域。

户外活动场地的器材根据它们所支持的课程目标可大致分为三大类：感觉和触觉体验器材；创造性游戏和戏剧游戏器材；大肌肉运动器材。虽然每一种活动场地都是为不同年龄的儿童规划的，但是都应当提供多样化的游戏器材和游戏机会，鼓励儿童进行探索和发展以及将室内课程延伸到户外。

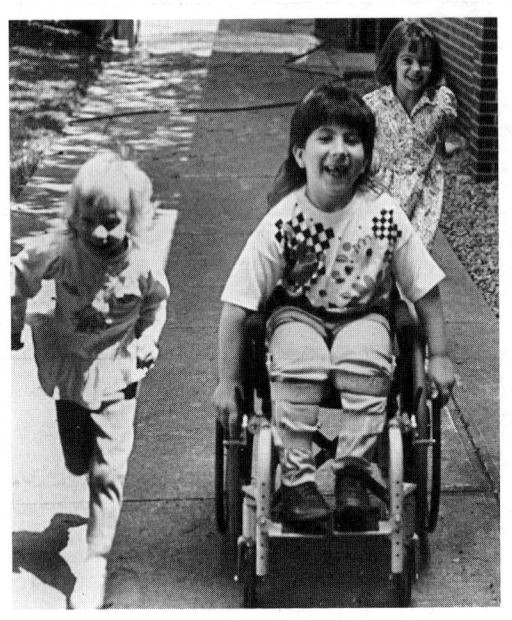

图 7.5

图 7.6

感觉、触觉器材与活动

在户外活动场地为儿童提供各种各样的感觉与触觉活动，有利于儿童认知能力的发展。他们在户外接触到各种各样的光、声音、材质、气味、味道，学到了许多基本概念。儿童通过操作、建构、体验户外游戏区域中的材料而学习。感觉、触觉活动有四个具体分类，分别是玩水、玩沙、园艺和自然活动。

玩水

户外活动场地应当为儿童提供许多玩水的机会。每一种户外活动场地都应当包括适合不同年龄儿童的玩水区域，如涉水区、玩水桌、瀑布／洒水系统。户外活动场地上的涉水区和玩水桌之间可以用一系列的小峡谷、沟渠或者人工瀑布相连，这样儿童就可以观察自然流淌的水，或者通过修建水坝尝试控制并观察水的流淌，或者增加量让下落的水流增大。

玩水的区域一定要保证儿童安全，并且使之成为儿童学习干／湿、热／冷、水滴／水流、重／轻、满／空、干净／肮脏这些概念的媒介。让儿童玩水的另一个目标是为他们提供接触水的经历，以便让儿童喜欢水而不惧怕水。

在气候比较寒冷的地区，设计一系列多样化的玩水区域是不现实、不值得的，因为儿童一年中能够使用这些区域的时间只有很少的几个月。取而代之的是，教师可以在户外游戏区域中规划一个让儿童玩雪的开放区域。玩雪的活动可以是儿童用雪堆雪人或堆房子，也可以是他们在成人的照看下滑雪、拉雪橇。如果有塑料铁锹、水桶、铲子和其他开放性的材料，游戏会更加精彩。儿童在以雪为媒介的体验过程中，同样可以学习干／湿、热／冷、液体／固体这些概念。

玩沙

玩沙游戏是另一个对儿童具有重要意义的感

觉和触觉刺激。沙子的质地、重量和密度使它成为具有多种功能的材料。儿童可以练习用铁锹、铲子、筛子来挖、铲、筛沙子，也可以把沙子装到容器里，还可以使用沙子进行雕塑活动。练习这些精细动作技能既能让儿童对沙子的特性有最基本的了解，比如重量、颗粒的大小和质地，又能让儿童获得测量和创造性表达的机会。儿童应当玩沙子游戏和使用各种探索沙子的工具、器皿。沙箱应当放在玩水区附近，这样儿童就可以混合使用两种材料。如果他们愿意这样做，他们可以学到更多。沙箱的门应设计成折叠式的或用帆布盖住，以确保沙子在不使用时保持干净。

园艺

为了与创造性户外活动场地的宗旨保持一致，教师还可以在户外活动场地中开辟另一块区域——园艺区域，让儿童进行感觉、触觉活动。在接触种子、植物、土壤、水、肥料和植物生长的过程中，儿童开始亲身体会到植物基本的生命循环，操作多种多样的材料并学习物质的基本属性。儿童还会有施肥、浇水、种植等任务，从而开始承担各种小小的责任。儿童还将学习基本的因果关系，比如植物浇水太少会怎样、光照太多会怎样、培土太少会怎样、浇水太多会怎样等等。儿童种的花和蔬菜可以由他们自己采摘、冲洗、整理、闻味道和品尝。这样他们在学习有关种植、开花、结果、收获等知识的同时，还能够得到许多感官上的体验。

在园艺区域，温室也能为室外种植提供额外的空间。不同年龄的儿童群体可以进出温室。温室里不仅要有太阳能板、水源以及植物栽培的空间，还要有园艺工具的储存空间。

自然活动

除了规划好的园艺区域，户外活动场地上还应该有一个包括树和其他植物的更为自然的区域，为鸟和蝴蝶等动物提供栖息地。儿童在这里观察、嬉戏，学习保护自然环境。"人类似乎天生就有一种关爱自身以外的事物的基本需求。通过关爱自然世界，这种需求将会得到满足，人们的生活也将会变得丰富多彩。对野生动物及它们栖息地的真正关注会给个人生活带来成就感和照顾他人的责任感。"（Wilson，1995，p.7）在这种环境中，儿童除了认知能力和感觉／触觉得到发展外，情感方面也会感到更加幸福和快乐。

这个自然区域可以满足儿童对隐私和独处的需求。在这里，儿童可以体验到大自然的隐蔽、安静。这里是儿童"观察、好奇、休憩"的地方（Desrochers，2001；Readdick，1993）。这个环境可以满足儿童对于独处的需求，帮助他们构建自我意识、获得自主性、规范社会性交往行为以及理解人与环境的关系（Readdick，1993）。

安逸平静是人类存在的一种状态。我们对于平静的需要就和我们对于食物、睡眠的渴望一样。"平静是一种需求，而不是精疲力竭或过度暴躁后的副产品。"（Rivkin，1995，p.58）当我们有时间享受平静和独处时，我们将会更好地处理冲突——这是人类存在的另一种状态。室外环境可以教会儿童平静，为儿童提供独处的机会，帮助他们学会开展并珍视和谐的社交活动。"当我们相信一个没有打斗的户外活动场地（一个没有战争的世界）存在时，我们就会为此付出努力。"（p.66）

创造性游戏和戏剧游戏的器材与活动

在户外活动场地上进行创造性游戏和戏剧游戏，有利于儿童的早期社会交往、情感表达、角色扮演、语言表达和想象能力的发展。假装游戏让儿童能按照自己的意愿选择开始或停止游戏（Yamamoto，1979），让他们对环境产生良好的控制感。创造性艺术活动让儿童可以用自己独特的方式表达自我。把这些活动结合起来能帮助儿童建立一种积极的自我概念。支持创造性游戏和戏剧游戏的场地和设备可以分成四类：舞台／露天剧场、交通模拟工具、儿童游戏室、创造性艺术材料。

舞台／露天剧场

创造性戏剧游戏活动为不同年龄和处于不同发展阶段的儿童提供了一种环境，让他们必须为同一个目标而努力。舞台／露天剧场让儿童能够共同合作表演故事、扮演童谣中的角色以及创编并表演短剧。在一起完成以上事情时，儿童将有机会主动与其他儿童及成人进行社交活动，同时回应其他儿童和成人发起的社交活动。他们可以作为头领，发出指令；作为追随者，执行指令；还可以帮助朋友。儿童可以从其他儿童的反应中区分自己得体的和不得体的社交行为。

为了给学步儿及学前儿童的戏剧游戏活动提供便利，舞台／露天剧场要由一个升高的平台（带顶，且一侧配有供观看表演用的多级座位）和位于舞台下方的储存区（放置道具和其他舞台设备）组成。

交通模拟工具

因为露天剧场表演不适合婴儿和较小的学步儿，所以他们的戏剧游戏需求可以通过交通模拟工具来得到满足。推荐的交通模拟工具包括小船、飞机、带发动机的火车、小轿车等。每个道具都应该有方向盘、把手、控制杆、铃铛、喇叭、小旗等，让年龄较大的婴儿在模拟驾驶时可以操作。

儿童游戏室

儿童游戏室具有双重功能：促进儿童的社会性交往和单独游戏。户外课程的主要目标之一是多给儿童提供进行社会性互动和练习社交技能的经历。接触集体中不同性格的人可以不断地为儿童提供学习经验，"户外教室"有利于儿童的社会性交往技能的发展。放有各种材料的适合儿童的房间可以促进儿童间的互动。在这个区域，年龄较小的儿童开始模仿他们所观察到的行为，然后学习表现不同的感受、情绪及角色。

户外课程的另一个目标是给儿童提供鼓励他们进行自我追求的场所。儿童游戏室、树屋以及其他场所可以让儿童"做一下白日梦"或者过一下"茧式生活"，让他们"从周围的喧嚣气氛中脱离出来"(Readdick, 1993, p.60)。教师可以帮助儿童理解，在和他人共处的同时，独处的时间也是值得珍惜和重要的。

儿童游戏室应该有敞开的前门可以让教师一直监督孩子，有为了更逼真而设计的窗户，有分隔墙，有储藏架和摆放各种材料（如家庭用品、医院道具、杂货店商品等）的空间。儿童游戏室的另一个特点是它和车库一样，可以存放三轮车和其他带轮子的玩具。

创造性艺术材料

儿童需要随时能够获取创造性艺术材料。户外活动场地可以有安装在栏杆上、靠近水源的画架。这些画架应当可以存放所有油画创作和其他绘画活动的必需品。如果天气允许，可以把室内画架带到室外，相比使用室外专用画架会更加实用一些。儿童应该可以随时自由地使用这些画架，但是较小的儿童需要在活动过程中受到监护。美术材料和空间应该用于培养儿童创作独一无二的作品的能力。这些创作活动可以是儿童独自进行的，也可以是儿童与伙伴合作进行的；教师应让儿童选择自己的创作表达方式和与他人互动的程度。图7.7中的户外画架是由丙烯酸材料制成的，它安装在木质框架里，其基座插在地下。这个画架支持儿童在前后两面作画，以促使他们合作绘画。

图 7.7

大肌肉运动器材与活动

对于正在学习操控自己身体动作的幼儿来讲,大肌肉动作挑战是必要的。幼儿需要不断地接触可以练习以下活动的区域和器材:在不同的高度上攀爬,保持静态和动态平衡;协调动作,如操控带轮子的玩具;在不同的表面上站立、行走、奔跑。使用器材时,一些额外的知觉动作技能应被鼓励使用,如动作设计能力、柔韧性、灵活性、力量、耐力、计算能力、排序能力、节奏感等(Beckwith, 1979)。各种动作挑战意味着给年龄在6周到5岁之间的儿童创造游戏的机会。对于婴儿来说,他们才刚开始学会抬头;对于学步儿来说,他们正在学习挪动、行走、爬行;对于学前儿童来说,他们正在学习跑步、跳跃以及爬得更高。促进儿童的身体/运动技能发展的四类器材分别是:木质攀爬设施、秋千、带轮玩具专用的水泥场地和平衡器材。

木质攀爬设施

要想促进儿童的大肌肉运动能力发展,为不同年龄段的儿童提供挑战难度适宜的大型木质攀爬设施很关键。攀爬设施应包括一系列安装在不同高度的木质平台,可以给儿童在观察户外环境时提供不同的视角。儿童可以通过各种不同途径进入攀爬设施,如台阶、斜坡、梯子、滑梯、绳梯、小桥等。在这些设施中穿梭时,儿童可以增强上肢力量和协调攀爬时的手脚运动能力,从而增强体质。

秋千

秋千能够让不同年龄段的儿童练习合作和问题解决的技能。决定如何上下秋千,如何推动并控制秋千,如何自己荡起秋千,如何凭借多人力量操控秋千——这些都是儿童将要面对的学习经历。

轮胎秋千为儿童提供了社交场所,因为两三个儿童可以同时坐上秋千。另一种类型的秋千——吊床秋千,因为富有弹性,所以能为儿童身体提供的支持较少。它需要儿童在爬秋千和荡秋千时用更大的力量握紧绳子以保持平衡。还有一类秋千是平台秋千,主要适用于婴儿、学步儿以及残障儿童。教师可以让年幼的婴儿一边躺在秋千上,一边激发他们抬头观察身边环境的欲望。只会爬行的婴儿以及学步儿都可以使用这种秋千,同时它对于锻炼残障儿童的身体机能也是有益的。

带轮玩具专用的水泥场地

带轮玩具专用的水泥场地为儿童各方面的动作发展提出了挑战。儿童需要有机会通过操控带轮玩具以及在各种地面上活动来训练上下肢的协调性。在骑三轮车、四轮车、滑板车时,儿童大脑中的分享、合作、轮流等观念得到增强。在不断地避免与其他儿童发生碰撞的过程中,儿童的观察技能也得到加强,反应时间减短。

婴儿的活动场地应该是用混凝土建造的场地，以便让年长的婴儿在上面学习爬行、推带轮玩具，或推着玩具支撑身体行走，或者爬上这些玩具来操控它们。

学步儿和学前儿童的活动场地应有类似街道的三轮车车道。这些三轮车车道必须足够宽阔，可以让一辆轮椅和带轮玩具同时通过，并且是沿着场地边缘各种不同坡度的小坡修建的。

在这些场地上操纵带轮子的玩具，对于刚开始学习控制身体动作的儿童来说是个挑战。控制这些玩具并让它们在户外活动场地上绕来绕去，能大大地增强他们的自信心。

平衡器材

大肌肉运动发展还有一个方面应该体现在活动场地的设计上，那就是平衡能力。要给儿童提供锻炼他们平衡能力的场景，不仅是在移动的情况下，还要在静止的情况下。用于锻炼儿童平衡能力的器材有以下几种：不同高度的"垫脚石"、平衡木、圆木、爬梯以及分布在各功能区之间呈几何图形的垫脚石。

实际方面的思考

遗憾的是，用于购买促进儿童全面发展的各种活动器材的资金经常短缺。有创意的教师会将室内设备临时搬到户外，或向家长和社区组织求助，以搭建简易且价格不贵的设施。比如，将便携式水桌搬到户外；使用洒水器这类价格不贵的设备；在一个捐赠的大轮胎里设一个玩沙区，等等。活动场地的园艺区可以让家长志愿者来准备。另外，在自然活动区可以使用由儿童动手组装的鸟类喂食装置，这些装置可由牛奶纸箱、木屑、松球做成。表演活动可以通过让儿童把假装游戏的服装道具搬到户外来实现。教师还可以用被单和毯子覆盖塑料墙和桌子，以搭建儿童游戏室和舞台区。教师能利用得最好的、用途最广泛的材料是盛放电器的大包装箱。在树下放置书籍和灯光装置，可以激发儿童讲故事和表演的热情。同样地，把画架、桌子、美术用品移到室外，或者把大张纸张贴到围栏、人行道上，就可以让儿童进行美工活动。儿童可能会长时间地沉浸在诸如用水涂刷由砖砌成的墙面这样简单的活动中。这种美工活动只需要桶、刷子、水。搬运平衡木、球类器材、降落伞、跳绳、铁箍等物品到室外，让儿童进行大肌肉运动活动。可以用捐赠的材料搭建攀爬设施和秋千。教师还可以实地考察公园和社区活动场地，以便为儿童提供关于大肌肉运动的挑战。

建造高质量的有创意的活动场地需要各方面的努力。教师要考虑安全性和设计特点，具有儿童发展的相关知识，了解课程目标以及具备有效地且富有创意地利用各种资源和材料的能力。一个能激发儿童创造力的户外活动场地能够支持课程目标的实现，并为儿童提供发展个人意识、情感健康、社会化、交流能力、认知能力和感知运动技能的机会。另外，一个新颖的户外活动场地能够为残障儿童进行游戏提供便利。

与家庭合作拓展课程

户外活动环境为家长提供了一个观察儿童活动和学习的场所，它甚至比传统的教室更受家长青睐。教师要鼓励家长观看儿童是如何活动、运用材料和创造性地解决问题的。教师要向家长指出，儿童是如何学会使用复杂的语言进行想象活动、协商角色和解决同伴之间的矛盾的。教师要帮助家长认识到户外环境中的创造性游戏是如何促进儿童的学习与健康发展的，并指出家长在其中可以发挥的作用。

本章小结

本章描述了户外活动是如何帮助儿童发展和学习的。有关户外活动场地的安全信息和评估表有利于保障户外场地中儿童的安全。本章也讨论了户外活动场地的设计,包括设计图及关于残障儿童活动场地的改造设计。户外活动场地应包括能让儿童进行感觉/触觉体验、美工和表演活动以及促进他们感知动作发展的户外设施。玩水、玩沙、园艺活动、自然探索、儿童游戏室中的游戏、户外美术活动、交通模拟活动以及攀爬活动均可促进儿童创造力的发展。

创设适合所有儿童的环境需要教师具备关于残障儿童的知识、具有接纳的态度和在必要时对环境做出改变的使命感。为满足玛尔塔对于户外活动环境的需求,教师可采取下列措施:

◆和你的主管以及玛尔塔的父母讨论你的担忧。在评估活动场地时寻求帮助,同时接受来自你的上级和家长的建议。

◆向具备更多专业知识的人士寻求帮助,如熟悉环境改造的特殊教育工作者,或在规划户外场地方面有经验的人士。

◆教师、主管、特殊教育工作者应一同评估活动场地的可达性。通过评估,你发现三轮车车道已经宽阔到可以让一辆三轮车和一辆轮椅共同穿过,这就是这个环境积极的一面。或者你发现沙箱的边缘很宽,能支持玛尔塔坐着和其他儿童玩耍。有一个高度正好适合玛尔塔的可移动水桌,让玛尔塔可以玩水。另外,儿童游戏室的门没有门槛,让玛尔塔可以不费劲地将轮椅移入室内。同时,还有许多东西迫切需要改变。最迫切的是,要有一道从教室门口通向户外活动场地的斜坡。另外,教师还要购买带靠背和扶手的秋千,因为对于玛尔塔而言使用目前的轮胎秋千太困难了;而增加一个 S 形的钩子可以实现两种秋千的交替使用。

◆让你的主管为紧急的修缮工作拨出资金,同时积极支持玛尔塔的诉求。此外,玛尔塔的父母也许能提供支持与帮助,为残障儿童进行区域布置。

◆一旦修缮计划制订好,就要把玛尔塔和其他儿童聚集到一起,讨论哪些地方需要改变,并在适当的时候观看修缮工作。这对于学前儿童来说将是一个奇妙的学习经历。

◆在你的顾问的帮助下,制订一个长期的计划以增添一些攀爬设备和一个种植区。

反思与应用

1. 讨论本章开头的小故事。你还有其他的问题或看法吗?讨论本章结尾对小故事的回答。对于这种情况,你还有其他的应对方法吗?
2. 观察户外环境中的儿童。还有哪些设计要素和器材可以帮助儿童探索、发现和创造?
3. 观察在户外环境中与儿童互动的教师。教师会提供更多的还是更少的指导?教师会比在教室中更多地参与到儿童的游戏中吗?反思为什么在户外环境中教师的行为会发生改变?

补充资源

[1] Frost, J., Brown, P., Thorton, C., & Sutterby, J. (2005). The developmental benefits of playground equipment. Olney, MD: Association for Childhood Education International.

[2] Frost, J., Wortham, S., & Reifel, S. (2005). Play and child development. Upper Saddle River, NJ: Merrill/Prentice Hall.

[3] Frost, J., & Wortham, S. (1988). The evolution of American playgrounds. Young Children, 43(5), 19—28.

[4] Gallahue, D. (1993). Motor development and movement skill acquisition in early childhood education. In B. Spodek (Ed.), Handbook of research on the education of young children (pp. 24—41). New York: Macmillan.

[5] How safe is your playground? (2000). Young Children, 55(4), 59.

第三部分

显性课程

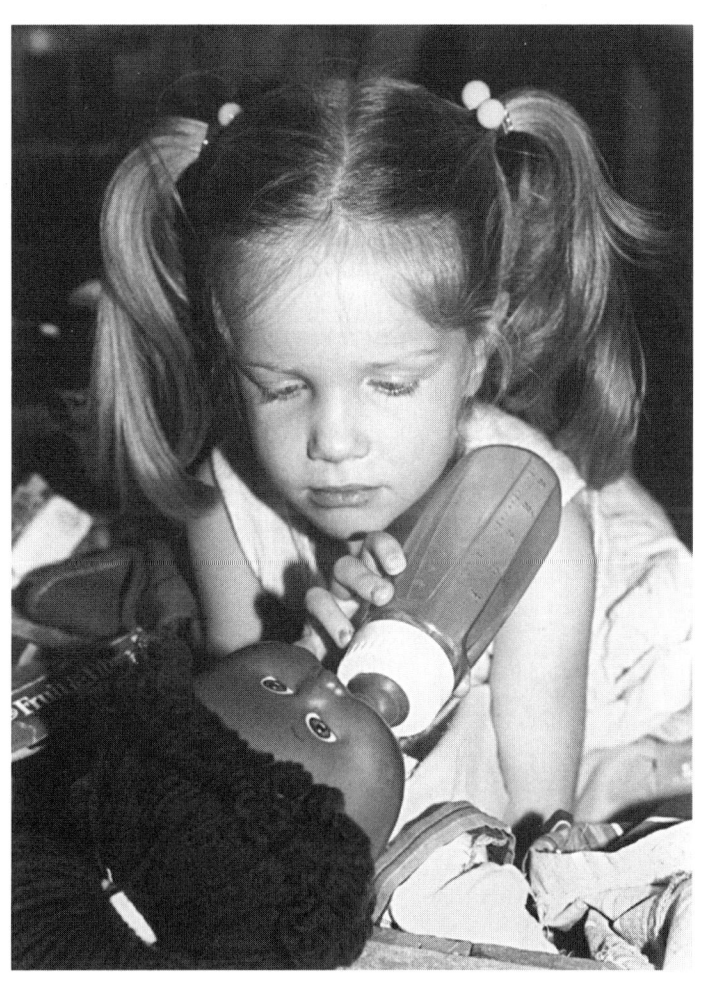

第八章

儿童观察与评估

> 在你的项目中收集评估信息，诸如发展核查表、儿童观察、档案袋和项目记录等，是一个持续的过程。要在家长会上与家长分享幼儿发展的信息。当你在家长会上与4岁的塔妮卡的父母分享发展清单上的信息时，他们开始询问关于塔妮卡发展的各种各样的问题：
> ◆ 和班上的其他儿童相比，塔妮卡的社会性发展怎样？
> ◆ 为什么你的项目中没有使用包括智商在内的标准化评估？
> ◆ 塔妮卡最好的朋友杰米看起来拥有比塔妮卡更大的词汇量。是塔妮卡的语言发展延缓了吗？
> ◆ 塔妮卡至今还不能数5以上的数，这意味着她明年在学校学习会有困难吗？
> ◆ 塔妮卡的姐姐在4岁的时候就对别人的感受很敏感了，为什么塔妮卡不这样呢？这意味着她是不敏感的或者她是难以相处的吗？
>
> 对于塔妮卡的父母来说，这些都是重要的问题。你如何解释你的发展性评估方法、回答家长的问题并让塔妮卡的父母对塔妮卡的成长和发展放心呢？

我们将在本章末尾与大家分享关于上面问题的应对建议。

当阅读本章时，要关注发展性评估在幼儿教育项目中发挥的重要作用以及评估与课程之间的重要关系。要学习发展适宜性评估程序的评价标准以及如何为你的教室选择评估工具。另外，要能意识到真实性评估的构成要素——发展核查表、儿童观察、档案袋、项目记录和专业的评估工具——以及教师和家长在评估过程中的作用。

评估程序提供了一个系统的方法来帮助教师澄清对儿童个体发展的直观了解。当把评估作为课程研发过程中不可分割的一部分来进行实施时，评估就能够帮助教师拓展和加深对儿童的理解，并采取个性化的、有效的教学策略来满足儿童的需要。当家庭成员参与到评估程序中时，教师就能够根据儿童所处的背景来理解儿童，并与家长形成合作关系共同支持儿童的成长。

评估儿童时的一个基本原则就是发展是一个高度个性化的过程。任何年龄水平的"正常发展"都包括一系列的技能和行为。当观察一组处于相同年龄阶段的儿童时，其高度个性化发展的本质是显而易见的；他们的身体特征、社会性行为、认知技能和语言技能可能会千差万别，但仍属于正常范围。任何一种评估手段的使用都要求教师对儿童发展有基本理解、具备观察和评估技巧、对自己和家长在评估过程中所发挥的作用有过思考。

评估是创造性游戏课程发展和实施的一个重要部分。许多评估过程所缺乏的正是没有将评估与课程相关联。然而，正是这种关联将儿童的发展需要融合到项目目标和活动当中，并完成了显性课程的循环。

发展性评估的目标

评估幼儿有着各种各样的原因。大部分的学前教育工作者认为一个综合性的评估过程应该获得有关儿童发展的具体信息,帮助教师制订目标和计划项目,以及给每位家长提供幼儿的成长和发展信息。另外,一些教育项目使用评估来诊断身体残障或发展迟缓的儿童。人们通常能恰当地使用有关残障儿童的评估信息来制订个别化教育计划,该计划包括改变教室环境和活动以适合幼儿的需要和能力;或者制订个别化家庭服务计划,该计划包括支持家庭的目标以及为残障的婴儿和学步儿提供发展性活动。有些项目有一些不恰当的做法,比如将评估作为标准来决定教室的布置方案,或者根据技能水平给儿童贴标签、分组等(Meisels & Atkins Burnett, 1993;NAEYC & NAECS/SDE, 2003;Schweinhart, 1993)。

在一份关于《适宜性课程和服务于3—8岁儿童的项目评估》的共同立场声明中,全美幼儿教育协会和美国教育部幼儿教育专家协会指出:

作为影响幼儿的多种教育决策的基础,评估是对儿童工作以及儿童如何工作的观察、记录和建档的过程。评估是课程与教学不可分割的一部分。在幼儿教育项目中,评估服务于这样几个目的:(1)计划面向个人、集体的教学以及和家长交流;(2)发现那些需要给予专门服务或干预的儿童;(3)评价项目在多大程度上实现了自身的目标。(NAEYC & NAECS/SDE, p.32)

发展性评估是一种用于观察儿童个体及其独特发展的系统的、持续的方法。其过程包括:

- 通过观察描绘一系列发展的里程碑事件。
- 对儿童每个发展领域中的特定技能和行为进行直接、客观的观察。
- 通过使用评论、逸事、作品取样法等对每个幼儿的发展进行独特的、个别化的记录。
- 记录儿童持续参与教室项目的过程。
- 建立与家长沟通的体系,分享每个幼儿的优点、需要关注的地方并讨论下一阶段的发展水平。
- 用于评估项目的有效性和加强项目规划的有效性。

比如,图8.1中,教师通过观察、评估、记录儿童的发展对儿童的能力、行为和需要有了更加全面的了解。在这个基础上,他们能够更有效地进行教学和与儿童进行互动。

图 8.1

选择发展适宜性的评估方法

发展适宜性的评估方法提供了一系列持续的程序来评估幼儿随着时间的推移而获得的发展。如果教师想要了解什么在儿童的生活中是重要的以及儿童需要什么,那么对儿童发展(不仅仅是认知发展)的评估就是至关重要的,就像小熊维尼所说:"有几天拼写不出'星期二'根本不算什么"(Milne, 1957, p.221)。教师应该使用评估信息来支持儿童的成长,做出与项目相关的日常决策，而不是用来比较儿童的发展或者评价狭隘的学业目标是否实现。

全美幼儿教育协会和美国教育部幼儿教育专家协会（2003，pp.34—35）的指南包括对项目的评估程序进行评价的一系列问题。教师应该能够准确地回答所有这些问题。

- 评估程序是否基于项目中所使用的具体课程的目标呢？
- 评估结果是用于为个别儿童制订计划、改进教学、发现儿童的兴趣和需要以及进行个别化教学，而不是给儿童贴标签、跟踪儿童或使儿童失败吗？
- 评估程序是否涵盖了儿童学习和发展的所有领域？除了社会性、情感、身体和认知方面，还包括儿童的情绪和学习倾向？
- 评估能够为教师提供有用的信息来帮助他们更好地工作吗？
- 评估程序依赖于教师对儿童的日常活动和表现进行常规的、周期性的观察，从而使评估结果反映了儿童随着时间的推移而出现的行为变化吗？
- 评估程序是作为持续的班级生活的一部分而不是在人为的、非自然的情境中发生的吗？
- 评估程序是基于技能测试但不仅仅是技能测试吗？
- 评估依赖于关于儿童的多种信息源吗？比如，儿童的作品集、教师的访谈和对话以及教师对儿童的观察。
- 评估程序反映了儿童的个体、文化和语言差异吗？它能避免文化、语言和性别歧视吗？
- 评估儿童时，儿童是舒服放松的而不是紧张不安的吗？
- 评估程序能够让家长对他们的孩子以及对他们自身作为家长的能力充满信心，而不是削弱他们的信心吗？
- 评估考察了儿童的优点和能力而不仅仅是他们的缺点或无知吗？
- 教师是主要的评估者吗？对于这一角色，教师是否接受了足够的培训？
- 评估程序涉及教师、儿童、管理者和家长之间的协作吗？使用来自家长的信息去计划教学并评估儿童的学习了吗？把评估信息告诉家长了吗？
- 儿童有机会思考和评估他们的学习吗？
- 是否是在支持性的情境中评估儿童，从而判定他们在他人的帮助下能做什么以及单独能做什么？
- 有一个系统性的程序来收集评估数据，以便将其用于计划教学和与家长沟通吗？
- 是否有一个常规的程序使教师能够以有意义的语言来和家长交流评估结果？[1]

另外，在有关发展适宜性评估的立场声明中，全美幼儿教育协会南方分部（1990）指出，在使用评估方法时要谨记以下几点：

- 评估信息不是作为测试来对儿童评分、贴标签、分组或决定儿童是否需要留级的。
- 儿童拥有不同的学习方式、学习速度和学习动机。
- 应该期待儿童间的多样性，同时所有的儿童都应该受到尊重并拥有尊严。
- 所有的评估形式都可能受种族、性别、收入水平和文化偏见影响并被误用；专业人士必须避免个人偏见。

理解了发展适宜性评估重要性的幼儿教育工

---

[1] 经全美幼儿教育协会同意后复印。

作者，应选择评估过程中那些支持儿童成长和有助于项目策划的成分。

教师作为评估者

当教师遵循适宜的指南时，他们就可以成为儿童发展的非常有效的观察者。教师必须使用儿童发展的相关知识客观地评估儿童，并能够做出明智的决定来支持儿童的发展。为了成为有效的评估者并准确获得有关每个儿童的全部信息，教师必须成为忠实的儿童观察者。

有目的地、谨慎地观察儿童是了解他们、更深入地研究他们的一种方法。我们需要尽可能全面和真实地捕捉幼儿的动态发展，包括他们与他人的互动、做出的选择、从事的建构活动、做出的反应等。对儿童个体的观察能够帮助我们牢记每个儿童都是不同的、独一无二的。（Ayers,1993,p.34）

通过观察来判断儿童的学习或发展问题处于何种程度，对于教师而言是一项具有挑战性的任务。教师在自然的游戏情境中长时间地观察儿童、与儿童互动，通常能够很好地判断儿童是否存在发展问题。然而，由于儿童的发展速度是有个体差异的，所以教师通常不能确定如何去回应儿童行为或技能水平方面的差异。

教师不应该对儿童行为或技能方面的变化反应过度，但是应该进行长时间的观察并和家长一起探讨这些观察结果，以便判断家庭环境的变化是否影响了儿童，进而通过改变环境或教学策略来帮助儿童取得成功。通常来讲，"只有当儿童的学习困难持续相当长的一段时间，并且对其提供的帮助无效，或阻碍了儿童的日常活动时，学习困难才成为一个问题"（Pitcher, Feinburg, & Alexander, 1989, p.290）。然而，如果这个问题一直存在，并且帮助儿童在教室中获得成功的努力始终无效，那么教师就需要对儿童进行发育筛查或诊断，以使儿童和家长获得必要的帮助。

教师还必须意识到保密的重要性，确保所获得的有关每个儿童的发展信息都将被一种专业的、保密的手段处理。当然，家长应该有权知道他们孩子的发展信息，但是教师必须制定具体的程序要求家长保证不将这类信息告诉其他机构或专业人士。

更重要的是，有效的幼儿教师不仅是优秀的观察者、忠实的记录者和受过训练的教育者，还必须了解每个儿童，意识到每个儿童的梦想、恐惧和感受，要警惕那些可能需要特殊帮助或额外支持的问题或变化。儿童生活中最有意义的事情并不总是能够观察到的，也是很难量化的，因为"本质是眼睛看不到的"（Saint-Exupéry, 1943, p.70）。你如何测量一个儿童的快乐的能力、好奇心或者幽默感？这些都是身心健康的、能够很好地适应社会的儿童的重要特征，是不可测量的但也是众所周知的。你如何测量一个儿童痛苦的程度、内心的焦虑程度或者紧张感？对于处于情绪困扰之中的儿童来说，这些都是重要的因素，虽然无法通过测试决定，但却可能通过与关心支持他们的教师之间的互动暴露出来。最优秀的幼儿教师对幼儿世界的本质是敏感的，并能够使用多种评估技术实施一种综合性的评估过程来扩大他们对每个幼儿的理解。图8.2中，通过观察儿童之间的互动，教师可以获得有关儿童认知能力和社会交往技能方面的有意义的信息。

图 8.2

评估中的家园合作关系

通过让家长参与评估过程，教师可以从儿童所处的全部环境中获得对儿童的全面理解。全面理解儿童包括将儿童看作一个个体、一个团队的成员和一个家庭成员。本纳（Benner，1992）讨论了生态效度评估的重要性。生态效度评估包括对儿童家庭、文化、社区的分析，将儿童看作家庭和社区环境的一部分而不是一个孤立的个体。所有的家长都应该加入到发展性评估中来。对于那些具有发展风险或者身体残障的儿童的家长来说，这一点尤其重要。99–457公法要求家庭参与到个别化家庭服务计划的制订当中。家庭和相关的专业人士应一起评估家庭的优势和需要，一起制订目标，并为儿童和家庭服务。以家庭为中心的评估将儿童作为家庭系统的一部分，尊重每个家庭的独特性，承认家庭对儿童发展的影响（Bailery & Simeonsson，1988）。

关于家庭优势和家庭需要的信息可以通过多种方法获得，包括访谈、观察、测试或者综合使用这些方法。收集数据时，教师应该根据每个家庭和每个情境采用不同的方法；但是无论使用哪一种方法，都应该反映生态学视角的哲学框架：

- 有效的干预技术能够解决家庭系统的问题，因此必须结合关于家庭优势和家庭需要的数据来进行。
- 儿童的家庭会对儿童的生活产生持续的影响。
- 家长是决策者，也是早期干预过程中专业人士的伙伴。
- 能够满足所有家庭成员需求的综合性服务比零散的服务更有利。（Benner，1992，p.116）

除了将这些以家庭为中心的评估手段应用于有残障儿童的家庭外，当任何一个儿童或家庭需要更高水平的干预时，幼儿教育工作者还可以使用其中的一些家庭评估方法。

评估过程的要素

一个真实性的、综合性的评估过程包括几个要素：发展核查表、儿童观察、档案袋、项目记录和必要时使用的专业的筛查工具。这些要素因数据收集方法、所获得的结果或者信息类型的不同而有所差别。使用多种信息源能获得更好的效度。更重要的是，这是一个互动的过程，能够帮助教师看到处于不同情境中的儿童。发展核查表通过结合教师的观察和有限的测试描述了处于不同发展阶段儿童的发展特点。儿童观察是指教师从对儿童个体的观察中获得信息，它关注的是每个儿童在发展、行为和互动方面的独特性。档案袋是一种基于儿童表现的评估手段，它为教师提供了收集儿童的工作样本的工具，以便完善每一个儿童的发展信息。项目记录是一个持续积累的过程，要求儿童和教师参与到收集班级项目活动的作品中。筛查工具通过使用测试和对儿童的访谈来确认教师对儿童发展的观察效度，并提出是否需要对儿童的发展迟缓问题进行诊断性评估。

综合性评估必须是一个在固定的时间间隔内反复进行的持续的过程。

综合性评估过程需要家长报告孩子在家庭中取得的进步，并要求家长为儿童制订个别化发展目标。这些发展性评估信息可以在一对一家长会上与家长分享。

发展核查表

同一课程领域的发展核查表可以帮助教师深入了解儿童个体的发展，促进评估和课程计划之间的连接。发展核查表中的领域直接对应于课程领域。创造性游戏课程的发展核查表（见附录B）为教师提供了系统的方法去观察儿童在六大领域中的发展：个人意识、情感健康、社会化、交流能力、认知能力以及感知运动技能。发展核查表按照儿童发展的顺序包含了广泛的行为和技能，以促进教师或评估者观察和评价儿童。发展核查表的主要目的不是为了获得儿童的发展年龄或者预测儿童未来的发展，而是为了描述儿童的独特发展和优势领域。

尽管许多发展领域中的技能或行为是重复的，但是发展核查表的目的是将每个领域中具体的发展里程碑事件进行归类，以实施综合性的观察和评估过程。这种设计减少重复，缩短了评估时间。

发展核查表涉及的领域

在个人意识领域中所需观察的发展里程碑事件包括以下4个分支领域：

- 自理能力（SH）：提高独立进餐、穿衣服的能力，学会如厕并养成良好的睡眠习惯。
- 独立性（I）：展现对自我和环境的控制能力。
- 个人健康（PH）：掌握关于身体各部分、营养、卫生、防止吸毒和健康方面的知识。
- 个人安全（PS）：学会保护自己免受虐待，知道坐车和步行时的安全知识，意识到所处环境中的危险。

情感健康领域的教师应观察以下分支领域：
- 情感意识、情感接纳和情感表达（AAEE）：辨识各种各样的情感并向他人表达自己的情感。
- 应对技能（CS）：对压力源、冲突和变化做出适应性的、健康的反应；使用放松的技巧；解决情感冲突或问题。
- 人格整合（PI）：表现出综合的调节能力、自主性和积极的自我概念。
- 树立价值观（BV）：培养同理心、信任、尊敬和尊重等品质。

在社会化领域中，教师应观察以下分支领域：
- 社会性互动（SI）：与同伴和成人互动；解决冲突。
- 合作（C）：帮助、分享、轮流。
- 保护资源（CR）：恰当地使用、保护材料和环境。
- 尊重他人（RO）：理解并接受个体差异；理解多元文化问题。

在构成语言发展的以下分支领域中观察沟通能力：
- 接受性语言（RL）：服从指令；理解基本的概念。
- 表达性语言（EL）：表达需求、愿望和情感；使用单词、短语和句子；说话时语言清晰明确。
- 非语言交流（NV）：使用适宜的交流方式、面部表情、身体姿势和手势。

- 听觉记忆/辨别（A）：能听懂口语；能辨别不同的声音。

在认知领域，教师可在以下4个分支领域中观察儿童的发展：
- 问题解决/推理（PS/R）：运用发散性思维；为同伴的问题提供解决建议；回答问题；有逻辑性地扩展句子或故事。
- 概念形成（CF）：理解空间关系；识别颜色、数字、形状。
- 模仿/记忆（I/M）：模仿；回忆过去的事件；给事件排序。
- 联想/分类（A/C）：配对；分类；组合；归类；建立物体间的联系。

感知运动技能的观察包括以下分支领域：
- 手眼/脚眼协调（EHC/EFC）：绘画、写作、操作物体、视觉追踪、抛、抓、踢。
- 位移技能（LS）：在空间移动身体，如走、跑、跳、飞奔、滚、爬等。
- 非位移技能（NLS）：在空间无位移的运动，如弯曲、转向、扭动、舒展、摇摆、蹲下、坐下、站立等。
- 对身体的管理和控制（BMC）：展示身体意识、空间意识、节奏感、平衡感以及开始、停止和改变方向的能力。

表8.1是发展核查表的一部分，它阐释了发展里程碑事件与发展核查表之间的关系。

表8.1 情感健康领域发展检查表

24—30个月：
1. 能识别镜子中自己的影像并对其微笑。(PI)
2. 能主动安静下来休息一会儿。(CS)
3. 开始用语言或复杂的手势来表达自己的需要或感受。(AAEE)
4. 开始表现出控制自己的能力。(CS)
5. 开始基于自己的需要和愿望发起活动，而不是独自模仿。(PI)

30—36个月：
1. 能通过假装游戏来表达情绪。(AAEE)
2. 能和成人热情、积极地相处，但不会过度依靠成人。(BV)
3. 开始喜欢小组活动和交流。(PI)
4. 能描述对某一情感状态的记忆。(CS)

36—42个月：
1. 能说出自己当下的情绪感受。(BV)
2. 能从愤怒和发脾气中平静下来，然后变得合作、配合安排。(CS)
3. 能用语言而不是身体抗争来表达不高兴的情绪。(BV)
4. 与父母分开时，没有不情愿。(PI)

42—48个月：
1. 能识别他人的情绪。(BV)
2. 能说出行为的后果。(CS)
3. 在大部分时间内情绪稳定。(PI)
4. 开始区分事实和想象。(PI)

情感健康的分支领域：
AAEE 情感意识、情感接纳和情感表达
CS 应对技能
PI 人格整合
BV 树立价值观

创造性游戏课程的重点是促使儿童的创造力发展。所有的儿童都有创造的潜力，然而创造力的发展是高度个别化的，儿童个体之间具有差异。尽管关于儿童创造力发展的研究仍在继续，且这些评估并不是为识别有创造力的儿童而设计的，但是教师和评估者仍然应该利用发展核查表对儿童的创造性能力进行评估。

识别出儿童个体的创造性特质，能够帮助幼儿教师计划课程和准备环境来支持儿童的创造力发展。尽管针对3岁以下的儿童还没有确定可靠的衡量创造力的指标，但对于学前儿童来说，一些衡量创造力的指标如下：

- 儿童愿意冒险，用不同的方式做事，尝试新鲜事物；愿意尝试困难的事情。
- 儿童在日常生活中极具幽默感。
- 儿童有自己的观点并乐于表达，同时愿意谈论它们。
- 儿童不墨守成规，能按照自己的方式做事情。
- 儿童用语言表达想象，比如，编造有趣的词语、假想的故事，等等。
- 儿童对许多事情都感兴趣，充满好奇和疑问。
- 儿童是以自我为中心的、自我激励的。
- 儿童充满想象且喜欢假想。
- 儿童有意识进行系统的探索，制订行动计划。
- 儿童喜欢在游戏中运用自己的想象，更喜欢假想游戏。
- 儿童是富有创新精神的、有创造力的、机智的。
- 儿童对物体进行探索和实验，比如，有目的地把东西拆开。
- 儿童是灵活多变的。
- 儿童善于计划事情。（Tegano, Bennett, & Pike, 1990, pp.35—36; Tegano et al., 1991, p.120；已得到国家教育协会的复印许可）

在使用发展核查表之前，教师／评估者应该对有关儿童发展的里程碑事件和标准非常熟悉。发展核查表的使用开始于低于儿童年龄的发展水平，并贯穿于儿童的整个年龄段，结束于高于儿童年龄的发展水平（比如，如果有一个22个月大的儿童，那么教师可以从以下3个发展阶段进行评估，即12—18个月、18—24个月和24—30个月）。核查表上标记（＋）符号代表该儿童能够自信地、轻松地、连续一贯地完成任务，标记（－）符号代表该儿童不能够完成任务，或只有在他人的帮助下才能完成任务。

当对发展核查表上的某一项目进行评估时，最适宜的做法是在教室里的一个区域投放必要的材料或设计必要的活动。比如，为了确定一个55个月大的儿童是否可以数4个物体，你可能需要在一张桌子上放置一些小方块，邀请该儿童来玩。当该儿童玩耍的时候，你在他面前放4个小方块，让他一个一个地帮你数，之后该儿童可以继续玩方块游戏。核查表要在自然的教室环境中使用。

观察记录部分要遵循核查表上的每一组问题。极其重要的是，在非结构性观察中，教师／评估者要在这一区域列出其所观察到的儿童的技能，记录能够展现儿童某一特定领域能力的问题或评论，以及记录对儿童创造力的观察。

儿童观察

对儿童进行观察记录旨在完善通过使用发展核查表获得的评估信息。对儿童每个领域的行为进行观察，为描述每个儿童的独特性和个性提供了重要信息。对儿童的观察记录包括逸事记录（对重要事件的简单描述），写于每天结束时的儿童活动日志，以及聚焦于儿童的游戏行为的观察日记（Mindes, Ireton, & Mardell-Czudnowski, 1996）。记录的信息包括儿童对游戏材料的选择、他们良好的运动技能、他们的专注力和毅力以及他们对某一活动的喜爱。

有关儿童的观察记录不仅应该包含具体的、客观的信息，以便教师和家长对儿童的发展有更深入的了解；还应突出儿童在每个领域发展的细微差别。有关儿童观察的结果应该记录在发展核查表上的观察记录部分；如果需要更深入的信息，还可以写一个更详细的叙事报告附在发展核查表上。推荐使用正规的报告书写格式，因为这些信息将成为儿童永久性档案的一部分。下面为书写准确的、专业的、优秀的书面观察评论或报告提供了指南。

准备

（1）第一步是阅读先前书写的儿童观察评论。为了更新和扩充关于儿童某一技能的发展信息，描述已经发生的变化，或使用完全不同的观察类型描述儿童的发展。比如，如果之前已经讨论过某个儿童的积木建筑结构，就应寻找另一个创造性活动进行讨论。

（2）为了书写准确且有意义的观察评论，理解儿童的各个发展领域是必要的。阅读每个领域的发展里程碑事件和熟悉发展核查表上的每个项目是非常有帮助的。每个领域下的分支领域都有效地解释了某一技能。另外，在准备观察和书写前，教师还需要参考儿童观察指南（见附录C）。

（3）评估过程最重要的方面是要了解你所要评估的儿童。定期观察每一个儿童并花时间去了解每一个儿童。

目的

观察评论的主要目的是提供关于每个儿童总体发展的独特信息。观察某个儿童是如何以自己的方式发展的。要让熟悉该儿童的一些人在阅读报告后，能够通过对该儿童行为的具体描述而不是儿童的名字识别出该儿童。

过程

（1）评估儿童以定期记录儿童开始。当重要事件发生时，写下来并详细地进行描述。随后，你可以决定将此信息放在发展核查表上观察记录部分的哪个地方。

（2）形成一个体系来记录你所观察到的内容。使用你口袋里的便笺或教室里的观察板——任何你觉得最适宜的方式来进行记录。每日的图表或日志、日记对于获得报告的细节也是非常有用的。

（3）如果观察是随着时间进行的，那么评论将会更加地全面。为了使观察更容易进行以及评论更加准确和完整，你需要把观察期分成几周。观察和记录儿童的发展应该是一个持续进行的过程。

结果

（1）观察记录部分是教师对儿童进行观察的结果，应该以段落的形式进行书写并放在相应的发展领域中。

（2）观察评论的整个语调应该较为正式。避免使用"我"以及"我的"，也避免使用其他人的名字和价值判断词语（如很好、很棒、不错、有提高等）。

（3）作为一个专业性报告，你必须拼写正确。在需要的时候，使用语法手册和词典作为参考。

（4）相较于描述儿童没有做什么，对儿童做了什么进行积极的描述是更适宜的。如果要表达对儿童的担忧，也同样要以积极的方式呈现。这样做可能比较困难，但却是必要的。另外，还需要描述用来解决班级问题的有效方法。

（5）应该客观地书写对于儿童发展所做的评论。要给具体的逸事记录标明日期，避免加入情感、主观臆断或使用情感词汇。当主观的描述很重要的时候，比如"儿童喜欢音乐活动"，不仅要有儿童参加这类活动的具体例子来支持，还要有儿童喜欢这类活动的证据（如微笑；表达出兴奋或渴望之情）。

（6）清晰且简明扼要地进行书写，并且使用明确、具体的语言。这样，你的评论的阅读者就能够对该儿童的行为和发展有清晰的了解。

（7）为了增强观察评论的准确性和有效性，需要考虑以下几点：
- 比较室内和户外需要观察的技能或者行为。
- 使用不同的材料、情境或让不同的人员对需要观察的技能或行为进行比较。
- 描述行为发生的频率和持续的时间。
- 描述儿童是自发地表现出该行为的还是被鼓励后表现出该行为的。
- 描述行为是由儿童主动发起的还是儿童对某些人的回应。

专业化

（1）附有评论的发展核查表通常会成为儿童永久性记录的一部分，家长、教职员工和其他幼儿教育专业人士将来可以使用它。信息必须准确，评论必须以专业的形式写下来。

（2）发展性评估信息应该是保密的。要确保自己保存着观察笔记和有关评论的草稿，并将它们放在上锁的文件柜中。在观察笔记和草稿中，为每个儿童设计一个评估号来代替使用儿童的名字或姓氏，可以非常有效地确保信息保密。

校对

为了确保评论是准确完整的，在与家长或同事分享之前要经常浏览报告，并进行必要的更正或修改。

档案袋

档案袋是一种以儿童为中心的真实性评估方法。它基于儿童的真实世界，并展示了儿童随时间的推移而获得的发展。教师决定如何为儿童建立档案袋，包括里面有什么内容，多长时间收集一次儿童的作品样本等。建立档案袋是一个涉及儿童、教师和家长的动态过程。随着儿童逐渐长大，他们将更充分地参与其中，并为他们的档案袋选择作品样本。档案袋可以按照多种方式进行组织，如内容、主题、发展领域等。将档案袋和发展核查表、儿童观察整合到一起的最有效的方法是使用儿童的发展领域——个人意识、情感健康、社会化、交流能力、认知能力、感知运动技能——作为组织架构。以这种方式建立的档案袋包括了每个儿童在各个发展领域的作品。作品样本可以包括儿童的艺术作品、儿童自己创编的故事、儿童读过的书籍、特殊项目的照片（图8.3中，教师把该儿童的绘画作品的一份复印件放入她的档案袋，作为该儿童精细动作技能发展的一个例子）。档案袋还可以包括有关儿童游戏和表现的录像带或录音带。

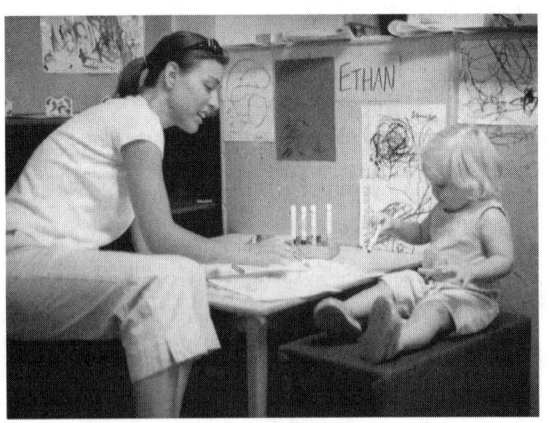

图8.3

教师可能需要将观察记录、发展核查表和在

家长会上所做的报告保存在档案袋或单独的文件中，以便和档案袋信息结合使用。可以把档案袋保存在笔记本、文件夹、文件箱或其他合适的箱子中。它们为构建儿童总体发展的图像提供了重要的信息（Wortham，2001）。

项目记录

让儿童和成人持续参与选择材料的过程，是进行项目记录的基础。项目记录也为教师评估儿童成长提供了一种途径。项目记录是教师在班级中实施项目教学的产物，是瑞吉欧教育模式中的重要组成部分。项目记录有助于家长理解儿童的学习与课程；能帮助教师理解儿童个体的发展，评估自己的教学策略，以及与同事分享自己的想法，为教师的专业成长开辟了一条路径；能帮助儿童巩固学习成果，让他们与他人分享自己的学习成果，并从家长和教师的目光中意识到自己的努力是有价值的（Hendrick，1997）。戈德哈伯和史密斯（Goldhaber & Smith，2002）将瑞吉欧教室中的项目记录描述为"一种积极的方式，让儿童和成人可以分享发现的喜悦和探究的兴奋"（p.159）。项目记录的形式多样，包括：儿童的作品样本、儿童小组画的壁画、儿童参与活动的一系列照片、录像、计算机扫描的图像、书面观察记录等。教师可以把这些内容整理后放到大的记录板上、档案袋中，或者把它们作为展品在教室中展出（Goldhaber & Smith，2002；Henniger，2002）。在创造性游戏课程中，教师可以使用有关儿童学习活动的记录来进一步描述儿童在个人意识、情感健康、社会化、交流能力、认知能力和感知运动技能领域的发展。

目标设定过程

发展性评估结果对于课程计划来说是非常有价值的。通过识别儿童的发展里程碑事件，教师可以设定目标来促进儿童下一阶段的发展。设定幼儿教育发展目标让评估和课程之间建立了联系。

将发展性评估结果转化成具体的儿童教育目标需要你分析评估结果，确定最重要的儿童发展目标，将目标分割成具体的、可观察的技能或行为，以及将你希望儿童达到的目标用清晰、具体的语言写下来。当书写活动计划以及为教室选择材料和设备的时候，你就将儿童发展目标和课程目标联系起来了，为个别化教学奠定了基础。

教师和家长可以通过设定目标和计划适宜的活动来帮助儿童达到目标（见表8.2）。使用每个儿童的评估信息来设定个别化的目标和计划活动，是一项可以形成显性课程循环的任务。

表8.2 个别化目标和活动表

日期：_____		领域：_____
_____	将	_____
（儿童）		（行为）
证据：_____		
可以促进该行为的活动有：		
1._____		

表8.2续

2. _____
_____
_____
_____

一对一家长会

家长会是一个可以分享评估信息的时刻。不仅教师／评估者应该报告有关儿童发展的信息，家长也应该提供信息。教师可以把家长对儿童发展的评论添加到观察评论中。这种信息分享有助于完善儿童发展的总体图像，告知家长儿童发展的特殊性，使家长积极支持儿童的发展。第四章介绍了召开一对一家长会的一般指南。这里提供一些在一对一家长会上与家长分享信息的具体建议。

(1) 通过组织和回顾目前的发展核查表、观察评论、档案袋、项目记录和其他评估数据的复印件，为家长会提前做好准备。将这些材料带到家长会上，并以一种容易理解的、有意义的方式与家长分享信息。

(2) 和家长交流如下内容：
- 儿童发展的特殊性。
- 不使用这些评估信息来将某个儿童与其他儿童进行比较。
- 如何使用评估信息来设定目标、设计课程并实施个别化活动。
- 使用这些信息帮助儿童在家庭中以适宜的水平和速度发展的方法。

(3) 请家长分享如下内容：
- 在家中观察到的有关儿童行为的信息。
- 有关儿童发展独特性的逸事描述。
- 关于个别化教学目标的建议。
- 家庭中有助于儿童发展的方法。

(4) 共同为儿童设定个别化发展目标，头脑风暴一些能够应用在家庭和教室中的促进儿童各个领域发展的活动。

(5) 在结束家长会之前，询问家长是否有其他关于儿童发展的建议或问题需要讨论。要对家长关于评估信息的担忧保持敏感。确保家长离开家长会时对儿童的发展有一个积极的看法，并且有适宜的策略或资源来解决担忧的问题。

发育筛查[1]

有时候，发展核查表、儿童观察、档案袋评估的结果，只是表明了对儿童发展的某一特定领域的关注。教师可能要进行另外的发育筛查来确定该儿童是否有发育问题以及是否需要做进一步的检查。尽管筛查工具不能够用来识别具体的发展问题，或者用来发展干预技术，但筛查的结果能够完善从发展核查表和儿童观察中获得的信息，同时它还可能意味着儿童需要转诊接受一个医学评估。

---

[1] 发育筛查测验是早期发现儿童在特定领域是否存在发育问题的有效工具。在儿童日常保健工作中，我们常常需要对儿童做定期的发育监测，以达到早期发现、早期诊断、早期干预的目的。——译者注

发育筛查工具通常包含多种发展领域，如认知、交流、感知运动技能和社会化等。选择筛查工具的基本原则包括考虑筛查过程的时长、学习使用筛查工具的难度、筛查过程中的家长问卷所包含的内容、对不同文化的儿童使用工具的适宜性、工具的信度（测验结果的一致性）和效度（工具的准确性）（Meisels & Atkins-Burnett, 1993）。标准化测验被分成标准参照性测验和常模参照性测验。

标准参照性测验将一个儿童的表现或技能水平与具体的技能标准进行比较。常模参照性测验是将一个儿童的表现或技能水平与同龄范围内的更多儿童做比较。这类标准化筛查工具应该由和儿童有融洽关系的、对文化多样性敏感以及针对测验程序接受过专业化训练的人士来执行。

转诊

关于你对儿童可能存在发展迟缓问题的担忧和家长进行交流是非常困难的。幼儿教师通常是最先发现这类问题的人，特别是如果发展迟缓问题不明显的话。需要牢记的是，发展核查表和筛查评估只能用来判断是否需要对儿童做进一步测验，它们不是诊断工具。幼儿教师有责任判断哪些儿童需要更全面的评估，并通过尽早辨别和干预过程来支持家庭。

在家长会上，教师要遵循指南并强调儿童发展的积极方面。非常具体地写下你所观察到的有关儿童发展迟缓或存在其他问题的信息。仅仅展示你所观察到的相关信息，避免进行个人判断。认真聆听家长关于问题的看法并与他们进行讨论，最后商讨出问题解决方法。

如果通过评估和发育筛查发现，儿童存在发展迟缓问题，那么需要对他们做进一步的专业评估。通常诊断性评估将"判断出儿童在特定领域的优点和缺点；判断出儿童问题的本质；表明问题或障碍的原因；提出合理的一纠正策略"（Meisels & Atkins-Burnett, 1993, pp.5—6）。有资格提供不同诊断的专业人士已经在表8.3中列出。公共卫生部、学校系统、开端计划项目和儿科医生可以成为关于获得必要评估工具和有资格的评估者的信息源。

列出能够进一步评估儿童或为家长提供更多信息的专业人士的姓名和电话号码。最好由多学科专家组成的团队来对幼儿进行综合性的诊断评估。通过这种方法来处理发展迟缓问题，你可以为家长获得儿童所需的服务提供更加必要的支持。

发展迟缓或发展障碍很少单独出现。因为发展领域是相互联系的，一个领域的问题通常会影响其他领域，所以通过诊断性评估获得关于儿童全面发展的信息是很必要的。这种评估方法还为个别化目标的选择、干预措施和满足儿童发展的需要提供了支持。这些决定应该由多学科专家组成的团队来做出。参与者包括家长、教师、诊断人员和能为残障儿童提供教育和支持服务的其他有资格的人员。

那些关心每个儿童的发展，设计促进儿童成长的课程，为有需要的儿童提供干预措施的学前教育工作者必须依赖发展适宜性的评估实践才能有效地发挥作用。儿童观察、评估过程和筛查过程为收集儿童特定领域的发展信息提供了框架。真实性的评估过程提升了教学效果，支持了项目目标的实现，加强了教师和家长之间的合作关系。

表8.3 对儿童进行评估的专业人士清单

以下专业人士经过了培训，可以为儿童提供综合性的评估或者治疗。如果你怀疑儿童存在医学或者发展上的问题，可以向以下专业人士寻求帮助。

1. 听力矫治专家：检查并诊断听力问题，在病人需要时提供助听器，以及为听力受损的儿童提供其他服务。听力矫治专家能够帮助人们了解以下信息：儿童听力丧失的性质，儿童能够听到和不能听到的声音的频率和分贝，使用助听器的好处，对助听器的保养，以及听力受损的儿童可以参与的特殊教育项目。

2. 神经科医生：诊断并治疗大脑和神经系统的紊乱问题。他会检查病人的身体，以说明身体是如何通过感官获得信息，以及如何通过肌肉系统来控制肌肉运动的。他可能对病人进行专门的检查，如腰椎穿刺、脑电图等。脑电图可以用来判断大脑里的异常活动状态。通过脑电图检查，神经科医生可以判断儿童的异常行为是否与他的中枢神经系统状态有关。

3. 营养学家：评估一个人的饮食习惯和营养状态。他可以告诉人们身体所需的正常营养是什么，同时为营养不良的人们提供治疗方案。

4. 职业治疗师：评估并治疗那些在自理能力、游戏或者与学校有关的活动方面存在困难的儿童，以增强他们在这些领域的独立性。他会选择一些练习和活动，以提高儿童在进餐、穿衣、如厕、洗手、坐、行走和操作物体方面的能力。职业治疗师将会和儿童一起活动，同时他还会向儿童的家长和教师推荐一些活动，让他们可以一起来促进儿童的独立性发展。

5. 眼科专家：诊断并治疗影响视力的疾病、外伤和天生的缺陷。他会对儿童进行视力筛查。他会使用光、简单的图片、玩具和各种各样的仪器来判断儿童的视力状况。他会根据儿童的视力情况运用不同的方式对儿童进行治疗。他可能建议儿童戴眼镜来矫正视力，可能会给儿童开一些药，还可能为儿童做手术。此外，他还可能建议教师在教育儿童时做出一些调整，比如在材料方面和座位安排方面等等。

6. 整形外科医生：处理骨骼系统（肌肉、关节和骨头）的发展、功能问题或者疾病。他会固定骨折的部位，为儿童安装假肢，或者建议儿童接受理疗师的康复训练。

7. 耳鼻喉科医生：诊断并治疗耳朵、鼻子和咽喉方面的疾病，并在必要时为儿童做手术。耳科医生是专门治疗耳朵疾病的医生。耳鼻喉科医生则需要全面检查儿童的外耳、耳道、鼓膜和中耳（鼓膜后面的部位）。他可能需要对儿童的听觉灵敏度做一个综合的测试，以判断问题到底出在哪里以及将来是否需要对儿童做进一步的测试。如果儿童的耳骨存在问题或者耳朵里有液体，就要建议儿童接受手术治疗。

8. 儿科医生：专门为儿童提供医疗保健服务。他会检查儿童在健康和营养方面的一般问题。如果儿童存在具体的健康问题，他可以为儿童开一些药，或者把他推荐给另一位专家。比如，儿童过敏症方面的专家专门治疗皮肤和呼吸系统的过敏问题；儿童心脏病方面的专家专门治疗心脏疾病和先天性心脏缺陷问题；儿童内分泌方面的专家专门治疗儿童的新陈代谢紊乱问题；儿童血液病方面的专家专门治疗儿童的血液疾病；儿童肺病方面的专家专门诊断并治疗儿童的肺病。

9. 理疗师：评估儿童的身体状况并为他们制订理疗方案。他可以指导儿童从事一些与身体姿势、大肌肉运动能力（如走、坐、变换位置等）有关的活动，促进他们的独立性发展。他可以帮助儿童选择辅助身体移动的特殊装置，如轮椅、支架、拐杖等。他也可以帮助儿童练习走、爬、单脚跳、双脚跳以及上下楼梯。他还可以向儿童的家长和教师推荐一些活动，以促进儿童动作能力的发展。

10. 精神病医生：诊断并治疗病人心理上、情感上、行为上和发展上的问题，或者器官方面的问题。他可以为病人开一些药，通常不对病人进行测试。精神病医生各种各样。儿科的精神病医生专门治疗儿童在心理、行为和发展方面的问题。他会花大量的时间和儿童交流或者与儿童做游戏。他还可对儿童的父母进行访谈。通过观察儿童是如何与他人互动、交流和游戏的，他可能意识到是儿童身体上的某个问题导致他们的神经系统出现了紊乱。

11. 心理专家：获得资格认证的非医学方面的专业人士，诊断并治疗社会性、情感、心理、行为和发展方面的疾病。心理专家也有很多种。心理专家会问儿童一些问题，观察他们的游戏活动，问他们的父母一些问题，并观察他们与父母的互动情况。他可能会实施标准化测验，以评估儿童的智力和适应性行为（使用语言、与他人做游戏以及独立做事情的能力）。有时，心理专家会利用一些游戏活动来了解和治疗儿童。有时，他可能需要同儿童的全部家人聊一聊，以帮助他们解决儿童某一方面的问题。一些心理专家还会帮助教师来判断哪种教育项目和活动最能提高儿童的智力和适应性行为水平。

表8.3续

12. 言语/语言病理专家：检查、诊断并治疗儿童交流方面的问题。根据测试、观察以及教师与家长访谈的结果，言语/语言病理专家能为儿童设计并实施一种治疗方案。当他感觉儿童的语言问题是由其他原因导致时，他可以建议儿童去找听力矫治专家、心理专家、耳鼻喉科专家或者其他专业人士做进一步的检查。言语/语言病理专家可以向儿童的家长或者教师推荐一些具体的指导活动，以刺激儿童的语言发展或者纠正他们的语言问题。

来源：Frakes, P., & Porter, M. (1986). Glossary of diagnosticians and treatment specialists. Guide to conditions which place children at developmental risk, pp.78—80. Nashville, TN: Tennessee Children's Services Commission.

与家庭合作拓展课程

确定最有效的方法与家长分享你的评估目的和评估过程。有多种方法，比如一对一家长会、集体家长会、网站、布告栏、电子公告板，都可以用来强调你对儿童的学习与发展进行真实性、持续性评估的重要性。在与家长进行交流时，分享评估结果。运用评估信息来强调儿童的优点、成功和发展上的里程碑事件。向家长解释，抚养儿童和教育儿童方面的挑战也可能预示着令人欣喜的结果。"她哭泣表示她信任自己所处的环境，相信人们可以满足她的需要。她是一个伟大的交流者！当我们对她的哭泣做出回应时，她就能发展出控制她所处环境的能力。""是的，我知道两岁大的儿童逐渐增强的独立性是一个挑战，然而根据埃里克森的理论，他正在成长为具有自主性（对抗羞耻与怀疑）的人，顺利地拥有更加成熟的技能和发展。""儿童撒谎是令人沮丧的，但这也表明他已经达到了更高的认知思维水平，因为他现在理解了他的想法是他自己的，而不能分享给他所知道的最聪明、最有力量的人——他的父母。如果他撒谎了，我将会很乐意和你讨论如何对这种行为做出回应。"

本章小结

评估是幼儿教育项目的必要组成部分，能帮助教师更好地理解儿童，更好地计划个别化的、与儿童的发展相适宜的教学活动。好的评估实践理解儿童的发展，懂得观察和评估技术方面的知识。全美幼儿教育协会和美国教育部幼儿教育专家协会已经制定了有关选择和运用幼儿教育项目评估程序的指南。指南关注的是目的、范围、结果的使用、教师的角色、儿童的回应、家长的干预。教师对儿童的观察和与儿童的互动对评估是很重要的；信息的保密是必要的。家长加入评估过程很重要，尤其是对于残障儿童的家长来说。99-457公法允许家庭参与到目标的制订和对儿童的服务中。

综合性评估包括几个部分：发展核查表、儿童观察报告、档案袋、项目记录和筛查工具。发展核查表评估的是六个领域里儿童的行为和技能：个人意识、情感健康、社会化、交流能力、认知能力和感知运动技能。儿童观察报告包括逸事报告或事件取样。这些信息必须准确、专业、字迹工整。档案袋包括反映儿童各个领域发展的作品集。项目记录让我们对儿童的班级学习活动有了更加全面的了解。

可以使用来自评估过程的信息来确立发展目标，教室活动的物品、设备和材料的选择都基于此。评估信息还可以在家长会中分享。当发展核查表和儿童观察报告的结果揭示了儿童发展中令人担忧的问题时，就需要用到发育筛查。将儿童转诊到其他专业人士那里接受进一步的评估或者为他们提供信息和服务也许是必要的。

大多数家长都非常关注他们孩子的发展，经常担忧自己的孩子和其他孩子相比发展水平落后。家长通常想要将他们的孩子和项目中的其他孩子或者和更多的儿童做比较，以便再次确定他们的孩子处于正常的发展范围内。家长还会因为那些可能预示着孩子存在发展迟缓问题的迹象而感到焦虑。

教师必须能够描述幼儿教育项目中发展适宜性评估的宗旨，并告知家长误用发展信息的可能。教师还必须非常了解儿童的发展，并能够向家长解释儿童个体成长的模式和发展的速度。帮助家长理解每一个儿童的发展都是独特的，评估的价值不在于和其他儿童做比较，而在于对每个儿童在各个领域发展的评估是教师的一项重要任务。比如：

◆ 帮助塔妮卡的父母理解，她在各个领域的行为都在正常的范围内，评估过程的价值不在于将塔妮卡的发展与其他儿童的发展做比较，而在于帮助塔妮卡得到最大程度的发展。

◆ 解释评估这个年龄段儿童智商的价值是最小的，因为儿童不能很好地做测试。最适宜的评估手段是教师和家长的观察。

◆ 再次让塔妮卡的家长相信每个儿童都以自己的速度发展，肯定他们看到了塔妮卡与其他儿童的差异，包括她的姐姐。发展性评估的结果告诉我们，塔妮卡的社会领域和认知领域的发展对于4岁儿童来说是十分典型的，因此没有必要担心塔妮卡和其他人的关系，或者她在学校完成认知任务的能力。

◆ 最后，给塔妮卡的家长提供很多表现她发展优势的例子来帮助他们欣赏塔妮卡是一个独特的、令人感到愉快的孩子，并请他们促进塔妮卡在家中的发展。

除了从发展核查表、儿童观察、档案袋中获得信息外，教师还必须邀请家长为自己的孩子设定个人发展目标，以及向他们阐述如何使用这些目标来设计课程。为家长会做好准备，了解儿童的发展以及对家长的关注保持敏感能帮助教师有效且适宜地使用发展性评估信息。

反思与应用

1. 讨论本章开头的小故事。你还有其他的问题或看法吗？讨论本章结尾对小故事的回答。对于这情况，你还有其他的应对方法吗？
2. 分别在室内和室外观察一组儿童。你看到成人支持儿童学习和发展的例子了吗（运用维果茨基和布朗芬布伦纳关于成人作用的观点进行分析）？当你讨论评估过程时，用你想和家长分享的方法描述这些例子。
3. 反思发展性评估被误用在课程计划或分析儿童发展中的情况。想出并描述你自己关于发展性评估的哲学理念。

补充资源

[1] Beaty, J. (2006). Observing development of the young child (6th ed.). Upper Saddle River, NJ: Merrill/Prentice Hall.

[2] Bowman, B., Donovan, M. S., & Burns, M. S. (Eds.). (2000). Educating our preschoolers. Washington, DC: National Academy Press.

[3] Bredekamp, S., & Rosegrant, T. (Eds.). (1992). Reaching potentials: Appropriate curriculum and assessment for young children (Vol.1). Washington, DC: National Association for the Education of Young Children.

[4] Bredekamp, S., & Rosegrant, T. (Eds.). (1995). Reaching potentials: Transforming early childhood curriculum and assessment (Vol. 2). Washington, DC: National Association for the Education of Young Children.

[5] Forman, G., & Hall, E. (2005). Wondering with children: The importance of observation in early education. Early Childhood Research and Practice, 7(2), 1—13.

[6] Goodwin, W., & Goodwin, L. (1993). Young children and measurement: Standardized and nonstandardized instruments in early childhood education. In B. Spodek (Ed.), Handbook of research on the education of young children (pp. 441—463). New York: Macmillan.

[7] Hirsh-Pasek, K., Kochanoff, A., Newcombe, N., & de Villiers, J. (2005). Using scientific knowledge to inform preschool assessment: Making the case for "empirical validity." SRCD Social Policy Report, 19(1), 3—19.

[8] Kamii, C. (Ed.). (1990). Achievement testing in the early grades: The games grown-ups play. Washington, DC: National Association for the Education of Young Children.

[9] McAfee, O., & Leong, D. (2002). Assessing and guiding young children's development and learning (3rd ed.). Needham Heights, MA: Allyn & Bacon.

[10] Marion, M. (2004). Using observation in early childhood education. Upper Saddle River, NJ: Merrill/Prentice Hall.

[11] Meisels, S., & Atkins-Burnett, S. (2005). Developmental screening in early childhood (5th ed.). Washington, DC: National Association for the Education of Young Children.

[12] Mindes, G. (2003). Assessing young children (2nd ed.). Upper Saddle River, NJ: Merrill/Prentice Hall.

[13] National Association for the Education of Young Children. (1988). NAEYC position statement on standardized testing of young children 3 through 8 years of age. Young Children, 43(3), 42—47.

[14] Wortham, S. (2005). Assessment in early childhood education (4th ed.). Upper Saddle River, NJ: Merrill/Prentice Hall.

第九章

活动策划

作为3—4岁幼儿的教师，你要与其他几位教师共同备课，以确保课程目标与活动策划匹配。你发现每个教师对于活动策划中"什么是必要的"持有不同的看法：有的教师大力提倡基于主题的课程设计；有的教师则关注早期学业成就，相信基于技能的课程设计更好；有的教师关注如何为教室里的特殊儿童制订有效的课程计划。

为了促进共同备课的进程、遵循项目的哲学理念以及达成一致的活动策划模式，你必须解决下列问题：

◆什么样的课程目标和实践与项目的哲学理念相一致？
◆有什么方法可以把基于主题和基于技能的活动策划有效结合起来吗？
◆什么类型的活动策划模式对所有教师都适用且能与项目保持一致？
◆你如何确保将每个儿童的个人发展目标整合到活动策划中？
◆为了满足园内特殊儿童的发展与教育的需要，还有哪些活动策划是必要的？

我们将在本章末尾与大家分享关于上面问题的应对建议。

阅读本章内容时请关注以下话题：一个适宜儿童发展的课堂活动策划的重要性，活动策划和综合性课程指南的使用，为学前儿童选择活动和学习区角的方法。另外，还要理解如何使学习经历个别化；为不同文化、社会群体和种族的儿童制订计划；将残障儿童纳入教室环境中。

创造性游戏课程中的活动要对儿童自我发展的需要做出回应，并促使儿童发展成为一个完整的人。课程框架的基本目标要与项目的哲学理念一致，具体活动的目标要能反映儿童自我发展的需要。为教室设计适宜的活动是"对儿童的评估—个人与项目目标的设定—活动策划—开展活动"（构成了显性课程）这一循环中的一步。

活动策划和教学过程必须适应幼儿的发展水平。幼儿是通过看、听、摸、感受、询问、探索和创造主动地学习的，而不是凭借坐着倾听和接受信息被动地学习的。如果学习环境是自由的、开放的，教师的回应是积极的、有创造力的，那么幼儿就能够参与到与环境和他人的互动中，并选择能够反映他们需求和兴趣的活动。

如果幼儿教育项目中的活动没有理解儿童是如何学习与发展的，反而看重正式的教学和早期学业技能，那么可能会使儿童感受到过多牵制和取得成功的压力，而不是让儿童对学习充满兴趣和热情。"当我们忽视了儿童必须学什么而把我们想教的东西强加给儿童的时候，我们便把婴幼儿置于巨大的风险当中。"（Elkind，1987，p.23）这种对儿童实施的错误的教育在今天的学校和园区内十分常见，它令儿童无法处在将游戏作为主要学习方式的发展适宜性的环境中（Elkind，1987）。

相比之下，要设计一个完整的、体验式的、有创造性的课程，重要的一点是让儿童通过游戏学习。儿童被视为有情感的人，他们有机会体验成功、做出选择和决定、微笑、运动、参加活动、与他人进行充满支持和爱的互动。学习被看作一种愉快的、有意义的过程，该过程能够促进儿童积极的自我概念的发展，激发他们对世界的好奇心，提高他们独立思考和解决问题的能力，使他们不断接受成长和发展的挑战。

贝里·布雷泽尔顿（T. Berry Brazelton）强调需要考虑儿童的感受和人际关系，并认为它们是儿童学习的基础："我们生活在这样的一种认知文化中。首先是情感上的学习，之后当你与他人建立了温暖的、令人鼓舞的人际关系后才会产生认知上的学习。"（Greenberg, 2001, p.10）他认为如果成人和儿童之间没有建立密切的关系，儿童学习的效果就会大打折扣。图9.1中的教师很明显对儿童的感受做出了回应。

图 9.1

为儿童提供很多机会去探索室内和户外环境，体验和同伴、成人之间的亲密关系，能够为儿童带来关于自己、他人和这个世界的有意义的学习：

我确信，对于儿童来说……感受比知道要重要得多。如果事实是以后能长出知识与智慧的种子，那么情感和感官印象则是种子赖以生长的沃土……一旦情感被唤起——一种对美的感受、对未知事物的好奇或者一种同情、怜悯、羡慕或爱恋的感觉，我们就会渴望了解引起我们情感反应的事物。一旦有所体验，这种知识就比纯粹的信息具有更长久的意义。为儿童的求知欲铺平道路比向他们灌输一堆他们尚难吸收的事实更为重要。（Carson, 1956, p.45）[1]

活动策划指南

课程计划的一个重要目标是选择能够促进儿童个人意识、情感健康、社会化、沟通能力、认知能力和感知运动技能等方面发展的活动。比如，为一群一起搭建积木的儿童提供不同类型和尺寸的积木，不仅可以促进儿童社交技能的发展，而且可以促进儿童感知运动技能、沟通技能、问题解决技能的发展。有创造力的、灵活的教师能够让活动适合不同年龄、不同发展水平的儿童。许多活动既适合在室内开展，又适合在户外开展。莫耶、埃杰特森和艾森伯格（Moyer, Egertson, & Isenberg, 1987）阐述了教师策划活动时的注意事项和活动策划指南，他们认为有效的教师会做以下事情：

- 辨识和肯定儿童成长和发展方面的个体差异。
- 根据儿童的发展水平制订适宜的课程目标和个别化发展目标。
- 把游戏作为儿童日常活动中基础的、必要的组织形式。
- 采用综合的方法，把儿童当作完整的人看待。
- 提供多样化的能够在各种活动中学习的机会。
- 在开放式的、创造性的活动中，促使儿童

---

[1] 摘自 Rachel Carson 的 *The Sense of Wonder*。1956年的版本由 Rachel L. Carson 所有。经 Frances Collin, Trustee 许可后复印。

积极地体验、发现、参与和选择。
- 采用活动均衡的课程计划,包括安静的/激烈的、室内的/户外的、教师发起的/儿童自发的、个人的/小组的/集体的活动。
- 关注探索和学习的过程而非最终结果。
- 提供机会让儿童体验多元文化的、无性别歧视的材料和活动。

为了促进儿童的创造力在所有发展领域的发展,教师必须策划能够激发儿童的自我表达欲望、想象力、发散性思维和问题解决能力的重视过程的活动。索耶斯和特加诺(Sawyers & Tegano, 1986)阐述了促进问题解决能力和创造性思维发展的基本指南和方法:

- 教师要意识到问题解决能力,尤其是发散性问题解决能力(即创造力)体现在诸多方面。创造性的问题解决能力不仅体现在美术活动中,而且可能体现在所有的课程领域。
- 鼓励儿童参与决策的制定过程,让他们能掌控自己的学习经历。
- 课程中融入儿童的兴趣和想法。
- 营造一个温暖的、充满支持的、相互尊重且包容的氛围。这种氛围可以为儿童个人或集体进行探索和解决发散性问题提供必要的自由和保障。
- 给儿童时间去思考和完善他们的想法。很少问题能够立即迎刃而解。
- 接纳不寻常的想法和反应,避免不必要的奖赏/强化。
- 不要急着判断或评价儿童在解决发散性问题时所做的尝试。
- 通过提供资源、参与和提问来引导儿童进行探索和游戏,促进儿童问题解决能力的发展(比如,提出问题:"你觉得这是什么?它还可能是什么?"接着问:"它们的形状一样吗?它们都是光滑的吗?"让儿童比较异同)。

在创造性游戏的教室环境中,儿童被鼓励通过想象游戏进行学习,而不是安静地玩相似的东西、抽认卡片或完成一些书写任务。开放性的游戏活动支持儿童通过与同伴、成人、环境的互动来学习,并激发儿童的创造潜能(Tegano et al., 1991)。图9.2中的儿童正沉浸在一种开放式的、以过程为导向的绘画活动中,这可以促进他们的自我表达和创造力的发展。

图 9.2

活动和学习区角的选择

当教师为学习区角选择活动和材料时,要确保所选内容与课程的哲学理念和课程目标相符合。记住,所选的活动反映了你对儿童发展的理解和你作为教师的价值观。

根据瑟曼(Thurman, 1981)的看法:

- 如果我们珍惜儿童的时间,我们就会选择有意义和有价值的活动。
- 如果我们重视学习内容,我们就会选择真实的、正确的、值得了解的知识。
- 如果我们重视创造性，我们就会选择那些让儿童做出选择和发挥他们自己想法的活动。
- 如果我们重视思考，我们就会选择有多种正确答案的活动。
- 如果我们重视独立性，我们就会选择那些让儿童在自己能力范围内做最多的事情的活动。
- 如果我们重视他人，我们就会选择那些不带刻板印象、把人当作人的活动。
- 如果我们看重自己，我们就会根据我们自己的专业判断、经验和有关儿童的知识来选择活动。

瑟曼提出的下列问题（1981）可能会帮助教师从所有不错的活动中挑选出对于儿童来说最好的活动：
- 活动安全吗？
- 活动对于该年龄组儿童是适宜的吗？
- 活动适合不同能力水平的儿童吗？
- 活动允许儿童做出选择和思考吗？允许儿童进行创造吗？
- 活动的指导语足够简明清晰吗？
- 活动可以让儿童获得成功吗？
- 活动的费用与它的价值相比合理吗？
- 需要让儿童来开展这个活动吗？
- 活动能满足儿童在多个发展领域（感知运动、社会性、情感、认知等）的成长需要吗？

全美幼儿教育协会为教师选择和设计发展适宜性课程提供了以下指南（Bredekamp & Copple, 1997）：
- 发展适宜性的课程要能满足儿童各个领域的发展需要。
- 课程要能融合跨学科领域的内容，并且对儿童是有意义的和有吸引力的。
- 课程是运用儿童已经知道的知识来帮助他们学习和同化新的概念和技能。
- 课程能促进儿童批判性思维能力的发展和使用。
- 课程能反映儿童的本土文化和语言，能促使儿童分享、学习并尊重其他的家庭和文化。
- 课程目标是适宜的，是教室中儿童的发展水平和技能水平可以达到的。
- 实施课程时应将教学方法与早教项目中的哲学理念、课程、教学策略相结合。

教师应基于他们对儿童需要的了解、基于活动是否与课程目标一致以及活动是否能促进幼儿创造力的发展，在各种各样的活动中做出选择。活动指南可以帮助幼儿教师获得新颖的想法，并激发教师的想象力，设计出富有创意的活动。

基于技能、主题和项目的活动策划

通过采用三种不同但互补的活动策划方法，教师可以将活动应用到教室中。在基于技能的活动策划中，教师根据发展领域来设计活动并根据技能发展的顺序来选择活动。这种方法强调儿童要为具体任务做好发展方面的准备，同时活动要能满足儿童发展的个性化需要。

在基于主题的活动策划中，教师围绕一个单元话题或主题来组织教室活动，一年当中可以每周或每两周更换一次主题。主题设计为教师提供了有益的组织框架和概念框架。教师可以通过选择和调整来使活动与当前的主题相一致。以下为建议开展的活动主题：

我

人是特别的

每个人都有情绪

我们想要了解的事物

我们看见/听见的事物

我们品尝/闻/摸过的事物

丰收节

寒假

假期

家人

新出生的婴儿和小动物

社区

陆路交通

空中交通和水路交通

给予我们帮助的人

我们在学校做的事情

安全/健康

司机/乘客安全

个人安全

保持健康

校园和家庭安全

我们吃的食物

我们吃的植物

家人与假期

庆祝新年（中国春节、新年）

家庭庆祝活动（生日、领养日）

文化庆祝活动

朋友、帮助和分享

和朋友分享

在家中和学校帮忙

交流的方式

交朋友

动物

动物栖息地

森林动物

农场动物

家养动物

动物园里的动物

动物家族

照顾宠物

我们的世界/科学

空气

工具和机器

季节

昼夜

种植的东西

保护我们的地球

自然/野营

海滨生活

主题可以由教师和儿童共同选择。以下示例的主题涵盖多方面活动，对儿童和教师的思维和价值观是一项挑战，能促进儿童对不同观点和文化的探索。

- 我们尊重自己和世界：
  每个生命都有需求；
  我是一个重要的人；
  我们都有文化传承；
  我们需要和平的生活。
- 当我们交流时，我们传递信息：
  交流是双向的；
  我们用不同的语言和不同的方式进行交流；
  卡通片、书籍、杂志、电视中都包含陈规旧习；
  电视有时候对我们的健康有害。
- 我们可以在地球上有所作为：
  我们塑造了过去，也会塑造未来；
  非裔美国人对我们的民族做出了很大的贡献；
  我们祝贺女性所做的贡献；

所有民族的人们都为正义和公平而奋斗；
我们需要克服种族偏见和歧视。
● 我们分享有关这个世界的故事；
我的家庭故事是重要的；
我们通过他人的故事了解他们；
我们都是讲故事的人和演一员。
（Ayers，1993，pp.98—99）

列出一份主题清单对活动策划是十分有用的。当然，教师还要懂得变通，要积极回应儿童当前的需要、兴趣和不同背景，并根据儿童个人或集体的需要改变主题和活动策划。主题和具体活动要适合集体中不同儿童的发展水平，这也是非常重要的。

项目教学（project approach）是指深入学习某个对儿童有意义的话题或概念。项目通常由儿童提出。他们会积极地参与活动的策划。活动可能持续几天或几个星期。项目教学既不是出于教师的直接指导，也不是儿童自发进行的游戏，而是源于儿童对真实生活中的概念或经历的兴趣。计划和实施项目教学的过程能够促进儿童的思维、问题解决能力和社会性协商技能的发展（Katz, L., & Chard, 1989）。

项目开始于教师倾听儿童的谈话并向儿童复述他们的想法："我听到你们在讨论哈雅瓦西河[1]，这条河是怎么形成的呢？我们可以在地上做一条河吗？我们该制订什么计划来做这条河呢？"（Wurm, 2005）马拉古兹（Malaguzzi, 1993）阐述了项目教学的价值："儿童的所学并不是我们的教学自动产生的结果，而是儿童亲身参与的结果。儿童的所学是他们自己的活动和我们提供的资源产生的结果。"

成功地应用项目教学——瑞吉欧模式的核心，意味着儿童和成人在时间和空间上具有灵活性，意味着儿童和成人有机会进行深入且持续的合作，并对课程活动的发展提供更多的选择。"如果儿童要投入到持续的学习中，那么他们需要灵活的时间安排；为了锻炼手工技艺，儿童需要沉浸在让他们感兴趣和着迷的事情中……在为儿童提供这些学习所需要的时间时，一定要考虑物理空间。其中，关键的一点是可使用性——学习空间和材料的可使用性。同时，还有能让儿童接触到其他儿童和成人。简而言之，所有激发他们创造力的可使用的事物。"（Allred, Briem, & Black, 1998, pp.32—33）

在瑞吉欧模式中，记录是项目教学中的重要部分。记录包括了对儿童作品的收录、使用和反馈；具体来说，帮助儿童做这些事情，以便让儿童的技能和知识得到发展。儿童提出想法和假设，遇到对立的想法和假设，然后通过自己的学习来进一步获得知识。记录和展示儿童项目学习的过程是一种能够让儿童反思他们学习的具体的方法（Burrington & Sortino, 2004）。

综合的活动策划整合了基于技能发展的活动策划、基于主题的活动策划和基于项目教学的活动策划。所选择的活动要：（1）符合话题、主题或项目；（2）支持基于发展性评估信息而设定的儿童个人目标；（3）通过支持课程目标，促进全体儿童的发展。教室的每个学习区角都应该设计并选择那些能促进儿童的技能发展，并符合单元主题的日常活动、集体活动、过渡活动和户外游戏活动。

课程网络为形成综合性的课程计划提供了很好的框架，并将主题或项目与技能发展联系起来。课程网络是一个动态的计划，它能结合课程的不同领域，增加了整合课程的可能性。课程网络拓展了活动策划的过程，并成为围绕一个项目或主题组织活动的有效机制。比如，在纸的

---

[1] 哈雅瓦西河（Hiawasee），美国乔治亚州的一条河流。——译者注

中间位置写下"朋友"这一主题，并向外指向不同的领域，包括语言／沟通活动、感知运动活动、认知活动等；在每个领域下列出具体的活动和想法，制订教师需要遵循的计划。教师和儿童都可以为课程网络的活动提供想法，从而让课程计划过程变得灵活、能回应儿童的需求和有创造性（Katz, L., & Chard, 1989；Workman & Anziano, 1993）。

活动策划包括确定活动对象、简述所需材料和活动实施方法、定位教师的作用以及为评估活动是否成功提出评估标准。表9.1呈现的是在每周单元主题计划中的一张头脑风暴活动的总体规划表。表9.2展示了教室日常活动安排中部分活动的设计。

表9.1　总体规划表

主题：＿＿＿＿＿＿＿＿＿＿＿＿＿＿　日期：＿＿＿＿＿＿＿＿＿＿＿＿＿＿

拼图和游戏：	绘画/书写：
发现：	图书：
积木：	想象游戏：
艺术：	户外：

表9.2　活动策划表

主题：旅游的多种方式　　　　教师：＿＿＿＿＿＿＿

中心：＿＿＿＿＿＿　　　　　星期：＿＿＿＿＿＿＿

材料：

儿童的角色/过程（包括概念、技能、目标）：

教师的角色/问题（包括安全注意事项）：

调整/评价：

教室中的多样性

儿童的学习，包括他们的学习方式和学习内容，会受到他们文化背景的影响。儿童和教师之间的文化差异会深刻地影响教学，可能"导致教师误解儿童，错误地评估他们的发展能力，给他们的教育成长制订错误的计划"（Bowman & Stott，1994，p.121）。发展适宜性的课程必须重视儿童和教师所处的社会和文化背景。要想为幼儿的多样性提供发展适宜性课程，教师就要尊重儿童的个体差异，对不同社会文化和种族的群体保持敏感性。

针对儿童群体不断增强的多样性（见表9.3），托幼机构要想做出有效回应应做到以下几点：

- 教师对文化多样性保持敏感和了解。
- 为儿童提供有意义的课程活动和体验。
- 精心挑选教学材料。
- 具体合适的教学资源。（Saracho & Spodek，1983，p.77）

如果教师的态度反映了对不同家庭的积极情感和对所有儿童独特性的珍视，那么教师可以促进儿童自尊心的发展，帮助儿童发展同理心，尊重个体差异。承认儿童差异的有效课程目标可能包括：

- 帮助儿童认识所有文化中的人都是有价值的。
- 让儿童学会辨识和尊重人与人之间的差异。
- 通过欣赏儿童的文化背景来增强儿童的自尊心。
- 帮助儿童认识到他们是这个世界的一部分。
- 让儿童认识到所有文化中的人都具有人类的共性，以此促进世界的和平与和谐发展。

（Phenice & Hildebrand，1988，p.15）

全美幼儿教育协会已经通过了《回应语言和文化的多样性——实施有效的幼儿教育的建议》（*Responding to Linguistic and Cultural Diversity—Recommendations for Effective Early Childhood Education*）（NAEYC，1996b，简称《建议》）。《建议》的目的是帮助教师对儿童的语言、文化、种族保持敏感，实施对儿童所生活的家庭、社区有所回应的课程项目。家庭、社区的文化与学校文化之间经常不尽相同，这种分歧及其潜在的后果向教师"接纳、尊重、重视、促进和鼓励所有家庭成员（包括远亲的和非传统的家庭成员）积极参与活动"提出了挑战（NAEYC，1996b）。具体来说，教师应该做如下事情：

- 认识到儿童的认知、语言和情感都与他们的家庭的语言和文化相关。

表9.3 儿童人口增长及预测，1980–2020（数字代表占全部儿童人口的百分数，年龄从出生到17个月）

	1980	1990	2000	2003	2010预测	2020预测
白人	74	69	64	60	56	53
黑人	15	15	15	16	15	15
西班牙人	9	12	16	19	21	24
亚裔/太平洋岛民	2	3	4	4	4	5
美国印第安人/阿拉斯加土著人	1	1	—	—	—	—
其他	—	—	4	4	5	6

- 帮助儿童认识所有文化中的人都是有价值的。
- 承认儿童能够通过多种方式证明他们的知识与能力。
- 认识到如果缺乏综合的语言输入，第二语言的学习是很困难的。
- 在幼儿教育项目中与家长进行积极的合作。
- 鼓励和帮助所有家长认识到儿童多学一门语言对他们认知发展的价值，并为他们提供策略以支持、保护和维持儿童在家庭中的语言学习。
- 认识到就家中的文化价值观和规范而言，父母和其他家庭成员需要得到保育员和教师的赞赏和支持。

许多幼儿教育工作者还使用反偏见的课程。在幼儿教室中反偏见的课程超越了对文化多样性的教学，强调帮助幼儿"理解差异并自在地对待差异，通过不同的方式欣赏全人类的相通之处，辨识和直面带有偏见的观念和行为"（Derman-Sparks & A.B.C.Task Force, 1989, p.7）。

反偏见课程开阔了儿童的视野，向性别、年龄、特殊需要、种族、民族、文化或社会背景方面的陈规旧习提出了质疑。在某些情况下，反偏见课程可能会否定主流社会对特定人群的态度，同时还会积极地教儿童以肯定的、无偏见的方式看待每个人。

想要将反偏见课程付诸实践，教师需要具备关于不同人群的需求和生活实践的知识，需要确保教室环境是丰富的、多样化的、无陈规旧习的。为了实施反偏见课程，教师必须做到以下几点：

- 示范欣赏个体差异、无偏见的行为和交往方式。
- 招生时要遵守反种族与性别歧视的平权行动的规则，积极地拓展儿童和家庭组成的多样性，包括招收残障儿童。
- 选择避免带有陈旧观念的教室材料，展示不同群体的人们的正面形象。
- 设计不带陈旧观念的教室活动，并展示人们的不同观点；要给不同发展水平和文化背景的儿童提供获得成功和赢得掌控的机会；促进儿童对个体差异的尊重。
- 让家长和社区成员提供多样化的资源，分享经验，设计有利于儿童了解多种文化和群体的活动。

教室中的科技

在过去的十年间，研究者调查了电脑在幼儿园教室中的使用及其带来的结果。随后的争论集中在幼儿对电脑的合理使用上——电脑不能替代发展适宜性课程，也不只是对课程的简单补充。当在整合课程中使用电脑时；当儿童积极地而非消极地使用电脑时；当儿童选择了适宜的软件时，电脑就可以成为整合性课程的一个重要部分。电脑的使用可以让教师从多方面看待儿童和他们的智力：教师可以"让儿童进行经常被忽视但能促进儿童多元智力发展的活动，给他们提供用不同的方式学习和表现自我的机会"（Wright, 1994, p.9）。

最开始，对于儿童使用电脑，人们主要研究其在促进儿童认知和语言技能发展中的价值。然而，儿童使用电脑还能促进其他各方面智力的发展。"使用电脑能够激发儿童的想象、创造性、感性、逻辑、经验思维方面的潜能。"（Bowman & Beyer, 1994, p.20）比如，儿童可以作为艺术家、设计师、作家、机械师、有逻辑的思想者来使用电脑（Wright, 1994）。

为了对电脑的使用和相关技术问题做出回应，全美幼儿教育协会发布了一则声明——《技术与3—8岁儿童》(*Technology and Young Children—Ages Three Through Eight*) (1996c)。这里列出了其中七个主要建议：

- 对于科技使用适宜性的评估，全美幼儿教育协会采用了发展适宜性实践和课程的评估标准。总之，全美幼儿教育协会认为，无论在何种情况下，教师都需要运用专业知识来判断某种科技是否适合儿童的年龄、个性和文化背景。
- 恰当地利用科技可以提升儿童的认知和社会交往技能。
- 将科技适当地融入日常的学习环境中，将其作为支持儿童学习的多种方式之一。
- 学前教育工作者应该让所有儿童和家庭公平地使用科技。如果需要，特殊儿童应该获得更多的使用科技的机会。
- 科技对儿童的学习和发展有重大的影响，需要注意在使用科技时消除对任何群体的陈旧观念，避免接触暴力，特别是避免将暴力视为一种问题解决方法。
- 教师与家长合作，共同为儿童争取更多的合适的科技设备。
- 科技的恰当使用对学前领域的发展有着多方面的影响。（NAEYC, 1996c, pp.11—15）

教师在科技应用中的作用

在为幼儿创设教室环境、选择软件和营造使用电脑的总体氛围方面，教师的作用是至关重要的。把电脑视为游戏和探索、发展社会关系、增强儿童沟通技能、支持知识建构的另一种方式的教师，可以促进教室中发展适宜性的技术的使用；将电脑使用与课程融合的教师能够利用软件支持主题或单元计划，将电脑作为一个学习区角的一部分，以及在分组活动时间使用人机互动类的电子书或新的软件。教师经常不像儿童那样能轻松地使用电脑。教师所认为的不足的一点是，他们需要资源、支持和培训以学会操作电脑；但这一点也有好的一面，那就是教师把自己看成儿童的共同学习者。如果教师想要提升儿童的批判性思维和问题解决能力，就应当在涉及发展适宜性的软件时使用开放式的提问方法。"这种提问的目的是帮助儿童意识到'要思考你的想法'。这种提问常用的三个基本问题如下：(1)你认为你应该做什么？(2)为什么你认为这件事情是你应该做的？(3)你是如何判断的？"(Snider, S., & Badgett, 1995, p.103)

创设可以轻易地接触到电脑和不同软件的教室环境是支持儿童使用电脑的第一步。幼儿园教室应该配备让儿童通过图形、声音、录音、动画、触摸进行多种感官探索的、强大的、最新的计算机硬件（Bredekamp & Rosegrant, 1994）。除了让儿童选择和操控的硬件以外，教师还应选择满足儿童需要的软件。教师应该选择鼓励儿童发现和探索的软件，而不是那些强调使用电脑来反复进行机械练习的软件。作为选择发展适宜性软件的决策者，教师应对软件的"儿童特征、教师特征和技术特征"做出评估（Shade, 1996, p.19）。教师可以通过以下问题对软件的"儿童特征"进行评估：

- 该软件能否培养儿童独立地使用电脑？
- 该软件是否鼓励儿童进行积极主动的学习？
- 该软件是否支持由儿童主导的人机互动？
- 该软件是否鼓励试验？
- 该软件是否鼓励发现式学习？
- 该软件是否鼓励创造性？
- 该软件是否是开放式的？
- 该软件可以通过图片菜单进行操作吗？
- 该软件体现了年龄适宜性的概念吗？
- 该软件可以允许儿童按照自己的步调进行活动吗？（Shade, 1996, p.17）

选择软件时，应考虑的"教师特征"如下：
- 该软件的教育价值是什么？
- 该软件是否可以反映儿童的文化、年龄、家庭结构等的多样性？
- 该软件是否与课程的哲学理念和目标相一致？
- 该软件是否可以让教师根据儿童个体的能力做出个性化的选择？

应考虑的"技术特征"如下：
- 该软件是美观的吗？
- 该软件是很容易且能快速安装的吗？
- 有生动的图片和声音效果吗？
- 声音和言语是清晰、可辨别的吗？

（Shade，1996，p.17）

以上问题使得教师所选择的软件适合儿童的年龄，可以使儿童通过主动操作而成为积极的参与者，让儿童可以脱离成人的监督进行操作和探索；同时要使所选择的软件重视使用过程，能提供机会让儿童尝试多种方法，并且包含高科技因素（Haugland & Shade，1988，p.38）。电脑软件要具有娱乐性和探索性，并提供提高发散性思维水平和创造性水平的活动，以促进儿童的创造力发展（Tegano et al.，1991）。尽管儿童电脑软件正在不断改善，但是儿童仍不能在使用电脑软件时获得和他们在玩开放性材料（如积木和美术材料）时一样的快乐（Henninger，1994b）。

在为学习困难或残障儿童选择适宜的硬件和软件时，还有一些需要考虑的要点。电脑是能促进儿童沟通和增加儿童的学习机会的一种辅助性技术。《1988年残疾人相关科技援助法案》（*The Technology-Related Assistance for Individuals with Disabilities Act of* 1988）（P.L.100-407）主张改造或定制电子设备使之适合残障人士使用。为残障儿童改造硬件可能包括：替代的键盘；用颜色、标签或凸起的盲文改造键盘；触摸灵敏的屏幕；压力开关和调整开关的鼠标；控制视线的设备；扩印和语音激活设备。软件必须包括动画、听觉提示和反馈以及高质量的数字化语音（Behrmann & Lahm，1994；Brett，1997）。针对残障儿童使用的技术具有额外的价值，其中电脑所能实现的价值如下：

- 促进儿童的行动力、沟通和学习。
- 增强儿童的独立性。
- 增强儿童的能力。
- 弥补儿童在学习上面临的挑战。
- 帮助儿童克服习得性无助[1]。
- 发展儿童的胜任感和独立性。

（Brett，1997，p.15）

对创造性地使用电脑感兴趣、鼓励儿童进行探索、以无偏见的方式进行互动的教师能为儿童建构新知识创设积极的、支持性的环境。儿童与同伴、教师、环境之间的互动是幼儿教育课程的必要组成部分。关注儿童和课程整合的教师能够发现电脑在儿童游戏和学习中的创造性使用方法。

个别化学习经历

每个儿童都是按照自己的速度和独特的方式成长和发展的。为了实现个别化教学，幼儿教育工作者必须有效地评估每个儿童的发展水平，为每个儿童制订具体的目标，并将目标转化成发展适宜性的教室活动。另外，个别化教学对于残障儿童来说也是非常必要的。

---

[1] 习得性无助（learned helplessness），美国心理学家塞利格曼1967年在研究动物时提出的一个概念。它是指个体由于连续地经历失败、挫折的体验而对事物感到无法控制、无能为力，从而产生自暴自弃、丧失信心的心理状态和行为。——译者注

针对残障儿童的幼儿教育项目的目标如下：
- 支持家庭实现他们的目标。
- 提高儿童的参与度、独立性和掌控能力。
- 促进儿童在关键领域的发展。
- 培养儿童的社交能力。
- 促使儿童使用一般性的技能。
- 为儿童的正常生活提供经验并让他们做好准备。
- 预防问题或伤残的出现。（Bailey & Wolery, 1992, P.35）

为了让残障儿童拥有个别化学习经历，教师要熟悉个别化教育计划和个别化家庭服务计划。个别化教育计划是为3岁及以上儿童制订的、以儿童为中心的教育服务计划。它指组建包括家长和专家在内的多方面的团队，使用评估结果来描述儿童的发展优势和发展担忧，为儿童制订全面发展的目标。个别化教育计划包含以下要素：对儿童当前发展水平的描述；儿童的发展和教育目标；具体的教学目标；要提供的教育服务；所需服务的类型和数量；能最好地达成儿童发展目标的项目定位；评估儿童成长和项目定位有效性的程序（Allen, K. E., 1996; Bricker, 1986）。

个别化家庭服务计划是以家庭为中心的计划，旨在明确和提供资源，以帮助家庭和家庭中0—2岁的儿童实现目标。个别化家庭服务计划关注的是家庭背景中的儿童，认为家长是幼儿最重要的教师，让家庭能够更积极地、更好地做好准备，满足特殊幼儿的需要。个别化家庭服务计划需要组建包括家长和专家在内的团队，判断儿童和家庭的需要，明确为家庭提供的资源和支持性服务。个别化家庭服务计划包含以下组成部分：对儿童当前发展水平的描述；对家庭优势和所需的判定；儿童和家庭的年度目标；要提供的早期干预服务；确定合理的项目定位（基于家庭的、基于项目的服务或二者兼之）；评估计划的标准、程序和时间（Johnson, B., McGonigel, & Kaufmann, 1989）。

有效的幼儿教师能认识到他们需要获取教室中有关残障儿童的信息。各种各样的专家和组织都可以提供信息和服务，帮助教师满足残障儿童的发展和教育需要。利用可能的社区资源，想出多学科的、相互协作的方法，为残障儿童提供适宜的教室环境等，是有效地将残障儿童纳入个别化教学的基本方法（Cook, R.E. et al., 1992; Wolery & Wilbers, 1994）。

为残障儿童所做的调整

这部分内容包括为五种常见残障类型的儿童提供教室活动的调整建议。五种常见的残障类型是：身体残障、言语／语言残障、视觉残障、听觉残障、行为失调或情感障碍。这里不包括对智力残障儿童提出的调整建议。但是，这些建议在对言语残障儿童提出的调整建议中被间接提及。智力残障通常表现为儿童的认知和言语／语言发展迟缓。教师应该选择适合儿童的调整建议。

提出调整建议的目的是方便教师开展更适合残障儿童的活动。大多数的调整都需要花费教师的一小部分时间。这些调整是为了丰富残障儿童的经历，让教师能帮助儿童尽可能独立地、成功地参与活动。实施这些活动时应遵循一些基本指南。

针对身体残障儿童的指南

有身体残障的儿童通常在运动方面存在困难，他们可能会借助轮椅、假肢或拐杖在教室里四处移动。一些儿童可能通过推动摆在他们前面的物体（如一个大的木箱）在教室里移动。教室环境应该是无阻碍的，教室通道应便于人们移动。儿童的身体姿势对于增加儿童的学习机会、防止肌肉萎缩来说是极其重要的。一个基本的规则是当儿童坐下或站立的时候，让儿童的身体保持端正，头处于身体正中的位置。让儿童保持下身弯曲（腿和臀部弯曲）、上身直立的姿势，有利于儿童更容易地观察环境。当推动一个处于坐立姿势的残障儿童时，应该将其肩膀转动为一侧向里、一侧向外，而不是牵拉他的手臂。

有身体残障的儿童，尤其是控制手臂和手有困难的儿童，需要合适的材料或活动，以便拥有成功的学习经历。提供特殊的支持装置，比如支架、楔形物或支撑性的座椅，将有利于儿童保持便于参与教室活动的姿势。将易操作的材料或玩具粘到一块板上；提供大的蜡笔、画笔、书写工具；贴许多纸在桌子上；给玩具安装大的手柄等，都是简单而有效的调整。通过使用其他的辅助性技术装备，如电遥玩具、指示棒、尼龙搭扣、电脑等，也可以促进儿童的游戏和学习（Allen, K. E., 1996；Brett, 1997；Dolinar, Boser, & Holm, 1994）。

为了给身体残障儿童提供合适的课程，教师应该咨询那些能够帮助儿童确定合适的目标并提供课程调整建议的专家。物理治疗师能提供维持或提高身体运动能力的治疗方法。职业治疗师能提供提高日常生活技能，如吃饭和穿衣的治疗方案。物理治疗师和职业治疗师通常受聘于医院、康复中心或学校系统。为了找到合适的专业人士，教师可以联系儿科医生、当地的公共卫生部门、医院、康复中心、当地学校系统以及家庭卫生保健机构。

针对言语/语言残障儿童的指南

要接纳言语/语言残障儿童，就要提供一个促进其语言发展的自然环境。语言丰富的环境能够极大地促进接受性语言和表达性语言技能的发展。教师应该鼓励和表扬儿童的沟通行为和对沟通行为的尝试。对语言发展迟缓的儿童的教学指南包括：向儿童示范正确的语言使用方式以及促进同伴之间的沟通。向儿童做出示范是进行自然干预的基础，能够促进婴儿、学步儿和学前儿童的语言发展。无法通过语言进行沟通的儿童可以使用替代的沟通系统，如手语或辅助性技术——沟通板和电脑等（Hecht, 1997）。

言语病理学家和听觉矫治专家能够为语言发展迟缓的儿童设计课程以提供帮助。言语病理学家有资格为言语残障儿童提供评估和治疗。言语残障包括发音迟缓、接受性语言发展迟缓、表达性语言发展迟缓、发音问题（鼻音、声音嘶哑、音高，等等）、流畅性问题等。听觉矫治专家有资格评估儿童的听敏度，为听觉残障儿童提供听力训练和助听器。这些专家通常在语言和听力中心、医院、康复中心或当地的学校系统工作。

针对视觉残障儿童的指南

尽管许多教室活动，比如艺术活动，看起来似乎需要视觉的参与，但是视觉残障儿童也能够参与包括艺术欣赏在内的所有活动并从中受益。教师可以调整活动，从而提供替代的感官输入，让儿童通过触摸、闻、品尝来参与活动。

在活动期间，使用视觉词汇如"看""展示"等。视觉残障儿童通常会使用这些词语来表达他们看的方式。与视觉残障儿童进行一次"旅行"，提供言语线索，准确地指出房间里器材和玩具的位置。每当房间的布置或玩具的位置改变时，再进行一次"旅行"。在向儿童说明物品的位置时，要说出物品相对于固定物（如门或水槽）的位置。要经常使用口头描述来增强儿童对房间里哪儿有哪些装备或玩具，以及哪儿发生什么活动的意识。教室环境应该包括良好的照明、各种各样的放大镜、放大的书籍和标记、盲文的初识系统和各种各样的感官活动。教室还应该包含丰富的语言互动、录音故事以及有声读物，促进儿童的语言和社会性技能的发展（Dolinar et al., 1994）。

如果班级中有视觉残障的儿童，教师应该用名字称呼他们并鼓励其他儿童也这样做。最终，该儿童能够通过声音识别出同学和教师。然而，这是一项有难度的技能，叫固定的名字可以减轻儿童识别声音的压力。另外，还要鼓励儿童识别教室环境中的不同声音，如流水的声音、积木撞击的声音等。

许多视觉残障儿童表现出如左右来回动眼睛、揉眼睛等行为。当教师看到这些行为时，要告诉儿童你所看到的东西，并鼓励儿童停止这些行为。当儿童不再有这些行为举止时，要夸奖他们。

鼓励儿童尽可能地独立。视觉残障儿童在各种活动中会有更多的试误尝试。如果有儿童需要他人的帮助以便在房间内或操场上移动，教师应鼓励其他儿童进行引导，让视觉残障儿童抓着其他儿童胳膊的肘部。视觉残障儿童应该走在引导儿童后面半步。鼓励负责引导的儿童用语言描述方向和将要出现的障碍，如楼梯和狭窄的走廊等。

许多学校聘用有证书的视觉专家来为视觉残障儿童的课程计划提供信息和帮助。如果当地的学校系统没有聘用视觉专家，有特殊教育背景的教师将有资格提供适宜的活动。许多州都为盲人儿童提供了住宅区学校或已经建立了盲人儿童州委会。这些学校或委员会会是很好的资源。

针对听觉残障儿童的指南

通常来讲，正常儿童的活动对于听觉残障儿童和其他儿童同样是适宜的。完整的沟通，即结合嘴型和手语，通常是被推荐的教学方式。然而，一些专业人士提倡使用美国手语[1]。美国手语不包括使用声音进行沟通。听觉残障儿童通常语言发展迟缓，教师应该选择适宜的综合性活动来满足儿童的个体需要。有严重听觉障碍的儿童通常会感到很孤独，他们需要教师的支持和鼓励以发展积极的同伴关系。

如果儿童戴了助听器，教师应向儿童的家长咨询助听器佩戴时长、如何佩戴、如何检查其音量和是否正确运行以及如何更换电池等信息。每天你都需要检查儿童的助听器，看看它是否在工作、蜡质耳膜是否合适。如果你观察到儿童的听力突然有所变化，你应该重新检查助听器。适合幼儿园教室环境的另一种辅助听力的手段是无线调频（FM）传输设备。无线调频传输设备可以像助听器那样扩增声音，而且还有几个优点。由于教师戴了发射器/扩音器，儿童戴了接收器，所以它增强了教师的声音，并将来自教室环境中的噪声最小化。它还让教师可以在教室里自由移动，因为声音信号可以在远距离接收（Scalise-Annis, 1997）。

服务于听觉残障儿童的专科医生可以成为帮助幼儿教师进行课程设计的优质资源。听力矫治专家是被认证的可以评估儿童的听力损伤、指定助听器以及提供听力训练治疗的人。言语病理学家受过训练，能够对言语迟缓病症进行评估，可以判断儿童是否有接受指定的语言项目的需要。这两种专家可能就职于当地的学校系统、康复中心、医院或言语和听力中心。

针对行为失调/情感障碍儿童的指南

通过轻微的调整和计划，教师可以将行为失调或情感障碍的儿童成功地纳入教室。教室里的

---

[1] 美国手语（American Sign Language, ASL），一个完整且复杂的语言体系，综合运用了手势、面部表情和身体姿势，主要为北美听障人士使用。

活动区，尤其是那些边界明确和材料使用方法做了恰当说明的活动区，为行为失调或情感障碍的儿童提供了很好的参与活动的环境。当区角相邻时，要用较低的屏幕或分隔板隔断，以减少儿童注意力的分散。在对行为失调／情感障碍儿童进行教学时，一以贯之是关键。要始终为这些儿童准备新的活动或事件。教室管理方式要一以贯之，要始终强调儿童的积极行为。设立清晰的、一以贯之的限令。

支持性的教室环境能够鼓励儿童自尊的发展和对他人的信任。为儿童玩开放性的游戏材料提供便利，有利于儿童在游戏中表达自我，同时也提供了机会让教师确认儿童的情绪。教会儿童使用有效的应对技能，有利于儿童用社会认可的方式应对恐惧、沮丧和伤害。能为行为失调／情感障碍儿童的课程计划提供帮助的专业人士有：心理医生、儿童精神科医生、社会工作者、游戏治疗师、特殊教育者。心理健康中心、儿童医院、当地学校系统或私人诊所通常会聘用这些专业人士。

为了使残障儿童成为班集体的正式成员，教师必须制定发展适宜性的框架。公认的六大基本课程领域如下：

- 独立自主。
- 履行班级成员义务。
- 参与教室学习活动。
- 建立令人满意的人际关系。
- 有效地进行沟通。
- 达成学业期望（Edmiaston, Dolezal, Doolittle, Erickson, & Merritt, 2000, p.39）。

那些接受过如何把残障儿童纳入班级的相关培训，并能利用手头许多专业人士和服务资源的幼儿教师可以更充分地满足儿童的需要。这些教师还能改进课程和教学，为所有儿童提供机会充分参与到教室生活中去。

通过有效计划实现发展目标

那些能有效地将儿童个人的目标纳入活动策划中的教师将评估和课程联系了起来，满足了儿童的发展和教育需要，并实现了显性课程的完整循环。另外，他们还考虑到儿童发展水平的分布范围，理解儿童的学习方式，重视儿童文化和社会背景的多样性，知道把残障儿童纳入的策略，从而建立起有关活动选择和学习材料选择的框架，以促进儿童的全面发展，并支持课程目标的实现。那些重视教师本身的自主性、创造性和判断力，并关注儿童作为个体存在的幼儿教师，不断地为儿童设计出新的、令人兴奋的活动。

与家庭合作拓展课程

随着美国少数民族和移民人口的不断增加，教师承担着越来越重要的职责来学习并教授文化的多样性问题。

比如儿童的睡眠习惯，是关系到儿童健康和家长心理健康的一个重要问题。我们中的许多人坚信这一条：儿童应睡在自己的床上，并且大多数时候应睡在与家长不同的房间里，这样儿童可以获得独立性，同时家庭成员之间也有隐私。其他的文化有不同的信仰。比如，施韦德和他的同事们（Shweder et al., 1998）报告说，日本家长更愿意培养家庭成员间的亲密感，更注重家庭团结，因此他们会让儿童与家长或其他家庭成员睡在同一个房间或同一张床上。

从这个意义上来说，文化是指特定群体的信仰和行为，这些信仰和行为反映了人们对于什么是好的、适宜的或有价值的事物做出的判断。不同文化的家长可能使用不同的纪律和交流策略，对儿童的学业、运动或性别适宜的行为有不同的期待，允许儿童玩不同的游戏或娱乐活动，鼓励儿童发展不同的特质，如敏感、自信、独立、协作、竞争等。

理解和支持家庭的文化实践，是教师在教室和更广泛的系统中所发挥的一个重要作用（回忆第一章中布朗芬布伦纳提到的微观系统、中间系统、外层系统）。麦克德维特和奥姆罗德(McDevitt & Ormrod, 2004)提供了一些与不同文化背景的家庭有效工作的建议：

- 学习儿童所在文化的习俗和价值观。
- 思考文化习俗如何影响着儿童。
- 在课程中要以儿童的背景经验为基础，并提供多元文化的视角。
- 选择那些以积极的视角展现不同种族的材料。
- 为不同背景的儿童提供了解其他背景的儿童的机会。
- 保护儿童免受社会和各种机构的歧视。
- 接纳不同于自己的文化观点。
- 培养对各种文化和种族群体的尊重。
- 理解儿童可能会遵循两种或多种文化习俗。
- 当发生文化冲突时，寻找建设性的解决方法。

本章小结

活动必须支持儿童在各个发展领域的成长。每个发展领域都可以基于技能发展的一个领域来计划活动，或者围绕一个主题、单元或方案来计划活动。活动应该反映儿童经历的多样性。反偏见课程是另一种帮助儿童学习和理解差异的方法。教师应该谨慎地考虑电脑的使用。电脑使用的适宜性体现在程序和软件是高质量的、年龄适宜的、有互动性的。活动和其他教室学习经历对于残障儿童来说必须是个别化的。教师可以为身体残疾、言语/语言残障、视觉残障、听觉残障、行为失调/情感障碍儿童调整活动，使活动具有适宜性，允许全体儿童参与。

为了使幼儿教育项目保持一致性，教师团队必须首先讨论关于儿童如何学习的哲学理念。以哲学理念为基础，你可以对课程目标和活动类型做出决定来设计教室。考虑以下几点：

◆ **课程目标反映了我们所认为的对儿童学习来说重要的方面**。考虑技能和能力发展的重要性，以及如何通过创造性游戏课程来培养它们。

◆ **讨论基于主题的计划和基于技能的计划之间的区别**。认识每一种方法对课程项目的贡献，确定如何将两种方式融入综合性课程计划。

◆ 列出为幼儿教室策划合适的活动的指南。确定便于规划且能将儿童的目标纳入课程的活动策划模式。

◆ 讨论将多元文化和反偏见经验融入课程的重要性。另外，还要确定你对教室中电脑使用的态度，以及电脑在教室中可能的用途和益处。

◆ 强调满足教室内全体儿童需要的个别化学习经历的重要性。讨论将残障儿童纳入教室的策略，并确定哪些资源和顾问能够用来帮助计划和调整教室。

反思与应用

1. 讨论本章开头的小故事。你还有其他的问题或看法吗？讨论本章结尾对小故事的回答。对于这种情况，你还有其他的应对方法吗？
2. 分别在室内和室外对一组儿童进行观察。从他们的交流和互动中，为课程想出对儿童有意义的点子。考虑儿童的角色、教师的角色，以及项目活动所需的空间和时间。
3. 用相机、录音机或笔记本记录下儿童的想法，并与儿童分享。和儿童讨论如何将他们的想法发展成课程方案。
4. 观察一组儿童。他们是如何表现出或说出差异的？什么样的对话、活动或教师行为能够使儿童社会化，并理解和回应差异？

补充资源

[1] Chalufour, I., & Worth, K. (2004). Building structures with young children. St. Paul, MN：Redleaf Press.

[2] Dichtelmiller, M. (2004). Experiences from the field：New insights into infant/toddler assessment. Young Children, 59(1), 30—33.

[3] Dodge, D., Heroman, C., Charles, J., & Maiorca, J. (2004). Beyond outcomes：How ongoing assessment supports children's learning and leads to meaningful curriculum. Young Children, 59(1), 20—28.

[4] Hasselbring, T. S., & Williams Glaser, C. H. (2000). Use of computer technology to help students with special needs. The Future of Children, 10(2), 102—122.

[5] Haugland, S. W. (2000). What role should technology play in young children's learning? Part 2. Young Children, 55(1), 12—17.

[6] Helm, J., & Beneke, S. (2003). The power of projects. New York：Teachers College Press.

[7] Helm, J., & Katz, L. (2001). Young investigators：The project approach in the early years. New York：Teachers College Press and Washington, DC：National Association for the Education of Young Children.

[8] Jones, J. (2004). Framing the assessment discussion. Young Children, 59(1), 14—18.

[9] Levin, D. (2003). Teaching young children in violent times (2nd ed.). Cambridge, MA：Educators for Social Responsibility.

[10] Mastropieri, M. A., & Scruggs, T. E. (2007). The inclusive classroom：Strategies for effective instruction (3rd ed.). Upper Saddle River, NJ：Merrill/Prentice Hall.

[11] Meisels, S., & Atkins-Burnett, S. (2004). The Head Start national reporting system：A

critique. Young Children, 59(1), 64—66.

[12] National Association for the Education of Young Children. (1990). NAEYC position statement on media violence in children's lives. Young Children, 45(5), 18—21.

[13] Project Zero, Cambridge School, Cambridgeport Children's Center, Ezra H. Baker School, & John Simpkins School. (2003). Making teaching visible: Documenting individual and group learning as a professional development. Cambridge, MA: Project Zero.

[14] Salend, S. J. (2005). Creating inclusive classrooms: Effective and reflective practices for all students (5th ed.). Upper Saddle River, NJ: Merrill/Prentice Hall.

[15] Santos, R. (2004). Ensuring culturally and linguistically appropriate assessment of young children. Young Children, 59(1), 48—50.

[16] Topal, C., & Gandini, L. (1999). Beautiful stuff: Learning with found materials. Worcester, MA: David Publications.

[17] Worth, K., & Grollman, S. (2003). Worms, shadows, and whirlpools: Science in the early childhood classroom. Portsmouth, NH: Heinemann.

第十章

促进个人意识发展的课程

作为一名学步儿班级的教师，你越来越担心2岁左右的迪米特里，因为他对别的儿童有明显的攻击性行为。迪米特里的攻击性行为似乎越来越严重了，他碰撞、推搡一些几乎没有任何挑衅行为的同伴并对他们大喊大叫。迪米特里还出现了一些新的行为，比如一接近盥洗室就大哭、尖叫，不愿意让你帮他换尿布，他还尝试触碰同伴的私密部位。迪米特里的同伴都对他避而远之，这使迪米特里变得有些自闭。这种攻击性行为与自闭行为的不断循环以及迪米特里其他行为与情感上的变化，让你感到极度担心，并促使你安排了一次与迪米特里妈妈的谈话。

在谈话期间，你向迪米特里的妈妈表露了你的担忧。她哭了起来，并透露她的男朋友几个月来一直对迪米特里实施性虐待。她既苦恼又羞愧，并为自己和迪米特里感到害怕。你谈论了性虐待可能导致的后果，并强调了保护迪米特里并帮助他应对性虐待所带来的身体、情感和行为后果的迫切需要。你还告知了迪米特里的妈妈，出于职业、道德和法律上的义务你需要把迪米特里被虐待的事情上报给州人权服务部门，这样他们就可以对此事展开调查并为迪米特里提供相关的心理咨询服务。迪米特里的妈妈感到很不安并产生了防御心理，不过她还是说："我无法阻止他（迪米特里妈妈的男朋友），也许他们可以。我不希望我的孩子再受到伤害了。"

作为迪米特里的老师，你在考虑能够做些什么来帮助迪米特里应对他对于成年人的愤怒、沮丧和不信任。你意识到必须考虑以下问题：

◆ 在迪米特里遭遇了如此痛苦的经历后，你将如何帮助他增强积极的身体意象[1]呢？
◆ 你将怎样帮助迪米特里对正面的男性榜样产生认同感并认可自己的性别呢？
◆ 你将如何通过具有发展适宜性的方式告诉迪米特里有关与成人交往过程中安全的和不安全的事情，而不是进一步地妨碍迪米特里对他人产生信任？
◆ 你能够做些什么来帮助迪米特里理解他有权利保护自己的隐私并说"不"，而且不要让他觉得他需要对自己的安全负责？
◆ 为了让迪米特里不再觉得自己是个受害者而是一个可以控制周边环境的人，你可以做些什么？

我们将在本章末尾与大家分享关于上面问题的应对建议。

当你阅读本章时，关注儿童个人意识领域的发展里程碑事件，这对于儿童的健康成长来说是十分必要的；同时，思考如何通过教学策略和日常过渡时间以及基于创造性游戏课程的具体活动来促进儿童个人意识的发展。

个人意识是创造性游戏课程所确定的六大发展领域之一。虽然儿童发展的各方面是相互融合、相互关联的，但为了呈现出相关发展问题更深层次的图景并为每个领域提出关于课程活动的建议，这六大领域将被分别讨论。

---

[1] 身体意象（body image），是指个体对自己身体的认知和评价。这是个体自我意识中最早萌发的部分，也是自我概念的一个基础成分。——译者注

儿童在获得个人意识方面的主要发展任务包括发展独立性和控制力、理解性别和发展性别认同。对自己作为有性别的存在且具有特定性别而感到自在的幼儿，会拥有积极的自我身体意象和更强的自尊心，而且无论是和男性还是女性都能建立更令人满意的关系。开始获得独立性的儿童会发展对自我身体机能的控制能力，并意识到有利于他们个人健康和安全的实践。儿童在个人意识领域的发展包括树立积极的自我身体意象、建立对性别角色的认同、学习获得安全和健康的方法及练习各种各样的自理能力。个人意识的发展还包括独立性的出现并与以下几方面的发展密切相关：积极的自我概念、理解安全和健康问题的认知能力、与人交流的能力、为满足生理需要所需的动作技能。理解有关儿童个人意识和性别意识发展的里程碑事件和重大研究成果，有利于课程设计的开展，并告诉教师对儿童的性别游戏、性别认同的形成和儿童控制环境的尝试应该有的态度和反应。

个人意识领域的发展里程碑事件

发展独立性和控制力

婴儿的抚养和健康完全依赖于成人。随着儿童在身体、认知和情感上有所发展，他们逐渐掌握新的能力来实现对环境的控制。儿童独立性的发展表现为：他们逐渐脱离因为成人在场和他们的保护所带来的安全感，克服分离焦虑并成为独立的个体。儿童的独立性发展得最为显著的时期在18—30个月；然而，"要获得完全的独立，还需要剩下的童年时期和大部分的成年时光"（Brazelton，1974，p.233）。成为一个独立自主的人，是一个有时会混乱且充满压力的过程，它需要儿童学会平衡相互冲突的发展需要——趋于独立又依赖他人。

儿童获得独立性的过程包括建立起"一种自我控制的行为机制"（Brazelton，1974，p.57），这种行为机制始于婴儿期，即当婴儿能够让自己安静下来并养成按时吃饭、睡觉的习惯时。之后，儿童持续地学习自我控制，在学步儿阶段表现为克服恐惧并能够掌控身体机能，在学前阶段表现为应对攻击性行为并学习亲社会集体行为。

独立性发展的另一个方面是儿童学会控制周围的环境。儿童在学步儿时期常常说："让我自己来。"这就是儿童想要控制环境的证据，比如图10.1中的学步儿（在成人的帮助下）掌握了堆积木和放积木的方法。学步儿不断地尝试利用他们身体和认知上的能力来实现独立行动的愿望。控制力的发展在学前阶段也非常重要，这时儿童的能力发展让他们可以改变环境、影响他人的行为、参与到越来越复杂的游戏和学习活动中去。

图 10.1

理解性别[1]

个人意识的另一个会伴随终生的成分是对性别理解的发展。婴儿生来就有性别。婴儿会从一些被年长的儿童和成人认为与性别有关的行为中获得愉悦感，尽管他们的行为还缺乏意图和性别意识。当婴儿开始探索周围的环境时，他们自己的身体也被纳入探索范围之内。他们发现触碰身体的某些部位更加令人愉悦。这样的探索是健康的。婴儿还通过与他人互动来理解人类的性别。拥抱、搂抱、轻轻摇晃等与成人之间的愉快互动，让婴儿了解到与他人进行亲密的身体接触是令人愉悦的。

婴儿对性别的探索持续到学步儿阶段和学前阶段，这时他们对男性和女性身体的好奇心有所增强。常见的行为包括询问关于男性和女性身体的不同，并在厕所、浴室和试衣间里试图观察这些不同。儿童对性别的好奇还表现在他们常常问小孩从哪里来、小孩是怎么出生的，这常见于学前阶段。幼儿可能会对受孕和分娩形成复杂但不准确的理解，他们需要从成人那里得到适合他们的年龄和发展水平且简单、正确的解释。幼儿还需要从成人那里得到保证——他们对性的好奇和探索是自然且健康的。只有如此，他们在性意识的发展阶段才不会产生羞耻感和罪恶感，才能作为一个有性别的存在而形成积极的自我意象。

发展性别认同

个人意识领域中的一个平行发展任务是理解并认同主要的男女性别特征。性别认同的发展始于出生并将贯穿终生。性别认同的发展不仅与生理发育有关，还涉及情感方面的自尊发展以及出现在家庭、同伴群体和社会中的社会化过程（Lively & lively, 1991）。

家庭的影响特别是父母所树立的榜样，是帮助儿童发展强烈的性别认同最重要的因素。这种认同包括"对人体的定义，对何谓男性何谓女性、他们能做什么以及他们之间如何产生关联有所认识"（Lively & lively, 1991, p.82）。随着儿童在两岁时开始区分雌雄、男性角色和女性角色，他们开始学习不同性别角色所对应的不同行为。3岁时，大多数儿童已经可以确定自己的性别、别人的性别和与性别有关的典型着装和职业。4—5岁时，大多数儿童能区分男性和女性在生理和心理方面的不同。儿童对性别的认知分类和性别隔离的社会化过程可能会导致性别刻板印象和性别偏见产生。这种刻板印象可能会导致儿童不尊重个体差异，并在与自己认为不一样的人交流和互动时产生问题（Powlishta, 1995）。

要想让儿童获得全面发展，我们需要创造条件打破男女性别角色的刻板定义，消除某些职业把某一性别排除在外的观点，消除关系中男女性别角色固定的观念。男性和女性的特点并不是互斥的。相反，一个身心健康的人可以是有野心的、果断的、好胜的，同时又是关爱体贴的、乐于表达的、善解人意的（Harris & Liebert, 1987; Morrison, 1988）。举例来说，一个关爱体贴他人、乐于表达自己和善解人意的男性教师会帮助儿童理解这些特点不仅仅属于"女性"。很好地平衡了男女性别特点的人比那些性别观念较为刻板的人更具心理上的优势。那些具备两种性别角色行为的儿童会表现出更多的分析性思考和更强的创造力。的确，研究表明，那些拥有两种性别特质的身心健康的人，"更灵活变通、更具有竞争力且拥有更强的自尊心"（Harris & Liebert, 1987, p.296）。

---

[1] 英文中的"gender"和"sexuality"都表示性别，但其意义有微妙的差别。"gender"指的是生理意义上的性别，是基于生理基础的；"sexuality"指的是社会和个人意识上的性别，是指人们认同的性别。——译者注

关于幼儿性别和性别认同的研究

关于儿童性别角色发展的研究表明：到4岁时，许多儿童已经具有了僵化刻板的性别印象。无论何种性别的儿童都觉得成为男孩更好；男性及他们的活动被给予了更高的地位和关注（Brown, D., 1956, 1957；Liben & Bigler, 2002；Shepherd-Look, 1982）。研究也表明：儿童读物、玩具及电视节目等所有促进儿童社会化的重要媒介，大都首先固化了男性或女性在社会和职业中的形象（Chambers, 1983；Yawkey & Yawkey, 1976）。这种对性别角色的扭曲和僵化限制了儿童的想象、目标及志向。

关于儿童性别角色发展以及幼儿教育的最新研究表明：当探视次数有限时，托幼中心的儿童不会那么依赖他们的母亲。没有托幼经历的儿童对他们的母亲更为依赖，更希望与母亲亲近并进行互动。没有托幼经历的儿童中存在明显的性别差异：女孩比男孩更为依赖母亲。但是有托幼经历的儿童没有显现出性别差异：男孩和女孩都很独立。这些研究者认为，托幼中心能够培养儿童（不论男孩还是女孩）的独立性；这些儿童更可能表现出更少的刻板行为，并且更能表现出在两性特征和行为上的平衡（Cornelius & Denny, 1975）。

一些研究测查了儿童关于人类性别和生育方面的知识。儿童对"孩子来自哪里"的了解被分为五种水平，其中前三种描述了儿童的理解水平。处于第一种水平——"地理学家"时，儿童相信婴儿是一直存在的，但他们不能确定具体存在于哪里。在商店里、在妈妈的胃里、在云彩里……是儿童在这个阶段的典型回答。处于第二种水平——"制造商"时，4—8岁的儿童意识到制造一个小孩需要采取一些行动或行为。类似建造的比喻、天堂的力量、父亲的魔法或者"消化谬论"[1]，都是这个阶段儿童的典型回答。处于第三种水平时，5—10岁的儿童仍然会表现出前运算思维，但他们开始向更高水平的思维阶段过渡。儿童对于生殖的思考结合了前一个"制造"阶段的技术和更高级的生物学知识，而这些生物学知识能帮助儿童理解其中的一些身体行为和父母亲双方同时创造婴儿的作用（Bernstein & Cowan, 1975）。

处于这前三个阶段的儿童可能会问关于名称和词汇方面的问题（如：那是什么？你管那个叫什么？）、关于功能方面的问题（如：那个是用来干什么的？你用这个来干什么？）或者关于目的和因果方面的问题（如：他们为什么那么做？他们为什么想接吻？）。后来，他们开始询问与人类性别特征有关的情感、关系和价值观的问题。

到4岁时，儿童应该知道关于人类性别和生育方面的五件事情：有关性别差异的身体部位的名称；被社会接受的表示"排泄"的词汇；胎儿在母亲体内生长的基本事实；对男孩和女孩之间可见差异的理解；当儿童问起时，告诉他们父亲和母亲共同制造了宝宝的事实（Bernstein, 1978, p.73）。霍尼格（Honig, 2000）指出，教师可以通过一些方式帮助儿童了解人类的性别及关系，促进儿童对男女性别角色的尊重和形成男女性别角色的平等主义观。她强调了以下几点的重要性：

- 告诉幼儿身体部位的名称，包括阴茎、乳头、外阴以及睾丸。
- 辨识电视节目中关于性别刻板印象和性别歧视的例子。
- 帮助男孩和女孩都成长为勇敢、坚强、富有同情心且关爱他人的人。
- 避免在游戏活动中强化性别区分：在娃娃

---

[1] "消化谬论"，指儿童相信母亲吞下一粒造人的种子消化后就能怀孕的谬论。——译者注

家和积木区都注重想象力和建构能力的发展。（p.76）

通过创造性游戏课程促进儿童的个人意识发展

个人意识的发展过程包含了培养独立性以及对自我和环境的控制、发展性别认同并树立积极的自我意象——把自己看作一个健康的、有性别的人。对于幼儿教师而言，培养儿童的个人意识包括创设一个开放的教室环境。在这个教室环境中，儿童可以参与自然的性别探索并且不会产生消极的后果；儿童被鼓励参加所有的活动并扮演各种各样的性别角色；儿童能够更加独立地控制身体功能；儿童可以在活动中了解到个人健康和安全的重要性。教室应该为儿童提供许多发展个人意识的机会。儿童可以充分利用一天当中的过渡时间（包括上厕所、洗手、布置午饭餐桌、出门之前穿外套、在吃点心后帮忙清洁），在教师的帮助下练习刚刚出现的独立技能并掌握自理能力。尤其重要的是，教师要用心规划这些日常事务，以鼓励有特殊需要的儿童在教室环境中发展自理能力和独立做事的能力。

独立与控制

随着儿童发现他们有能力影响和控制环境，他们开始尝试突破那些由照顾他们、保证他们安全的成年人所设定的各种限制。幼儿教师应当认识到儿童渴望独立的同时又需要安全感。对于儿童来说，良好的学习环境包括有许多机会让他们去进行探索并尝试新的活动、挑战和互动，但也需要为他们提供确保安全的合理限制和对恰当行为的指导。

发展儿童的独立性包括培养他们主动做事和承担责任的能力。这是一个非常重要的发展任务，需要教师来促进和强化。在儿童年幼时，以发展适宜性的方式赋予他们责任，能帮助他们变得独立自主。当儿童承担适宜他们年龄的任务时，他们会感到满足并拥有成就感。让儿童看到他们的付出如何使他人获益，能够促进儿童自尊心和自信心的发展。

儿童通过与环境和他人的互动发展独立性，并在大量的游戏活动中检测他们逐渐形成的独立能力。布赖恩·萨顿-史密斯（Brian Sutton-Smith, 1981）把儿童的游戏分为模仿性游戏、探索性游戏、测验游戏和示范性游戏。在婴儿期和学步期，儿童游戏的特点是：模仿成人和其他儿童的行为；探索他们自己的身体和其他事物、语言；测试他们身体、认知、社会性和情感方面的能力；示范和计划各种游戏主题。随着儿童能力和自信心的进一步提高，游戏变得愈发复杂。如果教室环境能为儿童提供多样化的动作游戏、探索性游戏和假装游戏的机会，那么他们便能检测自己的能力、学会控制环境、增强能力并树立自信。

发展性别意识

那些与儿童建立了亲密关系的教师和父母，应该让儿童学会安全、恰当的身体接触，并让他们对自己的身体形成积极的态度。当成人回应儿童的性别探索行为时，儿童也能学到关于性别的态度。如果告诉一个男婴触摸阴茎是不好的，并叫他停止探索他的生殖器，这会让他对自己的身体和行为产生负面情绪。如果在"这是你的眼睛，这是你的鼻子，这是你的耳朵"的游戏中拒绝让儿童说出或了解阴茎的名称，这会让儿童无法获得必要的知识，让儿童不能对身体产生积极且恭敬的态度。正是这些经历开启了婴儿关于人类的性别及性别关系的学习。

当儿童逐渐长大时，他们会变得更加主动且

深思熟虑地进行性别游戏。当儿童认为手淫这种行为能带来愉悦感、舒缓痛苦或是安抚他们入睡时，他们可能会投入到这种生殖器游戏中。儿童还有可能和其他儿童一起进行性别游戏。这种游戏的形式通常是"扮演医生"或者"我给你看我的，你给我看你的"。这些游戏都是儿童好奇心的自然体现，也是他们了解自己所处的社会和物质世界的一个组成部分。学前儿童还有可能重复一些污秽词语，可能是为了让别人吃惊或是为了了解这个词语的含义及其所使用的语境。成人在儿童使用污秽词汇时不应反应过度，而应该无视它或以一种实事求是的态度去和儿童说清楚这类语言恰当和不恰当的使用方法。成人对这些词语的回应通常会给儿童提供事实性的信息，并让他们理解人们对在公众场合使用这些语言的态度和看法（Koblinsky, Atkinson, & Davis, 1980）。

当教师以适宜儿童发展的态度去回应他们关于解剖以及胎儿分娩的问题时，他们能帮助儿童理解更多关于性别的知识。儿童并不需要了解关于"婴儿从哪里来"以及"为什么男孩子有阴茎而女孩子没有"之类的问题的详细答案。相反，他们需要一些简单明了和真实的解释。教师应该营造一种可以自由交流的教室氛围，让儿童可以自由地提问、讨论关于性别的问题。

近来，随着教师和父母不断地寻找有效且适宜的方式来教育儿童关于性虐待和避免遭受性虐待的知识，人们开始重视儿童对性别和性别关系的理解。关于性别的词汇和知识是其中的一部分，教育儿童尊重自己的身体以及期望其他人尊重自己的身体是另一个重要的部分。

性别认同

儿童通过逐步形成作为男性或女性的自我意象以及作为某种性别的一员到底意味着什么的态度，开始发展性别认同。教师和父母应该与儿童就一系列性别角色进行交流，并强化一些被认为适合每一种性别的行为（Lively & Lively, 1991）。儿童通过模仿同性的行为来获得性别认同。学步儿开始模仿同性别的父母或老师的行为，并积极回应那些表扬他们合乎男性或女性举止的成人。学前儿童在社会化过程中会扩展他们关于性别认同的概念。这个过程涉及在假装游戏中与同伴扮演不同的角色，以及回应同伴和成人所给予的提示。

那些鼓励儿童去探索各种各样的角色、参与所有教室活动的教师，能帮助儿童形成健康平衡而非僵化受限的对性别身份的看法（见图10.2、图10.3），比如，鼓励女孩去玩积木或参加木工活动，鼓励男孩参加戏剧游戏和艺术活动等等，都能够平衡儿童的发展，并帮助儿童树立起"两种性别的人都可以拥有许多天赋和兴趣，都可以既体贴又有能力"的观念。此外，还可以为教室选择非刻板印象的图书以及材料，从而帮助儿童了解到更多的角色，同时增强儿童对性别身份形成开放且灵活的态度。

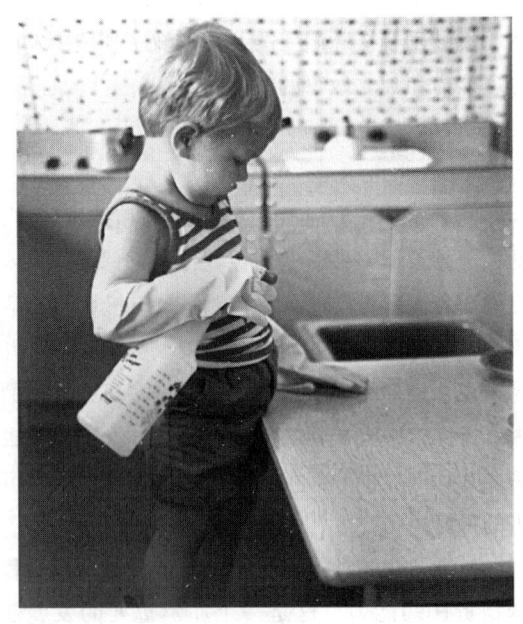

图 10.2

图 10.3

安全问题

一个综合性的安全课程要考虑儿童在情感、认知和身体上的脆弱性。儿童太年幼，不能轻易地摆脱令人害怕或危险的情境。儿童太天真，还没有能力去评估一些情况中的潜在危险。儿童太容易信赖他人，通常无法避免成人、陌生人或朋友对他们的伤害和虐待行为。一个具有发展适宜性的安全课程应当是全面的，包含各种领域的活动，比如环境安全、防火安全、交通安全和个人安全等。

虐童事件的增多以及频繁发生使人担忧。近来，人们开始重视避免儿童遭受性虐待，并使得相关儿童读物和针对教师的课程指南迅速增多。当选择图书和活动时，教师特别需要考虑到幼儿的一个重要发展任务——建立对成人的信任。因此，材料应该包含恰当的事实信息，而且不要过分地或不必要地让人感到害怕。

儿童信任感发展的一个重要因素是让儿童知道成人会保护他们的安全并让他们获得安全感。保护儿童的安全是成人的责任，幼儿不应该在安全教育课程中被告知他们应当为自己的安全或避免虐待性事件负责。考虑儿童的发展水平也很重要。对3岁以下的儿童不适合使用专门的预防虐待的材料。显然，提供给3岁儿童的信息不能比提供给5岁或6岁儿童的信息更详细。

预防儿童遭受性虐待的适宜课程目标应帮助儿童做到以下几点：

- 形成积极的自我概念。
- 与他人建立相互关爱的关系。
- 尊重他们的身体。
- 表达情绪并进行有效的交流。
- 学习解决问题和冲突的技巧。
- 变得独立自信。
- 辨别安全与不安全的环境。
- 理解基本的安全守则。
- 知道如何应对不安全的情境。

一个综合性的儿童安全课程并不过分强调性虐待的预防；相反，它会将涉及个人安全的各种事务整合到创造性游戏课程当中。教给儿童关于个人安全的知识不仅包括设计适宜的活动，还包括利用日常活动和自由游戏的情境来强调安全问题。

个人健康

发展一个针对个人健康的课程要求教师具备防治集体疾病的意识、了解婴儿和幼儿的营养需求、能洞察儿童控制各种身体功能的能力的发展，以及重视儿童所面对的那些关系到他们个人健康和幸福的选择。为了确保儿童的健康发展，教师要确定合适的项目政策，包括为儿童建立最新的医疗及免疫档案、隔离班级中的患病儿童、选择有营养的正餐和点心、制定合理的换尿布和学习如厕的步骤以及教会儿童做出健康的选择。

父母和教师必须合作实施项目的健康政策，

为儿童的健康负责。健康政策包含：教师在儿童入园时进行的每日一次的健康检查、隔离患病儿童的规定、儿童服药的指导准则、在教室中照顾患轻微疾病儿童的步骤。明确的健康政策有利于教师和家长相互理解与合作。保护儿童、教师和家长远离传染病的最佳措施包括：成人在为儿童换尿布前后要洗手；成人和儿童在上厕所、擦完鼻涕以及饭前饭后要洗手（见图10.4）；尿布区和厕所应该和用餐区隔开，而且这两个区域都应该定时用漂白液消毒（Kendall, 1988）。

图 10.4

为了满足儿童的营养需求，教师需要保证婴幼儿有足够的营养摄入，同时需要开展活动来帮助儿童养成一些健康的饮食习惯。正餐和点心需要满足美国农业部关爱儿童食品项目（Child Care Food Programs of the U.S. Department of Agriculture）所推荐的需求量。婴儿的喂养时间和食品摄入需要被密切地监控，并且是高度个别化的。用餐应该是一个愉悦的过程，儿童和教师应像家人一样在一起吃饭。用餐时间是一个绝佳的培养儿童的饮食习惯、鼓励儿童选择健康食品以及控制他们食品摄入量的时间（Lee, 1988; NAEYC, 2005）。

练习如厕的方法和过程应该取决于儿童的发展水平。如厕练习应该是一个高度个性化的过程，同时需要考虑到儿童身体上和认知上对控制身体机能的准备程度。儿童需要表现出对如厕的兴趣，能说出尿布被弄湿了或弄脏了，表现出对膀胱或直肠的控制。教师鼓励儿童独立上厕所，但并不强迫或惩罚没有做好准备的儿童，这样做能帮助儿童形成身体控制力和积极的自我概念。

随着儿童长大，他们将要对影响他们个人健康和幸福的行为做出越来越复杂的选择。要想向儿童介绍防止滥用药物和预防艾滋病等问题，教师可以通过分享具有发展适宜性的健康信息以及确立与防止性虐待课程相似的目标来实现，比如帮助儿童形成积极的自我概念和学会尊重自己的身体、与他人建立相互关爱的关系以及学习有效的交流技巧和问题解决技能。

当教师在每日活动中利用各种机会来提高儿童对身体机能的理解和控制力并帮助儿童培养自信心、能力以及自理能力时，儿童可以在创造性游戏课程中学会具有发展适宜性的健康行为。允许儿童探索健康行为的课程活动也有利于儿童对个人健康形成积极的态度。

促进儿童个人意识发展的目标和活动

个人意识的发展取决于四个主要子领域的发展：(1) 自理能力；(2) 独立性；(3) 个人健康；(4) 个人安全。创造性游戏课程和评价过程都支持儿童在这些方面的成长。接下来的内容介绍了每个子领域具体的发展目标和示例活动，活动对象为婴儿、学步儿和学前儿童。此外，还包括为残障儿童做出的调整。

自理能力

个人意识的第一个子领域就是帮助幼儿学会各种自理能力。幼儿开始是通过控制睡觉、吃饭以及上厕所等身体功能来学习自我控制的。随着运动能力的提高,儿童的能力变得越来越复杂,而且他们也更能够独立地满足自己的身体需求。该子领域的具体发展目标如下:

- 增强儿童穿脱衣服的能力。
- 鼓励儿童调节他们自己对活动和安静的需要,鼓励儿童在睡眠时进行需要变得安静的自我暗示。
- 培养儿童自主取餐、用餐的能力。
- 帮助儿童学会调节如厕模式。

通过帮助儿童建立并遵循日常生活常规并让儿童有时间和机会去检测他们新出现的能力,能使儿童的自理能力得到发展。这里推荐了一些针对婴儿、学步儿和学前儿童的示例活动。教师可以根据儿童的不同发展水平来对它们进行改编(带 * 的活动表示它同样适用于户外游戏环境)。

婴儿的活动
袜子派对(安静的游戏)

邀请家长们参加袜子派对,让他们带上各种各样的单只袜子。还可以把托幼中心所有配错对的袜子保留下来。向婴儿展示各种各样的袜子,并描述每一种袜子的类型。准备适合婴儿尺寸的各种运动袜、正装袜、网球袜、厚冬袜等。对于年幼的婴儿,教师要帮他们穿上袜子。对于年长的婴儿,教师要向他们示范如何穿袜子,然后鼓励他们也这么做。袜子派对的点心自选。

指导语:

"这些厚厚的羊毛袜能让你的脚在冬天也感到温暖。"

"快看这些正装袜。它们和连裤衫搭配起来非常合适。"

"你应该在穿球鞋时穿这双运动袜。"

额外的技能:

社会化(社会性互动);感知运动(协调性)。

为残障儿童所做的调整:

身体残障:在必要时提供帮助。观察儿童对不同材质袜子的反应,以避免儿童出现身体敏感而妨碍儿童在活动中获得愉悦感。

言语残障:无须调整。

视觉残障:鼓励儿童感受不同袜子的材质;说出哪些袜子的触感是一样的。

听觉残障:使用提示和手势来解释这个活动和袜子的名称。

行为失调/情感障碍:无须调整。

学步儿的活动

装水派对(科学/自然活动) *

在一个玩水桌(或大浴缸)里给儿童提供塑料容器(杯子、壶、碗等),让儿童可以用来倒水。在水中加入食用色素来增加趣味性。让儿童尝试将水慢慢地(快速地)装满(或到一半)容器;鼓励他们思考并发现怎样可以使溅出的水更少。讨论当水溅出时他们能做些什么。尝试使用不同种类的纸巾,看看哪种纸巾能最好地把水清理干净。讨论如何在点心和午餐时间时避免汤汁溅出来,以及有汤汁溅出来时应该怎么做。

额外的技能:

感知运动(手眼协调);认知(概念形成)。

为残障儿童所做的调整:

上肢残障:为儿童提供把手较粗、杯口较大的容器,方便他们成功地倒水。儿童可能需要教师缓慢温柔的身体帮助。

下肢残障:让儿童坐在高度适宜的椅子里,

言语残障：鼓励儿童口头请求其他儿童给自己装水的容器。如果需要，提供口头的示范。

视觉残障：倒水时，让儿童用一只手倒水，同时把另一只手的食指插入到玻璃容器中判断什么时候该停止。

听觉残障：给容器贴上标签，并用提示和手势来解释这个倒水活动。

行为失调/情感障碍：无须调整。

学前儿童的活动
拉拉链（音乐活动）

给每个儿童提供一个拉链，并告诉他们即将加入一个拉链乐队。要求儿童边听拉链发出的声音边练习拉上和拉开拉链。带领儿童一边唱"Zip-a-dee-doo-dah"，一边伴随歌声拉上或拉开拉链。你也可以只在说出"Z-Z-Z-Z-Z-Z-Zip"的时候才开始拉上或拉开拉链。

注意：当真正地拉衣服上的拉链时，最难的一步是刚开始拉动拉链，特别是厚夹克上的拉链。你站到儿童的身后（你手所在的位置应该和他们的手一样），让他们看你怎么做并听你说，告诉他们怎么把小的金属片往下拉进另一侧的槽沟中，直到听到"咔哒"一声对好拉链。然后把拉链往上拉一些，接着让儿童完成这项任务。让儿童不断地练习，随着他们能做的越来越多，你要做的就越来越少。

额外的技能：

个人意识（独立性）；感知运动（手眼协调）。

为残障儿童所做的调整：

身体残障：在拉链上系上一根丝带，做一个圆环（像手环一样），帮助幼儿缓慢地移动胳膊使拉链上下滑动。

言语残障：因为"Z"这个发音是一个发展较迟的读音，许多有言语残障的儿童可能无法发出这个声音。但仍要鼓励幼儿语言上的参与。

视觉残障：在活动开始前让儿童从上到下地触摸拉链。

听觉残障：使用提示和手势来解释这个活动。用十分夸张的动作来强烈地表现歌曲的节奏感。

行为失调/情感障碍：无须调整。

独立性

个人意识发展的第二个子领域就是独立性的发展。获得独立性是儿童很重要的发展任务，包括成为一个独立的个体、发展负责任的行为并学会控制环境。该子领域的具体发展目标如下：

- 鼓励儿童对个人物品、玩具负起责任。
- 帮助儿童学会与家庭分离开来（Hendrick，1998）。
- 帮助儿童做出与环境互动的选择与决定。
- 鼓励儿童练习控制环境。

如果成人在提供安全舒适的环境的同时，鼓励儿童做出决定并尝试新的挑战，他们就能促进儿童独立性的发展。这里推荐了一些针对婴儿、学步儿和学前儿童的示例活动。教师可以根据儿童的不同发展水平来对它们进行改编（带*的活动表示它同样适用于户外游戏环境）。

婴儿的活动
自己的事情自己做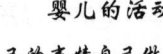（音乐活动）

为了鼓励婴儿发展独立性，编一首名为《什么事都自己做》的歌。歌词主要针对婴儿可以自己完成的任务。比如：

吃，吃，吃点心。

吃，吃，吃点心。

吃，吃，吃点心。

自己的事情自己做！

其他的歌词可以是洗手、拿瓶子、自己走路、去睡觉等。使用符合歌词的动作并鼓励婴儿模仿这些动作。

额外的技能：

交流（接受性语言）；认知（模仿/记忆）。

为残障儿童所做的调整：

身体残障：起初，在儿童进行活动时提供身体帮助。然后，给儿童机会让他们在没有帮助的情况下进行这些活动。

言语残障：无须调整。

视觉残障：起初，在儿童进行活动时提供身体帮助。然后，给儿童机会让他们在没有帮助的情况下进行这些活动。

听觉残障：使用提示和手势来解释这个活动。使儿童通过身体上的运动来"感受"歌曲的节奏。

行为失调/情感障碍：无须调整。

学步儿的活动
"再见"图书（安静的游戏）

准备一本简单的、关于与父母告别方式的图书。这本书可以通过以下方式来制作：选择图片（来自杂志的图片或在幼儿园内拍的照片），把图片放在硬纸板、广告板或塑胶板上堆叠起来；在图片纸堆上打三个孔；用细绳或纱线把书装订起来。这里有一些关于图片的建议：儿童与父母拥抱，儿童亲吻父母，儿童在门或窗户那里与父母挥手说再见，儿童向父母做鬼脸，或留下空白页放上儿童自己选择的展现与父母道别的特别方式的图片。在父母把儿童留在托幼机构离开的时候，儿童可以从书中选择一种方式说再见，教师可以帮助儿童完成他们的选择。

额外的技能：

交流（非语言交流）。

为残障儿童所做的调整：

身体残障：无须调整。

言语残障：无须调整。

视觉残障：使用黑色的粗记号笔勾勒图片或描述图片，把这个活动弄得更像是一个讨论活动。

听觉残障：使用提示和手势来解释这个活动和给图片命名。

行为失调/情感障碍：无须调整。

学前儿童的活动
让我们使用录音机（讨论活动）

如果儿童在单独使用录音机前得到清晰的指导并稍加练习，他们就可以学会使用录音机来听录制好的故事。磁带配套的图书可以是买来的或由教师制作的。如果是教师朗读故事进行录音，可以用一个拍打声作为翻页的提示音。与小组儿童谈论录音机及其各部分的构造。重点说说儿童会使用到的录音机的部分，以及他们不应该去碰的部分（如机壳里面）。在那些他们需要使用到的按钮上涂上颜色（绿色表示"开始播放"，红色是"停止"，蓝色或黄色是"回放"）。让每个儿童轮流按下"开始播放"、"停止"和"回放"。告诉他们如何去听（在倒带的时候）倒带的声音以及倒带结束时的"咔哒"声，这将是他们再次按下"停止"按钮的信号。儿童还需要学会听懂翻页的提示音。当儿童第一次独自使用录音机时，让他们向你演示他们记得如何停止、开始播放和倒带。

变化：使用相同的方法告诉儿童如何使用教室中的其他设备或其他你带来的特别设备（木工工具、电脑等）。

额外的技能：

社会化（保护资源）；交流（接受性语言）。

为残障儿童所做的调整：

身体残障：如果儿童的精细运动发展出现问题，他可能不能按下按钮。用锥形的坚硬卡纸或木头帮助儿童，也许他能抓住大的那一头，然后用尖的那一头按下按钮。

言语残障：无须调整。

视觉残障：使用双面胶粘出颜色名称的第一个字母的盲文（比如：g代表绿色，r代表红色，b代表蓝色）。可以把字母粘在按钮的上面。鼓励儿童触摸不同的按键并探索上面的盲文字母。

听觉残障：鼓励儿童感受从录音机里传出来的声音振动，从而判断声音的开或关。不然这类儿童可能不会选择参加这个听力活动。

行为失调/情感障碍：无须调整。

个人健康

个人意识发展的第三个子领域是保证个人健康。要成为一个健康的人，就要了解和接纳不同性别的生理特征，并发展性别认同。为了负起关于个人身体健康的越来越多的责任，儿童还需要养成健康的生活习惯。该子领域的具体发展目标如下：

- 教儿童辨识身体各部位，并强化他们积极的自我身体意象（Hendrick, 1998）。
- 帮助儿童理解两性区别，帮助他们接纳自己的性别角色和性别身份。
- 提高儿童的卫生与健康意识。
- 鼓励儿童通过品尝各种健康食品来养成良好的饮食习惯。

如果成人对儿童是关怀喜爱的并营造了一种让儿童可以自由探索不同角色的教室氛围，那么儿童的个人健康就可以得到很好的保证。教师还需要示范卫生和饮食习惯，并为儿童提供关于卫生与健康知识的教育。这里推荐了一些针对婴儿、学步儿和学前儿童的活动。教师可以根据儿童的不同发展水平来对它们进行改编（带*的活动表示它同样适用于户外游戏环境）。

婴儿的活动

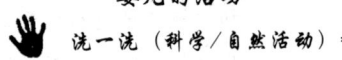
洗一洗（科学/自然活动）*

在一块旧窗帘布上放一个装满水的浴缸。提供面巾、肥皂、毛巾、海绵以及装水的容器。为婴儿穿上尿布，并鼓励他们去探索水，但是本活动的重心在于清洗。帮助婴儿将肥皂放在面巾上，洗手和脸，然后冲洗、擦干。强调要经常清洗以保持干净。开展活动时说说怎样使用肥皂和水保持干净，肥皂的感觉如何以及怎样使用毛巾擦干身上的水。

指导语：

"用肥皂和水洗一洗可以变得干净。来，让我们涂好肥皂，然后洗一洗你的手和脸。"

"噢，肥皂真滑！看看这些小泡泡！它们破了！"

"现在，我们去拿一条毛巾。毛巾感觉很粗糙。毛巾可以擦掉你身上的水。好啦，擦干净啦！"

额外的技能：

认知（模仿/记忆）；社会化（合作）；个人意识（自理能力）。

为残障儿童所做的调整：

身体残障：儿童可能需要在成人的帮助下进行这个活动。使用不同材质的面巾，这样可以预防或减少儿童出现过敏现象。

言语残障：在玩水时，说出不同动作的名称，鼓励婴儿模仿你的发音。

视觉残障：慢慢地向儿童介绍水和其他清洗材料。教师可以一边帮助儿童洗手或脸，一边描述正在进行的动作，以此教会儿童如何清洗。当儿童对水和清洗材料感到自在时，教师便允许他们自主地探索、试验和练习。

听觉残障：使用标志和手势来解释这个活动。

行为失调/情感障碍：无须调整。

学步儿的活动
洗手歌（音乐活动）

使用歌曲《桑树》的曲调唱洗手的过程。歌词可以包含"我们就是这么拧开水龙头的，弄湿了手，打上肥皂，弄出泡泡，洗掉泡泡，关上水龙头，拿出纸巾，擦干净手，扔掉纸巾"。儿童将会喜欢边唱歌边完成步骤。向儿童强调不仅仅要在手掌心打上肥皂，还要在手背、手指间打上肥皂。还要强调要擦干手心、手背和其他部位。

额外的技能：

认知（模仿/记忆）；交流（表达性语言）。

为残障儿童所做的调整：

身体残障：在儿童按步骤操作时表扬他们。

言语残障：无须调整。

视觉残障：口头向儿童解释如何进行这一连串的步骤。如有需要，提供身体协助。

听觉残障：使用提示和手势去解释这个活动和"唱"歌谣。

行为失调/情感障碍：无须调整。

学前儿童的活动
友情汤/友情沙拉（科学/自然活动）

让儿童和你一起决定把哪种原料放进汤或沙拉里。儿童应该从家里带来一样食材，或者在班级出行中购买一样食材。提供盛水的容器供儿童清洗这些原材料。让他们用塑料刀去切这些食材。（教师可能要在儿童洗好食材后、准备切之前做一些准备。比如，把苹果和土豆切成楔形，然后把这些楔形切成小块。）当儿童切食材时，谈论这些食材是从哪儿生长出来的、它们是如何生长的以及它们是如何有利于儿童的成长的。谈论食材的颜色、形状、质感等内容。

额外的技能：

社会化（合作）；感知运动（手眼协调）；认知（概念形成）。

为残障儿童所做的调整：

身体残障：如有需要，帮助儿童切开食物。

言语残障：鼓励儿童用语言表达他正在做什么，鼓励儿童使用更长的短语和句子。这个活动可以很好地利用其他儿童作为言语榜样。

视觉残障：给儿童时间让他们小心地触摸塑料刀较钝的边缘和其他各种食物。口头提示应该如何切东西。在需要时，为他们提供帮助。

听觉残障：使用提示和手势来解释这个活动。

行为失调/情感障碍：无须调整。

个人安全

第四个关于个人意识的子领域是了解个人安全方面的知识。帮助儿童树立安全意识并教

会他们区分安全与不安全的情境,这是个人安全教育的首要任务。该子领域的具体发展目标如下:

- 让儿童明白行人安全守则以及乘坐机动车和自行车的乘客安全守则。
- 让儿童明白与成人交往中安全的和不安全的情境。
- 教会儿童重视他们的隐私权和对身体的所有权。
- 让儿童了解教室、操场和家里存在的危险因素。

如果有负责且充满爱心的成人告诉儿童教室环境中安全和不安全的情境,儿童就可以更好地了解个人安全方面的知识。当成人了解并尊重儿童的隐私权、明白儿童有权利决定何时进行亲密的身体接触时,儿童就可以了解到个人安全方面的知识。这里推荐了一些针对婴儿、学步儿和学前儿童的示例活动。教师可以根据儿童的不同发展水平来对它们进行改编(带*的活动表示它同样适用于户外游戏环境)。

婴儿的活动

系好安全带(想象游戏)

让婴儿依次坐在婴儿车的座椅里并"系上安全带"。告诉他们坐车时系上安全带是十分重要的。说出车的各部分的名称,并在帮每个婴儿系上安全带时告诉他们你在做什么。谈论并表扬他们轮流进行活动的行为。让婴儿操作车座上的部件。鼓励他们帮助同伴系上安全带,让他们可以安全地坐在车上。

额外的技能:

社会化(合作);感知运动(协调)。

为残障儿童所做的调整:

身体残障:帮助儿童操作车座上的各部分。

言语残障:无须调整。

视觉残障:在活动开始前给儿童充裕的时间探索婴儿车的座位。向儿童解释车座上的各部分,轮到他"上车"时再解释一遍。

听觉残障:使用提示和手势描述这个活动以及为车座的各部位命名。

行为失调/情感障碍:无须调整。

学步儿的活动
用小车画画(艺术活动)*

将一张大而厚的纸贴在地上,画上公路、红绿灯和路标。在一些平底锅里放入各色的蛋彩画颜料。将塑料车放入锅里粘上颜料,然后让儿童在"公路"上驾车。告诉他们在看到红灯时要刹车。在他们"驾车"时,提问题让他们分辨颜料和小车的颜色,让他们数一数红绿灯和指示牌的个数。

额外的技能:

感知运动(手眼协调);认知(概念形成)。

为残障儿童所做的调整:

身体残障:保证小车足够大,能让儿童用手掌抓住或用拳头推动。

言语残障:鼓励儿童说出他们正在做什么。

视觉残障:使用瓦楞纸带做"路",或用窄条的瓦楞纸标示出"路"的边缘。用纸板剪出红绿灯,并粘在十字路口上。鼓励儿童用手触摸停止标志,辨认出十字路口,然后停车等待朋友的帮助。在颜料中加入香草或薄荷等食物香精,以便儿童靠气味更顺利地进行这项活动。

听觉残障:使用提示和手势来解释这个活动。

行为失调/情感障碍:无须调整。

学前儿童的活动

三个小孩爬爬梯（讨论活动）

改编《五只小猴子跳上了蹦床》中的词语和动作，融入操场安全守则和相应的后果：

三个小孩爬上了爬梯，一个跳下来撞到了头。

老师把医生叫来，医生说："别再从爬梯上往下跳！"

两个小孩从秋千旁路过，一个走得太近被撞倒了。

老师把医生叫来，医生说："别离秋千太近！"

一个小孩从滑梯上滑下来，她头朝下，弄伤了下巴。

老师把医生叫来，医生说："别再头朝前滑滑梯啦！"

唱完每一段后，与儿童讨论每种活动的安全做法。鼓励儿童思考其他可能的危险情境，并把这些想法加入歌曲中。

额外的技能：

交流（接受性语言和表达性语言）；认知（问题解决/推理）。

为残障儿童所做的调整：

身体残障：如有需要，帮助儿童表演歌谣中的动作。

言语残障：无须调整。

视觉残障：在开始时协助儿童完成歌曲中的动作。然后，让儿童在没有帮助的情况下参与这个活动。

听觉残障：用提示和手势来描述这个活动和歌曲中的歌词。用十分夸张的身体语言来表现歌曲的节奏。

行为失调/情感障碍：无须调整。

与家庭合作拓展课程

从孩子出生时起，家长就开始关心有关个人意识的一些问题：健康和疾病、喂养及营养、性别和性别认同。以下话题能丰富教师与家长的交流内容：分享促进儿童健康发展的相关研究和班级活动，向父母了解他们的孩子在家里和社区里的经历。做好准备回答家长们关于儿童性别倾向的问题。比如，家长问："我的儿子喜欢玩洋娃娃，这是怎么回事？"回答："这有利于他的敏感性、责任感、交流能力的发展，会让他将来成为一个好爸爸！"家长问："我的孩子突然对她的私密部位感兴趣，我该怎么做？"回答："像所有孩子一样，她对世界充满好奇。好奇心对于认知发展很有好处！"实事求是地回答她的问题。"我给你推荐一本优秀的儿童图书，你可以借阅这本书并和孩子一起阅读。"

本章小结

儿童是有血有肉的人。积极的自我意象的形成包括：发展性别意识、提高控制环境的能力、学会调节排尿排便、培养健康的营养习惯、做出健康的个人选择。教师的态度在儿童对身体和性别形成自我意象的过程中起着重要作用。如果教师能向儿童传达关于性方面的感觉和身体功能的积极的言语或非言语信息，那么教师就能帮助儿童形成对自己身体的尊重态度。如果教师能创设一个安全、健康的教室环境，那么教师就能够帮助儿童形成对自我、他人和周围环境的尊重态度，并让儿童积极地参与到健康、安全的活动中去。

为了成长为健康有用的人，儿童必须要对自己的身体和性别形成积极的自我意象。对于像迪米特里这样的儿童来说，他们的信任已被破坏，他们的性别认同已与羞愧和不安挂钩，因此向他们传达尊重身体的态度、为他们提供有关健康与安全教育的班级活动是至关重要的。对于教师而言，以下事项值得特别注意：

◆ 将儿童看作有血有肉的人，并对他们尝试管理自己身体的行为做出积极回应。

◆ 通过树立积极的性别角色榜样、提供各种各样的不带刻板印象的教室材料和活动，来让幼儿探索各种各样的性别角色并自然地形成性别认同。

◆ 将综合性的安全教育课程整合到创造性游戏课程中，在各种涉及安全问题的情境中让儿童了解个人安全方面的知识。

◆ 让儿童知道他们拥有隐私权以及与他人进行安全且健康的互动的权利。

◆ 让儿童知道保护他们的安全是成人的责任；当然，教师也需要教儿童如何在不安全的情况下向值得信赖的成人求助。

◆ 制定教室的规章制度，从而确保所有的儿童都处于安全、健康的环境当中。

反思与应用

1. 讨论本章开头的小故事。你还有其他的问题或看法吗？讨论本章结尾对小故事的回答，你对于这种情况还有其他的应对方法吗？
2. 聆听儿童的对话。他们的讨论让你了解到他们对性别角色以及性的思考吗？他们的哪些信息是正确的？哪些是错误的？有哪些证据表明他们存在性别刻板印象或是灵活开放的性别印象？
3. 观察儿童不断增强的对独立的需求。观察一个教室，描述这些独立需求是如何被满足的。

补充资源

[1] Chrisman, K., & Couchenour, D. (2002). Healthy sexuality development: A guide for early childhood educators and families. Washington, DC: National Association for the Education of Young Children.

[2] Cole, R., Crandall, R., & Kourofsky, C. (2004). We can teach young children fire safety. Young Children, 59(2), 14—18.

[3] French, K. (2004). Supporting a child with special health care needs. Young Children, 59(2), 62—63.

[4] Kotch, L. (2004). Preventing SIDS in child care: What can you do? Young Children, 59(2), 48.

第十一章

促进情感健康发展的课程

你班上的大多数儿童都积极地探索材料并与同伴进行互动,然而,3岁的梅甘非常不情愿尝试新活动或是主动与别的儿童一起玩耍。当鼓励她去参加一个新的美术活动或探索一株新的攀缘植物时,她跑开说:"我不能做到。"当鼓励她去和别的儿童玩耍时,她低头说:"他们不喜欢我。"很明显,梅甘的不安全感和自卑感阻碍了她尽情地与同伴一起玩耍、参加班上的活动,进而干扰了她形成积极的自我概念。

在与梅甘的父亲的交谈中,你发现梅甘的哥哥是家中的重要人物,他几乎不让梅甘参与游戏或其他特别的活动。哥哥向梅甘传达了许多负面情绪,说她"笨""愚蠢""呆瓜""没有脑子",还让梅甘觉得自己非常无能、渺小且毫不重要。

尽管一开始梅甘的爸爸不乐意承认这当中存在问题,但他最终意识到情况已然失控,进而十分担心梅甘的情感发展。你和梅甘的爸爸决定考虑以下几个问题来一起帮助梅甘:

- ◆ 你可以为梅甘设计什么样的活动和互动,从而让她体验成功?什么样的活动能提升她的自尊心?
- ◆ 你如何帮助梅甘培养表达情绪(包括她对哥哥的愤怒和失望)的能力?
- ◆ 你能为梅甘提供什么样的创造性游戏和材料,从而让她通过假装游戏来解决情感上的冲突和问题?
- ◆ 你该如何布置班级环境和选择活动,以促进梅甘制定决策和解决问题的能力的发展?
- ◆ 你会使用什么教学技巧,以帮助梅甘学习处理变化和压力?

我们将在本章末尾与大家分享关于上面问题的应对建议。当你阅读本章时,注意理解儿童在情感健康领域的发展里程碑事件;同时,思考通过创造性游戏、与同伴和成人的互动、有利于儿童成长的教学技巧来促进儿童情绪掌控能力发展的不同方法。

拥有情感能力的幼儿通常能正确辨识情感并合理地表达情感,树立自尊,与他人建立温暖、富有感情的关系,有效地处理生活中的压力性事件,成为独特的、积极的、自主的个体,并理解生命的价值。情感高度发展的儿童有很高的自尊感并对自身、人际关系、自己的能力感到满意。有着高自尊感的幼儿是接受自我的、有个性的,他们会让自己感受情感并能够表达情感;他们会自我激励,不害怕失败,并且通常能够喜欢和信任他人;他们尊重来自成年人的公正的、充满爱的权威,有着较低的内疚感,对他人有较高的同情心,而且通常不喜暴力(Quinn, 1986, pp.127—129)。我们清楚地看到,情感掌控能力的发展是与独立性、社交技能、认知能力、语言交流和感知运动技能的发展相互整合的。了解儿童情感发展的重要里程碑事件以及考虑创造性游戏的教室环境支持儿童得到积极的情感发展的各种方法,能帮助教师促进儿童的情感发展,并设计出一个能够促进儿童情感健康的课程。

情感健康领域的发展里程碑事件

关注心理—社会性发展（埃里克森）

心理学家埃里克·埃里克森把心理—社会性发展的过程描述为八个阶段。每个阶段都有必须解决的发展危机，以使儿童能积极健康地成长发育。最初的四个阶段发生于出生后的前六年。表11.1总结了最初的四个阶段。在生命的第一年里，发展危机是基本信任对不信任的心理冲突。在这一阶段内，婴儿学着依赖别人以满足他们的基本需要；婴儿也学着信任他们自己的身体去应对各种刺激。如果他们世界里的成人对他们的需求是敏感的且积极回应的，婴儿将成功地解决这些危机并发展出与生俱来的信任感（Erikson，1963，p.250）。若婴儿与成人处于积极的、持续的关系中，当他们离开这个阶段时就会相信自己和他人都是值得信任的。

在生命的第二年里，发展危机为自主对害羞与怀疑的冲突。在这一阶段，儿童的发展表现为努力获得对冲动和身体功能的控制。在这些方面取得成功能让儿童感到自信和独立，经常性的失败则会让儿童对自己和自身能力缺乏信心，让他们感到自己极其渺小和无力（Erikson，1963，p.254）。

大约在生命的第三年里，发展危机开始变为主动对内疚的冲突。处于这个阶段的儿童充满活力和好奇心，更清楚地意识到日渐浮现的自我。3岁的儿童活泼好动，他们持续地运动、探索、计划、完成任务（Erikson，1963，p.255）。处于这个阶段的儿童频繁地遭遇失败或责备，他们变得不情愿去主动进行一个活动或开始一段人际交往；另一方面，有许多拥有成功和积极经历的儿童会不断地迎接和尝试新的挑战。

八个阶段中的第四个阶段是在童年早期最后出现的一个阶段。这一阶段开始于4—5岁。这一阶段的发展危机为勤奋对自卑的冲突。此阶段的儿童开始探索更为复杂的任务和人际关系，并检验新习得的能力。在新的活动和任务面前总是感到失败的儿童可能会觉得能力不足和无法胜任；相比之下，能很好地掌控新鲜事物的儿童会感到成功和自豪。

关注依恋和独立（布雷泽尔顿）

一位名叫贝里·布雷泽尔顿的儿科医生提供了另一个视角，他把生命中前几年的发展集中

表11.1 关于儿童从出生到5岁情感健康的理论框架

埃里克森	布雷泽尔顿	格林斯潘
关注心理—社会性发展	关注依恋和分离	关注情感发展的里程碑事件
信任对不信任（出生到12个月）	区分人和物体（出生到3周） 区分妈妈和其他重要成人（3个月） 对妈妈和重要的监护人产生依恋（6—9个月）	自我调节和对世界产生兴趣（出生到3个月） "陷入爱河（2—7个月）" 有意识的交流（3—10个月）
自主对害羞与怀疑（12—24个月）	分离和追求独立（12—24个月）	有组织的自我意识（9—18个月）
主动对内疚（24—36个月）	探索、检验、模仿（24—60个月）	形成情感概念（18—36个月）
勤奋对自卑（48—60个月）		情感思维（30—48个月）

于依恋与分离的问题。依恋他人是婴儿生命第一年发展的头等大事。在生命的最初几周，婴儿开始区分人和物体，3个月时他们通常能将妈妈和其他人区分开来。6—9个月时，妈妈离开时婴儿开始想念妈妈，对他人的依恋也就形成了，亲密的亲子关系开始建立。儿童会形成对许多人的依恋，包括教师、监护人和其他家庭成员，比如图11.1中的儿童对祖母产生了依恋。这些不同的依恋并不会减少婴儿对妈妈或早期依恋对象的依恋。

图 11.1

在儿童生命的第二年里，分离开始出现，并且成为重要的发展任务。分离是独立性发展的开始。有时候，分离的过程极其困难，这反映了正在被松开的亲子纽带的强大（Brazelton，1974，p.223）。儿童可能害怕成年人的放手，但同时会因为拥有了对人和事物逐渐增多的控制权而感到兴奋。儿童对独立的渴望必须要与成人的支持以及合理坚定的限制取得平衡。这些能够在儿童检验他们日渐浮现的独立时给予他们安全感（Brazelton，1974，1992）。

在学步儿和学前阶段，儿童通过在游戏中的探索、通过运用新习得的复杂语言以及通过模仿来学习新行为等方式形成独特的自我。这是一段检验、尝试、经历成败、在混乱中斗争的时期。"成人认识到自己必须允许儿童做出自己的努力，让儿童认识到他能做到！"（Brazelton，1974，p.220）通过在一个支持性的环境中尝试新的挑战、与他人互动、解决冲突，儿童的自我意识和对自己的积极看法会不断得到增强。

关注情感发展的里程碑事件（格林斯潘）

斯坦利·格林斯潘（Stanley Greenspan）完成了一个关于儿童从出生到4岁的情感发展的细致研究。根据格林斯潘的说法，六个情感发展的里程碑事件出现在生命的前四年里。在出生至3个月的第一个阶段里，主要的情感发展里程碑事件包括自我调节和对世界产生兴趣。婴儿需要发展自我调节的能力，在兴奋的时候平静下来。婴儿也开始利用自己所有的感官对这个世界逐渐产生兴趣。婴儿对成人面孔和声音的兴趣，或对摇晃和拥抱的回应，经常帮助他们在低落的时候放松下来。可以看出，自我调节和对世界产生兴趣这两个任务是相互关联、互为补充的过程（Greenspan & Greenspan，1985）。

2—7个月时，情感发展的里程碑事件包括相爱。此阶段的儿童变得对社会警觉，更加依恋重要成人。儿童开始观察四周，以微笑回应父母，并与父母建立深厚的情感联系。在这个阶段，父母和他们的孩子陷入了"爱河"中（Greenspan & Greenspan，1985，p.49）。

3—10个月时，主要的情感发展里程碑事件是进行有意识的交流。在这个阶段，父母和教师学会理解并回应婴儿对交流所做的努力至关重要。婴儿开始明白他们能使某种行动和事件发生，开始参与到与成人的双向交流中。当婴儿发现他们的行为会使成人表现出相应的行为时，他们就学会了建立信任。"比方说，当宝宝感到高兴时，而且你能积极地回应他们的情绪时，宝宝便开始明白他的愉悦能引起你的愉悦。"（Greenspan & Greenspan，1985，p.76）。图11.2中，婴儿正在高兴地与父亲进行互动。

图 11.2

有组织的自我意识的出现是儿童9—18个月时的情感发展里程碑事件。在学步儿时期的这个开始阶段，儿童开始参与到更复杂的交流当中，而且在行为和情感上开始变得更有组织性。学步儿的独立性正在发展，他们在表达需要和兴趣时更为主动，并与其他儿童建立了关系。在这一阶段，儿童需要成人对他们表达赞赏、设置合理的限制并帮助他们扩展游戏的复杂程度（Greenspan & Greenspan，1985）。

18—36个月时，情感发展的里程碑事件包括形成情感概念。此阶段的儿童有更为复杂的交流技能，他们能表达想法、情感、需要和渴望。儿童学习了为情感命名并表达更多的情绪，特别是在类似于假装游戏这样的情景中，这种表现更为突出。对于一个独立性正在发展、正在学习尊重个体差异的孩子来说，发展自我调节的能力和学会表达情感以解决冲突是很重要的。

30—48个月时，主要的情感发展里程碑事件是情感思维，这是想象、现实和自尊的基础。此阶段的儿童开始能够区分自我和他人，区分现实与假想。儿童能够理解复杂的因果关系，有着更复杂的情感想法并能理解复杂的人际关系，能理解和表达一系列复杂的情感（Greenspan & Greenspan，1985）。

在童年的最后几年，研究者关注到"情感智力"并把它作为扩大智力这一概念内涵的一种方式。人们利用他们的"内省智力"来理解自己的情绪，并做出关于行为和与他人互动的选择（Gardner，1993）。新的关于脑部发育和行为的研究表明，"控制情感冲动、识别他人内心深处的情感、顺利地处理关系"的能力是让儿童健康、均衡发展的关键，因为身体和情感上的健康是相互影响的。这项研究也表明"在教室中融合头脑和心灵"的重要性，还说明儿童的个人天赋和才能也可以从他们的情感智力中体现出来（Goleman，1995，pp.xiii—xiv）。

儿童会以不同的速度发展，在不同的时刻到达发展的里程碑。教师应该为儿童重点考虑的一件事情是，如何组织教室的环境和设计课程以促进儿童发展情感能力。关于儿童游戏和情感发展的研究结果，能让我们对创造性游戏在促进儿童情感健康发展中的作用有更为清晰的认识。

关于游戏和情感健康的研究

对他人表达同情心和关怀是在我们所处的社会中受到高度赞扬的行为。这包括对他人内心状态、情感和需求的理解，然后用这些理解和得到的信息去回应并帮助他人。近期的研究开始关注同情心，因为它在儿童道德推理和道德行为中有着重要地位。对他人有同情心的儿童更可能表现出亲社会行为，也就是说，儿童对他人需要的回应胜过了自己的需要（Eisenberg, Zhou, & Koller, 2001）。更多的研究表明，高度的同情心与低水平的攻击性是相关的（Kaukiainen et al., 1999）。当越来越多的儿童在早年与许多不同的同伴和教师进行互动时，同情心的发展就变得十分重要了。

相比男孩而言，成人通常更期待从女孩身上看到更多的照顾他人的行为，而研究发现这在许多情况下也的确如此。然而，当幼儿与婴儿进行互动时，他们在照顾他人的行为方面几乎没有性别差异。学前期的男孩和女孩都表现出对小宝宝的关心和了解，并与小宝宝进行互动。幼儿照顾行为的研究者表示，让幼儿与宠物、婴儿、老人或有特殊需要的人接触，并指导和鼓励幼儿适当地照顾他们并与他们进行互动，有利于培养幼儿照顾他人的行为。由于幼儿（尤其是男孩）会把照顾他人与女性联系起来，所以幼儿需要看见男性参与到照顾他人的行为当中。若男性教师或父亲在教室里给婴儿换尿布、给婴儿喂食或和孩子一起玩耍，他们就能为幼儿树立照顾他人的榜样（Melson & Fogel, 1988）。

在关于儿童认知发展的描述和讨论中，皮亚杰也强调了情感在儿童认知发展中的重要作用。儿童的情感会对他们关注哪些事情以及如何加工信息产生影响。情绪可以促进或是干扰学习（Fogel, 1980; Yarrow, 1979）。儿童与和自己有着温暖、积极关系的成人在一起能更好地学习（Ainsworth, Blehar, Waters, & Wall, 1978）。教师温暖贴心的行为，可以切实地帮助儿童接近而不是逃避学习的机会（Edwards, L. C., 2002）。

儿童控制和调节情绪的能力是一项有利于游戏和与他人互动的技能。婴儿没有调节情绪的能力，他们通过脑部和神经系统来即时地表达感受，比如饥饿和痛苦（Izard & Kobak, 1991）。但婴儿确实发展了自我安慰的策略。吮吸大拇指或是使用所依恋的物品是婴儿进行情绪管理的最初尝试（Fogel & Thelen, 1987）。学步儿时期，儿童开始通过在游戏中假装高兴或伤心来控制情绪。学前儿童学着克制情绪，甚至通过观察他人恰当或不恰当的情绪表现来学习"与文化相适宜的表达情绪的方式"（Hyson, 1994）。儿童在玩游戏时会进行观察和实践，并强化他们表达情绪的恰当方式。

儿童的游戏，无论是自发的还是结构化的，都能促进儿童面对压力时的情感健康发展。儿童能够通过游戏表达情绪，并在一个安全的环境中获得对自己情绪和恐惧的控制力。在这样的环境中，儿童可能会创造人物、分配角色、努力奋斗、表现行为、面临恐惧——这全是他们自己的选择，并跟随着他们自己的节奏。这样的游戏是一种对真实生活没有威胁性的预演。"将经历表演出来是童年赐予儿童的最自然的自我疗法。无论其他的角色游戏能给儿童的发展带来什么……儿童都能通过角色游戏来弥补失败、痛苦和沮丧。"（Erikson, 1940, p.561）比如，儿童玩医院游戏，或玩包含医生和病人角色的游戏来展现治疗过程——比如给人打针或被打针，并使用如无针注射器或血压计这样的游戏材料。相关研究表明，如果有机会在住院和接受治疗前参与到这样的假装游戏和社会戏剧游戏中，那么儿童就能够减少焦虑、增加知识并更好地理解这样的事情；在一些情况下，这甚至会降低儿童对痛觉的感知，并缩短住院时间（Yap, 1988）。

在教室中，结构化和学业倾向的程度同样影响着儿童的压力水平。有一项研究旨在探索在发展适宜性与非发展适宜性教室中儿童压力水平的差异。研究发现，非发展适宜性教室中的儿童相比发展适宜性教室中的儿童来说，更显著地表现出较高的压力水平（Burts, Hart, Charlesworth, & Kirk, 1990）。在发展适宜性教室中，儿童有着更多的可进行自主选择的区域活动时间，并能够自由地从一个活动转入另一个活动。在非发展适宜性教室中，儿童有着更多教师主导的教学、集体活动时间、纸笔作业活动；儿童在进行集体活动和纸笔作业任务时表现出更高的压力水平。这些发现让许多学前教育工作者更为担心，一个强调非适宜性教学实践和学业导向活动的教室，会带来许多的不良后果并导致儿童压力水平的攀升。"由于当下的儿童在生活中经受着许多压力，不适宜的课程带来的额外压力可能会让儿童更加脆弱，更难以有效地应对生活。"（Burts et al., 1990, p.417）

通过创造性游戏课程促进儿童的情感健康发展

情感健康的发展是一个认识自我和接纳自我的过程。这个通向自我的过程包括发现自我、对他人形成爱的依恋、成为一个独立自主的人以及发展情感力量和情感能力。从出生到5岁，儿童面临的主要情感任务可以总结如下：

- 将自己与他人区分开来，认识到自己是一个独立的人。
- 对物体和成人形成积极的、信任的依恋。
- 与他人建立双向的、充满爱意的关系。
- 作为一个有创造性的个体，发展独立性和自主性。
- 主动地探索、游戏、学习和成长。
- 形成对自我的独特认识，并能够表达情绪、与他人联系、应对变化和树立自尊。

促进儿童的情感发展包括创设一个支持性的教室环境，让儿童被充满爱意的成人照料，鼓励儿童通过假装游戏和很多设计好的教室活动发展他们的独特性。

辨识自我

既开始意识到自己是独立的，但又已经对父母形成了依恋的婴儿，可能会在每天早上父母离开托幼中心时出现分离困难。一个15个月大的儿童会通过玩一种"分离游戏"来应对父母的离开。虽然这个儿童的老师每天都很热情地欢迎她，但入园对于这个儿童来说始终是一件困难的事情，直到她发明了这个"分离游戏"。当父母在户外走向窗户时，教师和儿童会到窗户那里挥手。父母在窗户的那一头，和孩子一起向彼此做鬼脸，给对方飞吻，最后挥手说再见。这时候，儿童能平静下来并开始参与到教室的活动当中。在过渡时间里，当幼儿不能很快地适应活动变化时，持续的常规能给予幼儿安全感和舒适感。一位敏感的、善解人意的教师会帮助这个孩子找到解决办法，然后把她吸引到创造性游戏活动中。

建立信任关系

对人和物体形成依恋是幼儿成长的一个关键任务。教师若能向儿童提供持续的关怀，通过形成早晨说再见的惯例、表现得令人感到安心且感受到安慰来帮助儿童有效地处理与父母的分别，就能培养儿童形成对成人的依恋；教师若能创建或提供有助于促进同伴互动的游戏区域或者活动，就能培养儿童形成对同伴的依恋；教师若能对儿童把"依恋物体"（如家里的毯子或泰迪熊玩具）带到教室中的行为持积极态度，就能培养儿童形成对物体的依恋。有些儿童用依恋物体来帮助自己有效地应对和父母的分别，应对一日生活中的变化和过渡。比如，图11.3中，儿童抱着她的小狗玩偶假装给家里的妈妈打电话。

图 11.3

儿童还可能用所依恋的物体来帮助自己表达惧怕和担忧。比如，一个3岁的儿童喜欢和他名叫"大黄"的小狗玩偶一起睡觉，让大黄在小憩的时候跟他说话。这个孩子下了床，向教师走去，说："大黄一直在叫，让我睡不着觉。因为这儿没什么光，所以它才会在黑暗中大叫。"显而易见，这是一个借口，这个儿童希望教师能让更多的光照入室内以减轻他在黑暗中睡觉的恐惧。教师通过创造灵活的、有创造力的环境来鼓励儿童通过许多奇妙的、有创造力的途径来使用所依恋的物体。能够对他人建立积极的依恋、利用物体和人来帮助满足情感需要并发展有效的应对策略的儿童，更容易建立积极的自我认识。一个旨在促进儿童成长的教室环境必须要提供许多这样的机会，因为儿童的自我概念是从一个个日常的经历中发展起来的（Kendall & Elder, 1980）。

一个强调培养儿童与成人关系的开放且自由的教室环境，能使幼儿信任他人，并回应成人的喜爱与关心。一个2岁的幼儿与他的教师形成了特别温暖的、充满爱的关系。当每天早上这个孩子进入教室时，他会张开双臂跑向他的老师，跳上她的膝头。然后害羞地笑着并抬头望向老师说："猜猜今天我给你准备了多少颗'糖果'？"教师会猜一个数，孩子会说："不对。"然后他们会一直玩这个猜数游戏直到孩子说："对啦，我今天为你准备了4颗'糖果'。一颗在我的鼻子上。"（教师轻轻地亲吻他的鼻子）"一颗在我的耳朵上。"（教师轻轻地亲吻他的耳朵）"一颗在我的脸上。"（教师轻轻地亲吻他的脸颊）"最后一颗就在这儿，在我的头发旁！"（教师轻轻地亲吻他的前额）由于和成人建立了彼此关爱的、体贴的关系，这个幼儿每天都会敞开心扉去爱、渴望表达爱意、不害怕去帮助他人并信任他人。他对自己、教师和整个世界都充满欣喜！

发展自主性和独立性

教师应让儿童信任自己和他人，并在向儿童提供安全感的同时对他们提出挑战，发展他们的独立性和主动性。比如，一个刚进幼儿园几周的胆小怯懦的3岁儿童会黏着教师，或是蜷缩在懒人沙发里。她感到不安全，害怕和别人说话。在学校的第一个月里，教师逐渐让她走出自己的圈子到小团体中活动，帮助她获得成功并树立自信。有一天，教师和这个孩子肩并肩地走过大厅，教师不自觉地去牵孩子的手。这个在教师身边蹦蹦跳跳走着的小女孩，抬起头，笑着说："你不用再牵住我的手了。"教师支持儿童，鼓励他们去尝试、去冒险、去实验；在儿童成功时为他们感到喜悦，在他们失败时给予他们安慰。这样的教师能够为儿童提供一个自由成长并可以按照自己的速度发展的教室环境。

主动地游戏和学习

一个激发认知的、具有发展适宜性的教室应该包括大量的学习中心、活动以及可操作的玩具，以吸引儿童去游戏、探索和学习。在游戏中获得成功的儿童会继续保持主动性，并形成更为积极的自我概念。"在一个以儿童为中心的课程中，成人和孩子会进行积极应答的对话，营造快乐学习的气氛……逐渐发展儿童对身体和思维的掌控能力。"（Curry & Johnson，1990，pp.121—123）

但是，有一些儿童在主动性、参与游戏和获得掌控能力方面有困难。比如，一个使用轮椅的学前儿童可能会因为害怕失败而在参与教室活动方面出现问题。教师需要合理地调整教室环境，鼓励同伴为其提供必要的帮助。比如，一个学前儿童帮助另一个儿童摆放她的轮椅，从而使坐轮椅的儿童能够得着教室里的玩水桌。这个学前儿童在穿好罩衫后，帮助那个坐轮椅的儿童穿好她的罩衫。这两个儿童兴高采烈地在一起玩了好长时间。当教师合理地调整教室环境，并持有"所有孩子首先都是人，而特殊的需要或残疾的情况都是第二位的"这种态度时，他们更可能促使儿童与同伴间开展积极的互动。在这样开放的、以游戏为导向的教室环境中，所有的儿童都能获得成功、拥有主动性、在游戏中学习并发展自尊。

表达情绪和发展自尊

学前儿童在与成人及同伴进行互动时更能够表达一系列的情绪。能够为儿童提供许多和他人及小组一起玩耍的机会的教室环境，可以支持儿童去尝试交流、协商和成功地与他人取得联系。比如，3个正在想象性游戏区玩耍的儿童，可能会协商服装的使用和角色的分配。在这种情况下，两名儿童决定扮扮成妈妈和奶奶，并让第三个儿童假扮成他不想扮演的宝宝。玩了几分钟后，扮演宝宝的儿童拒绝继续扮演，并说自己感到不高兴，他想扮演爷爷而不是宝宝。他还说如果他不能扮演爷爷他就不再继续玩下去了。面对这个清楚地表达了自己的沮丧和不悦的玩伴，另外两个儿童觉得在房子里有一个爷爷也是很好的主意，然后找到了一个塑料娃娃来扮演宝宝的角色。儿童通过游戏以及与同伴互动学会了交流、协商技巧并重新定义了自我。

游戏还是一个重要的治疗工具。随着儿童按照情感发展阶段不断成长，他们需要解决一系列的冲突和处理情感上的混乱。实施创造性游戏课程的教师有机会通过戏剧和假装游戏来促进和支持儿童的情感发展。表演游戏为儿童提供了许多机会来让他们扮演不同的角色、掌控关系、控制令人恐惧的情形。参与假装游戏能减轻儿童情感上的痛苦，帮助儿童掌控发展中的冲突，提升儿童的自尊心。

应对变化和压力

在儿童学着应对十分困难的压力性生活事件时，游戏同样可以给予他们支持。幼儿在生活中会经历许多压力性事件，从应对与个人有关的问题（包括应对父母离异或双亲死亡）到理解社会上的悲剧（比如暴力犯罪、刺杀、战争）（Brown，N.，Curry，& Tittnich，1971）。比如，当儿童因为生病或手术入院治疗时，他们会利用游戏来表达情绪。当一个4岁的儿童在医院见到他的医生时，他把医生的形象想象成一个巨大的怪兽。这个孩子的声音和行为反映出他自己像是一个充满力量的、勇敢且强大的角色。随着手术日子的临近，这个孩子更频繁地把自己想象成这样的角色。游戏让这个孩子在治疗中成为一个积极的参与者，让他能够在这样一个作为病人会常常感到无助和被动的机构中，获得一些掌控感和力量感。

对于那些还没有掌握成熟的语言技能和丰

富的词汇来表达自己情感的儿童来说，游戏对于他们至关重要。对于那些不相信自己可以坦诚地谈论诸如生病、死亡、离婚等敏感话题的儿童来说，游戏也能帮到他们。游戏允许儿童通过体验任何一种压力来检验和重构现实，而用不着放弃对这种压力的防御。事实上，儿童在压力状态中开展的游戏，"不仅仅是儿童对生活的反应，还是儿童的生活——如果他想成为一个重要的、不断成长的和富有创造力的个体"（Hartley & Goldenson, 1963, p.1）。

发展主动性、对付各种压力、表达情感和建立各种关系都有助于儿童自我概念的发展。创造性游戏课程应该包括具体的发展目标和为促进儿童的情感健康发展而设计的具体活动。

促进儿童情感健康发展的目标和活动

儿童的情感健康发展取决于四个主要子领域的发展：(1) 情感意识、接纳和表达；(2) 应对技能；(3) 人格整合；(4) 树立价值观。创造性游戏课程和评价过程都支持儿童在这些方面的发展。接下来的内容介绍了每个子领域具体的发展目标和示例活动，活动对象为婴儿、学步儿和学前儿童。此外，还包括为残障儿童做出的调整。

情感意识、接纳和表达

情感健康的第一个子领域是情感意识、接纳和表达的发展。儿童的发展进步从辨认和标识情绪开始，接着是学习自然地、健康地接纳他们所经历的多种多样的情绪，最后以儿童学着在诸如快乐、伤心、沮丧和充满爱的情境中适当表达他们的情绪而告终。该子领域的具体发展目标如下：

- 教儿童辨识并用语言表达各种各样的情绪。
- 帮助儿童学习区分自己和他人的情绪。
- 帮助儿童在学习情绪控制的方式时，接纳自己所有的情绪。（Hendrick, 1998）
- 鼓励儿童用恰当的方式表达多种情绪。

教师应示范如何接纳情绪并分享自己的情绪。儿童通过与这样的教师进行互动，能最好地促进自己的情感意识、接纳和表达的发展。除此之外，教师还可以针对不同年龄段儿童开展具体的活动以促进儿童在这方面的情感胜任力。这里推荐了一些针对婴儿、学步儿和学前儿童的示例活动。教师可以根据儿童的不同发展水平对它们进行改编。

婴儿的活动

 宝贝埃米（讲故事活动）

使用一个五官不完整的大型玩偶（可以是由家长制作的），并在其眼睛和嘴巴的位置放上魔术贴。为玩偶贴上各种各样的眼睛和嘴巴来表现不同的情绪：高兴、伤心、生气、滑稽。谈论不同的情绪并为每个情绪编一个小故事。比如，"看啊！埃米好生气，看她的脸啊，她很生气。让我跟你说说发生了什么。她正在玩一个像这样的亮黄色的球，然后有人从她那儿把它拿走了。这使得埃米生气了，她非常生气。""埃米现在很高兴，看她的脸啊。你知道她为什么这么高兴吗？因为我给了她一个大大的拥抱。拥抱让埃米非常高兴。"

额外的技能：

交流（接受性语言）；认知（概念形成）。

为残障儿童所做的调整：

身体残障：无须调整。

言语残障：无须调整。

视觉残障：鼓励儿童通过触摸来探索埃米的脸，突出强调埃米的脸是如何表现她的情绪的。

听觉残障：使用提示和手势来讲故事和命名情绪。

行为失调/情感障碍：无须调整。

学步儿的活动
我的名字是什么？
我的感觉怎么样？（绘画活动）

为儿童提供一张牛皮纸（一种厚而不透水的纸）以及蜡笔和记号笔。让儿童平躺在纸上，画出自己身体的轮廓图。然后，让儿童画出他们自己的体貌特征。当儿童画脸的时候，问他们："你感觉怎么样？你感到高兴、伤心还是生气？"给儿童充足的时间去表达情绪和感受。在画的上面写上儿童的名字，并在画上标记出儿童所表达的感受。

额外的技能：

交流（表达性语言）。

为残障儿童所做的调整：

身体残障：如果儿童不能抓握蜡笔或记号笔，询问他的感觉怎么样，然后让一个同伴帮忙画出脸。

言语残障：鼓励儿童用语言来表达感受，在必要时示范合适的语言。比如，"苏茜，我看到你脸上有一个大大的笑容。你看起来很高兴。说出来：'我很高兴'。"

视觉残障：提供胶水、毛线和提前做好的用于描绘情绪的脸。让儿童去感受，在高兴的脸上嘴巴是如何向上弯曲的；鼓励儿童用胶水把毛线粘在一张脸上，粘出一个向上弯曲的形态。对于其他情绪也是如此。鼓励儿童挑选他正感受着的情绪来进行这个活动。

听觉残障：使用提示或手势来解释这个活动。

行为失调/情感障碍：为那些在辨识和接纳自己的感受方面有困难的儿童提供额外的支持和帮助。

学前儿童的活动
你会有怎样的感觉？
你会怎么做？（讨论活动）

使用彩色图片呈现出能激发特定感受的情景。由儿童选择一张图片，并描述画中情景。鼓励儿童讨论下列问题："你会有怎样的感受？""你会怎么做？"鼓励所有儿童参与这些情境可能会引发儿童关于同伴关系、恰当的社交行为以及个人安全等问题的讨论。建议呈现如下情境：

1. 你在吃午餐时弄洒了牛奶。
2. 一个同学弄倒了你的积木。
3. 你想玩橡皮泥但没人愿意与你分享。
4. 有人让你第一个玩秋千。
5. 有人叫你笨蛋。
6. 有人戳你身体的私密处。
7. 有人说你是他的朋友。
8. 有人给了你一个玩具。
9. 有人对你笑。
10. 你不认识的人叫你和他们上一辆车。

额外的技能：

交流（表达性语言）；情感健康（应对技能）；个人意识（个人安全）。

为残障儿童所做的调整：

身体残障：无须调整。

言语残障：使用木偶或法兰绒板上的角色来促进幼儿关于给定情景的交流。

视觉残障：无须调整。

听觉残障：使用提示或手势来解释这个活动，并描述图中的情景。

行为失调/情感障碍：孤僻的或有攻击性行为的儿童可能会在恰当地接纳和表达情绪方面有

困难，教师要为他们提供额外的鼓励。

应对技能

情感健康的第二个子领域是应对技能。儿童需要利用创造性游戏情境来识别和解决情绪冲突，以发展出越来越复杂的、适宜的应对各种情况的能力。掌握这些能力能帮助儿童适应生活的变化，掌握处理压力性事件的技能。该子领域的具体发展目标如下：

- 鼓励儿童使用游戏和创造性材料来澄清感受并解决情绪问题（Hendrick，1998）。
- 帮助儿童形成内部的控制点（Greenspan & Greenspan，1985）。
- 增强儿童面对现实和适应生活变化的能力（接受不能被改变的事和替代性补偿；Hendrick，1998）。
- 帮助儿童学习恰当地应对压力性事件和危机情况的技能（放松的技巧、幽默、语言表达和运动）。

尽管一个"成人鼓励儿童讨论感受、表演冲突情境、发展应对压力技能"的环境能很好地促进儿童应对技能的发展，但具体的教室活动强调了学习应对技能的重要性。这里推荐了一些针对婴儿、学步儿和学前儿童的活动。教师可以根据儿童的不同发展水平对活动做出改编（带*的活动表示它同样适用于户外游戏环境）。

婴儿的活动
小泡泡（科学/自然活动）*

当婴儿看起来需要一个舒缓的活动时，可以带领他们吹泡泡。如果有许多婴儿想要参与，可以把吹泡泡的杆放在空调或一架风扇前，这样可以同时吹出大量的泡泡。如果只有一两个婴儿参与，教师可以直接吹出泡泡。谈论泡泡有多轻、有多大、有多小、用手去触碰时泡泡会如何破掉以及有很多泡泡还是只有一些泡泡等。鼓励婴儿尝试吹泡泡或者用吹泡泡的杆在瓶子里伸进伸出。

指导语：

"看这些泡泡！它们真轻，它们飘起来了。"

"有好多的小泡泡啊。看，这里有一个超大的泡泡！"

"看，我碰到这个泡泡时，它'砰'的一声爆掉了。"

额外的技能：

认知（概念形成）；情感健康（人格整合）。

为残障儿童所做的调整：

身体残障：无须调整。

言语残障：当泡泡出现时，发出声音，比如"哦哦哦""啊啊啊"。当泡泡破掉时，说"砰砰砰"。

视觉残障：协助儿童给泡泡杆蘸水并感受泡泡。

听觉残障：谈论泡泡的时候使用提示或手势。

行为失调/情感障碍：无须调整。

学步儿的活动
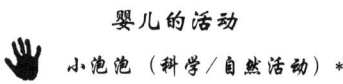
玩锤子（想象游戏）*

为每个儿童提供木质或塑料的玩具锤子，在桌子上放好黏土和木头，鼓励儿童锤打黏土或木头。这个活动可以作为一个发泄活动，让儿童有机会通过锤打不同的材料来以恰当的方式发泄气愤、沮丧和攻击性情绪。

额外的技能：

感知运动（位移技能）。

为残障儿童所做的调整：

身体残障：如果需要，在儿童锤打时提供

身体帮助。

言语残障：无须调整。

视觉残障：无须调整。

听觉残障：使用提示或手势来解释这个活动。

行为失调/情感障碍：针对攻击性强的儿童，当他们以恰当的方式表达了气愤和沮丧情绪时，给予他们更多的赞扬。

学前儿童的活动
如果你生气了，你会知道（音乐活动）

通过讨论替代性策略，帮助儿童发现处理情绪低落的方式。把歌曲《如果你高兴了你会知道》中的"高兴"改编成"生气""伤心""害怕"等等。让儿童说说在这种情况下该如何做。如果他们的建议是不恰当的，要讨论原因。让儿童思考可以采纳的建议，比如踢（球）、推（坐在秋千上的朋友）、捶打（面团）。一边唱"如果你生气了你会知道，使劲地捶面团（或是画画、撕纸）"一边表演出与歌词相应的恰当的动作。

变化：在帮助儿童回顾上述恰当的行动时，提供更多的词语选择。让他们唱："如果你伤心了你会知道，说出来：'我伤心了。'"教他们使用其他一些词语："如果你生气了你会知道，说出来：'我发怒（生气、愤怒、不高兴、被惹恼）了！'"

额外的技能：

感知运动（问题解决/推理）；交流（表达性语言）。

为残障儿童所做的调整：

身体残障：无须调整。

言语残障：无须调整。

视觉残障：无须调整。

听觉残障：在解释这个活动和歌唱时使用提示或手势。

行为失调/情感障碍：为那些处理低落情绪方面有困难的儿童提供额外的支持。

人格整合

情感健康的第三个子领域是人格整合的发展。儿童积极自我概念的发展与他们对人们个体差异的尊重以及他们成长为自主的人息息相关。该子领域的具体发展目标如下：

- 提升儿童的自尊感（Hendrick, 1998）。
- 培养儿童对自身性别以及民族和文化遗产的积极情感（Hendrick, 1998）。
- 帮助儿童在与他人相处时学习尊重个体性和独特性。
- 鼓励儿童在做决定和解决问题时发挥日益增强的自主性。

当儿童有许多机会做决定并且能在教室中体验到成功时，其人格的整合就能得到发展。与来自不同背景的儿童建立积极的关系，并向那些示范了尊重人们的差异的教师学习，能够给儿童带来自尊的发展和对他人的积极感受。另外，教师还可以针对每个年龄段开展具体的活动以促进儿童人格整合的发展。这里推荐了一些针对婴儿、学步儿和学前儿童的活动。教师可以根据儿童的不同发展水平对它们进行改编（带＊的活动表示它同样适用于户外游戏环境）。

婴儿的活动

＿＿＿在哪儿？（音乐活动）＊

教师拿一面大的不易破碎的镜子唱歌（使用"大拇指在哪儿"的旋律）：

苏茜在哪儿，苏茜在哪儿？

她在这儿,她在这儿(在镜中展示儿童的脸)。

她很特别,她非常特别。

看她的笑,看她的笑(再次在镜中展示儿童的脸)。

教师应让每一个对活动感兴趣的儿童照镜子,以便让他们都感到自己是特别的和被爱护的。

额外的技能:

交流(接受性语言)。

为残障儿童所做的调整:

身体残障:无须调整。

言语残障:无须调整。

视觉残障:轮到该儿童时触摸他。

听觉残障:唱歌时使用提示或手势。

行为失调/情感障碍:无须调整。

学步儿的活动
我朋友的照片(讨论活动)

在儿童互相玩耍时拍下几张照片,并给儿童看这些照片,让他们描述他们正在和朋友干什么。组织儿童讨论与他人玩耍和分享玩具的感受:"和你的朋友一起玩让你高兴吗?""你和朋友还玩些别的游戏吗?"在纸上、卡片上写下儿童对这些活动的描述,并和照片一起编成一本相册,存放在教室图书角里。

额外的技能:

社会化(合作与社会性互动);交流(表达性语言)。

为残障儿童所做的调整:

身体残障:无须调整。

言语残障:无须调整。

视觉残障:让另一名儿童给该儿童描述照片。

听觉残障:使用提示或手势来解释这个活动。

行为失调/情感障碍:为那些在同伴互动方面有困难的儿童提供额外的支持和鼓励。

学前儿童的活动
猜猜这是谁的故事(讲故事活动)

一对一地和儿童一起用录音机记录下每个儿童的故事,包括对每个儿童的描述,比如头发的颜色、眼睛的颜色、家庭住址、什么事情让这个儿童高兴、伤心、生气,什么事情让这个儿童觉得很容易或很难做到,等等。在集体活动时间播放录音,然后让儿童通过辨认声音和所提供的信息"猜猜讲的是谁"(把录音带放在视听角几天,以便儿童能在他们愿意的时候一遍一遍地听录音)。鼓励儿童回忆什么事情让别的儿童高兴、伤心和生气,这样他们在学校里能对彼此更友好。

额外的技能:

交流(听觉记忆/辨别、接受性语言、表达性语言);社会化(尊重他人)。

为残障儿童所做的调整:

身体残障:无须调整。

言语残障:无须调整。

视觉残障:无须调整。

听觉残障:让儿童从杂志上剪下让他感到高兴、伤心或生气的图片。为其他儿童解释该儿童对录音带的反应。使用提示为该儿童解释录制的故事。

行为失调/情感障碍:为那些自尊感较低或在与同伴建立关系方面有困难的儿童提供额外的支持和鼓励。

树立价值观

情感健康的第四个子领域是树立价值观。帮助儿童成为一个信任他人、富有同情心和学会照顾他人的人,让儿童学会对他人表现出关心并珍视生命中的一切，是帮助儿童树立价值观的主要任务。该子领域的具体发展目标如下：

- 培养儿童对于信任感、自主性和主动性的基本态度（Hendrick，1998）。
- 帮助儿童对他人产生同情心（Hendrick，1998）。
- 教儿童理解生命、珍视生命（Hendrick，1998）。
- 帮助儿童辨识、理解他人的情绪并对他人表示关心。

尽管在一个所有个体和生命都有尊严且得到尊重的教室中，关心他人和尊重生命的价值观能最好地树立起来，但是针对不同年龄段的儿童开展具体的活动可以支持这些价值观的发展。这里推荐了一些针对婴儿、学步儿和学前儿童的活动。教师可以根据儿童的不同发展水平对它们进行改编（带＊的活动表示它同样适用于户外游戏环境）。

婴儿的活动
同情心（讨论活动）＊

尽管教室中有安全措施和教师近距离的监护，但是刚开始爬和走的婴儿与学步儿还是经常会被绊倒和摔跤。当他们摔倒时，教师应该利用这个"充满教育意义"的时刻。鼓励另一个儿童和你一起去拿一块冰冻海绵，并帮助你把海绵压在那个儿童摔伤的地方。解释说："约兰达刚刚摔倒受伤了。我们抱抱她让她好受些吧。""我们给马克斯拿一块海绵让他的伤口好受些。"教师还可以组织儿童讨论：对于儿童摔倒，我们会感到怎样的遗憾？摔倒是如何让人受伤的？我们该如何帮助受伤的儿童？用一种平静温和的声音安慰受伤的儿童，并向其他儿童解释这种情况。通过拥抱、轻抚或表达对所发生的这件事情的遗憾来向其他儿童示范如何来安慰这个受伤的儿童。在儿童真的受伤前利用木偶或充气玩具来表演这种情况。

额外的技能：

社会化（社会性互动与合作）；情感健康（情感意识、接纳和表达，应对技能）。

为残障儿童所做的调整：

身体残障：无须调整。

言语残障：无须调整。

视觉残障：无须调整。

听觉残障：使用提示或手势来解释这个活动。

行为失调/情感障碍：无须调整。

学步儿的活动
帮助他人（讨论活动）

使用木偶来描述某种情境，能提升儿童理解和帮助他人的能力。比如，用木偶来表演一个小孩骑三轮车的故事，并让儿童想象这个小孩从三轮车上掉下来的情形。问儿童："你会如何帮助这个受伤的小孩？"另一个例子是有一个木偶玩具坏了，问儿童："如果你朋友的玩具坏了，你会怎么做呢？"创编跟你的日常生活情境相关的木偶故事。

额外的技能：

社会化（社会性互动与合作）；情感健康（情感意识、接纳和表达）；交流（表达性语言）。

为残障儿童所做的调整：

身体残障：无须调整。

言语残障：无须调整。

视觉残障：细致地描述故事画面。

听觉残障：使用提示或手势来解释这个活动。

行为失调/情感障碍：为那些与同伴建立关系有困难的儿童提供支持。

学前儿童的活动
旧故事新说（讲故事活动）

讲一个熟悉的故事（三只小猪、三只小熊、小兔子福福、三只公山羊[1]），让儿童扩展故事的结局，让所有的角色最后都成为朋友。比如，三只小猪把大灰狼从壁炉里救了出来，大灰狼决定和他们做朋友；三只小熊邀请金发姑娘留下来吃晚餐；小兔子福福认为和田鼠玩儿会很有趣，他们给了彼此一个拥抱；三只公山羊觉得山怪一个人挺可怜的，他们带去了午餐并请求成为山怪的朋友。让儿童讨论故事的传统结局和新结局的不同，并强调角色们是如何找到和对方相处的方法的。通过谈论学校里大家互相生气但在了解对方后找到了彼此友好相处的方法的例子来延续讨论。

额外的技能：

交流（接受性语言和表达性语言）；社会化（社会性互动和冲突解决）。

为残障儿童所做的调整：

身体残障：无须调整。

言语残障：无须调整。

视觉残障：无须调整。

听觉残障：使用提示或手势来讲故事。

行为失调/情感障碍：为那些表达情绪或与同伴建立关系有困难的儿童提供额外的鼓励与支持。

与家庭合作拓展课程

早在家长开始关心儿童的认知或社会性发展前，他们就已经开始关注孩子的情感发展了。"我的孩子会对我产生依恋吗？""照顾孩子的时间对她的依恋有什么影响？""如果我想要一个健康和充满好奇心的孩子，我该如何与他谈话、养育他以及与他一起游戏呢？""我该怎样应对他'可怕的两岁'[2]时与日俱增的独立性？""我如何提升她的自尊心？""他会自信过度，让我不得不面对一个自恋的小孩吗？"……这些问题帮助家长认识了儿童的情感发展，并让你更了解你所教的孩子。儿童情感的健康发展与智力和社交技能的发展息息相关。你在与家庭开展合作时，运用和联系本章中的信息和其他资源，为儿童在家里和学校创设健康的且支持性的环境。

本章小结

教师如果想让儿童成为全面发展的人，就要对儿童敞开心扉并乐于表达自己。"甚至在我们的孩子非常小的时候，我们就可以而且必须向他们分享生活中的真实事物——伤害、失落、惧怕、愉悦、成功和胜利。"（Kendall & Elder, 1980, p.70）那些想儿童能够有效地应对变化和压力性事件的教师，要在教室中提供许多假装游戏的机会。那些想让儿童树立积极的自尊感并尊重和珍视他人的教师，要促使儿童进行各种各样的互动，让儿童能在支持性的、易获得成功的教室环境中游戏和学习。那些想让儿童更加主动地解决问题和做出决策的教师，要设计能够促进儿童发现问题、探索、冒险的能力发展的游戏活动。一个以创造性游戏课程为中心的教室，能够促进儿童的情感、自尊和欣赏他人的能力的发展。

---

[1] 国外著名童话故事。——译者注

[2] "可怕的两岁"，根据埃里克森的八阶段发展理论，在两岁时儿童的独立性出现，与家长的冲突增多，因此被称为"可怕的两岁"。这一阶段被称为"第一反抗期"，青春期则是"第二反抗期"。——译者注

情感的健康发展是儿童在学校和生活中能够有效地、有创造力地、充满爱地生活和学习的关键。所有儿童都需要成人的支持和照料以发展成为完整健康的个体。对于像梅甘这样受过伤害而感到不高兴、感觉不到爱并觉得无能的孩子,布置教室环境和建构课程以为他们提供机会做以下事情是十分重要的:

◆ 与成人建立安全的依恋和相互信任的关系。
◆ 愈加独立,学会划分自我和他人的界限。
◆ 与他人建立相互关爱的关系。
◆ 发展表达感受和情感的能力。
◆ 管理自己的行为,开始进行自我控制。

◆ 形成积极的自我看法。
◆ 在活动和与他人的关系中表现得积极、热心和自主。
◆ 培养对他人的同情和尊重,学会珍爱生命。

儿童在开放自由的环境中能够得到关心且与教师建立真诚的、充满爱的关系,从而得到发展。在这样的基于创造性游戏的环境中,儿童可以学会珍视自我和他人,清楚直白地表达情绪,与同伴和成人建立积极的关系,并学会积极地应对压力和变化。

反思与应用

1. 讨论本章开头的小故事。你还有其他的问题或看法吗?讨论本章结尾对小故事的回答。对于这种情况,你还有其他的应对方法吗?
2. 回顾表11.1中的信息,在这些阶段成人能做些什么来支持儿童的情感发展呢?针对教师和父母,你有什么建议的行为和活动呢?
3. 观察一个教室,你能在教室中看到给儿童制造压力的环境、课程或人吗?
4. 构成有效教学的一些基本原则和实践是复杂的。你无法一下子就全部学会,但会随着时间的推移而逐渐理解。你应该阅读和反思,尝试新想法,评估结果,继续建构你的知识并进行有效的实践。关于本章的哪些问题,你想了解得更多?你将使用什么策略和资源来实现?
5. 针对情感健康发展四个主要子领域中的一个设计课程。选择一个具体的发展目标和特定的年龄群体,设计一个合适的活动。完善并评估你的活动,与同事分享这一活动并讨论活动结果。

补充资源

[1] Axline, V. (1964). Dibs in search of self. New York: Ballantine. Carlson, F. (2005). Significance of touch in young children's lives. Young Children, 60(4), 79—85.

[2] Honig, A. (2002). Secure relationships: Nurturing infant/toddler attachment in early care settings. Washington, DC: National Association for the Education of Young Children.

[3] Moustakas, C. (Ed.). (1966). The child's discovery of himself. New York: Ballantine.

[4] National Scientific Council on the Developing Child. (2004). Children's emotional development is built into the architecture of their brains. National Scientific Council on the Developing Child (Working Paper No.2).

[5] Noddings, N. (2002). Starting at home: Caring and social policy. Berkeley: University of California Press.

[6] Raver, C. & Knitzer, J. (2002). Ready to enter: What research tells policymakers about strategies to promote social and emotional school readiness among three-and four-year-old children. Promoting the Emotional Well-Being of Children and Families (Policy Paper No.3). New York: National Center for Children in Poverty.

[7] Rogers, C. S., & Sawyers, J. K. (1988). Play in the lives of children. Washington, DC: National Association for the Education of Young Children.

[8] Satir, V. (1975). Self esteem. Millbrae, CA: Celestial Arts.

[9] Warren, R. (1977). Caring: Supporting children's growth. Washington, DC: National Association for the Education of Young Children.

[10] Wieder, S., & Greenspan, S. (1993). The emotional basis of learning. In B. Spodek (Ed.), Handbook of research on the education of young children (pp.77—90). New York: Macmillan.

第十二章

促进社会化发展的课程

作为 4—5 岁儿童的教师，你很欣慰你班上的儿童频繁地互动并参与了许多合作游戏。儿童似乎很享受在小组中玩耍，教室中也鲜有冲突和攻击性行为。因为教室的氛围看起来非常和谐，而且儿童经常积极且有效地进行活动，所以当有一位担心自己孩子健康的家长造访时，你会感到相当惊讶。

安德鲁的妈妈请求与你谈话，因为安德鲁在每天活动结束时都感到精疲力竭，她对此感到非常担心。她描述了一个能体现安德鲁典型表现的经历。当安德鲁昨天下午3点半回到家时，他的妹妹正等着和他玩。妹妹请安德鲁在吃完点心后帮她建一座城堡。安德鲁转向她，小心地放下一杯牛奶，非常严肃地说道："请给我一点时间休息。我都跟人打了一天的交道了！"

从安德鲁十分老成的语言和他在一天剩下的时间里缺乏精力和热情的表现，可以很明显地看出，幼儿园的活动使他在情感、社交和体能方面消耗非常大。

你将和安德鲁的妈妈讨论关于帮助安德鲁在幼儿园里度过更愉快且不那么疲惫的时光的方法。你们需要考虑以下问题：

◆ 你班上的儿童有没有可能花费了过多时间进行剧烈的、合作的活动？
◆ 一天中是否有让儿童单独玩耍或进行安静且放松的活动的时间？
◆ 教室中有私密的空间可以让儿童独自待着且远离同伴吗？
◆ 在设计课程时，你考虑到了儿童不同的个性和能力水平吗？
◆ 你如何使你的课程更具个性化，让像安德鲁这样的儿童可以调整节奏同时有选择地参与单独游戏和合作游戏？

我们将在本章末尾与大家分享关于上面问题的应对建议。

当你阅读本章时，注意理解儿童社会化方面的发展里程碑事件并意识到它们对幼儿社交行为的影响。同时，思考幼儿参与游戏的类型，以及一个创造性游戏的教室能如何促进幼儿社交技能的发展。

儿童一开始是以自我为中心的，只关心自己的需要和渴望，接着儿童进入理解他人、关心他人的幸福健康的阶段，从而成长为社会人。社交技能或社会化的发展过程，也是获得被其他社会成员接受并认可的行为、信念和价值观的过程。儿童的社会化从出生时就开始了，主要通过对他人的观察和与他人的互动来实现(开始是成年人，后来是同伴)。儿童社会化的媒介包括家庭、教堂、社区、托幼机构和媒体。

社会化过程中的发展里程碑事件

专家们普遍同意影响儿童社会化最重要的因素是家庭。在有关儿童发展的精神分析理论中，弗洛伊德（1938）讨论了父母的重要性。幼儿依恋异性父母，同时逐渐建立对同性父母的认同感，并接纳同性父母的角色、特点和行为。与同性父母和异性父母之间的亲子关系，可以帮助儿童探索和发展自我角色和人际关系，这为他们青年期和成年后多方面的社交经历奠定了基础。在家庭中，父母之间的关系同样影响着儿童对与他人进行社会性互动的看法。与兄弟姐妹的互动通常先于与同伴的社会性互动，这也促进了家庭对儿童社会化的影响。

当婴幼儿进入早教机构时，同伴会成为他们社交世界中的重要部分。虽然同伴作为社会化的媒介主要是在青少年发展阶段被强调，但学前儿童只有在与同伴积极互动时才能了解到社交世界。比如，图12.1中的两个女孩通过彼此间的互动了解到自己作为一个社会人而存在。

图12.1

皮亚杰关于儿童社会化的理论

皮亚杰与英海尔德（Piaget & Inhelder, 1969）描述了儿童与其他儿童进行社会性互动的价值。当儿童投入到游戏中时，他们会协商角色和规则。儿童会接触他人的需要、观点、信念和思考方式；通过这种互动他们的观点和思想逐渐成熟。皮亚杰把亲子互动描述为父母作为统治的一方制定和实施规则。相反，儿童之间的互动是更为双向且民主的，并以更平等地讨论和协商出令双方都满意的游戏主题、角色和材料使用方法为特点。皮亚杰和英海尔德甚至发现儿童同伴间不太积极的互动也是有价值的。

当在游戏和玩具方面出现意见不和或发生冲突时，儿童必须考虑另一个人的观点、需要和渴望。由于同伴关系更为平等，儿童必须走出利己主义和以自我为中心的观念，更多地为他人思考，从而继续游戏。

皮亚杰还描述了在幼儿道德发展中同伴和社会化的作用。皮亚杰相信随着社会化和情感的发展，儿童在认知推理上的变化会提高他们的道德推理水平。他通过观察儿童玩弹球游戏，以及采访他们关于规则的来源、正当性、可变性的问题，调查了儿童对规则和社会正义的看法。在与儿童的其他谈话中，皮亚杰向儿童讲述了道德两难故事，或者关于儿童犯了多种错误的故事，要求儿童判断正误，并对故事中的人物做出适当的惩罚。

同伴和儿童道德发展

在他的研究中，皮亚杰描述了儿童道德发展的两个阶段。在他律道德阶段，七八岁前的儿童遵循现实主义和以自我为中心的理念。幼儿在社会性互动中非常清楚地意识到权威的存在，以及应该服从权威所主张的规则。幼儿相信规则是神圣的、不可更改的。他们认可规则，但因为规则存在于他们的道德心之外，所以规则无法一直指引他们的行为。皮亚杰指出，就算儿童逐渐明白规则是被创造的、可以更改的，他们也依然确信其中有神或更高权威者的参与。在问一个6岁的儿童他刚刚所制定的新规则的来源问题时，他回答说："上帝突然把它告诉了我。"（Piaget, 1932, p.59）

幼儿不仅相信所有的行为要么全对、要么全错，还相信每一个人对正确和错误的判断有相似的看法。对于幼儿而言，行为的结果比行为的动机更重要，而且重点在于行为是否引起惩罚。幼儿还相信与生俱来的正义，即由于物体的内在属性或上帝降临的不幸，错误的行为和对规则的违反会伴随着肉体上的意外事故。比如，在研究中皮亚杰讲了一个在腐烂的木板桥上行走的小孩掉下水的故事。幼儿把这个不幸归因于神的存在或赎罪性的惩罚。幼儿的典型回答包括："是上帝让他掉下水的，因为他碰了剪刀。""他应得的，你不该违背它。""桥一定早知道了，因为它断裂了。"（Piaget, 1932, pp.253—258）

第二个阶段是自律道德阶段，这是一个互惠和合作的阶段。在这个阶段，9岁或更大的儿童逐渐明白规则不是由神设立的，而是通过双方达成一致的意见而建立的，并可以因为双方一致的意见而更改。惩罚不再只是根据客观情况确定，而是要考虑具体情况，比如对受害者进行补偿。这个时期的儿童不那么以自我为中心了，能够采纳他人的观点，认识到不同的人和文化对正确和错误的看法会有所不同。

皮亚杰认为儿童从他律道德到自律道德的发展首先是认知成熟的结果，然后是儿童社会经验丰富的结果。儿童与父母早期的社会性互动被成人管控着，特别表现为儿童对权威的单方面尊重和对父母的服从。儿童之后与同伴互动的特点是平等的、合作的，并且在与不同的同伴互动时获得了更多成熟的、广泛的观点。与同伴互动的经历给予儿童更多机会去体验平等互惠的社会谈话、不同的观点和有挑战性的社会性互动（Allen, J., 1988b）。

哈里·沙利文（Harry Sullivan）进一步指出了儿童与同伴互动的作用。像皮亚杰一样，他相信与儿童从成人那里获得的发展，尤其是从父母那里获得的发展相比，他们从同伴身上获得了不同的社会化发展。一个过度依赖成人的儿童在同伴拒绝为他做任何事时学会了独立；一个被父母溺爱的儿童很快发现同伴并不会倾尽所有资源来满足他的愿望；一个相信所有规则和决定都是成人制定和做出的儿童逐渐明白，通过讨论和协商能制定出一套双方都同意的准则，而这套准则可以在下一个游戏环节中被废除或重新协商（Sullivan, 1953）。

帕滕的社会参与分类

帕滕（Parten, 1932）基于游戏针对儿童的社会参与水平建立了分类系统。这些类型并不是只有等级之分，而是还有重叠部分——当儿童成熟并开始进行更有组织的游戏时，他们持续地参与到所有类型的游戏中。这些类型可以用来说明游戏在社会化中的作用。儿童最早的游戏通常是单独进行的。儿童探索他们自己的身体和周围的物体，如婴儿床、风铃和衣服。这些早期游戏带来了自我认同感——"我"，这必须在他们认识到世界上还有他人即"非我"前建立。在这种认知形成之前，婴儿要与父母及其他养育者进行互动；他们认为别人是他们的延伸，通常在他们的控制之下。但在1岁前，婴儿已开始意识到别人是作为独立的个体而存在的，同时他们开始进行社会性游戏，而这种游戏促进了婴儿在与他人关系中的自我意识的发展。

学步儿和学前儿童可能会在他人面前进行单独游戏，但他们不会试着交流或是进行合作游戏。儿童的兴趣集中在他们自己的活动、玩具和空间上。在旁观者行为（onlooker behavior）类型中，儿童会观察他人游戏。说话、提问题、提建议等行为可能会出现，但儿童尽管就在周围，却并不会亲身参与其中。儿童确实可以从这种类型的参与中学到很多关于社会关系和互动方面的知识。特别是对害羞的儿童来说，这种行为是迈向参与性游戏的重要一步。在平行游戏（parallel play）中，儿童仍然关注他们的活动和玩具，但是会在其他进行相似游戏或玩相同材料的儿童旁边玩。在联合游戏（associative play）中，儿童会一起游戏。他们会交流、分享材料并尝试指导或影响他人的游戏。在合作游戏（cooperative play）或有组织的游戏（organized play）中，儿童的游戏互动会更具有结构性和组织性；他们向着同一个目标或目的开展游戏，组织更有效地完成一项任务或制造一个产品，精心安排角色游戏或表演一个事件。有些儿童会承担领导者的角色并指挥团队。当儿童一同开展游戏时，他们的兴趣和努力更多地集中于集体而不是个人。

关于儿童社会化的研究

随着越来越多的儿童在幼年时与大量的非父母照料者和同伴进行互动，这使得研究者对儿童社会化的研究兴趣愈加浓厚。关于非父母照料对儿童发展（特别是社会化发展）的影响，人们有许多疑问和担忧，争论主要集中于两个方面：幼儿教育对儿童与成人之间的社会性互动有什么影响？幼儿教育对儿童与其他儿童之间的社会性互动有什么影响？

儿童与成人的社会性互动

戴安娜·鲍姆林德（Diana Baumrind, 1967, 1991）关于教养方式的研究是帮助人们理解父母对儿童社会化影响最为重要和最持久的研究之一。她发现了父母与孩子互动的四种主要类型：专制型、放任型、权威型和拒绝—忽视型。

专制型父母对孩子十分严格，期待孩子无质疑且不动摇的服从。父母设立规则，儿童的不良行为经常会使他们遭受身体惩罚或威胁。专制型父母还可能通过威胁儿童再也不关爱、陪伴他们来对儿童的不良行为做出回应。专制型父母的孩子经常是不高兴的、畏惧的、内向的、拘谨的、有敌意的和有攻击性的。这类儿童在与同伴相处时自尊心低且存在困难。

放任型父母与专制型父母正好相反。他们要求不严格，控制欲不强；他们少有期许或要求。他们也许是温暖的和关爱儿童的，但他们表现出不加干预和不感兴趣的样子。这种家庭中的许多儿童认为他们的父母不关心他们及他们的行为。因为父母对他们没有限制和期许，所以这些儿童经常表现得冲动、有攻击性和缺少自控能力。在幼儿园中，这类儿童表现出的独立水平和责任感较低。

相较之下，权威型父母很好地做到了两者兼顾。他们是严格又慈爱的，他们对孩子有着清晰合理的期待，为孩子设置了清晰合理的限制。他们尊重且温和地对待孩子（见图12.2），他们更倾向于用一种引导型的惩罚策略来回应儿童的不良行为。这种方法着力于帮助儿童理解为什么不良行为是不受欢迎的，以及不良行为会给自己和他人带来什么后果。权威型父母的孩子社会能力强、独立性强、自控能力强。他们有着更强的自尊心。作为学前儿童他们更可能带着兴趣和好奇心加入到新的或有轻度压力的活动中。

图 12.2

鲍姆林德提出的第四种新的类型是拒绝—忽

视型父母。他们与孩子是脱离开来的，他们对孩子既无要求也无回应。他们不约束、监护、支持或指引儿童。研究发现这种家庭中的儿童在总体能力上是最低的。

其他人也检验了不同的教养方式对儿童发展的影响。一个关于母亲作用的研究综述指出，亲子互动中的五种养育行为对儿童的社会性、情感和认知发展有重要影响：(1)注意——看着、抱着婴儿，对婴儿说话；(2)身体接触，包括静态的（抱着）和动态的（大力摇晃、轻轻摇晃和其他剧烈的动作）；(3)言语刺激——和孩子说话，并试图从孩子那儿获得回应；(4)材料刺激，包括从单纯提供符合年龄的玩具到指导儿童注意玩具、讨论玩具的特征并和孩子一起玩玩具；(5)及时的关心——时不时地回应婴儿的微笑、发音和行为，并对孩子的需要保持敏感。第六种行为——严厉对待或用动作和语言限制婴儿的探索会对婴儿的发展产生不良影响（Belsky, Lerner, & Spainer, 1984）。

儿童与教师的社会性互动

非父母的成人同样影响着儿童的发展。特别是教师与儿童互动的质量会影响儿童的发展。当教师在幼儿教育中为2岁儿童提供高水平的认知性和社会性刺激时，这些儿童在3岁时的社会能力测验中得分会更高（Golden et al., 1978）。如果在幼儿教育中教师和儿童之间存在高水平的口头互动，儿童在为他人考虑和社交能力方面会表现得更好（Phillips, Scarr, & McCartney, 1987）。若教师给予儿童鼓励和机会去实践并讨论如何帮助他人、分享和合作，他们会表现出更多的亲社会行为（Honig & Pollack, 1990; Smith, C., Leinbach, Stewart, & Blackwell, 1983）。在另一项针对669位4岁儿童进行的研究中，在与儿童的互动中更敏感、提供更多刺激的教师所教的儿童，会在预测之后的学业成功的测验中表现出更高的认知水平和社会技能（Burchinal & Cryer, 2003）。

关于托幼机构对儿童社会化的其他影响也有相关研究。英诺森蒂等人（Innocenti et al., 1986）检验了在幼儿园的自由游戏、点心、午饭、个人活动和集体活动时间中影响同伴互动的环境因素。研究观察了幼儿园教师在儿童互动时的行为。当儿童进行自由游戏和当教师尽可能少地指导儿童时，儿童的同伴互动出现得更多——也就是说，当教师尝试通过提问、提示或训斥而指导儿童时，同伴互动会减少。对于那些经常与同伴互动但很少因为有同伴互动行为而被教师鼓励或赞扬的儿童来说，教师采取诸如激励和赞赏同伴互动行为等方式，可以促进他们的同伴互动并维持或增加他们积极的社会性互动。教师的其他行为，比如建议游戏主题、提供游戏道具、分配角色或鼓励特定的对白，有利于增加缺乏社交技巧的儿童的社会性互动。

许多研究力图检验幼儿教育机构和家庭对儿童社会化发展的影响。一项针对140名瑞典儿童进行的研究开始时，所有儿童都在托幼中心的候选名单上，一年后研究结束时，有53名儿童选择进入托幼中心，另外33名儿童选择进入家庭托幼中心。研究者由此发现，非父母保育的类型和质量对儿童的同伴社交技能、和陌生成人的社会交往、个性成长无显著影响。但有另外一些因素的确存在影响：家庭的社会经济地位、家庭保育的质量、儿童的气质、爷爷奶奶的支持（Lamb et al., 1988）。

儿童与同伴的社会性互动

儿童与其他儿童玩耍和交往的能力长期以来都是大多数父母和教师希望达成的一个目标。儿童与家庭外其他儿童的社会性互动为他们提供了机会参与到同等地位或平等的互动中，培养关于社会比较和身份认同之间有意义的关系，发现不同于家庭中的社会资源，发展标志着儿童乃至青少年和成人的社会竞争力的社交技能。儿童与同伴的社会性互动在儿童发展中起着重要作用，一个研究已经证实了这一点，该研究关注了163名儿童4岁时的社会行为，并对这群儿童进行了直到7岁的追踪研究。在4岁时被同伴接受的女孩在7岁时对自己的能力具有更高的洞察力。对于男孩来说，在4岁时被同伴疏远与在7岁时较少地被同伴接受、对自我身体能力的洞察力较低相关联；然而，在4岁时被同伴疏远与在7岁时对自我认知能力产生更积极的想法相关联（Nelson, L., Rubin, & Fox, 2005）。

关于儿童友谊的研究有利于我们理解儿童对社会性互动的想法和友谊关系的发展（Selman, 1976）。3—5岁的学前儿童把朋友当作一时的玩伴，认为任何时候正在一起玩耍的同伴就是朋友。当被要求描述他们的朋友时，学前儿童会陈述身体上的特征和与朋友一起进行的活动。"我们是朋友，因为我们一起玩。""他是我的朋友，因为我喜欢他。""她有许多玩具，我们一起玩。""我们现在是朋友了，因为我们知道了各自的名字。"（Damon, 1977）

友谊推理的第二个阶段出现在11岁或12岁。儿童会根据心理特征如个性特点、共同兴趣、需要和价值观来选择友谊。"朋友会相互倾听并理解对方。你们有相同的问题并想要互相帮忙。""我们相信同样的东西。""朋友是你可以在凌晨3点时分享秘密的人。"（Damon, 1977）

塞尔曼（Selman, 1976）认为，伴随着儿童的观点采择能力，伴随着儿童把人看作有心理特征而不是单纯物质的存在以及把社会关系看作不止于一时的互动而是长时间存在的社会体系，儿童的友谊也在不断地发展、成熟。这种对友谊思考的进步也反映了儿童认知发展方面的变化：从以自我为中心到排除自我中心（从他人的立场考虑），从具体到抽象，从简单到复杂。

攻击性游戏和同伴

儿童社会化让教师、父母和政策决策者担心的一个问题就是儿童的攻击性行为。许多研究者研究了这个问题："学龄前由非父母照料的儿童与由父母照料的儿童相比，对同伴更具攻击性吗？"在一个针对55名学步儿进行的研究中，之前很少有被送往托幼机构的经历并正在高质量的幼儿机构中的儿童表现出较低的攻击性水平。家庭的变化因素同样很重要。来自更擅长养育的家庭中的儿童更少表现出攻击性行为（Howes & Rubenstein, 1981）。

一个针对32名学前班儿童进行的研究发现，一组在学前时期每周至少有30个小时在托幼机构中度过的儿童，和另一组在学前时期每周少于12个小时在托幼机构中度过的儿童在攻击性测查上并无差异。有更长托幼机构经历的儿童更不容易表现出消极的或反社会的行为（Hegland & Rix, 1990）。

但有些研究者有证据证明，在学前期参加托幼机构的儿童比由父母照顾的儿童表现出更多消极的、反社会的或攻击性行为（Finkelstien, 1982; Haskins, 1985; Schwarz, Strickland, & Krolick, 1974），但这个研究存在较大的局限性。多个研究发现低收入家庭的儿童无论之前的托幼经历如何，都更可能表现出更多的攻击性行为。在一些研究中，对儿童攻击性行为的测量是由教师来评价的，教师对儿童之前的托幼经历并非"视而不见"或者非常了解，这有可能使教师在对儿童进行攻击性水平评价时产生偏见。从这个研究中得出的关于儿童攻击性与托幼经历的结论只对该研究适用。并不能简单地将儿童参加幼儿教育项目归结为攻击性行为增加的原因，还可能是因为有些机构无法为儿童提供能够促进更多积极的社会性互动、充满支持的环境。这些支持包括：(1) 示范积极的互动，避免使用体罚或言语攻击的教师；(2) 实践积极的社会性互动的机会；(3) 师幼比高的机构；(4) 不具有暗示性或不支持攻击性行为的玩具和材料。

社会性互动与多样性

在与同伴和成人的互动中，儿童从婴儿时期开始注意到种族差异。作为学前儿童，他们发展了种族概念并能根据种族分类，但在学前儿童的友谊偏好中，性别是比种族更为重要的因素（Jarrett & Quay, 1983；Katz, P., 1976）。当种族偏好开始建立时，白人儿童比非裔美国儿童更倾向于建立同种族之间的友谊（Hallinan & Teixeira, 1987），并"在建立友谊过程中形成种族偏见"（Ramsey, 1995）。

学前阶段以后，关于不同种族群体社会地位的信息影响着儿童的理解和态度。儿童看待种族不再止于外貌特征，他们的观点受到种族刻板印象和重要成人的态度的影响（Ramsey, 1995）。当教室里有许多不同种族的人时，更有可能出现跨种族游戏，特别是在教师鼓励和精心培养儿童的跨种族友谊时（Howes & Wu, 1990；Rutland et al., 2005）。

学前儿童对社会阶级有着更少的认知。他们能够通过所有物来区分富人和穷人，并开始了解与财富相关的权力和影响力。儿童将有钱与幸福、被喜欢联系起来（Ramsey, 1991），并拥有把财富与正义、贫穷与非正义相联系的观点（Ramsey, 1991；Allen, J., Freeman, & Osborne, 1989）。儿童对种族和阶级的理解和态度，还有对多样性的评价，十分明显地受到他们的认知和道德推理水平、与他人交往的经验、所处社会环境、主流价值观和态度的影响（Ramsey & Myers, 1990；Chafel & Neitzel, 2005）。

在伯奇纳尔和克赖尔（Burchinal & Cryer, 2003）的研究中，当教师在互动中更为敏感并提供更多刺激时，三个种族的儿童（669个）——白人、非裔美国人、拉丁裔儿童都表现出更高的与以后学业成功相关的认知水平和更好的社交技能。早前的研究显示，在一个父母与教师种族差异较少，育儿方法、教学理念相近的班级中，儿童有着更好的发展结果。伯奇纳尔和克莱尔报告了几个相似的研究。比如，美籍黑人儿童在反映美国黑人文化实践的五个方面的教室中得到的评价更高：运动、表达、活力、情感、口语和公有主义（Allen, B., & Boykin, 1992；Boykin & Bailey, 2000）。

伯奇纳尔和克莱尔的研究表明，尽管实践不同，但在强调这种、另一种或是多样文化的实践中，有一些品质是核心的，它们能促进儿童更健康地成长。在这个研究中，敏感的、提供刺激的教师对无论哪个种族的儿童来说都是有益的。

社会性互动与知识建构

儿童在教室中的社会性互动促进了他们社会知识的建构（Salyer, 2000）。当儿童有机会参与社交、谈话和不同观点的讨论时，他们决定自己的不同观点可以导致解决问题的机会产生，从而提升他们的认知推理能力。冲突和合作的因素都能使儿童产生新的理解（Garton, 1992）。当儿童有一个共同的、真正感兴趣的目标且他们的行动能马上取得可见的成果时，合作来解决问题的能力会最有效地提升（Tudge & Caruso, 1988）。在合作完成一个解决方案时，儿童对彼此进行回应和关注时会运用并巩固社交能力，与此同时新知识也形成了（Cannella, 1993）。

通过创造性游戏课程促进儿童的社会化发展

游戏是一种社会化经历，它能让儿童对他人形成积极的、关爱的态度，并掌握与他人交往的有效技能。当幼儿与成人建立充满信任的关系、在同伴群体中交到朋友、学习与他人合作和解决冲突、对不同的人群表现出友善和尊敬时，他们能在与他人的关系中了解自己。一个充满创造性游戏的教室环境能通过多种多样的游戏设置和活动，让幼儿在一段关系中作为社会个体了解自己。

培养社交能力和责任感

通过各种各样的游戏情境，儿童逐渐意识到他人的需要，对言语和非言语的社会暗示做出反应，并获得对自身行为的责任感和掌控力。随着儿童学会区分自己的情绪和其他儿童正在体验的情绪，他们也开始学会区别自己与他人。随着儿童开始把情绪分类，他们也开始辨识同伴和成人的情绪，如伤心、痛苦和愉悦等。辨识并回应他人所表现出的痛苦或喜悦，是关心和同情心发展的重要一步。比如，一个年幼的学步儿可能试着轻拍或拥抱一个因从玩具车上摔下来而感到伤心的玩伴。一个学前儿童可能使用更复杂、更成熟的办法给予同伴安慰，比如谈论一本儿童所喜爱的书中的情节冲突，提供言语和非言语的安慰。在多种多样的游戏当中，能够辨识和回应同伴情绪和社会暗示的儿童，更有可能建立有意义的友谊。

为了发展社交能力，幼儿还必须学会与同伴合作，表现出有社会责任感的行为。儿童通过参加多样的表演游戏和小组活动培养合作精神。一方面，难以与他人合作、不能抑制自己的攻击性或自我中心冲动的儿童，经常在建立人际关系以及成为被集体接纳的一员时遇到困难。比如，经常争论、打架或抱怨发牢骚的儿童是不被同伴很好接纳的典型，他们还可能很难参与到游戏中。另一方面，积极、友善和关爱他人的儿童容易建立同伴关系，并经常被其他儿童找来参与游戏。儿童参与游戏能提高他们影响同伴、理解他人观点、发展助人行为、学会合作、解决问题、成为领导者或跟随者和控制自我冲动的能力。所有这些技能都塑造了儿童的特质，使儿童成功地进入由社会关系组成的世界（Rogers, C. S., & Sawyers, 1988; Smith, C. A., 1982）。

在承认差异、避免刻板印象的教室氛围中，儿童通过与同伴进行活泼有趣的互动可以产生对他人的同理心和尊重。在平等、价值、尊严被珍视的游戏环境中，儿童学会欣赏差异，赞美体貌特征、能力、文化、种族和性别的独特性。他们从示范公平和正义的教师身上学会对自己和他人的行为负责，表现出有礼貌和富有同理心的行为，避免在游戏活动中因排斥其他儿童而伤害他们。游戏提供了机会让儿童"搭建跨越文化、种族和能力界限的桥梁"，加深教师对"儿童能够学会关心每一个人的感受、信念和福利"的理解（Katz, L., & McClellan, 1997; Teaching Tolerance Project, 1997, p.i; Wittmer & Honig, 1994）。

通过游戏满足社会交往需要

在童年早期，随着儿童的成长，社会性游戏的频率将会增加。但儿童仍需要在不同时间和不同情境下参与多种游戏。比如，尽管单独游戏是婴儿和年幼学步儿最早的游戏形式，但年长的学步儿和学前儿童在情感和社交上仍需要在教室中拥有能独立玩耍的空间。比如，图12.3中，儿童找到了一个可以休息的安静地方来观察其他儿童游戏。教师应该精心设置教室环境和活动，让儿童有独处和进行个人游戏的时间，这样儿童就不会因为持续地置身于集体中而精疲力竭了。

图 12.3

并能够在更少的教师干预下解决冲突。

图 12.4

平行游戏和联合游戏是学步儿和年幼学前儿童的特征。儿童需要机会去进行有目标和有主题的游戏，同时不被要求与同伴分享材料。分享对幼儿来说是一个难以完成的任务，它包含了对他人需要的理解，有时还包含了延迟满足。敏感的教师应很快发现儿童在分享玩具上的冲突，并尊重儿童在别人旁边玩耍但拒绝分享玩具的权利。同时，优秀的教师还应帮助儿童学习集体生活中的简单规则，并告诉儿童游戏是"在规则范围内的自由活动"（Erikson，1972，p.133）。

合作游戏在学前儿童身上最为常见，但它早在儿童更年幼时就出现了，并在儿童的小学时期以一种更复杂的方式在更大的群体中继续出现。图 12.4 中的两个男孩告诉我们一个重要的道理：当把自己的经历与同伴分享时，这些经历会变得更有趣、更有意义。就像小熊维尼和小猪皮杰注意到的那样，"两个人一起会更友好！"（Milne，1957，p.66）教师需要在鼓励儿童表现他们新形成的独立性和帮助儿童学习负责任的社会行为之间取得平衡。随着儿童成长，他们逐渐发展出一套内在的对自身行为和同伴互动行为的控制力，

任何年龄的儿童都有可能投入到旁观者游戏或无所事事的游戏中去。教师不应该对偶尔进行这类游戏的儿童做出消极回应。儿童并不需要高度结构化的一天或是一天中的每一分钟都非常忙。生活节奏快、日程满满的成人有时会忘记了"只是瞧瞧"或"无所事事"的价值。当克里斯托弗·罗宾（Christopher Robin）离开迷人的森林时，他告诉小熊维尼："我再也不会什么都不做了。""再也不了？""嗯，不会经常这样了，他们不让我这么做。"[1]（Milne，1957，p.312）克里斯托弗·罗宾描述的正是成人的视角，他们要求儿童抛弃他们的童年，总是参与到某些有成果的活动中。幼儿需要时不时地拥有不受他人和游戏所干扰的机会并得到支持，以恢复和重新整理他们的情感和社会性自我。

但是有些儿童可能在大部分时间里都作为一个旁观者或投入到无所事事的游戏中。对于这些儿童来说，低自尊感、不成熟或某些发展障碍可能阻止了他们与同伴玩耍。这些儿童需要来自教师的特殊支持以成长为社会人。教师给予支持最好的办法是接纳儿童现有的发展水

---

[1] 动画片《小熊维尼》中的情节。——译者注

平，无论他们的角色如何，都把他们当作重要的集体成员。比如，钱菲尔德（Chenfeld, 1989）描述了一位总是让所有儿童都参与到教室活动中的教师，他对即使是作为旁观者的儿童也会表达欣赏，比如："哦，谁来当我们马戏表演的观众呢？兰迪，谢谢你的自愿参与！"（Chenfeld, 1989, p.26）

无论儿童的社交发展水平和游戏参与程度如何，教师都应接纳和欣赏儿童，这有利于帮助儿童形成作为集体中一员的积极的身份认同。帮助儿童感到被接纳，意味着教师需要让所有儿童都参与到教室生活中。一位成功帮助了一名不参与活动的儿童的教师这样描述她的经历："因为我们从不让他的圈子离开我们，因为我们总是把他划入我们的圈子，他变成了集体中的重要成员。"（Chenfeld, 1989, p.27）教师把儿童划入教室生活的圈子里，能让儿童作为集体中的一分子按他自己的节奏和方式成长。

促进儿童社会化发展的目标和活动

接下来的内容介绍了儿童社会化发展各个子领域的具体目标：(1) 社会性互动；(2) 合作；(3) 保护资源；(4) 尊重他人。同时，还推荐了适合婴儿、学步儿和学前儿童的活动。

社会性互动

社会化发展的第一个子领域是社会性互动技能的发展。儿童的一项主要任务是与同伴和成人建立人际关系，并学会社会认可的交往行为。该子领域的具体发展目标如下：

- 帮助儿童学会以一种积极的、有感情的、信任的方式与成人交往。
- 提升儿童交朋友、与同伴积极交往的能力（Hendrick, 1998）。

- 教儿童以适宜的方式处理与他人的冲突。
- 帮助儿童获得控制非社会性冲动的能力和内在控制力（Hendrick, 1998）。

在鼓励同伴互动和教儿童处理冲突与问题的教室环境中，儿童的社交能力能得到最大程度的发展。这里推荐了一些针对婴儿、学步儿和学前儿童的活动。教师可以根据儿童的不同发展水平对它们进行改编（带*的活动表示它同样适用于户外游戏环境）。

婴儿的活动
我们将要去做客（音乐活动）

为了鼓励儿童间进行积极的互动，带领一个婴儿去"拜访"教室中的其他儿童。唱《我们将要去做客》这一首歌（按照《我们将要去打猎》这首歌的旋律）：

我们将要去做客，我们将要去做客，
哎哟喂真高兴呀，我们将要去做客。

当你在房间内走动时，拜访每个婴儿。鼓励那个准备拜访别人的婴儿给被拜访者一个温柔的轻拍或拥抱。准备拜访别人的婴儿还可以给每个他要拜访的婴儿带去一个玩具。教师要表扬所有积极的互动行为。

额外的技能：
情感健康（树立价值观）。

为残障儿童所做的调整：
身体残障：无须调整。
言语残障：无须调整。
视觉残障：当婴儿拜访他人时，帮助他轻轻地触摸另一个婴儿的脸蛋、头发、衣服等。用这些通过各种感官体验所得到的信息来解释另外一个婴儿是谁。

听觉残障：唱歌时使用提示和手势。

行为失调/情感障碍：为那些与同伴积极交往有困难的儿童提供额外的支持。

学步儿的活动
滚珠瓶[1]（美术活动）

在空的滚珠瓶中装满不同颜色的蛋彩画颜料[2]。给儿童提供几张大白纸，让儿童用滚珠瓶在纸上绘画或进行设计。当儿童尝试这种工具时，鼓励他们彼此分享滚珠瓶；鼓励儿童运用语言去找同伴要一种不同颜色的滚珠瓶；同时还要通过让他们在一张大的油画纸上画画来鼓励他们共同完成一幅画或设计。

额外的技能：

社会化（合作）；感知运动（手眼协调）。

为残障儿童所做的调整：

身体残障：如有必要，提供身体协助。鼓励其他儿童帮助该儿童拿纸、滚珠瓶和颜料；鼓励该儿童在遇到困难时向朋友求助。

言语残障：如果该儿童的语言表达能力有限，为他示范必要的词语或短语以供模仿。比如，如果该儿童想要蓝色的颜料，根据儿童的水平示范句子"我想要蓝色的颜料"或短语"蓝颜料"。

视觉残障：在颜料中加入食物提取物，以便该儿童能通过气味辨认颜色。鼓励一个同伴告诉该儿童有什么可选的颜色。提示这名儿童，比如说："乔，你已经用了红色和蓝色。琼有黄色，你如何才能拿到黄色呢？"如果儿童在提问方面有困难，鼓励他说："琼，请递给我那个黄色的东西。"鼓励儿童重复这一请求。

---
[1] 滚珠瓶，瓶口尖细处有滚珠，且一般用于盛液体或胶体的瓶子。——译者注
[2] 蛋彩画颜料，用颜料、鸡蛋和水调和而成的颜料。——译者注

听觉残障：使用提示和手势来解释这个活动。鼓励这个儿童和其他儿童使用提示或手势沟通他们的需求。

行为失调/情感障碍：无须调整。

学前儿童的活动
寻找姜饼人（讲故事活动）

讲完《姜饼人》的故事后，让儿童帮忙揉面团，并用饼干模子做出姜饼男孩和姜饼女孩。提供葡萄干或巧克力碎片来装饰饼干，然后把饼干送到厨房去烘焙。接着，让厨师过来告诉你们，有神奇的事情发生了——饼干从厨房里消失了。先让儿童帮助你在房间四处寻找，然后开始一段"寻找消失的姜饼人"（事先计划好）的园内旅程。在这段旅程的每一站（园长办公室、教师办公室、图书室、洗衣房等），儿童都会发现一张（事先放好的）纸条，上面写着："跑跑跑，跑得越快越好。你找不到我，我是姜饼人！"利用这个机会让儿童熟悉园中不同的地方，并认识园内提供服务的人。

同时，利用这个机会让儿童熟悉实地考察的重要原则，比如跟大家待在一起、手拉着手。以找到饼干、享用野餐来结束旅程。你可能会希望把这个过程中的每一步都拍下来，把它们放在一个相册里，并附上有关失踪的饼干和如何找到它们的文字故事。

额外的技能：

交流（接受性语言）；社会化（合作）。

为残障儿童所做的调整：

身体残障：计划旅程时，为那些使用轮椅或助行器的儿童设计能到达的站。

言语残障：无须调整。

视觉残障：让另一名儿童充当"导游"。

听觉残障：使用提示和手势来讲故事和读

纸条。

行为失调/情感障碍：无须调整。

合作

社会化发展的第二个子领域是学会合作。为了能在集体中积极、平静地生活，儿童需要了解在一段关系中自己对于他人的意义，以及掌握与他人积极交往的技能。该子领域的具体发展目标如下：

- 鼓励儿童从互相帮助或帮助集体中获得满足感（Hendrick，1998）。
- 教会儿童以社会认可的方式获得他们想要的东西（Hendrick，1998）。
- 帮助儿童了解他们在世界中的位置（Hendrick，1998）。
- 提升儿童作为集体的一分子成功地融入其中的能力（Hendrick，1998）。

在儿童有机会通过各种各样的集体活动检验他们与同伴交往的能力的教室中，合作能力可以得到最好的发展与促进。这里推荐了一些针对婴儿、学步儿和学前儿童且适合不同发展水平的儿童的活动（带*号的活动表示它同样适用于户外游戏环境）。

婴儿的活动
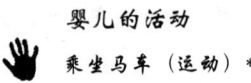
乘坐马车（运动）*

鼓励婴儿帮忙推一位坐在木制或金属制小马车上的朋友（一个年幼的婴儿）。刚开始学走路的婴儿可以帮忙推小马车；走路已经较稳的婴儿可以帮忙拉小马车；还不会走路的婴儿可以轮流乘小马车。活动的重点应该放在帮助我们的朋友乘车、分享小马车和轮流乘车上。

额外的技能：

感知运动（位移技能）；情感健康（树立价值观）。

为残障儿童所做的调整：

身体残障：无须调整。

言语残障：无须调整。

视觉残障：无须调整。

听觉残障：使用提示和手势来解释这个活动。

行为失调/情感障碍：无须调整。

学步儿的活动
手偶表演（想象游戏）*

在一个大箱子里剪出一大块空间做手偶表演的舞台。为儿童提供一些手偶，包括动物、故事角色、人物等。鼓励儿童创编自己的故事，并一起用手偶表演出这个故事。通过提问让儿童解释他们创编的故事，比如："你能用青蛙、狮子和熊玩偶编出怎样的故事呢？""你能假装所有这些动物都走在森林中吗？""青蛙先生会做些什么？他会跳起来还是爬呢？"

额外的技能：

社会化（社会性互动）；交流（表达性语言）。

为残障儿童所做的调整：

身体残障：如果需要，为儿童提供身体协助以帮助他操作手偶。如果儿童不能把手放在里面操作玩偶，在玩偶的背后附一个尼龙搭扣或在玩偶的顶部系一根丝带，另一端连着一个指环，这样儿童就能操作玩偶了。

言语残障：鼓励儿童描述玩偶并创编一个故事。如果需要，使用提示（图片或话语暗示）来鼓励儿童的参与和发声。

视觉残障：给儿童时间探索和认识玩偶。

听觉残障：使用提示和手势来解释这个活动。用简笔画画出其他儿童正在表演的故事。鼓励儿童在玩偶表演之前或之后用简笔画画出玩偶故事。

行为失调/情感障碍：无须调整。

学前儿童的活动
让我们一起做（美术活动）*

设计一个能激励儿童集体参与的美术活动。提供几个硬纸箱（小的、中的、大的），请儿童共同搭建一个建筑。用胶水、绳子或胶带把建筑固定在一起。教师要强调完成的建筑可以被每个人欣赏和使用。当建筑搭建好后，为儿童提供蛋彩画颜料和许多画笔。儿童将会享受给他们的创造成果上色这一过程。

变化：共同画壁画以装饰房间；让儿童一起装饰布告板。

额外的技能：

认知（问题解决/推理）。

为残障儿童所做的调整：

身体残障：如果需要，为儿童提供身体协助，或鼓励别的儿童帮助该儿童。如果儿童不能抓住画刷，就用一个尼龙搭扣把画刷系在儿童的手腕上。

言语残障：无须调整。

视觉残障：鼓励其他儿童通过具体地指示在哪儿放置积木块、绳子等帮助该儿童。在蛋彩画颜料中加入食物提取物以给颜料增加气味。

听觉残障：使用提示和手势来解释这个活动。鼓励其他儿童在共同建造时使用提示和手势。

行为失调/情感障碍：对那些和同伴进行积极互动有困难的儿童提供额外的鼓励。

保护资源

社会化发展的第三个子领域是认识到保护资源的重要性。儿童对保护资源这一理念的理解与他们对环境的认识、尊重和他们意识到自己应该承担责任有关。该子领域的具体发展目标如下：

- 帮助儿童学习积极地利用游戏材料。
- 鼓励儿童负起用适当的方式管理材料和保护环境的责任。
- 帮助儿童学会尊重和爱护自然。
- 提高儿童对生态问题和保护措施的认识。

当教师对室内外环境表现出尊重和爱护，并给予儿童适宜的发展机会去看管材料和资源时，儿童就学会了保护资源。这里推荐了一些针对婴儿、学步儿和学前儿童且适合不同发展水平的儿童的活动（带*的活动表示它同样适用于户外游戏环境）。

婴儿的活动

给小草浇水（科学/自然活动）*

在干旱的天气里，把花园中的水管接上水源，帮婴儿换衣服，让他们穿上尿布。鼓励婴儿独立地握住水管，轮流给小草浇水。也可以鼓励两个婴儿共同握住水管浇水。教师可以谈论小草摸起来和看起来是多么干枯，多么需要浇水；然后对比浇水后的小草，比如小草摸起来、看起来是多么湿润。婴儿可以拿着水管互相喷射，或者感受他们自己身上的水。

额外的技能：

认知（概念形成）；社会化（社会性互动与合作）；感知运动（手眼/脚眼协调、非位移技能以及对身体的管理和控制）。

为残障儿童所做的调整：

身体残障：如果需要，为儿童提供身体协助以握住水管。

言语残障：无须调整。

视觉残障：无须调整。

听觉残障：使用提示和手势来解释这个活动。

行为失调/情感障碍：无须调整。

学步儿的活动
清洗玩具和器材（科学/自然活动）*

给儿童提供一大桶肥皂水和一些海绵，把可移动的器材（画架、小桌子等）和各种塑料玩具（娃娃、球等）带到户外。允许儿童用他们自己选的任何方式清洗这些材料。利用这个机会提问一些关于爱护玩具和器材的重要性的开放式问题。

额外的技能：

感知运动（手眼协调）；社会化（合作）。

为残障儿童所做的调整：

身体残障：如果需要，为儿童提供身体帮助让儿童清洗和玩玩具。

言语残障：鼓励儿童说出自己面前的玩具的名字。如果儿童的语言表达能力有限，给儿童呈现两个玩具并让他选出你所说的玩具。

视觉残障：如果儿童不能通过触摸辨别玩具，可提供语言描述。如果需要，提供语言或身体提示鼓励儿童清洗和玩玩具。

听觉残障：使用提示和手势来解释这个活动和表示出玩具的名字。

行为失调/情感障碍：无须调整。

学前儿童的活动
清洁俱乐部（讲故事活动）*

讲述这样一个故事：有一群小朋友想一起在公园、操场或类似的地方玩耍，但因为那个地方堆满了垃圾而无法好好地玩耍（见下面的例子）。故事讲述了这些小孩是如何决定一起工作来清扫这片区域，然后成立一个寻找并收拾垃圾的俱乐部的。在教室中表演这个故事，把捏成团的报纸当垃圾，为"清洁俱乐部"提供袋子来收拾垃圾。通过走出教室到学校操场找垃圾、捡垃圾来拓展本次活动。给每个想加入俱乐部的儿童发会员卡或徽章。鼓励儿童继续在学校和家中找垃圾和捡垃圾。

清洁俱乐部的故事

闭上眼睛，试着去想这样一个美丽的夏日：天空湛蓝，微风吹拂，花儿盛开，鸟儿欢鸣。你能在脑海中想象出这个画面吗？就在这样的一天，有一些像你们一样的小朋友发现妈妈带着他们到了最喜欢的公园玩耍。他们十分激动，因为公园里有秋千、滑梯和爬杆，甚至还有一个有鸭子的池塘！可是，当他们到达公园时，他们却非常伤心，因为公园看起来真糟糕。他们看到的每个地方都有纸屑和垃圾，公园看起来一点也不像他们记忆中的那样。有一个小女孩说："我们能让公园看起来更美丽！"你觉得她要干什么呢？对了！她建议他们可以一起来清理公园。他们确实这么做了。很快，所有的垃圾都被放入了垃圾桶里。公园又看起来很棒了。其中一个男孩说："我们成立一个俱乐部吧！我们去寻找纸屑和垃圾，并把它们放到该放的地方。我们可以把它命名为清洁俱乐部！"

额外的技能：

社会化（合作）；交流（接受性语言和表达性语言）。

为残障儿童所做的调整：

身体残障：在清理房间或户外时，鼓励儿童做一些他能独立完成的工作，如提垃圾袋、推垃圾桶等。

言语残障：无须调整。

视觉残障：让其他儿童当"导游"，把该儿童带到需要清理垃圾的地方。让小导游拍打垃圾桶，鼓励该儿童面向拍打发出的声音把垃圾放入桶中。

听觉残障：使用提示和手势来解释这个活动和讲故事。

行为失调/情感障碍：无须调整。

尊重他人

儿童社会化发展的第四个子领域是培养对他人的尊重。教儿童学习尊重他人主要是指帮助儿童理解和珍视人与人之间的差异性和相似性，培养儿童富有同理心、同情心的态度和行为。该子领域的具体发展目标如下：

- 帮助儿童理解所有人都有相似之处和不同之处（Hendrick，1998）。
- 鼓励儿童表现出对人们差异（种族、性别、文化背景）的尊重和理解。
- 帮助儿童对他人表现出善意、慷慨、同情等（Smith, C. A., 1982）。
- 鼓励儿童以积极的、支持的方式发现和回应他人的需要。

当教师对所有儿童及他们的家庭表现出尊重、欣赏，并鼓励儿童进行积极友爱的互动时，儿童对他人的尊重态度能得到最好的发展。这里推荐了一些针对婴儿、学步儿和学前儿童且适合不同发展水平的儿童的活动。

婴儿的活动
娃娃的脸（讨论活动）

收集每个婴儿的照片，也可以由父母从家中带一些照片。把每个婴儿的照片贴在一块硬纸板上，如果愿意的话可以在每张照片上写上婴儿的年龄。在活动中使用这些纸板来讨论婴儿的个体差异。向婴儿们展示某一个婴儿的纸板，并谈论他的蓝眼睛、棕色头发、笑容、牙齿、有耳洞的耳朵、棕色皮肤、助听器等。描述要客观且正面，以评价每个孩子是多么的特别又独一无二来结束。让婴儿小心地拿着硬纸板并触摸照片。谈论婴儿是如何随时间变化的："当约翰尼是个小宝宝时，他没有太多的头发，但现在他长大了，他有更多的头发了。"

额外的技能：

情感健康（人格整合）；认知（联想/分类）。

为残障儿童所做的调整：

身体残障：无须调整。

言语残障：无须调整。

视觉残障：无须调整。

听觉残障：描述每个婴儿时，使用提示和手势。

行为失调/情感障碍：无须调整。

学步儿的活动
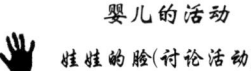
不同的衣服（想象游戏）

找几个不同文化或国家的服饰，向儿童展示人们穿着的不同。如果能找到衣服、帽子、鞋子等，允许儿童试穿这些服饰，然后让他们待在想象游戏区。你还可以自己为儿童制作表演用的服装（比如，可以把一块薄薄的布料缠在儿童头上当头巾）。

变化：邀请来自不同国家和不同文化背景的父母或社会人士到教室里来，展示他们的传统服装、食物等。

额外的技能：

社会化（社会性互动）；交流（接受性语言）。

为残障儿童所做的调整：

身体残障：如果需要，帮助儿童穿上这些

衣服。

言语残障：无须调整。

视觉残障：为儿童提供真正的衣服让他摸索，并解释衣服的不同触感。

听觉残障：无须调整。

行为失调/情感障碍：无须调整。

学前儿童的活动
容易的事情和困难的事情（讨论活动）

以图书《这个难吗？这个容易吗？》开启一场集体讨论。组织儿童讨论教室中哪些事情对他们来说是困难的，哪些是容易的。说说哪些事情是你作为成人也很难做到的，从而告诉儿童"谈论很难做到的事情是可以的"这一观念。说说哪些事情是曾经很困难但现在容易的，因为随着他们长大他们学会了如何做这些事情。说说哪些事情可能对一些人来说永远是困难的，哪些事情对一些人来说永远是容易的。强化一个观念，即每个人都有对他来说容易或困难的事情，我们不需要用同样的方式做同样的事情。

额外的技能：

交流（接受语言和表达性语言）；情感健康（人格整合）。

为残障儿童所做的调整：

身体残障：讨论运动（及哪类运动）对该儿童是困难的。你还可以借助这个活动说说哪些情境对于这个儿童来说是困难的，以及我们能做些什么来帮助我们的朋友。你还要指出，哪些活动对该儿童来说是容易的。

言语残障：无须调整。

视觉残障：利用这个活动讨论为什么有些活动对有视觉残障的儿童来说是困难的，并提出可以在一定程度上解决这些困难的方法。

听觉残障：使用提示和手势来解释这个活动。讨论为什么有些活动对于听力受损的儿童来说是困难的。

行为失调/情感障碍：无须调整。

与家庭合作拓展课程

儿童的社会化发展这一话题为教师与家庭分享有关儿童发展方面的信息和教室活动提供了许多机会。可以理解的是，家长会担心媒体报道的以及社区里和世界上发生的暴力行为对他们的孩子产生消极影响，以及孩子在人际关系中会形成关于攻击和暴力角色的概念。帮助家长理解，在所有会对儿童的社会行为产生影响的因素（包括电视和其他媒体、同伴、托幼机构、学校及社区）中，家庭这一因素对儿童有着最有力的影响。家庭应发挥他们的影响力来教育和指导儿童学习积极的、有效的社会行为。我们认识到，有些家长认为他们的孩子应该学会攻击性行为以更好地在社区里和世界上生存。对于这样的家长和儿童，我们需要作为政策决策的拥护者和伙伴，以确保所有的儿童都生活在安全的家庭、社区和学校里。儿童不应该被期望能保护自身的安全，这是成人该努力去做的事情。

本章小结

当教师表现出对他人的关心，并在教室中营造了一种鼓励儿童合作、进行相互尊重的谈话、共同解决问题的氛围时，就能促进儿童社交能力的发展。另外，教师若提供一个让儿童有许多机会通过创造性游戏活动进行社会性互动的教室环境，就能让儿童认识到个体差异，并支持他们成长为社会人。

作为一个有效且敏感的教师，你应该明白要基于儿童的反应来评估教室活动。安德鲁已清楚地表明，对于他来说目前教室中的活动水平过高、社会性互动过多。你意识到你可能过分地强调了发展社交技能的重要性。你需要认识到，儿童每天都有对独自安静的活动的需要。你决定做出以下改变，以便让安德鲁和其他学前儿童能在时间、活动和社会交往方面做出他们自己的选择。

◆ 在每日的激烈游戏中穿插安静的、放松的活动。

◆ 重新布置教室环境，开辟出一个舒适的私密空间，让儿童可以在这里放松、休息、看书、听音乐或玩毛绒玩具。

◆ 对儿童的个人需要更加敏感。如果一个儿童不愿意加入一个集体游戏，就允许他选择参与另一个合适的活动或成为旁观者。

◆ 跟儿童讨论在一日生活中掌握自己的节奏的重要性，鼓励儿童在他们筋疲力尽或过度兴奋的时候告诉你。

◆ 对独自游戏以及开展平行游戏、联合游戏以及合作游戏的儿童，都给予关注和鼓励。

儿童如成人一样，对活动、刺激和社会性互动有着不同的需求。要想帮助儿童成长为社会人，通过与他人交往更好地了解自己，有一点是十分重要的，即教师们要通过设计班级作息时间表、布置教室环境，来鼓励儿童做出符合自己需要的选择。

反思与应用

1. 讨论本章开头的小故事。你还有其他的问题或看法吗？讨论本章结尾对小故事的回答。对于这种情况，你还有其他的应对方法吗？
2. 观察一个室内或户外的班级，你观察到了哪些谈话可以反映出儿童对社会正义、分享、公平、行为和后果等问题的思考呢？
3. 观察儿童的社会性互动。你观察到了哪些儿童在互动中表现出包容和排斥的言谈和行为呢？会在什么情况下出现呢？把你的观察与本章中提到的理论和研究相联系。
4. 构成有效教学的一些基本原则和实践是复杂的。你无法一下子就全部学会，但会随着时间的推移而逐渐理解。你应该阅读和反思，尝试新想法，评估结果，继续建构你的知识并进行有效的实践。关于本章的哪些问题，你想要了解得更多？你将用什么策略和资源来实现？
5. 针对社会化发展四个主要子领域中的一个设计课程。选择一个具体的发展目标和特定的年龄群体，设计一个合适的活动。完善并评估你的活动，与同事分享这一活动并讨论活动结果。

补充资源

[1] Baker, A., & Manfredi-Pettit, L. (2004). Relationships: The heart of quality care. Washington, DC: National Association for the Education of Young Children.

[2] Corsaro, W. (2003). We're friends, right? Inside kids' culture. Washington, DC: Joseph Henry Press.

[3] Dunn, J. (2004). Children's friendships: The beginnings of intimacy. Malden, MA: Blackwell.

[4] Hatcher, B., & Petty, K. (2004). Visible thought in dramatic play. Young Children, 59(6), 79—82.

[5] National Scientific Council on the Developing Child. (2004). Young children develop in an environment of relationships. National Scientific Council on the Developing Child (Working Paper No.1).

[6] Paley, V. (1986). Mollie is three: Growing up in school. Chicago: University of Chicago Press.

[7] Paley, V. (1992). You can't say you can't play. Cambridge, MA: Harvard University Press.

[8] Paley, V. (2004). A child's work: The importance of fantasy play. Chicago: University of Chicago Press.

[9] Scarlett, W., Naudeau, S., Salonius-Pasternak, D., & Ponte, I. (2005). Children's play. Thousand Oaks, CA: Sage.

[10] Vance, E., & Weaver, P. J. (2002). Class meetings: Young children solving problems together. Washington, DC: National Association for the Education of Young Children.

第十三章

促进交流能力发展的课程

> 作为学步儿的老师，你会不断地为儿童从18个月至3岁期间惊人的语言发展表现而惊叹。儿童在此期间的词汇量飞速增长，很快他们就能说出双词句，接着是多词句。你非常享受帮助学步儿习得语言和练习语言的过程。
>
> 然而，你对一个上个月刚满两岁的学步儿——特里很是担心。特里几乎不说话，他甚至没有尝试说过双词句。有一段时间你认为特里的语言发展只是有点不成熟，他会慢慢开始说话的。他的父母表露过担心，但你打消了他们的疑虑，说情况并不严重。但现在你不太确定了。你再次和他的父母交流并一起思考了以下问题：
>
> ◆ 特里的语言发展只是有一点迟，他会慢慢开始说话吗？
> ◆ 如果这真是一个发展问题，那么可能是什么原因导致了特里的语言发展迟缓呢？
> ◆ 该进行什么样的身体筛查或发展性评估来判断特里是否存在严重的语言问题呢？
> ◆ 有可能是家庭或幼儿园中的什么东西阻碍了特里说话或想要说话呢？
> ◆ 你和他的父母如何才能鼓励特里说话而不让他感到有压力，进而对自己产生消极情绪呢？

我们将在本章末尾与大家分享关于上面问题的应对建议。

当你阅读本章时，注意理解儿童交流领域研究的重大发现。同时，考虑可以通过什么样的创造性游戏活动和促进成长的教学手段来促进儿童交流技能的发展。儿童在早期与成人和环境的互动激励着他们学习交流技巧并发展语言技能。最初，儿童使用手势和简单的语言与成人交流他们的需要和感受；逐渐地，他们成为能够接收信息、表达想法的有效交流者，并最终领悟了复杂抽象的交流。为了理解儿童的语言是如何发展的，以及儿童的语言发展是如何通过游戏实现的，我们有必要回顾儿童语言发展方面的重大发现，并考虑促进儿童语言发展和沟通技能发展的创造性游戏课程。

交流领域的发展里程碑事件

再没有哪个发展领域像交流能力发展一样能让儿童迅速达到成人的水平。直到1岁左右儿童才开始说出第一个单词，但到6岁时，大多数儿童能理解的词语达到2.37万个，同时他们知道并能够正确使用语法（Smith，M.，1941）。什么样的知识和技能构成了有效的交流？这么迅速成熟的语言技能经过了哪些发展道路？语言作为人们用来表达想法的工具，并不是交流中唯一重要的部分。语言只是人们用来传达某一想法的随机认定和达成共识的声音。交流既包括语言交流，也包括手势和眼神交流、用手指东西等非语言交流（见图13.1）。比如，儿童早期的手势表明他们明白所指的物体都有名字，即便他们还不能说出物体的名字。事实上，儿童早期的手势与他们日后的词汇发展有关（Acredolo & Goodwyn，1988）。

能有效交流的儿童早在他们说话前，就学会了理解他人，并使用各种方法来表达自己。儿童学会有效交流开始于出生后的前语言期，这个阶段一直持续到1岁左右他们说出第一个词语。婴儿早期的对话交流中可能没有出现语言。与婴儿相互凝视、微笑或发出声音，向婴儿表明了人类通过对话或一种轮流的方式进行互动：你微笑，我回以微笑；你发出咯咯声，我回以咯咯声。这种互动也见于喂食中。婴儿吸奶瓶停下后，父母会摇摇瓶子；婴儿再吸，父母再摇。这种吸奶瓶—摇奶瓶模式也类似于一种对话，从而使婴儿习惯于社会对话的模式（Kaye，1982）。

图13.1

儿童的语言发展阶段

处于前语言期的婴儿有三种行为：哭、做手势、咿呀学语。哭声、咯咯声等是用来表示开心或难过的声音，但它们不算作语言，因为它们不算作元音、辅音中的音素。在头6个月，当婴儿咿呀学语时，他们首先发出元音，然后是辅音。所有语言群体的儿童发出相似的咿呀声，聋儿亦然，这表明成熟在前言语期具有重要地位。

6个月后，咿呀学语更为系统化。婴儿更经常地重复某些声音，因为他们经常听到这些声音，或是养育者强化了这些声音。母亲对"ma"这个音有愉快的反应，父亲对"ba"这个音有自豪的回应，或是教师因为"bah"听起来像"ball"（球）而对这个音加以强化。这些通常最初发出时并不是指妈妈、爸爸或球之意的声音，让婴儿明白了某些声音可以引起他人的积极反应，这些强化增加了这些发音的频率。这种语言学习的方法表明了环境因素的重要性。在前语言期，婴儿开始扩充他们能理解的词汇。1岁左右，当婴儿说出第一个有明确含义的词语时，他们展示出了他们创造的词汇，或他们能使用的词汇。

说出第一个有意义的词标志着婴儿进入第二个阶段，也就是语言发展期，这个阶段有五个子阶段（Wood，B.，1981）：

- 单词句（像句子一样的单词），是指说出一个单词，但这个单词不仅仅是一个标签，而是表明了一个完整的想法。儿童的单词句能传达非常详细的信息或是强烈的要求。比如，当一个14个月大的孩子说"牛奶"时，他不是在练习单词而是在试图表达："我想要牛奶""我想要更多的牛奶"或者"牛奶从桌子上滴下来滴到狗狗的头上了"。此阶段儿童的语言反映了对他们而言最重要的事情，以及那些他们经历的事情（Pruden，Hirsh-Pasek，Golinkoff，& Hennon，2006）。

- 双词句在儿童18个月大时出现，此时儿童会结合单词来表达更多的意思。这样的单词结合被称为电报句，因为它们用缩略的形式来表达意思。举个例子，比如"更多牛奶""爸爸走了""全没了""那个是我的"，等等。

- 多词句在儿童2岁左右开始出现，预示着儿童的语言开始变得更为成熟。在这个子阶段，儿童使用完整的句子、冠词、代词和那些能改变其他词语意思的后缀，如-ed、-ing、-es等。此语言发展阶段的儿童同时在认知发展方面进入了前运算阶段。他们学习如何使用符号，并能够开始游戏似地操纵语言。勒弗朗索瓦（LeFrancois，1995）描述了一个儿童的例子："他刚学会了'深黑'是非常黑的意思，便认为其他东西可以形容为'深静'（非常安静）、'深空'（非常空）、'深大'（非常大）。"（p.324）。
- 一个包含更复杂的语法和词汇的子阶段开始于儿童3岁左右。当儿童在语法、句子结构和句意上进行转换和变化时，他们使用连词连接句子，插入改变句意的词，或置换句子，即改变句子中词语的顺序以改变句意。
- 最后一个子阶段是使用类似成人的语言结构说话，这一阶段在儿童4岁以后出现。儿童的话语变得越来越有意义，表现出正确的语法和用法。

除了经历许多社会性互动的口头交流，儿童的语言发展还包括接触书籍和印刷品，图13.2中的儿童同时享受着书籍和语言交流带来的乐趣。儿童语言的迅速发展和天生对交流的兴趣为培养他们的读写能力提供了重要的基础。早期读写能力显示了儿童语言发展的整体性、儿童积极建构语言知识的重要性以及置于家庭或文化环境中看待儿童语言发展的重要意义（Spodek & Saracho，1993）。

图 13.2

早期读写能力

口头语言发展的下一步是书面语言。儿童的书写经过三个阶段：前书写阶段、初级书写阶段、流畅书写阶段。处于前书写阶段的儿童通过涂鸦和画画来探索，图13.3便是一个例子。图13.3是一个年幼的3岁儿童写给父母的一封信。

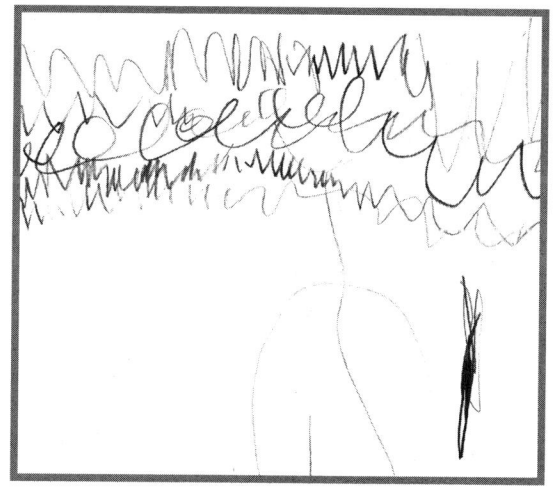

图 13.3

处于初级书写阶段的儿童使用创造性的拼写和口述的故事。图13.4展示了处于初级书写阶段的儿童书写的例子。有一天，我4岁的侄女亚历克丝和我正在玩打斗游戏，我的妈妈——亚历克丝的奶奶叫我们不要"扭打"了，该准备好去教堂了。亚历克丝被告知在换好衣服前不能说话，她便用刚学会的书写技能写了这张纸条，然后把它塞到我的房间门下面。

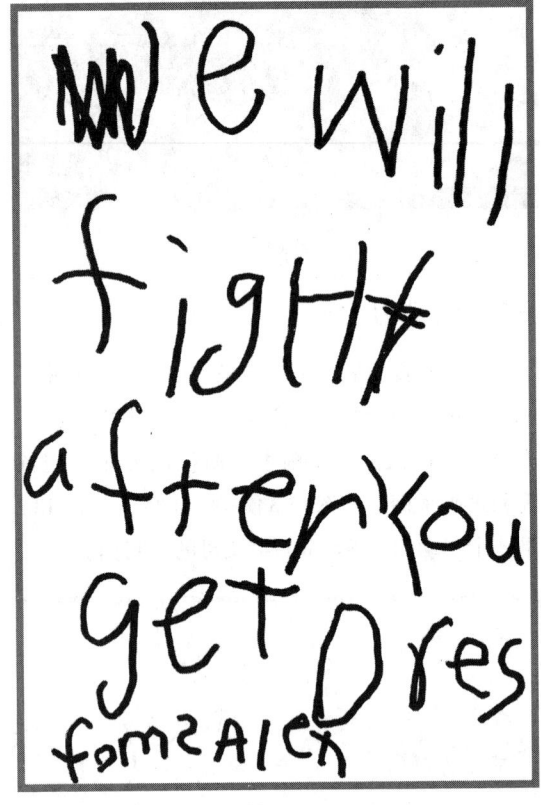

图13.4

处于流畅书写阶段的儿童开始使用正确的拼写，并发展早期的写作技能。儿童的阅读同样经过三个阶段：前阅读阶段，即儿童开始辨识环境中的文字，如标志和标签；初级阅读阶段，即儿童发展了词语概念并认识词语；流畅阅读阶段，即儿童的阅读活动旨在理解。

康托斯（Kontos，1986）对学前儿童的阅读过程的相关文献做了全面的综述。儿童在3岁时通过图画和其他图形材料，来学习辨认文字或书面语言。有些儿童在4岁时仍不能区分文字和图画，或不知道看书时要看什么。大多数儿童在5岁时有文字意识，或者说知道文字为什么和怎么被使用。儿童获得的另一个能力是使用环境线索来辨识和阅读环境中的文字。比如，3岁的儿童就能辨识日常环境中的文字，比如在八边形标志上的"停"（Stop），但较少能在单独出现这个字或脱离这个环境的情况下辨识这个字。尽管许多3岁儿童能背出字母表上的字母，但在后期阅读中更为重要的是儿童能认识字母，拥有字母名称的知识。到3岁为止，儿童开始认识字母，到5岁时他们基本掌握了字母名称。这个知识对于儿童区分字母形状和结构以及发展字音对应能力很重要。

儿童的阅读知识经历了三种发展水平：了解文字的功能；了解文字的构成；了解文字的使用习惯，如术语使用、口语能力以及了解交流的规则（比如，轮流；Mason，1981，1985）。儿童这三种水平的阅读能力是如何发展的呢？康托斯（1986）描述了在一个有着丰富读写活动和体验且成人帮助和指导儿童学习更难的阅读知识的环境里，儿童的读写能力得以提升。提高儿童的读写兴趣和能力的活动与人物有：讲故事、讨论故事、多个向儿童讲故事的成人、示范阅读和书写的家长及回应儿童提问并帮助儿童阅读的家长。提高读写能力的教室活动包括让儿童有机会利用书本、纸条、清单、收据、日程表和标签使用和练习交流技能。读写材料应该是可获得的、实用的，并对儿童有实在的用处和帮助；教师应该把这些材料以有意义且富有想象力的方式投放到教室的每一个角落，让儿童去体验（Kontos，1986）。

处于前读写阶段和初级读写阶段的儿童认识到文字的目的在于交流。他们早期的书写从他们日常经历的谈话中产生；他们早期的阅读从他们听别人为他们朗读，并开始重读可预测的或重复的故事中有记忆的部分中产生。这样，阅读和书写的早期阶段是平行的，或者说都是发展初期读写能力的一部分，接下来的发展阶段是儿童通过读写来表达意思（Juel，1991；Salinger，1996；Tompkins，1997；Williams，R.，& Davis，1994）。

关于儿童交流能力的研究

关于环境对儿童语言发展的影响的研究发现，大多数儿童早期的词汇由即时情境中表示物体或行为的词汇组成，如熟悉的人和物、行为（"给"）或奖惩（"好""坏"）（Nelson，K.，1973）。环境中的成人也影响着儿童的语言学习。若父母使用简单的语言交流，比如很多名词和简单的语法，而不是更复杂的语言，如很多动词、代词和更抽象的语言，那么儿童的语言技能将获得更好的发展（Furrow，Nelson，& Benedict，1979）。

研究者还研究了儿童与他人交流时以自我为中心的特点。该研究大部分采用的是有指向性的谈话任务，也就是说，让儿童与另一个人交流某一个物体或事件，并且这个人有着和儿童不一样的观点或掌握不同量的信息。在一个常被引用的研究中，研究者要求4岁的儿童向一个更小的2岁儿童和一个成年人展示新玩具。面对2岁儿童，4岁的儿童使用简短的句子，并调整他们的语言以适应2岁儿童的理解能力："看这个""看这儿"。面对成年人，儿童使用更成熟的语言并向成年人询问信息（Shatz & Gelman，1973）。研究者还发现儿童会调整他们交流时使用的语言，使之变得更容易被智障儿童理解（Guralnick & Paul-Brown，1977）。

这项研究看起来反驳了皮亚杰关于学前儿童在谈话中以自我为中心，不能从他人角度考虑问题的观点（Piaget & Inhelder，1969）。事实上，这个问题要比看起来复杂得多。在一个针对4岁儿童和6岁儿童的研究中，倾听者要根据信息寻找一个隐藏的物体。主试分别给倾听者提供一个模糊的信息和一个清晰的信息，意在研究儿童对这两种信息为倾听者带来的不同结果的理解能力。6岁的儿童有效地区分了这两种信息，知道倾听者能否根据信息找到隐藏的物体。4岁的儿童更多地根据他们对隐藏物体的了解而不是对倾听者的了解做出回应（Sodian，1988）。这个研究表明，非常复杂的交流任务，如这个例子中评估两种信息及它们对倾听者的影响，对于儿童来说是困难的。当面对这样的挑战时，他们根据一种更为自我中心的模式做出回应。但在相对简单的有指向性的交流中，儿童能够根据听者的信息需要和理解能力调整他们的语言。

皮亚杰把语言学习描述成儿童内在认知发展的结果；成人的语言影响着儿童的语言，但不会超过儿童自身认知能力的范围。正如儿童通过动作探索、发现和操作身边的环境来认识世界一样，儿童在玩文字游戏时探索、发现和操作语言。但是，维果茨基（1962）把语言学习描述为一个社会化的过程，认为儿童在与成人和同伴互动时学习语言。皮亚杰认为语言是从个体发展到社会的；维果茨基认为语言既能培养个体的社会交往能力，也能培养个体的内在认知和问题解决技能。

有关幼儿教育的研究揭示了课程和项目因素与儿童语言发展相关。被鼓励参与精心组织的社会戏剧游戏，并有合适的材料可以使用的儿童，在游戏时有更有效的交流技能（Griffing，1980）。比如，在一个针对四五岁儿童进行的研究中，儿童在戏剧游戏区（如医生办公室）比在建筑区（如积木建造区）能说出更丰富的语言。假装在医生办公室的儿童使用更多的动词和细节来描述他们的游戏。他们更可能使用将来时态和过去时态的词语来把他们当下的行为与过去或将来相连。随着儿童的语言超越即时的情境和当下的游戏，他们获得了应对更复杂的认知任务的技能（Pellegrini，1986）。在有着高师生比，高水平的师生口头互动，高质量的认知和社会刺激的早教项目中，儿童有更成熟的语言理解能力和交流技能（Golden et al.，1978；McCartney，1984；Phillips et al.，1987）。比如，鼓励开放式交流的教师，避免提出只需要简单回答的问题的教师，与儿童进行长时间的、自然的、以儿童为中心的交流的教师，能与儿童有更多有意义的交流，对儿童的语言学习更为敏感（Rogers，D.，Perrin，& Waller，1987）。

读写能力发展中的教师作用

关于幼儿读写能力的研究提供了几种有效的方式来指导和回应儿童的读写发展。听成人读书并能轻易地接近书本、有纸和写字工具、玩磁铁字母和相似材料以及与父母讨论环境（如书本、杂志、报纸、标志）中的字母或单词的儿童，有着更高的读写水平（Schickedanz，1986）。对儿童读写发展中教师指导作用的研究表明，教师能够通过提建议和示范读写行为增加儿童对书本和印刷材料的使用。莫罗和兰德（Morrow & Rand，1991）建议教师将读写材料，如铅笔、马克笔、书本、杂志、标志、卡片和日历放置于戏剧游戏区域——兽医的办公室。教师可以建议说："你在等宠物来的时候可以读书"或者"请你在桌子上的表格上签名后填写处方"。教师同时示范读写行为和道具的使用，如讨论办公室里的一本小册子，或是看日历和填预约卡。若教师在提供印刷品丰富的环境的同时还有示范与指导，比起只提供一种印刷品，儿童会更积极地接触印刷材料并参与相关活动。

有具体特点的图书也能增加儿童的读写活动和对印刷材料的使用。对于那些情节可预测的、有重复的句子和节奏、事件顺序较为常规的图书，儿童选择它们的次数是选择那些没有这些特点的图书的两倍（Martinez，M.，& Teale，1988）。幼儿对图书中的图画比对故事的意义提的问题更多。但反复地读同一本书有可能引出儿童更多的关于单词、声音、词语或故事意义的问题（Morrow，1988；Yaden，1988）。当教室中有多种文化的图书但很少使用时，教师可以通过向儿童"介绍"这些书以增加使用频率。当教师向儿童展示图书并谈论书中教师喜爱的标题、作者、插画家、故事和图片时，儿童会增加对这些图书的使用（Reid & Twardosz，1996）。

随着学前儿童群体文化多样性的增加，教室中的更多儿童将可能使用一种以上的语言，他们可能是双语者。教师还可能碰到不讲标准英语的儿童，他们使用方言。在以上两种情况中，教师需要加以理解并在几个重要方面做出明智的抉择。

能说一种以上的语言是很宝贵的。双语儿童应该被鼓励学习两种语言。菲尔莫尔（Fillmore，1991）发现当以小语种语言为母语的儿童融入说英语的班级，且没有人鼓励和支持他们继续使用最初的语言时，他们便失去了一条重要的融入家庭文化和价值观的社交途径，他们失去了理解自身文化历史和传统的能力；这对亲子关系有着重要的影响。被鼓励和支持使用母语的儿童能更容易地学习第二语言（Garcia，1986）。

索托（Soto，1991）提出了一些准则以帮助教双语儿童的教师：

- 避免催促儿童在短时间内学会第二语言。接纳儿童个人的"语言学习时间表"（p. 34）。
- 在表演游戏、故事时间、与同伴和成人进行的交往活动、实地考察和其他活动中，帮助创造许多与说本土语言和新语言的人交流的机会。
- 确立两种语言对儿童的认知和社会发展都很重要的态度。学习一种语言不是为了取代另一种语言。
- 接纳儿童交流的尝试，不要纠正或主导谈话。
- 营造包容的教室氛围和提供许多体现包容之心的经历，以向双语儿童和他们的同学表明所有的文化都是被珍视的。

在儿童的语言学习和使用方面，教师必须考虑的另一个问题是讲方言的儿童，教师曾把这种形式的英语看作语言和交流技能的障碍。但现在，我们知道方言，如黑人英语，是一种在许多美国黑人儿童和家庭当中意义丰富的、强有力的沟通语言。方言和标准英语是并列的，因为它有着固定的规则、结构、语法。总之，使用方言的儿童能成为熟练的交流者，就像使用我们较为熟悉的语言的人一样。吉尼雪和戴森（Genishi & Dyson）建议教师提供许多"日常谈话"的机会，如用话语让儿童提问题、做观察记录、分享经历和创编故事，让这些环节富有意义，并让儿童有更多机会学习语言和了解世界。

儿童成为熟练的英语使用者，这一点对未来的学习和工作十分重要。同时，儿童会讲两种或更多种语言也很有价值。赞美、尊重孩子的语言或方言，如果你能做到，你甚至可以学习这个孩子的语言或方言。鼓励儿童使用两种语言。事实上，当倾听者或情况需要时，从一种语言或方言转换到另一种语言的技能是儿童要学习的最基本的语言技能之一。

在国际阅读协会（International Reading Association）和全美幼儿教育协会（1998）的联合报告中，提及的问题包括：意识到让处于各群体的儿童发展阅读所有方面的能力的挑战性，意识到对幼儿施以

发展适宜性实践的需要，以及成人要提供支持来确保让所有儿童有积极的早期读写经历。当教室中儿童有许多机会可以倾听、谈话、阅读、互动和表达他们的想法和感受时，他们的读写能力和语言智力就能得以提升。

通过创造性游戏课程促进儿童的交流能力发展

儿童学习语言，以便与同伴和成人交流以及了解和谈论这个世界。语言是我们联系世界、搭建与他人的桥梁的方式。在能够促进儿童互动和交流、让儿童有机会进行创造性语言表达以及尊重儿童交流的创造性游戏课程中，儿童有许多机会得以学习和试验语言。

谈话时间

支持儿童语言发展的教室最重要的成分之一便是有谈话时间。儿童需要时间交流和被倾听；他们需要被鼓励去练习注意倾听他人；他们需要频繁的机会去与成人和同伴交流。教师必须确保每个儿童都享有谈话时间，还必须了解教室中每一个儿童的交谈能力和语言能力的差异。真正倾听儿童的需要、担忧和想法的教师会花时间与儿童独处，并把与儿童谈话和互动放在一日中的首要位置。太忙而不能认真倾听儿童的教师将失去大量机会来了解儿童世界里独一无二的、有意义的东西。"高质量的幼儿教育是与交流和互动密切相关的，儿童有机会述说他们的故事是早教质量的关键。"（Samuelsson, 2004）

教师可通过提供促进同伴互动的各种活动，比如做饭活动、戏剧游戏和小组方案活动，以丰富儿童语言学习的机会。儿童需要以个人、小组或集体的形式进行交流（见图13.5）。教师还可

以通过提出一系列需要思考的开放性问题，而不是只需要一个"是"或"不是"答案的封闭性问题来使语言学习变得丰富。比如，一位教师走近一个儿童的积木建筑，然后说："我看到你很努力地在搭这个建筑。它是座房子吗？"这样的问题通常只能从儿童那里得到很少的回答。相反，一位教师走进同样的积木区然后说："你建了好大一个东西！给我介绍一下它吧。你是如何把那些大积木弄到顶上去的？你希望它是一个什么？谁住在那儿呢？"这可能引发教师与儿童间富有趣味性的对话，教师能因此更了解这个儿童的世界。

图 13.5

若教师示范恰当的语言且不过分强调儿童使用语言时常犯的错误，他们就能促进儿童的语言使用和交流尝试。另外，为儿童提供丰富的且鼓励他们的教室环境，同时教室里有许多可选择的游戏材料和活动，能让儿童谈论一些事情且能促进他们与同伴和成人间的交流。

语言游戏

幼儿通过多种方式了解语言。他们通过模仿成人、倾听他人和表达自我来学习语言。在创造性游戏的环境中，儿童学习正确的语言使用以及如何有效地与他人交流。除此之外，他们还了解到了语言的魅力。

幼儿教师可以用许多活动来激发儿童的语言兴趣，并帮助儿童学习以富有创造性的、独特的方式使用语言。选择歌词式的、诗歌式的儿童读本能为儿童树立有用的榜样，并能让他们对语言的美有敏锐的感触。讲故事和戏剧活动让儿童接触到语言和非语言运用的魅力。好的故事讲述者和戏剧家能使用词语、音调变化和身体动作来传达故事信息。儿童可以成为故事讲述者，并使用图书、录音带、玩偶、法兰绒板故事、面具和戏服等为自己或同伴演绎故事。

当儿童开始玩语言游戏的时候，他们也认识到了语言的魅力。这些语言游戏包括创造傻气的词语、创编简单的韵律和口述他们的经历。提供各种各样的用以戏剧游戏、玩偶游戏、绘画和写字的道具，能促进儿童自发地参与含语言的活动。一种鼓励儿童试验词汇和创编故事的教室氛围，不仅能帮助儿童学习语言和发展读写技能，还能让他们与直觉的、有创造力的自我亲密接触。小熊维尼在哼的小曲儿里恰当地描述了创造的过程："诗歌和小曲儿不是你能找到的东西，它们是来找你的东西。你所能做的就是到一个它们能找到你的地方。"（Milne，1957，p.285）帮助儿童倾听他们携带在身体里的词语，与他人分享语言的魅力，这是发展创造力和交流能力的重要部分。

社会戏剧游戏中的语言

被鼓励与一位或多位同伴参加戏剧游戏及社会戏剧游戏的儿童，需要使用语言来选择和表明一个表演的主题、分配角色和任务，并分配表演材料和道具。儿童在协商角色和明确表演内容的过程中能够练习交流技巧。比如，考虑以下的社会戏剧游戏情节：

贾斯明：我房子里有太多的积木啦。

卡门：把它们放到我卡车上的这儿。

登齐尔：我是司机。我会把它们带到坎伯兰郡。他们在建一所新学校。他们可以用到。

洁斯米：谁会用这些积木？

卡门：这是我的卡车，我是司机。

登齐尔：工人们在建一所新学校。我昨天去那儿的时候看到了。我会把这些积木运给那里建房子的人。

卡门：你开车去学校，我开回来。

登齐尔：好的，我去哪儿？

卡门：去内兰德公路。跟着橙色的标志到学校。开慢点，否则我们会被冲到河里。

为了继续他们的游戏，儿童需要交流他们的想法，说清他们的指令，并提出彼此满意的建议。随着儿童游戏的主题越来越复杂，他们的语言也变得越来越复杂，以支持他们在群体中的游戏和互动。

穆尔（Moore，1998）强调儿童在社会语境中学习读写的重要性。儿童在社会戏剧游戏中探索语言，并随后能通过谈论他们的经历来建构意义。儿童同时在他们选择图书、分享喜爱的图书、一起读书和讨论他们读了什么的活动中发展读写能力。这些经历对儿童发展作为一名交流者和阅读者的自信来说是十分重要的。

早期读写能力

读写能力发展的全语言方法支持阅读、写作和听力的整合发展。语言学习出现在有意义的游戏情境以及与儿童日常生活相关的情境中。语言学习基于活动，并通过以下方式整合进教室和课程的各方面：

- 对教室区域、物体和戏剧游戏道具使用标志和标签，以提供印刷材料丰富的环境。
- 提供儿童图书，包括大的图书和可互动的电子书。
- 提供各种书写工具，如纸、写字工具、小黑板、白板、打字机和电脑。
- 使用儿童口述的故事，发明的拼写和简单的词语加工来记下儿童的想法和经历。
- 提供讲故事、演绎故事、口头或通过戏剧游戏创造故事的机会。
- 展示儿童的故事，如教师记录的故事、集体经历的故事、个人经历的故事。

在读写发展的全语言方法中，强调有目的性的语言的使用，而不是通过反复练习的方法去学习某种特定的读写技能（Henniger，2002；Saracho，1993）。这种早期读写的方法基于创设一个"真实的读写环境"（Bobys，2000，p.17）。对有学习困难的儿童来说，这个环境需要通过教师运用随机教学、示范语言、使用社会提示、增加社会化的机会来支持读写能力发展（Hemmeter & Grisham-Brown，1997）。

国际阅读协会和全美幼儿教育协会建议通过以下三个活动来支持儿童的早期读写能力的发展：

- 大声读给儿童听。大量研究支持"帮助儿童掌握成功阅读所需要的理解力和技能的唯一最重要的活动"是读给儿童听这一结论（p.36）。讨论故事，并提出让儿童进行分析（"你觉得他们需要解决的问题是什么？"）和预测（"你觉得她接下来会做什么？"）的问题，能增加儿童的词汇量和提升他们的理解能力（Karweit & Wasik，1996）。这样的"脚手架"让儿童在故事阅读中学会更高级的思考（IRA & NAEYC，1998）。
- 让儿童接触并帮助他们思考文字。帮助儿童理解是文字或词语而不是图画讲述了故事。向儿童展示"文字是如何发挥作用的"。指着词语说:"这个是写这本书的人的名字。""她的名字是芭芭拉·帕克斯。她非常喜欢孩子,想写这个故事给他们。""现在我翻页了,从这页的左边开始阅读。这里写的是'从前,有一只小龙虾,他的名字叫沃尔特……'"

- 让儿童不断加深他们对文字的了解。在教室中开辟一块放书的空间,提供一个文字丰富的环境,提供创造文字材料的机会,提供进行自发的读写活动的机会,布置一个写作区域并持续更新书籍(更多的教学实践请参见表13.1)。

表13.1 推荐的教学实践

婴儿期和学步儿期:儿童需要与照顾他们的成人建立关系,这些成人经常地与他们进行一对一、面对面的互动来支持他们的口语发展,并为他们以后的读写学习打下基础。重要的活动和教学行为包括但不限于以下内容:
——使用简单的语言与婴儿和学步儿说话,与他们进行频繁的眼神交流并积极回应儿童的暗示和语言交流。
——经常和非常年幼的儿童玩耍、说话、唱歌和做手指游戏。
——与婴儿分享卡片书,经常地为学步儿阅读,可以让他们坐在成人膝头或是和其他一两个小伙伴一起。
——为学步儿提供简单的绘画材料,如蜡笔、马克笔和大的纸张供他们探索和操作。

学前儿童时期:幼儿需要发展适宜性活动和教学来支持读写学习。它们包括但不限于以下内容:
——积极照料儿童的成人与每个儿童进行应答性交谈,示范读写行为,培养儿童对读写的兴趣,并帮助他们感受读写的乐趣。
——为儿童提供文字丰富的环境,让他们有机会认识到并有工具来使用书面语言。
——成人每天给单个儿童或小组阅读高质量的图书,包括那些积极地反映儿童的身份、母语和文化的图书。
——有机会让儿童谈论所读内容,关注声音和语意。
——使用发展儿童语音意识的教学策略和活动,如歌曲、手指游戏、游戏、诗歌和故事。
——有机会让儿童参加融合了读写方法的游戏,如在戏剧游戏中写蔬菜清单,在积木建筑上做标志,在探索电脑游戏时使用图标和文字。
——组织能拓展儿童词汇量的活动,如参观社区和接触不同的工具、物体和材料。

来源:International Reading Association and National Association for the Education of Young Children. (1998). Learning to read and write: Developmentally appropriate practices for young children. *Young Children*, 53(4), 30—46.

在日渐多元化的教室中支持儿童早期读写能力的发展对于教师来说有可能是一个挑战。儿童对文字和语言有着不同经验。他们可能说不同的语言,有的儿童可能是双语使用者。这些多样性能提升你课程的质量,但同时要求你付出努力去评估儿童的能力并计划适宜的活动。

游戏为促进儿童读写能力发展提供了最佳环境:在舒适的图书区,儿童可以选择各种各样的图书;在书写区,儿童可以使用许多画画和写字的材料;在戏剧游戏和其他创造性活动中,儿童可以练习口头和书面语言技巧。游戏为儿童提供了在与同伴互动中交谈、倾听和分享看法的机会,提供了探索图书、文字和词语以理解世界的机会,还因为重视想象力和个人背景鼓励儿童创编个人故事(Williams, R., & Davis, 1994)。

促进儿童交流能力发展的目标和活动

这一节包括了儿童交流能力发展的具体目标，具体表现在以下四个方面：(1)接受性语言；(2)表达性语言；(3)非语言交流；(4)听觉记忆／辨别。本节还包括为婴儿、学步儿、学前儿童以及残障儿童提供的活动。

接受性语言

交流能力的第一个子领域是接受性语言的发展。随着儿童倾听成人和同伴的谈话以及参与那些能提高其语言理解能力的教室活动，儿童的接受性语言逐渐得到发展。此子领域的具体发展目标如下：

- 帮助儿童发展听故事、歌曲的能力。
- 帮助儿童通过理解分类后的词语辨识概念。
- 提高儿童回应指示性命令的能力。
- 帮助儿童学习交流技巧（Bryen & Gallagher, 1983, pp. 84—85）。

若给予儿童多种机会与成人和同伴互动并参与各种讲故事和戏剧游戏活动，儿童的接受性语言将能得到最好的发展。另外，可以在每个年龄段中开展特定的活动，以培养儿童接受性语言技能的发展。这里有一些为婴儿、学步儿和学前儿童推荐的可适应不同发展需求的活动。

婴儿的活动
交谈（安静的游戏）

这个活动最适合刚开始试着发声的年幼的婴儿。把婴儿面朝上放在你的膝上，以便进行眼神交流。进行眼神交流并与婴儿交谈。说说婴儿的面部表情、衣着和明亮的眼睛。让婴儿也有机会轮流进行"交谈"。评价婴儿的声音、声调和语气的变化。要注意停顿，以鼓励婴儿轮流进行"交谈"。

额外的技能：

交流（接受性语言）；社会化（社会性互动）。

为残障儿童所做的调整：

身体残障：无须调整。

言语残障：表扬该儿童为发声所做的任何努力。

视觉残障：无须调整。

听觉残障：说话时使用标志和手势。

行为失调/情感障碍：无须调整。

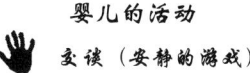
学步儿的活动
我知道我的名字（安静的游戏）

给儿童拍照并把所有照片放到一个相册里，把教职工的照片也放上。把相册传给儿童并让他们挑选出自己的照片。等他们指出相册中的自己后，让他们说出自己的名字，鼓励他们说出名和姓。然后让儿童通过面孔辨别，认出老师并说出他们的名字。鼓励儿童在辨认图片时使用清晰的语言。

额外的技能：

认知（模仿/记忆）；交流（接受性语言）。

为残障儿童所做的调整：

身体残障：如果儿童不能用手指指出，那就把用眼睛看视作指认的方式。让儿童看照片。如有需要，提供身体上的帮助。

言语残障：需要时提供言语提示。比如，如果儿童的名字是Bob，通过说"B"鼓励他说出"Bob"。如果在一个音节的提示下他不能说出他的名字，试试"Bo"。如果他仍旧不能说出他的名字，提示"Bob"并鼓励他进行模仿。

视觉残障：在有视力残障的孩子的照片上附上可触摸的提示。提示可包括一个丝带蝴蝶结、该儿童的盲文名字、建筑纸上的几何图形，或是"有气味的"贴纸。选择跟这个孩子相关的提示。比如，如果这个孩子是个头上戴丝带的女孩，那么就选择一个丝带蝴蝶结。

听觉残障：用这个孩子的签名。让别的孩子设计出他们名字的签名。鼓励他们在活动中使用这些签名。

行为失调/情感障碍：无须调整。

学前儿童的活动
糊涂的墨菲（讲故事活动）

告诉儿童你有一个朋友（玩偶）叫墨菲，他总是犯糊涂。让他们听墨菲做过的事情并建议墨菲本应该做什么。可以把这些"故事"写在彩色纸片上。儿童轮流选择故事并提供解决办法。故事的例子如下：

有一天，墨菲……
1. 想要一个汉堡包，所以他去了医生办公室。
2. 想要买鞋子，所以他去了图书馆。
3. 需要买创可贴，所以他去了麦当劳。
4. 汽车没油了，所以他去了药店。
5. 想要游泳，所以他戴上了手套，穿上了雪地靴。
6. 想听录音，所以他拿出了画笔。

额外的技能：
认知（问题解决/推理）；交流（接受性语言）。

为残障儿童所做的调整：
身体残障：无须调整。
言语残障：使用图片作为提示来帮助儿童找到解决办法。
视觉残障：无须调整。
听觉残障：使用图片和标志来讲故事。
行为失调/情感障碍：无须调整。

表达性语言

交流能力的第二个子领域是表达性语言的发展。随着儿童表达性语言技能的发展，他们与他人交流和表达的需要和愿望增强了，影响周围世界的能力也提高了。此子领域的具体发展目标如下：

- 帮助儿童用语言表达需要、愿望和感受。
- 鼓励儿童用清晰的语言说话，这样他们更容易被理解。
- 鼓励儿童语言表达流畅性的发展（Hendrick，1998）。
- 帮助儿童理解他们的交流能积极地影响他们所处的物质和社会环境（Bryen & Gallagher，1983）。

在一个开放的、教师和同伴都能做出积极回应的教室环境中，儿童有许多机会能以个人或集体的形式与成人和同伴交流，他们的表达性语言技能能够得到最好的发展。这里为婴儿、学步儿和学前儿童提供了一些活动，教师可以根据儿童的不同发展水平对它们做出调整（带*的活动表示它同样适用于户外游戏环境）。

婴儿的活动
在哪儿，在哪儿？（音乐活动）*

使用歌曲《在哪儿，我的小狗在哪儿？》[1]

---

[1] 本书中出现的美国童谣可能是中国没有的，为了尊重英文原书，我们如实地将歌曲名、歌词等翻译出来，以供读者参考借鉴。幼儿教师在实际应用中可以结合身边熟悉的歌谣进行改编，以达到同样的活动效果。——译者注

来促进婴儿表达性语言技能的发展。选择婴儿熟悉的物品：沙滩球、一串钥匙、一根香蕉。向婴儿展示这些物品，然后把它们放到婴儿够不着的地方。唱：

在哪儿，在哪儿，我们的沙滩球在哪儿？
在哪儿，它会在哪儿？
它大大圆圆的，跳得老高。
在哪儿，在哪儿，它在哪儿？

大一些的婴儿可以去把球拿过来，小一些的婴儿可以指出或看向球的位置。儿童看向物品所在的方向表示他可以理解或知道某个物品。其他歌词可以如下：

一串钥匙："它们丁零当啷响，十分闪亮。"
香蕉："它长长的且是黄色的，吃起来真美味。"

额外的技能：
认知（联想/分类）；个人意识（独立性）。

为残障儿童所做的调整：
身体残障：无须调整。
言语残障：必要时，使用肢体或语言提示帮助儿童找到被提及的物体。
视觉残障：鼓励儿童触摸不同的物体。当儿童通过触摸探索物体时，指出物体的显著特征，帮助儿童辨认它。
听觉残障：使用标志和手势来唱歌和描述这个活动。
行为失调/情感障碍：无须调整。

学步儿的活动
动物的房子（安静的游戏）

用鞋盒为玩具动物建一座房子，把动物放进房子里。问儿童具体的问题以鼓励儿童跟着教师的指引，让儿童开始明白里、外、上、下、旁边等概念。当你提问时，儿童需要向你展示该把动物放在哪里。比如，"你能把动物放在房子旁边吗？""你能把动物带到房子外面吗？""你能把动物放到房子里面吗？""你能把动物放到房子下面吗？"

额外的技能：
认知（概念形成和模仿/记忆）。

为残障儿童所做的调整：
身体残障：选择一个足够大的箱子让儿童能成功地进行活动。需要时提供帮助。
言语残障：必要时提供语言和肢体提示。
视觉残障：鼓励儿童用一只手触摸感受房子，用另一只手放置动物。在房子的门窗等部位使用凸起的边缘或切口。
听觉残障：使用标志和手势描述这个活动和提出要求。
行为失调/情感障碍：无须调整。

学前儿童的活动
声效故事（讲故事活动）

提供多种乐器（门铃、节奏棒、鼓等），让儿童选择一种听起来像以下声音的乐器：闹钟的声音，有人跑下楼梯的声音，有人走上楼梯的声音，刷牙的声音，从床上跳下来的声音，拍打在窗上的雨声，打雷的声音，腕表和古董钟发出的声音。

接受儿童选择的任何乐器，没有错误的答案。讲接下来的故事并在需要时让一个儿童使乐器发声。等儿童熟悉这个想法后，鼓励他们帮你编新的故事。

声 效 故 事

艾瑞卡在床上美美地睡着，忽然间有东西把她吵醒了。她听到了雷声。接着大雨点拍打在窗户上。艾瑞卡喜欢听雨声,特别是当她在温暖的被窝里的时候。她想:"也许我能再睡一会儿。"正当她将要第二次入睡时,闹钟响了。艾瑞卡从床上跳了起来。她非常饿,所以她跑下楼到了厨房。在享用了一顿丰盛的早餐后,她走上楼到浴室开始刷牙。她穿好衣服下了楼准备上学去。当她走过走廊时古董钟报时,已经8点了。她看了看她的手表,也是8点。该去学校了!

额外的技能:
　　交流(表达性语言)。
为残障儿童所做的调整:
　　身体残障:如果儿童操控物体有困难,把铃铛系在儿童的手腕或脚踝上。如果需要,帮助儿童摇铃铛。
　　言语残障:无须调整。
　　视觉残障:无须调整。
　　听觉残障:使用那些能通过击打发出声音的乐器,比如大鼓和手鼓,这样儿童能在乐器被演奏时感受到乐器的震动。使用标志和手势来解释这个活动和讲故事,并解释如何使用乐器。
　　行为失调/情感障碍:无须调整。

非语言交流

　　交流能力的第三个子领域是非语言交流的发展。非语言交流是儿童表达情感和理解他人情感的有力工具。当儿童能够使非言语和语言信息保持一致时,他们就成为有效的交流者。此子领域的具体发展目标如下:
● 帮助儿童通过面部表情表达感受和情绪。
● 帮助儿童通过肢体动作表达需要和愿望。
● 鼓励儿童在与他人互动时进行眼神交流。
● 帮助儿童学会发送与语言信息一致的非言语交流信号。

　　当儿童有多种机会在教室里尝试与同伴互动时,他们的非语言交流技能就能得到发展。那些掌握了非语言交流技能并获得支持性反馈的幼儿会成为有效的交流者。这里为婴儿、学步儿和学前儿童提供了一些活动,教师可根据儿童的不同发展水平对它们做出调整。

婴儿的活动

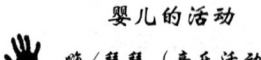 嗨/拜拜 (音乐活动)

　　为了鼓励婴儿掌握挥手这一非语言交流技能,使用歌曲《嗨/拜拜》,唱:
嗨,宝贝儿,(向所有婴儿挥手)
嗨,宝贝儿,
嗨,宝贝儿,
我们将有美好的一天!
或者
拜拜,宝贝儿,(向所有婴儿挥手)
拜拜,宝贝儿,
拜拜,宝贝儿,
我们今天真开心!

　　鼓励婴儿以挥手作为回应。表扬婴儿所有的尝试:"对啦,就是这样向我挥手!"
额外的技能:
　　认知(模仿/记忆);社会化(社会性互动)。
为残障儿童所做的调整:
　　身体残障:帮助儿童挥手。
　　言语残障:如有需要,提供肢体或语言提示。
　　视觉残障:唱歌时挥动儿童的手,儿童挥手时加以表扬。
　　听觉残障:唱歌时使用标志和手势。如有需要,使用肢体提示鼓励儿童挥手。
　　行为失调/情感障碍:无须调整。

学步儿的活动
当你＿＿＿＿时，你会做什么？（活跃的游戏）

这是一个身体动作活动。让儿童不说话来表演出不同的情绪。比如，"高兴时你会做什么？"如果儿童需要举例，示范一个微笑或是高兴得跳起来。这里还有一些儿童可以表演情绪的例子：生气——蹙眉或跺脚；兴奋——鼓掌，微笑或把手举起来；伤心——擦眼泪或蹙眉；困了——打哈欠或揉眼睛；高兴——微笑，跳跃或大笑。鼓励儿童做出自己的动作。

额外的技能：

社会化（尊重他人）。

为残障儿童所做的调整：

身体残障：无须调整。

言语残障：无须调整。

视觉残障：无须调整。

听觉残障：使用标志和手势来解释活动和提问题。

行为失调/情感障碍：为那些情绪表达有困难的儿童提供更多的鼓励。

学前儿童的活动

他们感觉怎么样？（讲故事活动）

在杂志中找到分别表现了不同情绪（高兴、伤心、害怕、生气）的面孔。把这些面孔粘在索引卡或彩纸上。儿童轮流选择卡片，然后辨认情绪。要求儿童思考可能是什么事情让那个人有那种情绪。鼓励他们编一个故事，能解释发生了什么事情。让儿童给那个人起一个名字，说出那个人在哪儿，跟谁在一起，发生了什么（那个人看到了或听到了什么），接下来会干什么。

额外的技能：

情感健康（情感意识、接纳和表达）；交流（表达性语言）。

为残障儿童所做的调整：

身体残障：无须调整。

言语残障：如果儿童的表达性语言有限，提高他辨识情绪的接受性语言能力。其中，一个活动是使用卡片上相同的面孔，让儿童从两个选择中辨识其中一种情绪。另一个活动是让儿童向小组展示开心、伤心或害怕的表情。

视觉残障：在索引卡用毛线和胶水做出不同的表情，让儿童能触摸到。让儿童触摸一个正在做着表情的同伴的脸。

听觉残障：使用标志和手势来解释活动和命名情绪。

行为失调/情感障碍：对表达情绪和处理情绪有困难的儿童提供提示和更多的鼓励。

听觉记忆/辨别

交流能力的第四个子领域是听觉记忆和辨别力的发展。帮助儿童辨识声音、回忆事件以及传达能被他人理解的信息是一个复杂的过程，也是培养交流技巧中的重要部分。此领域的具体发展目标如下：

- 教儿童区分声音的音色、音调和强度。
- 鼓励儿童重复和模仿有韵律的声音。
- 帮助儿童学会传达一个复杂的口头信息。
- 提升儿童回忆与重塑故事和事件的顺序以及句子结构的能力。

若儿童在教室中有许多机会与他人交流并且能参与像讲故事、音乐、戏剧游戏这样的活动，他们的听觉记忆和辨别力就能得到很好的发展。这里有一些给婴儿、学步儿和学前儿童的活动，教师可以根据儿童的不同发展需要做出调整（带*的活动表示它同样适用于户外游戏环境）。

婴儿的活动
乐队音乐会（音乐活动）*

收集许多金属锅、金属罐、塑料碗、金属勺和木勺子。鼓励婴儿用金属勺敲打金属罐和金属锅，用金属勺和木勺子敲打塑料碗。鼓励婴儿交换器具，并表扬他们的分享行为。教师可以说说不同的声音，并强调让儿童倾听这些声音。

额外的技能：

社会化（社会性互动和合作）；感知运动（手眼协调和身体控制）。

为残障儿童所做的调整：

身体残障：用勺子敲打时提供身体帮助。

言语残障：无须调整。

视觉残障：无须调整。

听觉残障：使用标志和手势来解释活动。鼓励儿童用一只手敲打，用另一只手触摸锅以感受锅的震动。

行为失调/情感障碍：无须调整。

学步儿的活动
傻气的词（安静的游戏）

这个活动主要是让儿童认真地听一个简单的故事，并且当教师没有使用正确的词而是使用一个傻气的词时叫停教师。读一个简单的故事，在故事里用上一个明显不符合情境的词语。比如，"这是一个小男孩和他的狗的故事。一天，比利正在遛他的狗罗弗。他们在草地上走着，然后狗狗叫道：'哞——'"这时，说："这很傻！狗狗真正发出的声音是怎样的？"本活动中教师可以使用儿童熟悉的故事，这样儿童很容易就能发现不属于这个故事情境的词语。

额外的技能：

交流（接受性语言）；认知（模仿/记忆）。

为残障儿童所做的调整：

身体残障：无须调整。

言语残障：无须调整。

视觉残障：无须调整。

听觉残障：使用标志和手势来解释活动和讲故事。一开始使用儿童十分熟悉的故事，并对其中十分具体的概念、物品使用傻气的词。

行为失调/情感障碍：无须调整。

学前儿童的活动
电脑讲故事（讲故事活动）

向儿童介绍一个有互动环节的电子光盘故事书。鼓励儿童倾听并与这个栩栩如生的、有互动环节的故事互动。为儿童提供像沙滩球、沙篮、沙滩浴巾等道具表演故事中的一部分，以此扩展这个活动。

额外的技能：

交流（接受性语言和表达性语言）；社会化（合作）；认知（模仿/记忆）。

为残障儿童所做的调整：

身体残障：提供辅助技术如触屏和按键来帮助儿童使用电脑。

言语残障：如果儿童只有有限的表达性语言技巧，那么就要求儿童指出电脑屏幕上的图片。如果儿童有能力说出角色的名字，在屏幕上提供图片作为激励。如果需要，可使用辅助工具如视线追踪仪。

视觉残障：使用辅助工具如屏幕放大器或声音合成器来帮助儿童使用电脑。

听觉残障：使用标志和手势来讲故事和鼓励儿童参与。

行为失调/情感障碍：无须调整。

与家庭合作拓展课程

教师与家庭交流的最重要的方面之一就是交流课程在支持儿童成为阅读者中所起的作用。有些家长期待我们能教会他们的孩子阅读。当儿童在发展还不完善时被催促着阅读，即出现我们称之为"速成"甚至是"催熟"（我们逼着植物在花季到来前开花）的行为，他们就会遭受压力和经历失败。相反，教师要与家长分享更加适合学步儿和学前儿童的读写技能和活动。与家长一起观察他们的孩子使用口头语言和书面语言交流的情况，强调这些技能是儿童日后成功阅读的基础。告诉家长："与您说'我的孩子是班上第一个学会阅读的孩子'相比，我们更希望您将来能说'我的孩子10岁了，他热爱阅读'。"

语言技能的发展对于儿童在人际关系中取得成功、完成认知任务以及发展积极的自我概念至关重要。像特里这样语言发展缓慢的儿童，在与同伴和成人的相处中处于极为不利的地位。

本章小结

那些恰当又不失创造力地学习语言的儿童将终生受益于语言游戏并享受有效使用语言带来的乐趣。在创造性游戏的教室环境中，儿童能学会与同伴和成人有效地交流，并通过故事和戏剧游戏学会使用语言分享观点、情绪和情境。

对特里全面的筛查诊断出他的语言滞缓并没有生理方面的原因。但你意识到特里还没开始说话的原因可能是，他的父母和哥哥姐姐太快太彻底地满足了他的所有需要，以致他完全没有必要说话。学校里的教师也学会了"读懂"特里，不需要他说话也能回应他。明白了这个问题，你和特里的父母制定出支持特里语言发展的策略：

◆ 逐渐开始要求特里张嘴说他想要的东西。说你不明白，让他告诉你。在开始阶段，如果有必要，即使他只说一个词也行。鼓励和表扬特里使用双词句。

◆ 给特里许多通过说话、分享、口述经历的故事和描述事件来练习他的语言技能的机会。随着特里开始使用多词句，表扬他并让他参与到更高级的语言活动中。

◆ 鼓励特里更多地与同伴互动。确保特里和同伴及老师有充足的谈话时间。

◆ 提供多种多样的书本、讲故事道具、戏剧游戏道具和音乐活动，让特里感受到语言的魅力，并激励他更多地使用创造性语言。

◆ 帮助特里对他新学得的语言和交流技能感到自信。通过帮助他在社会关系和认知活动中取得成功来提升他的自我形象。

反思与应用

1. 讨论本章开头的小故事。你还有其他的问题或看法吗？讨论本章结尾对小故事的回答。对于这种情况，你还有其他的应对方法吗？

2. 观察一个婴儿或学步儿的班级。儿童通过什么方式进行有效的交流？教师是如何有效地回应的？

3. 观察儿童与同伴及教师的互动。他们在跟不同的对象交流时有什么不同？
4. 构成有效教学的一些基本原则和实践是复杂的。你不会一下子就全部学会，但会随着时间的推移而逐渐理解。你应该阅读和反思，尝试新想法，评估结果并继续建构你的知识和进行有效的实践。关于本章的哪些问题，你想知道得更多？你将使用什么策略和资源来做到这一点？
5. 为交流能力发展的四个子领域中的一个设计课程。选择一个具体的发展目标和特定的年龄群体，设计一个合适的活动。完善并评估你的活动，与同事分享这一活动并讨论活动结果。

补充资源

[1] Bowman, B. (Ed.) (2003). Love to read: Essays in developing and enhancing early literacy skills of African American children. Washington, DC: National Black Child Development Institute.

[2] Budwig, N. (2001). Language socialization and children's entry into schooling. Early Education and Development, 12(3), 295—302.

[3] Dickinson, D., & Neuman, S. (Eds.). (2006). Handbook of early literacy research (Vol. 2). New York: Guilford.

[4] Edwards, C. P., & Willis, L. M. (2000). Integrating visual and verbal literacies in the early childhood classroom. Early Childhood Education Journal, 27(4), 259—266.

[5] Gallas, K. (2003). Imagination and literacy. New York: Teachers College Press.

[6] Koralek, D. (2003). Spotlight on young children and language. Washington, DC: National Association for the Education of Young Children.

[7] Lenox, M. F. (2000). Storytelling for young children in a multicultural world. Early Childhood Education Journal, 28(2), 97—104.

[8] Mason, J., & Sinha, S. (1993). Emerging literacy in the early childhood years: Applying a Vygotskian model of learning and development. In B. Spodek (Ed.), Handbook of research on the education of young children (pp. 137—150). New York: Macmillan.

[9] Meyer, J. (2004). Kids talking: Learning relationships and culture with children. Lanham, MD: Rowman and Littlefield.

[10] Neuman, S. C., & Bredekamp, S. (1999). Learning to read and write: Developmentally appropriate practices for young children. Washington, DC: National Association for the Education of Young Children.

[11] Thompson, S. (2005). Children as illustrators. Washington, DC: National Association for the Education of Young Children.

[12] Weitzman, E., & Greenberg, J. (2002). Learning language and loving it: A guide to promoting children's social and language development in early childhood settings. Montreal: Hanen Centre.

第十四章

促进认知能力发展的课程

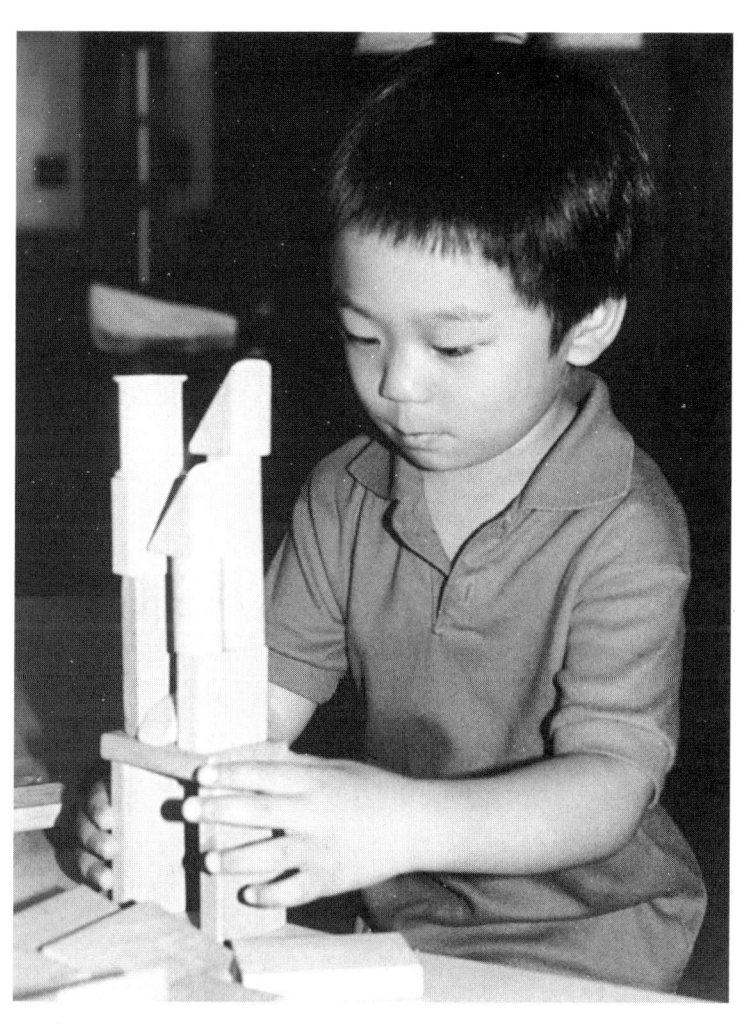

作为一个公办园的幼儿园老师，你非常清楚幼儿是怎么认识和思考他们自己、他人和周边的环境的。你精心组织班级活动，让儿童有许多机会可以通过各种动手和感觉活动积极地探索环境，你还鼓励儿童参与问题解决活动以及生成可行的办法和解决方案。

当你有一天进入教师休息室时，你碰到了你的同事——一名学前班老师。她很沮丧，因为她班上的一些儿童看起来不能够顺利地完成她布置的作业任务。这位老师强烈地抱怨这些孩子还没有为上学前班做好准备。你对该教师的评论非常担心，那天晚上你在家里考虑了以下问题：

◆ 你该如何巧妙地告诉这位学前班老师，这些孩子中的大部分在幼儿园里非常成功，同时在学前班和幼儿园使用不同的教学策略可能是出现这种情况的部分原因？

◆ 你有什么办法能让这位老师意识到要让5岁的孩子有效地学习，仍需要让他们积极主动地操作材料和探索环境？

◆ 你能让这位老师相信：提供机会让班上的孩子通过游戏和探索来学习是有价值的吗？

◆ 你能帮助该老师关注教学实践和班级课程而不是"问题儿童"制造的麻烦吗？

◆ 你们学校可以做些什么来拉近动手操作的幼儿园课程与学业指向的、以纸笔操作为主的学前班课程之间的距离？

我们将在本章末尾与大家分享关于上面问题的应对建议。

当阅读本章时，注意理解认知领域的重大发现，注意理解培养儿童认知发展的方法。

同时，要意识到游戏在增强儿童对物品、他人和环境的理解中的重要作用。

儿童的认知发展包括儿童思考环境和与环境互动方面的成长。儿童最初通过积极的身体探索了解世界，然后逐渐学会运用象征性思维和逻辑思维来思考他们的经历。儿童是充满好奇心的探索者，他们的认知发展包括学习新概念和检验各种想法。为促进儿童在认知领域的成长，很有必要回顾一下儿童认知发展方面的重大发现，考虑教师应有的态度以及促进儿童思考、推理和问题解决技能发展的课程活动。

认知领域的发展里程碑事件

了解儿童的认知发展最经典的途径就是学习皮亚杰关于儿童多阶段认知发展的建构主义理论（Piaget & Inhelder, 1969）。（你可能需要重读第一章中关于皮亚杰的内容）

感知运动阶段

第一阶段是感知运动阶段，从出生到18—24个月。皮亚杰又把这个阶段分为六个亚阶段。在这个阶段，婴儿通过对身边物品的操作和这些物品给予的感官经验认识身边的环境。在第一个月，婴儿不受意识控制的或反射性的动作是重要的身体动作，而这些动作是不断自我重复出现的。更复杂、更协调的动作包括两个或多个动作的运动，它们出现在约3—5个月期间。比如，婴儿看见一个物体，然后可能重复看这个物体而没有其他的动作。这第一个亚阶段被皮亚杰称为反射练习阶段。

同样是在这头几个月里，在初级循环反应阶段，婴儿发现特定的动作（如吮吸大拇指）是令人愉悦的，并且会重复这些动作。从第4个月开始，在二级循环反应阶段，婴儿的动作从自身扩展到物品，并且重复那些能使物品产生有意思的画面或声音的动作（比如，当触碰一个风铃产生好听的声音时，婴儿会重复触碰这个风铃）。

从第8个月开始，在有目的的协调阶段，婴儿会把动作结合起来，比如会看着一个物体并触摸它。婴儿能区分熟悉的和不熟悉的人，能把父母、教师和其他人区分开来；婴儿在意识到一个熟悉的人将要离开时可能会产生分离焦虑，或者当一个陌生人在附近时会产生陌生人焦虑。此时的儿童还能预测事件的发生，比如穿上夹克意味着要外出去玩了，钥匙叮当响意味着有人要开车离开了等。这是儿童早期对因果关系和时间顺序的理解，即一个事件或行为会导致另一个事件或者行为。

从第12个月开始，在三级循环反应阶段，婴儿有意识地像做实验一样重复早期的一些动作。他们故意改变声音或行为以看看会发生什么。比如，婴儿可能重复一个"单词"，并且每一次都改变它的元音发音。到第18个月，在心理表征阶段，婴儿开始进行内在思考，在没有表现出实际行为的情况下，预测某种行为会有的结果。比如，一个孩子可能在尝试之前考虑怎样做才能从游戏围栏或婴儿床上逃离开。这种考虑可以被观察到，因为孩子会观察每一条可以离开的路线，并靠到每个边上评估一下可能的降落距离。

前运算阶段

18—24个月的儿童将过渡到皮亚杰认知发展的第二个阶段，即前运算阶段。这个阶段从2岁持续到7岁。根据皮亚杰的说法，逻辑思考是一种运算；学前期的儿童思考缺乏逻辑，因此他们的思考是前运算的或者前逻辑的。

其中有两个亚阶段：前概念阶段和直觉思维阶段。在第一个亚阶段，即从2岁持续到4岁，儿童的思维具有转换推理和融合推理的特征。转换推理（transductive reasoning）是指从某一具体的观察中得出某一种具体推理，这与年龄更大的儿童和成人使用的演绎推理和归纳推理形成了对比。转换推理通常会导致不准确的结论，比如："鱼会游泳，爸爸会游泳，所以爸爸是条鱼。"融合推理（syncretic reasoning）同样也是第一亚阶段的特征，是指使用不清楚的和变化的规则进行分类。比如，一个3岁的儿童可能将一些物品先是根据颜色，接着根据形状，然后根据大小来进行分类。

4岁时，儿童开始使用直觉思维，或者说是基于观察和理解而不是基于逻辑进行思考。比如，皮亚杰设计了一个认知任务。在这个任务中，儿童看到串着3个不同颜色珠子的一根绳子被放进一个卡纸做的纸筒中，如图14.1所示。纸筒垂直放置，然后被旋转半圈、一圈和两圈。每一次旋转，都问问儿童哪种颜色的珠子在上面。只要儿童能心理表征每次旋转的情况和珠子的最后位置，他们就能正确地说出哪种颜色的珠子在上面。但是这个阶段的儿童不能得出一个有逻辑的规律来解释为什么转偶数圈时黄色的珠子在上面，转奇数圈时蓝色的珠子在上面。（如果我问你："如果我把纸筒转2567个半圈，哪种颜色的珠子在上面？"你回答："蓝色的珠子。"这时，你在使用逻辑思维。如果你需要观察并数出这2567个半圈才能知道蓝色的珠子在上面，那么你

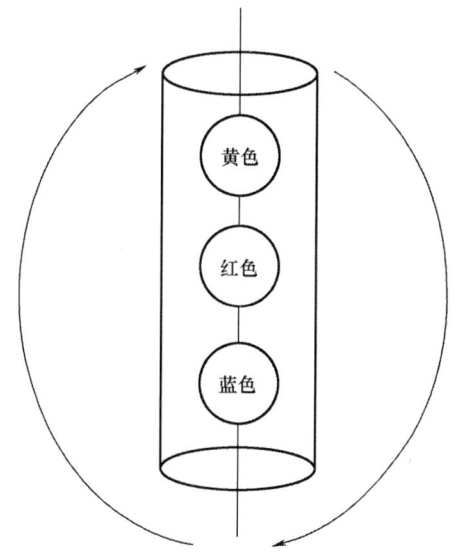

图14.1 皮亚杰的串珠旋转任务

在使用直觉思维。）

尽管这种描述看起来在强调前运算阶段儿童思维的局限性，但是此阶段儿童的思维已经有了重大发展，他们能运用表征思考了。儿童对世界的认识不再像感知运动阶段时那样仅仅来自对可看见、可触摸、可感觉事物的探索，而是来自他们对物体和动作的思考。儿童思考物品并依据相关特征对这些物品进行分类，这样就形成了概念。

皮亚杰还描述了学前期之后反映儿童认知发展的另两个阶段。第三个阶段是具体运算阶段，从约7岁开始持续到11岁或12岁。在这一阶段，儿童能理解逻辑分类的图式和数的概念。他们能认识到守恒，也就是说，知道物品外观的改变不一定会导致质量、大小、体积、重量或数量的改变。比如，在皮亚杰的一个经典的任务中，一个处于前运算阶段的儿童承认两个泥球是一样大的，但当其中一个泥球被揉成一条蛇或绳子后看起来更大时，他就会改变他的观点。更大一些的处于具体运算阶段的儿童则能理解长条的泥土只是看起来更大了，而且可以把它揉回一个圆球，这样就证明了两个泥球还是一样大。第四个阶段是形式运算阶段，大约从12岁开始。在这个阶段，儿童能使用演绎推理和命题思维来思考复杂的抽象和假设的问题。

儿童经由这些阶段成长时，通过一个被皮亚杰称为适应的过程来认识物理世界和社会环境。所有的学习都发生在儿童发现新的不协调的或令人疑惑的信息时。然后，儿童通过同化或顺应来适应这个新物体或新想法。同化，是指儿童把新信息纳入他们已有的知识框架中，皮亚杰把这一框架称为图式。如果这个新物体或新想法与儿童已有的知识不一样，并且它不能被同化到已有的知识框架中，那么儿童的思维图式或者行为图式就需要改变以适应新信息，这叫顺应。

在8—12个月之前，大多数婴儿是按照"看不见即消失"的原则进行运算的。比如，如果一个球滚到另一个物体后面了，婴儿不能认识到当物体被藏起来后它仍然存在。当儿童能够想象或心理表征一个物体时，他将会去寻找藏起来的物体。这种物体的概念，即认识到一个物体具有同一性和永久性，是认知发展的重要一步。这标志着儿童能内化符号了（口头的或书面的单词"球"或一张球的图片），也就是他能在头脑中思考这些物品而不需要这些物品出现。当婴儿意识到藏在毯子下面的球没有消失，只是看不见了而且是能够拿回来的时候，他就必须将他对隐藏物品的原有想法调整为："一个从我视线里消失的物品并不是不存在了。"在这之前，当婴儿看不见一个人或物品时，他就把这个信息同化到"全部消失了"这个思维图式中。这种通过持续的同化（使用已知的知识和行为）和顺应（改变已知的知识和行为）而进行适应的过程伴随人的一生。根据皮亚杰的理论，所有的学习都是通过这两个相互补充的过程进行的。

维果茨基关于认知发展的社会文化理论

其他的理论家也描述了儿童的认知发展，如与皮亚杰同期的维果茨基。他曾在苏联当过一段时间的心理学家，但他的书和文章直到20世纪六七十年代才被翻译成英文。维果茨基"是苏联早期发展心理学的重要奠基人"（Thomas，2005，p.230），他的理论为儿童思维和语言发展提供了视角。与皮亚杰把智力发展分为四个阶段相似，维果茨基把儿童的思维分为三个主要阶段：(1) 混合思维；(2) 复合思维；(3) 概念思维，这是在成年早期出现的类似成人的认知方式。维果茨基强调在社会学习过程中，儿童是通过与教师、父母或同伴分享问题解决过程而学习的（Belmont，1989）。他还强调语言在认知发展中的作用。随着儿童的发展，一度分别发展的语言和思维功能开始交错。此时不需要成人的语言来指导儿童的行为，儿童自己的内部语言成为智力适应和发展的主要途径（Vygotsky，1962）。

班杜拉关于认知发展的社会学习理论

社会学习理论被用来解释儿童的思维。这个观点被称为社会认知学习，主要的代表人物是班杜拉·埃尔伯特。社会学习理论提出与之前的行为主义不同的对儿童学习的解释，之前的行为主义观点只关注了可观察到的刺激—反应模式。而社会学习理论的支持者把儿童视作更积极的学习者。儿童观察、再现和模仿他们的所见所闻。重要的认知功能包括注意、记忆编码、记忆保持、动作行为和动机。根据社会学习的观点，结果（奖励或惩罚）并不会自动地强化和导致某种行为，而儿童观察或经历的结果是他们选择行为的信息来源（Bandura，1969，1977）。这样，社会学习理论更好地解释了儿童认知和思维导致的复杂行为。

认知发展的其他理论

从20世纪60年代开始，一些学者用信息加工理论来解释儿童的认知发展。这种理论解释的认知不具有发展阶段性，也就是说，所有年龄段的人用同一种方式学习。它把思想比作一个包括感知输入、记忆类型和行为输出的电脑程序（Thomas，2005）。斯滕伯格（1985）的智力三元理论就是信息加工解释认知的一个例子。但最近，就连信息加工都更多地关注使用建构的观点解释儿童智力发展。他们对注意、加工策略和记忆的关注，也体现了儿童认知的其他理论。

另一种解释是加德纳（1983）的人类六种智力的观点：语言、空间、数理逻辑、音乐、身体运动和自省。斯滕伯格和加德纳对儿童认知模型的描述不及皮亚杰明确。但是，他们对成人认知发展的解释获得了更广泛的接纳。

关于认知发展的研究

儿童认知发展有大量的研究关注儿童的自我中心性。自我中心性限制了儿童从他人的角度思考，特别是当他人的观点与他们的不相同时。皮亚杰在儿童的思维、语言和社会性互动中发现了他们的自我中心性。一个看见了某一新奇事件的3岁儿童向成年人描述这个事件时，他们表现得好像成年人也看到过这个事件，掌握了相关的信息而能明白他们不完整的描述。一个坐在积木的一侧的4岁儿童，当被要求描述坐在积木另一侧的儿童看到的积木的样子时，他很难站到另一个儿童的角度上描述。

研究者发现儿童并不总像皮亚杰描述的那样具有自我中心性。比如，一组4岁儿童被要求把一个娃娃放到分隔的场景中，以藏起来逃避警察的追捕。要想成功，正像大部分4岁儿童成功做到的那样，儿童需要同时考虑两个警察的视角。对儿童成功的解释是儿童对追捕游戏非常熟悉，而且也许学前儿童认为这是一个动机更强的任务（Donaldson，1978）。在另一个研究中，学前儿童向一个被蒙住眼睛的人比向一个同样看着图画的人能更准确地描述一幅画。蒙住他人的眼睛这一做法提醒了儿童要考虑自己和倾听者所见的差异，从而调整他们的语言描述（Maratsos, 1973）。这个研究表明幼儿园里的儿童虽然有时会受自我中心性的局限，但是，采取措施减少自我中心性对儿童的影响通常是有效的，儿童比原先认为的更能接纳与自身不同的角度。

儿童的记忆

研究儿童认知的研究者检验了儿童的记忆，把它作为思维和学习的一部分。幼儿与成人在感觉记忆方面的能力几乎相近，或者说，儿童使用视觉、听觉和触觉来感觉认知印象的能力与成人相当。儿童在短时记忆方面也与成人相似，短时记忆也就是回忆几秒内的信息，如单词或数字的能力。但幼儿和年长一些的儿童以及成人在长时记忆方面确实有差异，长时记忆也就是在几分钟后、几天后、几周后或是几年后回忆先前信息的能力（Flavell，1970）。较小的儿童不能很好地重复和组织信息以便回忆。要求儿童思考一个帮助他们记忆的方法对于他们的记忆是有帮助的，因为这种要求告诉了儿童记忆是重要的。

对于我们所有人来说，有组织的信息更容易回忆。3个月大的儿童具备了初步的分类能力（Quinn，2002），2岁的儿童能给物品分类："让我们把娃娃放到这一组，积木在这一堆里，汽车在这里。汽车在哪里？"帮助儿童使用策略组织信息并回忆，如"想想所有蓝色的东西，红色的东西，然后是黄色的东西"，这就是一个提高儿童记忆的方法。

儿童的回忆策略有文化差异。西方文化中的儿童能更好地记住列表中的东西，因为我们经常通过列表的方式说话和教学。文化中习惯使用口语的儿童，更经常听口述的故事而不是书本上的故事，能更好地记住口头语言（Flavell et al., 1993）。麦克戴维特和奥姆罗德（McDevitt & Ormrod，2004）报告称经常搬迁的澳洲原住民儿童比澳洲学校中的儿童能更好地记住空间布置，并能更好地记住根据空间位置组织的信息，因为原住民儿童需要能够找到他们经常变化的家的位置（Kearins，1981）。

认知和学习风格

教师还应注意到文化差异导致的儿童认知和学习风格的差异。在总览了这个话题的相关文献后，黑尔-本森（Hale-Benson，1981）发现了文化敏感性课程中重要的教学和学习。大多数学校要求儿童使用分析的方法学习——其特点是长时间的注意力集中、客观的态度、由外在的刺激或物体引发思考、限于局部和细节的思考——也就是检验和分析整体中的部分。但许多儿童在使用联系的方法学习，其特点是短时间的注意力集中、具有情境性的丰富的语言、非语言交流、具体化以及全球化的思考、与同伴和成人更丰富的情感交流（Cohen，1971；Hilliard，1976）。教师需要更多地了解联系的学习方法和其他学习风格，为班级中有着不同认知风格的儿童精心组织经验和互动。

儿童的认知发展受他们所处的经济、家庭和文化环境的影响，并反映了这些内容（Rogoff，1990）。对儿童认知的评估要反映出对文化差异的理解。在一些文化中，成人不问儿童"已经知道答案"的问题，或者成人已经知道答案的问题。他们问："这是什么颜色？"（而不是"你看到了什么颜色？"）"图画里有几只小狗？"（而不是"你能数出多少只小狗？"）因此在测验和评估的情境下，儿童给出的答案反映了他们觉得提的问题是个谜语或者玩笑。如果回答问题让儿童看起来比老师知道得多，儿童可能不会给出期待的或正确的答案（Rogoff & Mistry，1985）。儿童的学习和认知发展不能与他们所处的文化相分离。教师需要支持所有儿童的学习，并支持家长的育儿实践，而这些育儿实践反映了他们家庭和文化的价值观。

关于脑部发育的研究

有关幼儿认知和脑部发育的研究引起了人们对儿童早期经历的强烈兴趣。1997年4月17日，克林顿夫妇在白宫举办了幼儿发展与学习的会议——脑部科学的最新研究告诉我们关于幼儿的哪些研究成果。神经—生物科学家和儿童发展研究者展示了近二十年来有关脑部发育的研究，研究肯定了回应积极的、敏感的与发展相适宜的经历和社会性互动对幼儿的重要性。最新研究弄清了儿童学习的方式，弄清楚了环境、人际关系和压力源对促进或抑制儿童脑部发育和儿童学习的影响。

随着脑部医学图像的发展，研究者现在能记录大脑的电流活动。比如，当儿童听一个刺激性的声音，如音乐或语言时，我们可以发现大脑的哪个部分负责哪些感觉和认知技能。我们知道信息在大脑中通过神经元和突触（即脑细胞间的通道）传递。当教师和儿童所处的环境通过游戏、语言及对儿童的回应刺激儿童时，这些通道随之成长和加强。常被使用的突触（通道）留存下来，没被使用的消失了。通道越多，儿童越容易学习。那些经常有人陪着玩耍、被搂抱和抚摸的婴儿，比如，图14.2中和爸爸在一起的孩子，比受到较少关注的婴儿拥有更多的神经通道（Bruer，1999）。

儿童的脑部同样对早年的身体和情感创伤做出反应。可的松[1]是一种身体应对压力释放的类固醇激素，它能够减少脑细胞以及加工信息的神经通道。受到成人温暖的、敏感的和积极的关注的儿童，以及有着强烈情感依恋的儿童大脑内的可的松[1]水平较低。其他没有这种情感联结以及合适的被养育经历的儿童认知能力缺乏，在发展有效的应对策略方面存在困难（Gunnar, Broderson, Krueger, & Rigatuso, 1996；Leister-Willis, 1997；Newberger, 1997；Gunnar & Cheatham, 2003；Watamura, Donzella, Alwin, & Gunnar, 2003）。

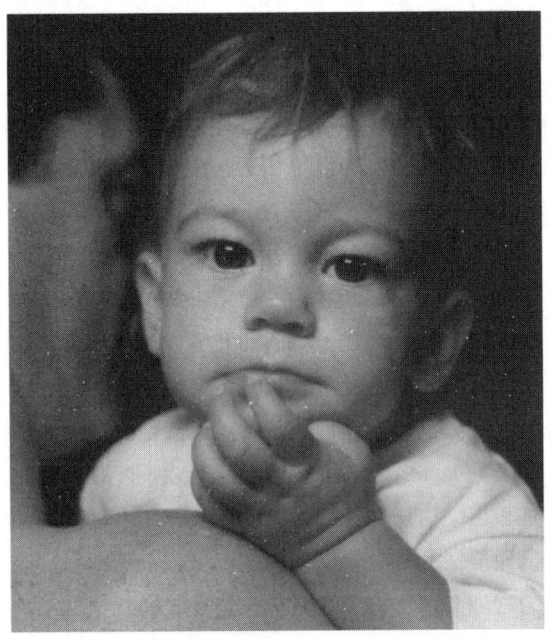

图 14.2

我们还知道导致儿童发育中的大脑和认知能力损害概率增加的其他因素。酒精、铅和铝、烟草、可卡因和孕期的传染病，如德国麻疹以及长期的压力会剥夺儿童健康成长所需的环境。

最新心理学和神经科学的研究检验了儿童学

---

[1] 可的松（cortisol），一种人体的肾上腺皮质分泌的激素，在人感到有压力或是血糖水平较低时释放。——译者注

习的智力和动机，揭示了以下内容：

- 儿童即便在年龄很小时也有学习某些事物的倾向，这些事情被称为优先领域，包括物理概念、生物概念、因果关系、数字和语言（Carey & Gelman, 1991）。
- 儿童发展策略并使用策略，帮助自己学习、回忆和有效地使用信息。
- 儿童发展出一套自己的学习理论和方法，这提供了"多元智力"（Gardner, 1983, 1999）的证据，表明教师可以通过多种方式支持儿童学习。
- 儿童在从环境中建构意义和知识时使用各种资源、受各种影响，这包括了人、科技、文化和社区（National Research Council, 2000b）。
- 从生命第二年开始的高质量的儿童保育看起来对认知发展格外有益（NICHD, 2000）。

通过创造性游戏课程促进儿童的认知能力发展

当儿童看起来"只是"在游戏时，实际上他们在积极地探索和操作物体，这是儿童在感知运动阶段和前运算阶段的学习方式。游戏对于儿童的认知发展来说是最重要的活动。要进行学习，儿童就需要通过探索、实验和发现进行知识建构。

儿童的认知能力在一个创造性游戏环境中被激活和发展。通过游戏，儿童获得了他们有关这个世界的问题的答案，检验了新的想法和概念，练习了问题解决和推理技能并获得了学习的愉悦感。

扩展儿童的好奇心

儿童是好奇的，他们会提出许多成人难以回答的问题。婴儿和学步儿通过积极的探索来了解世界（见图14.3）。学前儿童经常问"为什么"和"怎么会这样"。儿童需要教师倾听并帮助他们找到关于生存与死亡的意义的答案，这些问题对他们来说是难以回答、引人思考和至关重要的。一个3岁儿童可能会问："你知道晚上在床上放一把手电筒强盗就不会来吗？为什么强盗会来呢？"另一个学前儿童可能会问："你知道在人死后上帝会创造许多新的人吗？这些人是从哪里来的？"

图 14.3

这些对于儿童而言是严肃而重要的问题。一个希望遵循教学手册或课程计划指南来教儿童的教师会时常感到惊讶。就像儿童会问"为什么蓝色和黄色颜料混合后会变成绿色"一样，他们也会问关于宇宙的问题。你不需要知道所有问题的答案，但你需要欣赏他们求知的精神，并准备好帮助儿童进行一项学习活动来寻找他们需要的答案。教师需要机智、博闻、敏感、好奇并且尊重儿童求知的需求。要创造一个适宜的教室环境，让儿童能在其中通过游戏来学习概念和想法，探索情境和解决问题。

学习新概念

获取新信息，检验该信息的有效性和适用性，并在多种情境中使用习得的概念，对于儿童认知技能的发展来说是很重要的。儿童在计划好的活动以及他们所有的日常经历中，通过不断地探索物品、进行活动、与人交往而不断地了解自己。

儿童仅仅依靠倾听是无法完全了解一个想法或概念的。要彻底地掌握一个新概念的含义，他们需要有机会去触摸、尝、闻、动手操作和探索。比如，告诉儿童粗糙的东西摸起来感觉是扎手的、不规则的或不平整的，光滑的东西摸起来感觉是柔软的、润滑的或平整的，这对于儿童真正掌握这两个概念是不够的。儿童需要触摸各种质感的物品，如粗麻布、丝绸、砂纸和塑料，以便完全理解"粗糙"和"光滑"这两个概念。

有效的教师通过提供各种玩具、材料和活动以及让儿童自己操作和探索来支持儿童学习新的想法和概念。通过故事、讨论、特殊来访者和实地调查来介绍信息和想法，然后通过参与烹饪、绘画、探索活动、木工、玩沙子和水、搭建积木等活动来拓展儿童的学习。比如，使用一本书或一个法兰绒板故事引入"度量"的概念。儿童积极地参与接下来的烹饪活动或玩水活动，使用量杯、勺子及不同大小的容器，对于儿童来说这个概念才开始变得真实。儿童还需要重复使用这些材料来探索和检验这些新概念。通过给儿童机会重复使用这些物品，并把概念应用到其他物品、活动和情境中来帮助儿童巩固他们的学习成果。通过游戏学习新的概念能促进儿童认知能力的发展。

发展问题解决技能

当教师提供了一个自由的教室环境，并鼓励儿童试验想法、寻找解决问题的不同方法时，就为儿童问题解决技能的发展搭建了平台。充满多种成功可能性的教室能鼓励儿童思考、互动和创造。设置了严厉而具体的规则、有许多限制的教室则不能提供这样的鼓励。

是建立保障儿童安全的必要规则，还是制定过多的规则限制儿童试验、冒险和尝试新的选择，教师要在这二者之间找到平衡。另外，教师如果在儿童每一次可能出现障碍或沮丧时都急于提供帮助，则可能妨碍儿童自己解决问题。比如，当一个年幼的学步儿攀爬一个矮的爬杆遇到困难时，你很快地来到他的身边提供帮助，阻止了任何可能的摔倒情况的发生，但这也让这个学步儿不能自己选择爬上爬杆的方法。有时稍等一会儿，让儿童尝试寻找一个可行的方法，就能促进儿童问题解决技能的发展。

教师应该鼓励儿童寻找问题的答案，探索多种可行的方法，而不是直接给儿童提供信息、答案和建议。只有这样做，才能提高儿童的问题解决能力。比如，图 14.4 中，当教师询问这名儿童想不想浇花时，这名儿童径直走到花前将水浇到花朵上而非花的根部或其所在的土壤里。教师见状没有阻止或纠正他，而是允许他继续探索。儿童还需要被鼓励学会解决与同伴间的冲突，而不是等着教师来当裁判。在幼儿园阶段，如果教师

图 14.4

适当地示范并教授了儿童冲突解决的技能，儿童就能够解决他们之间的许多冲突。一名有经验的、敏感的教师知道儿童什么时候真正需要帮助和支持，也知道什么时候需要鼓励儿童自己去寻找解决办法。

支持儿童的快乐体验

儿童在开展新活动和接触新点子时总是充满期待和渴望。那些在学习中享受快乐并与儿童分享他们的热情的教师，能支持儿童把学习看作一个积极的、享受的过程。反之，把学习视作一项艰苦任务的教师，会扼杀儿童的自发性，并很快地降低他们寻找新的机会学习以及成长的兴趣。

如果教师选择的活动能让儿童探索他们独特的能力并享受活动的乐趣，教师就能培养儿童对学习的兴趣。比如，为一个美术活动提供各种各样的材料（如绘画纸、毛线、不织布、毛根、纸巾和颜料），以鼓励儿童思考、试验和创造。这类开放性活动能让儿童体验到快乐和成功，无论他们的认知发展水平如何。反之，如果你为儿童提供裁剪好的色环和颜料，让儿童模仿教师的范例绘制一幅作品，那么你就限制了儿童独立思考以及探索个人天赋的能力。除此之外，如果你还奖励那些认真地复制范例的儿童并责备那些画得不一样的儿童，那么儿童学会了遵从而不是创造，学会了怀疑他们的想法而不是信任他们自己的感知。儿童需要那些本身就具有娱乐精神和自发性的教师，需要那些有意识地让儿童积极地参与游戏的教师。教师要想让儿童感受到游戏的乐趣，就应该提供开放式的、具有创造性的活动和道具，允许儿童自己决定参与游戏的时间长短，并示范一种尊重儿童通过积极探索来追求知识的态度。

促进儿童认知能力发展的目标和活动

这一小节介绍了发展儿童认知能力的四个方面的目标：(1)问题解决／推理；(2)概念形成；(3)模仿／记忆；(4)联想／分类。此外，本节还包括了给婴儿、学步儿和学前儿童的示例活动。

问题解决／推理

认知能力的第一个子领域是问题解决和推理技能的发展。当儿童学会思考、处理信息、解决问题、给事件排序并对学习形成积极的态度时，他们就能获得这两种认知技能。这一子领域的具体发展目标如下：

- 帮助儿童学会独立思考（Hendrick，1998）。
- 让儿童想办法解决问题，并提出可行的办法（Hendrick，1998）。
- 帮助儿童享受学习的乐趣。（HendRick，1998）
- 提高儿童有逻辑地扩展句子、故事和事件顺序的能力。

当教室环境允许儿童进行积极探索，同时教师支持儿童寻找解决问题的多种可能方法时，就能促使儿童的问题解决和推理技能得到最好的发展。这里有一些适合婴儿、学步儿和学前儿童的活动，教师可根据儿童的不同发展水平对它们做出调整（带＊的活动表示它同样适用于户外游戏环境）。

婴儿的活动
 躲猫猫（安静的游戏） ＊

使用一个棕色的大纸袋，选择一个有趣的玩具，比如一串铃铛。向婴儿展示这串铃铛（确保铃铛是系好的，且不能小到婴儿能吞得下去），并把它放到纸袋里。折叠或压紧纸袋，说："铃铛在哪儿？找一找铃铛。"摇晃袋子，这样婴儿就能听见铃铛。针对非常小的婴儿，可以把纸袋敞开，鼓励他们伸手够袋子里的铃铛。针对大一些的婴儿，隐藏整个袋子并鼓励他们"找到铃铛"。

额外的技能：

感知运动（协调性）；交流（听觉辨别）。

为残障儿童所做的调整：

身体残障：剪掉购物袋的顶部，让袋子有宽大的开口和短短的边，这样比较容易拿。如果儿童抓取物品有困难，把铃铛系到一个环、拨浪鼓或其他儿童能抓取操作的物品上。

言语残障：无须调整。

视觉残障：鼓励儿童仔细地听，面朝声音向它移动。必要时用言语和动作进行提示。

听觉残障：鼓励儿童看着你把铃铛放进袋子里。使用标志和手势问儿童："铃铛在哪儿？"

行为失调/情感障碍：无须调整。

学步儿的活动
建一座高塔（安静的游戏）

为儿童提供各种形状和大小的积木以供选择。让每个儿童轮流在原有积木的顶上或旁边放积木。当积木变得很高而摇晃时，鼓励其他儿童帮忙决定应该把积木放在哪儿，该怎么放积木，等等。当塔倒塌时，儿童把他们的积木拿回来重新开始。

额外的技能：

社会化（合作）；认知（概念形成）。

为残障儿童所做的调整：

身体残障：使用非常大的积木和容器。需要时提高身体帮助。

言语残障：无须调整。

视觉残障：帮助儿童感受积木的结构和放置积木的位置。如果你使用的是小的积木，让儿童在活动开始时搭积木，以增加成功的概率而不至把积木弄倒。

听觉残障：使用标志和手势来解释这个活动。

行为失调/情感障碍：无须调整。

学前儿童的活动
小船和小熊（自然/科学活动）

提供几只塑料泰迪熊以及由各种物品制作的（罐子盖、木板片、塑料壳、泡沫盒、铝箔蛋挞托、压舌板等）的"小船"和一个"湖"（水箱、洗碗盆、垃圾盒等）。讲述下面这个故事："从前，一些小熊决定去湖边玩。当他们到那儿时，他们享受了一会儿水中嬉戏（他们善于浮在水上），然后他们觉得他们需要一条小船。他们找到了一些能造船的物品，并试验看哪个物品能承载最多的小熊。"选择一个盖子然后开始添放小熊，直到小船下沉。鼓励儿童尝试不同的物品看看哪个会浮起来，以及每个物品能承载多少只小熊。一些儿童会喜欢在试验时数小熊的数量。

额外的技能：

认知（概念形成）；感知运动（协调性）。

为残障儿童所做的调整：

身体残障：如果该儿童能够抓取物品，为他提供大的盖子方便放小熊。如果该儿童不能抓取物品，鼓励其他儿童替他放小熊或者由你来帮助该儿童。

言语残障：这是一个很棒的能强化"在上面"和"在下面"这两个概念发展的活动。鼓励儿童告诉你小船和小熊在哪儿。如果你使用不同颜色的小熊和盖子，这还可以是一个色彩配对游戏（把蓝色的小熊放在蓝色的盖子上）。

视觉残障：在儿童探索水、盖子和小熊时用语言描述这个活动。鼓励儿童用一只手触摸小船同时另一只手放小熊。

听觉残障：使用标志和手势来解释这个活动。鼓励儿童告诉你小船和小熊在哪儿（在水上或在水下）。

行为失调/情感障碍：无须调整。

概念形成

认知能力的第二个子领域是概念形成。儿童通过与环境互动以及检验与应用新概念来学习新概念。此领域的具体发展目标如下：

- 帮助儿童通过感知加工来了解环境。
- 帮助儿童学会识别颜色和形状。
- 鼓励儿童学习数数和理解数概念。
- 帮助儿童理解物品间的关系和他们的身体在空间中的位置。

当儿童在教室中有机会积极地参与活动和检验新想法时，其概念能得到最好的发展。这里有一些适合婴儿、学步儿和学前儿童的活动，教师可以根据儿童的不同发展水平对它们做出调整（带*的活动表示它同样适用于户外游戏环境）。

婴儿的活动
 不同材质的小球（自然/科学活动） *

收集各种由不同材料做成的小球（毛线球、袜子做的小球、橡皮泥小球、塑料小球）。使用大的床单或被子来为这个活动提供场所。鼓励婴儿触摸、滚动和扔这些小球。说说触感上的不同：柔软的、坚硬的、光滑的、粗糙的。

额外的技能：

社会化（合作与分享）；感知运动（手眼协调）。

为残障儿童所做的调整：

身体残障：无须调整。

言语残障：无须调整。

视觉残障：无须调整。

听觉残障：使用标志和手势来做出评论。

行为失调/情感障碍：无须调整。

学步儿的活动
 介词（运动） *

给儿童提供一个大的卡纸箱让他们在里面玩耍和探索。当儿童游戏时，通过问他们几个问题来介绍一些简单的介词。比如，"塔雅，你能在箱子里面玩吗？""克里斯，你能在箱子的旁边（或者后面、前面）玩吗？"还可以把箱子放在儿童的上面，这样儿童就在箱子底下了。

额外的技能：

交流（接受性语言）；感知运动（位移技能）。

为残障儿童所做的调整：

身体残障：需要时提供身体帮助。

言语残障：需要时使用语言或肢体提示。

视觉残障：鼓励儿童触摸箱子以获得线索，判断自己在箱子的什么位置。提供关于儿童和箱子位置的详细描述。

听觉残障：使用标志和手势来解释这个活动和提问题。

行为失调/情感障碍：无须调整。

学前儿童的活动
形状无处不在（活跃的游戏） *

提供几何图形的剪纸（三角形、圆形、正方形和长方形），开展一场"形状捕猎游戏"。寻找房间里（或杂志里）形状像这些剪纸的物品。比如，录影或光盘的封面是正方形的，里面是一个圆形；书是长方形的；钟是圆形的；画架从侧面看是三角形的；挂钩是三角形的；桌子是正方形或长方形的。鼓励儿童在点心时间到操场上和在家里时寻找形状，以此拓展这个活动。

额外的技能：

交流（接受性语言和表达性语言）。

为残障儿童所做的调整：

身体残障：无须调整。

言语残障：无须调整。

视觉残障：当儿童使用不同的物品或玩不同的玩具时，讨论它们的形状。鼓励儿童感受外部的边缘，说说形状的差异（正方形有四个锋利的点或者说角，圆是圆滑的，等等）。

听觉残障：使用标志来解释这个活动和描述形状。

行为失调/情感障碍：无须调整。

模仿／记忆

认知能力的第三个子领域是模仿和记忆能力的发展。儿童的模仿和记忆能力的发展包括学习有关回忆、模仿、表征和排序的技巧。此子领域具体的发展目标如下：

- 鼓励儿童回忆熟悉的物体和事件。
- 提高儿童模仿行为、建构知识的能力。
- 帮助儿童学会想象和回忆过去的物品、人或事件。
- 鼓励儿童回忆过往经历的事件的顺序。

当儿童有许多机会提问、描述事件和模仿行为时，他们的模仿和记忆能力能得到很好的发展。一个鼓励儿童交流、讲述故事和进行探索的教室环境能促进儿童模仿和记忆能力的发展。另外，教师可以为每个年龄段的儿童提供具体的活动。这里有一些适合婴儿、学步儿和学前儿童的活动，教师可根据儿童的不同发展水平对它们做出调整（带＊的活动表示它同样适用于户外游戏环境）。

婴儿的活动
 躲猫猫（活跃的游戏） ＊

使用一个大的卡纸箱。教师藏在箱子里，用"躲猫猫"的方式让婴儿感到惊喜。重复几次。让婴儿轮流钻进箱子里玩"躲猫猫"。一开始时慢慢来，以免吓着婴儿，然后逐步开始更出乎意料的"躲猫猫"。

额外的技能：

社会化（社会性互动和保护资源）。

为残障儿童所做的调整：

身体残障：无须调整。

言语残障：无须调整。

视觉残障：鼓励儿童感受和探索箱子。躲起来，然后突然出现玩"躲猫猫"。

听觉残障：无须调整。

行为失调/情感障碍：无须调整。

学步儿的活动
猜猜什么不见了（安静的游戏）

提供几个能说明一个概念或强调一个主题思想的物品。比如，假如主题是"帮助我们的人"，物品可以是提供帮助的人使用的工具。向儿童一一介绍这些物品，然后用一条围巾或布把它们盖起来。念道："妈咪妈咪哄，哦啦啦，有东西不见了，找一找！"你移开围巾时拿走一个物品，让儿童回忆什么东西不见了。如果他们感到艰难，让他们隔着围巾感受这个物品。你可能希望在儿童辨认出物品后进行一番简短的讨论，如："告诉我们谁在用这个工具。"把东西放回去继续这个游戏。让儿童轮流做那个拿走物品的人。

额外的技能：

交流（接受性语言和表达性语言）；社会化（社会性互动与合作）。

为残障儿童所做的调整：

身体残障：无须调整。

言语残障：无须调整。

视觉残障：给儿童时间探索活动中使用的所有物品。描述每一个物品的触感差异来帮助儿童辨认。活动期间，鼓励儿童从左至右感受这些物品（把这些物品放在一个盒子里能给该儿童提供更多的信息）。物品被移动时要保持它们原来的顺序。

听觉残障：使用标志和手势来解释这一活动。

行为失调/情感障碍：无须调整。

学前儿童的活动
动物园游行（安静的游戏）

提供几个木制的或塑料制的动物园动物。利用这些动物道具讲下面这个故事："从前动物园里有一场游行。大象在第一排，然后是长颈鹿，然后是老虎，熊在最后面。仔细看看他们在游行中是怎么排队的。现在我要把它们弄乱，看看你们能不能把它们放回原来的位置。"挑选一个儿童把动物放回原位。如果这个儿童需要帮助，就鼓励其他儿童提供帮助。儿童可能希望轮流当讲故事的人，并把动物放在不同的位置然后让别人回忆。

额外的技能：

认知（概念形成）；交流（表达性语言）。

为残障儿童所做的调整：

身体残障：无须调整。

言语残障：无须调整。

视觉残障：给儿童时间探索活动中使用的所有物品。描述每一个物品的触感差异来帮助儿童辨认。活动期间，鼓励儿童从左至右感受这些物品。帮助儿童从左边找到第一个物品。当物品被移动时要保持它们原来的顺序。

听觉残障：使用标志和手势来解释这一活动。

行为失调/情感障碍：无须调整。

联想/分类

认知能力发展的第四个子领域是联想和分类技能。这方面的主要任务是帮助儿童发展给物品和事件分组的认知技能，帮助他们学习在物品和事件之间建立联系。具体的发展目标如下：

- 促进儿童发展匹配、分组、排序和分类的能力。
- 鼓励儿童识别物品、事件、天气、身体部位等的用处和属性并对它们进行分类。
- 帮助儿童学会理解和完善类比推理。
- 提高儿童建立物品之间的联系的能力。

当儿童在教室环境中有许多机会参与包含匹配、分组和分类等操作性活动和游戏时，儿童能最好地发展联想和分类技能。这里有一些适合婴儿、学步儿和学前儿童的活动，教师可根据儿童的不同发展水平对它们做出调整（带 * 的活动表示它同样适用于户外游戏）。

婴儿的活动
气味（自然/科学活动）

保留一些旧的酱料瓶，把各种"有气味的"材料放进去：剥开橙子皮，保存一些完整的丁香，把棉花球浸在香水里，剥开一半洋葱或者大蒜。把每个有气味的东西放在不同的容器里。给每个容器贴上标签，并说一说气味的类型。确保多次说出物品的名称，并鼓励婴儿试着发出这些声音。示范闻不同的容器，并鼓励婴儿试着闻每个容器。让他们对着容器说话，触摸和操作容器进行探索。

指导语：

"哦，闻闻这个。这是橙子皮，闻起来有水果的味道！""这香水味道真浓。你闻到了吗？闻起来像一种植物。""这是洋葱。它的味道也很浓。它可能会让你的眼睛流泪。"

额外的技能：

交流（接受性语言）；感知运动（手眼协调）。

为残障儿童所做的调整：

身体残障：无须调整。

言语残障：无须调整。

视觉残障：无须调整。

听觉残障：使用标志和手势说出气味的名称。

行为失调/情感障碍：无须调整。

学步儿的活动
埋藏的宝藏（安静的游戏）*

把一个大的洗衣桶装满沙子。加入贝壳、塑料壳、木棍、大的塑料钥匙和木制的动物玩具。提供一个罐子来装找到的物品。儿童轮流在沙子里寻找宝物然后把它们放到罐子里。鼓励儿童把相同的物品放到罐子里相同的位置（相同的颜色、形状等）。

额外的技能：

认知（概念形成）。

为残障儿童所做的调整：

身体残障：如果罐子太小了，提供碗和塑料碟子给儿童整理物品。如果儿童触摸后有过敏反应，为其提供手套。

言语残障：鼓励儿童辨别并说出不同宝物的名字。

视觉残障：鼓励儿童通过触摸辨认物品。

这是一个很好的可以传授"相同"和"不同"这两个概念的活动。

听觉残障：使用标志和手势来解释该活动。

行为失调/情感障碍：无须调整。

学前儿童的活动
躲猫猫配对游戏（活跃的游戏）

使用索引卡（也可以用纸牌或者画画的卡片）制作两套相同的卡片，可以是相同的标签、形状、数字、字母和贴纸等。让儿童闭上眼睛，把其中一套卡片放在（藏在）房间各处（卡片应该仍然能够看得见但被放在不寻常的地方）。把另一套卡片分发给儿童。他们在房间四处寻找和他们手中的卡片配套的卡片。鼓励儿童互相帮助。当所有卡片被找到时，再把它们藏起来，只要儿童有兴趣就可以一直重复这个游戏。儿童会喜欢轮流藏卡片这一做法。

额外的技能：

认知（概念形成）；社会化（社会性互动与合作）

为残障儿童所做的调整：

身体残障：把卡片放在儿童容易拿到的地方。

言语残障：无须调整。

视觉残障：使用从不同的材质上剪下来的"有气味的"标签、形状、数字和字母。鼓励儿童感受相似之处。让其他儿童帮助该儿童找到卡片隐藏的地方，或者通过语言提供"地图"让该儿童找到卡片。

听觉残障：使用标志和手势来解释该活动。

行为失调/情感障碍：无须调整。

与家庭合作拓展课程

鼓励家长接纳他们的孩子有关认知发展的想法。设计活动或使用之前章节里的活动，让家长参与到培养儿童探索、思考、推理、分类、创造和解决问题的能力的活动中。邀请家长进教室，并让儿童参加开放性的、动手操作的和令人愉悦的活动。示范提问题的方法。指出活动的发展适宜性方面："当我们让儿童根据他们的兴趣探索、关注过程、分享发现以及创造性地展示他们的成果时，他们就能理解和学习到更多知识。"

本章小结

在强调游戏体验的教室环境中，儿童的认知能力能够得到提升。游戏允许儿童操作物品、参与活动、尝试新想法、尝试解决问题、满足好奇心、创造新事物和发展对事件的记忆能力。自由和开放的教室氛围能增强儿童学习的游戏性和在快乐中学习的感觉。"你见过想停止游戏的孩子吗？"（Rogers, C. S., & Sawyers, 1988, p.59）游戏是儿童了解世界的方式。

直到至少7岁，儿童都需要有机会通过积极地探索环境来发展认知技能。作为一名关心孩子未来能否成功的教师，你需要与学前班和低年级的教师交流、合作和协调来研发一个体现以下方面的综合性教学项目：

◆ 2—7岁的儿童处于前运算阶段。自我中心性是他们的思维和人际关系的特点。

◆ 儿童通过同化和顺应过程来掌握知识。

◆ 允许儿童积极地探索材料和参与活动的教室环境能鼓励幼儿形成和检验新概念。游戏能支持儿童认知能力的发展。

◆ 要想培养儿童成为一个独特而富有创造力的个体，需要创设一种鼓励儿童游戏、解决问题和探索各种办法的教室环境。

◆ 对儿童的需要、热情和活动水平持开放包容、积极回应的态度，能促使儿童对学习形成积极的态度。

反思与应用

1. 讨论本章开头的小故事。你还有其他的问题或看法吗？讨论本章结尾对小故事的回答。对于这种情况，你还有其他的应对方法吗？
2. 观察一个学步儿或学前儿童的教室。你发现了他们问题解决能力的什么证据？语言在他们的问题解决中起到什么作用？同伴扮演了什么角色？教师扮演了什么角色？
3. 你能发现同伴或教师扼杀儿童思维的证据吗？
4. 构成有效教学的一些基本原则和实践是复杂的。你不会一下子就全部学会，但会随着时间的推移逐渐明白。你应该阅读和反思、尝试新观点、评估结果并继续建构你的知识和实施有效的实践。关于本章的哪些问题，你想知道得更多？你将使用什么策略和资源来做到这一点？

5. 为认知发展的四个主要子领域中的一个设计课程。选择一个具体的发展目标和特定的年龄群体，设计一个合适的活动。完善并评估你的活动，与同事分享这一活动并讨论活动结果。

补充资源

[1] Flavell, J., & Hartman, B. (2004). What children know about mental experiences. Young Children, 59(2), 102—105.

[2] Gallagher, K. (2005). Brain research and early childhood development: A primer for developmentally appropriate practice. Young Children, 60(4), 12—20.

[3] Helm, J., & Katz, L. (2001). Young investigators: The project approach in the early years. Washington, DC: National Association for the Education of Young Children.

[4] National Scientific Council on the Developing Child. (2005). Excessive stress disrupts the architecture of the brain (Working Paper No.3).

[5] Schiller, P. (2001). Brain research: Its implications for early childhood programs. Child Care Information Exchange, 140, 14—18.

[6] Shonkoff, J., & Phillips, D. (2000). From neurons to neighborhoods: The science of early childhood development. Washington, DC: National Academy Press.

第十五章

促进感知运动技能发展的课程

你班上的儿童有许多机会发展感知运动技能。室内环境设有用于发展儿童大小肌肉运动技能的活动和器材。儿童被鼓励攀爬、跳高、单脚跳、蹦跳和保持平衡。教师也会组织活动引导儿童进行有创造性的和表达性的运动。室外环境有许多空间和更多的器械让儿童练习运动技能。你看见儿童享受课程的这一部分,你很高兴课程体现和满足了儿童感知运动的需求。

在你与班上一个5岁儿童的爸爸的讨论中,你清楚地发现有些家长对他们孩子的身体发展和体育有着不同的目标和期望。关于是否允许他的孩子参加竞争激烈的体育活动,这位父亲向你征求意见。他尤其希望获得如篮球和足球等集体或团队运动方面的信息。社区中的许多儿童都参加了集体运动,经常在放学后和周末进行活动,这些父母也非常支持这些活动。但是,这位父亲对在这么小的年龄就鼓励孩子参加激烈的运动感到担忧。你分享了这位父亲的担忧,表达了你的观点:"5岁的儿童仍在发展和练习运动技能,他们的技能水平高低不一。你也一样担心团队运动中固有的竞争性。"很明显,你与这位家长讨论儿童运动发展的相关事宜时需要考虑几个问题:

◆ 什么活动对发展和练习儿童的感知运动技能最有帮助?
◆ 教师怎么帮助儿童对他们的身体运动技能产生积极的感受?
◆ 怎么在集体游戏中提高合作意识而非竞争意识?
◆ 教师怎么告诉家长们开放的、非竞争性的体育活动对儿童的重要性?
◆ 儿童小小年纪参加竞争性团队运动可能的消极结果是什么?

我们将在本章末尾与大家分享关于上面问题的应对建议。阅读本章时,注意理解幼儿感知运动领域的发展里程碑事件。同时,考虑怎么通过创造性游戏活动和促进成长的技能来培养儿童感知运动技能的发展。

那些感知运动技能得到发展的儿童对身体具有掌控感,能树立积极的自我身体意象,能践行健康的生活方式,并积极地参与社会交往。久坐不动的生活方式和有压力的生活环境容易让儿童出现健康问题,这种担忧重新引起了人们对儿童身体发展的关注。为了开发能促进儿童感知运动技能发展的课程,同时促进儿童的情感、社会性及身心健康发展,很有必要回顾一下在儿童身体发展方面的发展里程碑事件。

感知运动技能领域的发展里程碑事件

儿童出生时看起来是无助的。他们不能控制身体动作,虽然他们有许多反射行为,并且这些行为是他们日后有意识的身体活动的前提。出生时,婴儿无意识的肌肉运动构成反射行为。反射行为通常是由周围环境中的事物的刺激引发的。一种常见的反射行为是吸吮反射,由放在婴儿嘴边的奶瓶或乳头引发。与吸吮反射相关的是觅食反射。当婴儿的脸被碰触时,他们会把头转向碰触的方向。婴儿还有莫罗反射——听到巨响时将双臂猛地伸直，然后向身体靠拢；巴宾斯基反射——被挠脚心时，脚趾头张开；行走反射——当被抱住站在一个平面（比如桌子）上时，婴儿看起来像要行走。这些反射行为在出生后前几个月消失，并被婴儿有意识的、可掌控的运动代替。在出生后的几个月里，大多数反射行为消失，身体发育遵循人类发育的两个原则。第一个是近远原则，指的是发育从身体的中心开始向外端扩展。比如，婴儿首先能控制躯干的运动，然后是手臂，最后能够控制手指的小肌肉运动。这个原则可以通过婴儿运动的发展顺序得到证实，即先是翻滚，然后使用手臂去接触物品，最后真正地抓、拿和操作物品。第二个原则是头尾原则，指的是发育由头部至尾部依次出现。这个原则可以从儿童学会行走的顺序中看出，即婴儿先是抬起头，然后是挺起胸膛，接下来是坐起来，尝试站立、站起来，最后是独立走路。儿童通常在15个月时学会走路。

婴儿期之后进入幼儿期，儿童的身体发育速度变缓。随着脂肪组织开始消失，儿童看起来越来越不像小宝宝，而是更像成人了。身体比例也在变化，与身体相比头部看起来小了。随着儿童扩展他们的技能，学会爬楼梯、单脚跳和蹦跳，他们的位移技能持续发展。学前儿童的其他发展包括更好地控制身体，进一步提高非位移技能和协调能力。精细动作技能的发展与儿童认知发展和教室材料（如铅笔和蜡笔等）的使用情况密切相关。比如，图15.1中，儿童正在小心翼翼地为自己和他人切红薯饼。

操作物品

操作物品技能的发展始于婴儿期，并经由四个发展阶段。第一个阶段，儿童被吸引着看一个物品，但他们不采取任何动作。第二个阶段，儿

图 15.1

童看到吸引人的物品时表现出"动作兴奋"，他们可能移动或挥舞双手去拿物品但缺乏协调性。第三个阶段，儿童触摸并开始操作物品。最后一个阶段，儿童能更好地控制对物品的操作。比如，他们可能堆叠、扔掷或排列一些积木块。在前三个阶段中，我们可以发现儿童感知运动中的认知成分。儿童需要看见和触摸物品来认识它们。在最后一个阶段，儿童开始把名字或标签与物品联系起来，然后说出这些名字。在这时候，儿童已不是只有操作物品后才能思考和谈论它。前三个阶段的运动和感知经验使辨认和了解物品成为可能（Cratty，1970）。

发展精细动作技能

儿童发展绘画和写字所需的精细动作技能也遵循一个明确的顺序。最初，当儿童拿着一个写字工具，如钢笔、铅笔、蜡笔或马克笔时，他们可能只是握住它。然后，要么是看到演示并获得帮助知道如何使用这个工具；要么是不经意间画出了痕迹，然后意识到这个工具可能的用法，儿童开始在纸上（或墙上、桌子上）随意作画，如图15.2所示。当儿童看着模型或刺激物作画时，这些随意的线条便被更有意识的垂直、水平或放

图 15.2 儿童随意画的线

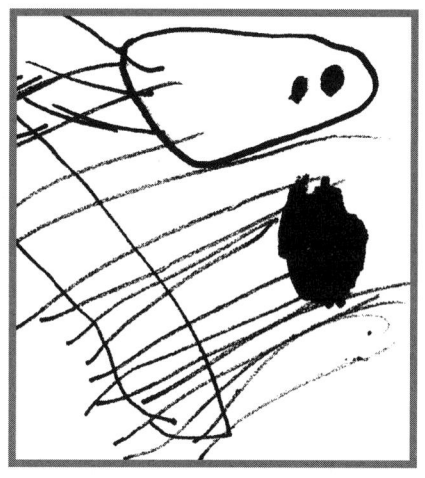

图 15.4 儿童画的形状：老鼠

射状线条取代（见图15.3）。儿童在第二年获得了更多的控制力，线条变得闭合，近似圆形，接着像方形（见图15.4）。在第三年，儿童用更多的注意力和控制力画出几何图形（见图15.5）。这些形状并不总是一气呵成，还可能不是闭合的。幼儿会画出较大的图形，年长的儿童画的图形小一些。图形越难画，画得越小（Cratty & Martin, 1969）。

格塞尔通过研究儿童的发展常模，得出了技能获得的常模或者说平均年龄，他的研究描述

图 15.3 儿童有意识画的线

图 15.5 儿童更有意识且更能控制自己进行绘画

了年龄大的儿童的精细动作技能发展情况。他报告称，儿童3岁时，能仿照着画出一个圆和水平的直线；4岁时能仿照着画出交叉线和菱形；5岁时能画出三角形（Gesell, 1925）。4岁时，大多数儿童开始写字母和数字。他们无视基线，在一整页上四处写，有时倾斜或旋转着书写。随着儿童精细动作技能的成熟，他们首先能对字母和数字的大小有所控制，然后是对它们的

空间布局有所控制（Cratty，1970）。其他研究者发现了相似的结果，不同之处在于儿童画出这些形状的时间晚于格塞尔研究中所指出的时间。这表明在儿童能使用书面形式表达他们对认知概念，如形状的理解前，身体准备和成熟是相当重要的。身体成熟是儿童绘画和写字技能的必要但不是充分条件。同样需要的还有有助于这些技能发展的环境：许多写字工具，如蜡笔、钢笔、铅笔和马克笔；不同的板面，如纸张、硬纸板、桌子上的布、地板或墙；会绘画和写字，并重视绘画和写字的美学和交流功能的成人。

随着儿童从早期的反射行为到掌握位移技能，他们的动作日益熟练和协调，并开始形成身体意识。这包括儿童在各种场合对自己的身体、体态及功能的认知。这不是一项抽象的学习，儿童开始明白他们的身高、体重、力量和比例是怎么与环境中的空间、其他人和物品相关的。随着儿童使用视觉和听觉控制与协调肌肉运动，他们更能够以更为复杂、富有挑战和创造性的方式来探索、学习周围的环境。

这方面的另一个重要成分是感知能力的发展。威廉·詹姆斯（William James）在1890年的描述中，指出婴儿的世界是"一片乱哄哄的混沌"。这一点被研究否定了，研究显示新生儿表现出良好的感知能力。婴儿出生时使用全部的五种感官来开始了解物质世界。他们能察觉明暗变化，能区分不同的图形，比起其他图形更喜欢看人类的脸庞。新生儿的听力足以让他们分辨出熟悉和不熟悉的声音，并区分不同的说话声。

婴儿出生时还有良好的嗅觉和味觉。他们能区分不同的味道，并对好闻和难闻的气味做出不同反应。婴儿对触摸有所回应，特别是在婴儿焦躁或大哭时，给予他们安慰式的触摸特别有效。这些感官大多数会在出生后几个月内发展成熟。儿童依靠他们的感知能力来观察这个客观世界的人、物及他们的行为。

关于感知运动发展的研究

有关婴儿感官能力的研究发现，婴儿有相当复杂的视觉、听觉、味觉、嗅觉和触觉理解机制来观察身边的世界。婴儿出生时视觉不够完善，视力水平在20/400至20/800之间（正常成人的视力是20/20[1]）。在6个月左右，视力变得正常化。在前6个月，比起其他的图形和颜色，婴儿更喜欢看人类的面孔，这意味着发现差异即辨别不同图形的能力，还表明比起简单的图形，婴儿更喜欢复杂的图形；婴儿能够用眼睛追寻亮光，这在出生后几个小时就表现得很明显。1个月时，婴儿看20～25厘米远的物品看得最清楚，而它恰好是教师的面孔距婴儿脸部的距离。8周时婴儿就能相当好地用视力追踪移动的物品（McCall，1980）。2—4个月时，婴儿拥有发育良好的颜色知觉，并会更长时间地盯着红色和蓝色，展现了颜色偏好（Bornstein，1978）。

婴儿有敏锐的听觉，尽管他们的听力不如成人。在1个月时，婴儿能区分十分相似的声音，比如"pa"和"ba"。在2个月时，他们能区分不同的元音。令人惊奇的是，出生后2天，婴儿便能认出妈妈的声音，并把它和其他女性的声音区分开来。在生命的第二年里，儿童的听力就与成人的相似（Fogel，1991）。

出生时，婴儿能区分不同的味道。比起装着白开水的瓶子，他们会更快地吮吸装着糖水的瓶子。他们出生后2小时便能察觉出酸的、苦的和

---

[1] "20/20"是美国一种常见的视力表达方式。通过对大量人群的观察，眼科医生掌握了视力正常的成人在20英尺（6米）处能看到的视力表上的内容。如果视力是20/400（20/800），说明正常成人在距视力表400（800）英尺处可以看到的东西，婴儿要在20英尺处才能看到。——译者注。

咸的溶液的差异（Rosenstein & Oster，1988）。他们还能区分不同的气味。1周时，婴儿在闻到氨水和醋的气味时做苦脸并把头扭开。母乳喂养的婴儿仅5天大就能把头转向母亲先前穿的防溢乳垫，若另一个防溢乳垫来自另一位哺乳期母亲，6天大的婴儿仍旧转向自己母亲的防溢乳垫（McFarlane，1975）。

婴儿对触摸是敏感的，这在他们的嘴唇、脸颊、脚丫和手掌被触摸时产生的反射中可以看出。触摸、搂抱和轻晃同样能引起婴儿的回应。研究者在婴儿的痛觉感知上意见不一，痛觉出现在如婴儿被扎针做血样检测时或男婴无麻醉被割包皮时。一些研究者认为婴儿出生时不像成人那样感知疼痛。针对这个问题的研究将是不道德的。

运动技能的发展

虽然婴儿以相同的顺序获得身体运动技能，但他们获得这些技能的时间差异很大。早期的身体发展理论认为婴儿的身体发展是成熟而不是学习的结果。随后的研究表明缺乏刺激和动作练习会严重地滞缓运动发展，导致儿童不能够爬行或行走。其他研究显示了环境的影响。一个对300名乌干达婴儿的研究发现，这些婴儿出生2天后，能在成人扶着手肘的帮助下坐起来并抬起头。这种发展美国婴儿两个月后才能达到，很明显是由于乌干达的母亲生孩子时不用麻药（Gerber，1985）。

运动发展和其他方面发展之间的具体联系也有研究。运动技能发展更好的儿童对社会刺激更感兴趣，会更加关注妈妈是否在场。在一个对8个月婴儿的研究中，一些婴儿不能爬或走，一些能爬，其他能在帮助下走。已发展并能使用位移技能最长时间的婴儿能更好地找到物品，这是物体永久性发展的必要认知技能（Kermoian & Campos，1998）。

当代研究关注认知与感知运动发展之间的联系，还有环境因素是怎么影响运动发展的。"对儿童而言，熟练的移动需要成熟的思考。"（Stinson，1992，p.227）对不同动作控制能力的发展与认知发展密切相关。儿童信息加工的潜能是通过游戏性的运动、开放性的动作练习和移动探索培养起来的。因为幼儿能在运动中探索他们的身体能做什么，积极地学习方向概念，所以运动会成为发展问题解决技能和有序思想的有效途径（Haywood，1986）。早期的运动经验为批判性思维提供了基础，"随着儿童解决移动的问题，他们不仅在学习移动而且在走向学习"（Stinson，1992，p.227）。

对教师和环境在促进儿童运动能力发展方面的作用的研究，引起了学前教育工作者的兴趣。使用的器材类型（如抓握的球的大小）、体育活动的设计、教师在促进游戏和体育运动中的角色，这些都是影响儿童成功和运动发展水平的因素。当代的体育实践关注儿童的成长发育而不是技能的获得（Halverson，1990；Herkowitz，1978；Williams，H.G.，1993）。

儿童体育协会(the Council on Physical Education for Children)是全美运动与体育协会(National Association for Sport and Physical Education，NASPE)的一部分，它采用了现今的关于儿童感知和身体发展的研究，在此基础上推出了《发展适应性实践中3—5岁幼儿的运动课程》（Developmentally Appropriate Practice in Movement Programs for Young Children Ages 3—5），并使用全美幼儿教育协会的发展适宜性实践示范作为指导。这本书提供了适宜幼儿的体育活动指导（比如，图15.6中一个4岁的儿童在荡秋千），并指出了不应该被纳入教室的错误实践和活动（NASPE，1992）。适宜的活动是基于儿童个体的技能水平和能力的，并关注把体育活动和儿童的认知、社会和情感发展整合到一起。儿童的活动必须是适合其年龄和发展水平的。儿童体育活动中的另一重要部分是教师的指导。"教师在创设环境时头脑中要有清晰的目标,然后指引儿童向目标靠近。"(Sanders & Yongue, 1998, p.11)教师认真细致地观察儿童,然后根据个体需要、兴趣和反应调整活动。"在高质量的课程中,儿童会做出选择并寻找创造性的解决办法。教师积极地让儿童参与拓宽和深化他们学习的体验。"(p.11)

图 15.6

儿童健康与肥胖

儿童肥胖对于父母、教师、政策制定者甚至我们的国家保健体系来说已成为一个重要的问题。最近的《纽约时代》(New York Times)杂志上有篇文章在开头写道:"年仅3个月的婴儿能够辨识声音;1岁的婴儿学会走路、说话,并喜欢读绘本;在2岁时,儿童超重的概率会是四分之一。"(Santora, 2006, p.B3)虽然报告儿童与成人健康与疾病问题的疾控中心(Centers for Disease Control,CDC)极力避免使用"肥胖"一词来描述儿童和青少年,但表15.1显示了儿童的体重与健康越来越大的问题。超过15%的学龄儿童(6—11岁)处于高危水平。学龄儿童的肥胖率在20年内(1980—2000年)翻了超过两倍,青少年的肥胖率超过三倍(从5%到15%以上)。

表15.1　6—11岁儿童的身体肥胖率

年份	肥胖率
2002	16%
2000	15.3%
1994	11%
1980	7%

超重儿童有何危险呢?超重儿童的风险有:骨骼和关节出现毛病,睡眠质量低,社交和心理问题以及低自尊。随着超重儿童发育成熟,他们承担着青少年期患上高血压、高血脂和心脏病的风险,甚至可能英年早逝(Hedley et al., 2004; U.S. Surgeon General, 2005)。

图15.7和15.8呈现了学前儿童的体重增长曲线。比如,在3岁,男孩重26～50磅,32磅是中位数(一半的3岁男孩比32磅重,一半比32磅轻)。疾控中心还监测和调查了儿童的健康和肥胖危机因素以及相关的健康问题。

身体意象

至少有一部分儿童的自我价值感建立在身体意象之上。研究发现6岁大的儿童就表现出对他们体貌的不满(Tiggeman, 2001)。甚至在六七岁时对身体意象的忧虑随着儿童长大而增加(Grogan, 1999; Kostanski & Gullone, 1998; Folk, Pedersen, & Callari, 1993)。有一项研究旨在调查儿童对一般问题和身体意象问题的敏感性、道德性和被暗示性,分析了对五六岁儿童的调查结果。"瘦是理想的"是女孩中普遍流行

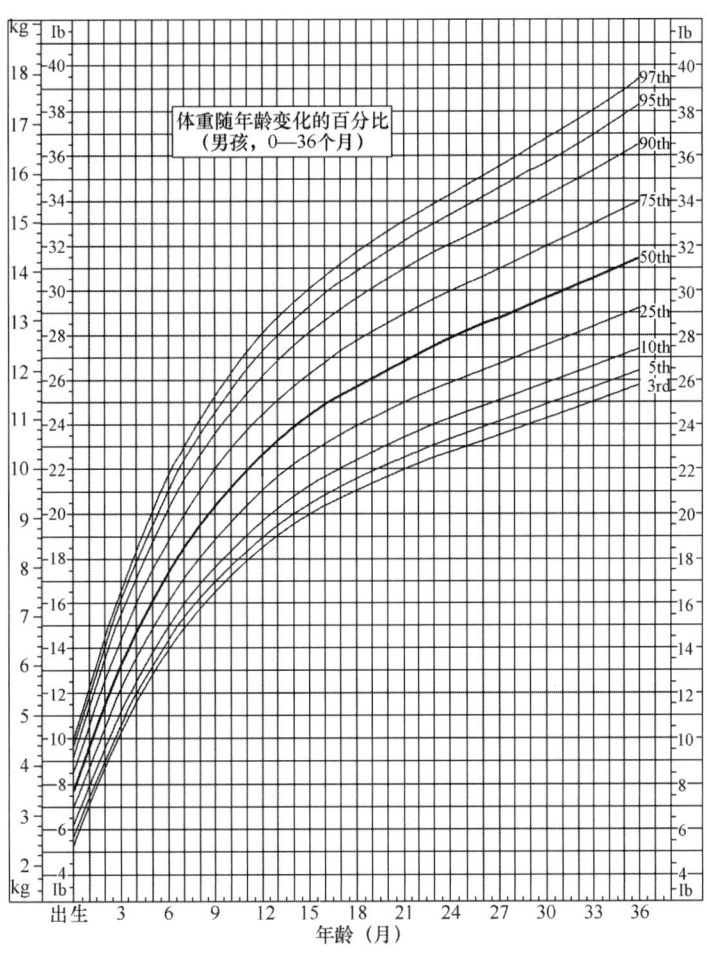

图 15.7 美国儿童的体重增长图

来源：Developed by the National Center for Health Statistics in collaboration with the National Center for Chronic Disease Prevention and Health Promotion（2000）

的主题。"她们很瘦，我选择她们因为她们最瘦、最像我。其他人吃的肥肉太多了。"（p.590）男孩和女孩之间共同的主题是"体重、偏见和污名"。儿童更倾向于将肥大的身体与卑鄙、讨厌和欺负人的消极形象联系起来。男孩更倾向于把超重和身体威胁与霸凌联系起来。

通过创造性游戏课程促进儿童的感知运动技能发展

我们对游戏在促进感知运动发展上具有重要作用不会感到惊讶。当儿童表现出一种行为时，在这种行为中发现的乐趣、新奇或享受会带来行为的重复。玩一个物品能让儿童的行为和技能在

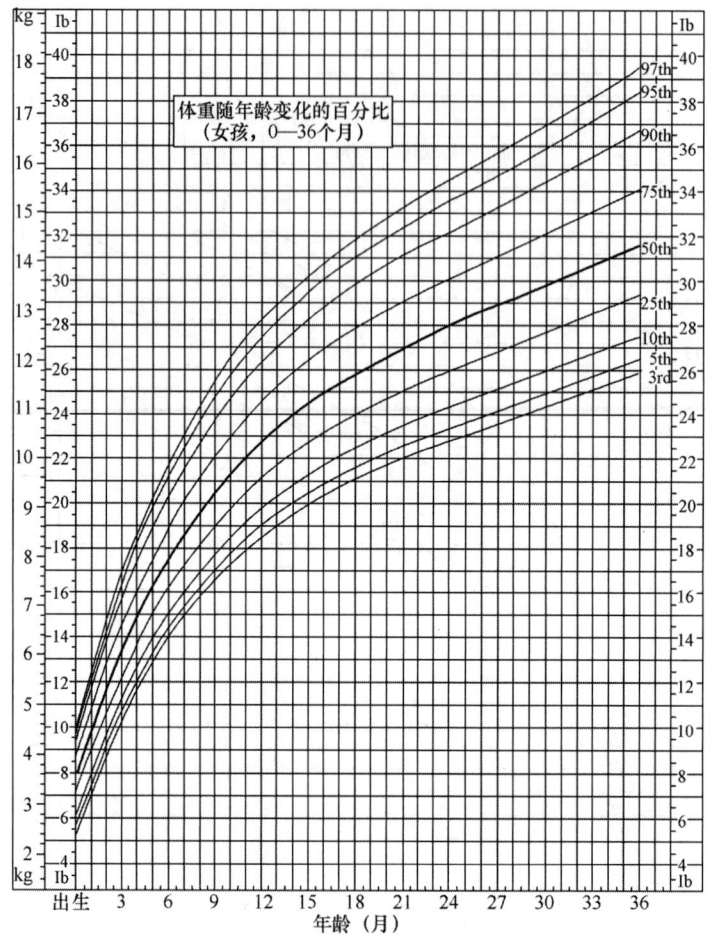

图15.8 美国儿童的体重增长图

来源：Developed by the National Center for Health Statistics in collaboration with the National Center for Chronic Disease Prevention and Health Promotion（2000）

操作的过程中得到练习。比如，婴儿会伸手去抓一个拨浪鼓，然后反复摇它或把它往小床的边缘上撞。这种重复提升了儿童对身体和运动的掌控能力。

教师可以使用游戏帮助儿童获得和练习技能。爬滑梯的楼梯或模仿动物能帮助儿童练习攀爬、跑步和爬行。正如他们可以在游戏中通过增加新主题、新角色、新语言来促进认知的发展，他们也可以在游戏中拓展运动和身体技能。有身体残障（如行走困难、视力残障）、身体疾病（如哮喘）、肥胖的儿童也需要机会发展耐力、运动承受力和放松技巧（Spodek & Saracho, 1994）。经历压力的幼儿可以通过游戏练习大肌肉并释放情感能量来学会积极地应对压力（Honig, 1990; Johns & Johns, 1983）。教师可以通过与从医者、物理治疗师和父母的咨询谈话，来为有这种特殊需要的儿童开展体育活动提供便利。教师需要评估每个儿童的运动技能水平和运动类型，并制订一个能使不同水平的儿童都得到发展的课程计划。

练习性游戏

随着儿童的成长发育，他们身体游戏的类型和复杂程度有所改变。皮亚杰把婴儿18—24个月期间的游戏归类为最初的练习性游戏（Rogers，C. S., & Sawyers，1998）。婴儿和学步儿使用新出现的动作技能和身体控制能力来尝试操作物品和材料。教师可以通过提供一个物品、材料、活动和器材丰富儿童可以自由探索的环境来促进儿童感知运动技能的发展。比如，一天中大部分时间只玩拨浪鼓、游戏围栏或秋千的儿童，丧失了对环境进行更多的探索或发展更多的运动技能的机会。反之，可以玩各种触手可及的材料、物品和器材的婴儿和学步儿，能够抓握并探索材料的属性和他们的身体能力。爬行阶段的儿童能够探索地板表面（如毛毯和瓷砖）的不同。他们探索低空的、软的东西（如大的靠垫和枕头）和硬的东西（如书架和楼梯）。在这些空间里移动并探索这些空间让幼儿能检验和练习他们的移动技能。

能走路的儿童以不同的方式探索环境。他们的移动能力、活跃度、好奇心和求知欲越来越强，想练习他们新的运动技能。能走路的儿童通过更复杂的运动，如跳舞、跑步和攀爬来扩展他们的学习。同时，他们的精细动作技能获得更高的发展，能更好地掌控物品的操作，也更为成功。从前不可能进行的活动现在是一个值得享受的活动，并且能增强儿童的自信。积木和其他操控性玩具的玩法也变得更加复杂，这为儿童过渡到象征性游戏做好了身体技能上的准备。

象征性游戏

随着儿童感知运动、认知和语言技能的发展，他们喜欢的游戏类型也发生了变化。2—7岁的儿童开始参与象征性游戏。象征性游戏在儿童2—4岁时表现为假装游戏，在儿童4—7岁时表现为戏剧游戏；这种发展阶段与皮亚杰对前运算阶段认知发展的分类一致（Rogers，C. S., & Sawyers，1988）。通过假装游戏，儿童提升他们的移动技能和身体控制能力。室外游戏中假扮各种动物的儿童提升了大肌肉运动技能。马会奔驰并相互追逐；狗和猫会在地上爬行或飞奔。进行马戏表演或游行能让儿童扮演不同的角色，如大象（慢慢地走并晃动身躯）、狮子和老虎（跑、跳和猛扑），儿童还可以扮演走钢索的人、芭蕾舞演员、舞蹈家、小丑、魔术师、指挥家和军乐队成员。戏剧游戏继续为儿童发展位移技能提供机会。儿童参加戏剧游戏，在游戏中扮演角色，使用打字机、电脑和各种写字绘画工具，从而进一步提高精细动作技能。戏剧游戏让儿童有机会探索角色和能力而不用担心失败。正如维尼小熊形容自己的精细动作技能那样，"我的拼写歪歪扭扭。拼对了但它歪歪扭扭。字母跑到了不对的地方"（Milne，1957，p.78）。

在戏剧游戏情境中，拼写有点歪歪扭扭是没问题的。儿童还可以用手偶、戏服和面具来表演故事，既发展了他们的运动技能和身体控制能力，也提高了他们的交流技能。象征性游戏，包括假装游戏和戏剧游戏，为儿童提供许多机会扩展和完善他们的运动技能，同时也发展他们对自己身体的自信、创造力和控制力。儿童在各种游戏情节中探索自己的身体、思维和情感，这让他们对自己的身体特征更为适应和了解。

游戏中的运动经验能引起运动美学和身体意识上的关注。通过游戏，儿童体验了运动的优雅，探索了身体的动作，树立了自信心，在面对身体挑战时更有自信（见图15.9），并有机会进行创造和自我表达。教师对体育活动的热情和享受能鼓励儿童在游戏中进行大肌肉运动（Laban，1988；Spodek & Saracho，1994）。

图 15.9

规则游戏

7—12岁时，儿童对规则游戏开始产生兴趣。这种发展阶段与皮亚杰对具体运算阶段认知发展的分类一致（Rogers, C. S., & Sawyers, 1988）。虽然前运算阶段的儿童表现出对游戏的兴趣，但是他们的游戏总的来说是松散的，游戏规则比7—12岁儿童所参与的游戏的规则更随意。当引导4—7岁儿童开展规则游戏时，以下几条原则是重要的：

- 逐步地介绍游戏规则，并让儿童选择是否参与。
- 选择有趣和规则灵活的游戏，并允许儿童修改规则以保持对游戏的积极性与参与度。
- 选择几个不同的包括多种运动技能发展水平的游戏，并着重关注游戏本身的挑战性而不是输赢（Rogers, C. S., & Sawyers, 1988）。

许多教师关心幼儿教育项目中的团队运动是否合适。反对意见主要关注两点。第一点是有组织的团队运动的发展适宜性。儿童的身体能力和技能，如跑、扔、踢、抓，在童年早期差异巨大。跑、扔、踢、抓是需要平衡、协调、手眼和脚眼协调的复杂动作。儿童需要参加各种体育运动，并且不过度使用任何一个肌肉群。玩垒球和棒球时精确打击，踢足球时准确踢中球，都需要冗长的动作练习，这是在骨头生长放缓或成熟前应该避免的，女孩是在11—13岁前，男孩是在13—15岁前（Stoner, 1978）。

第二点担心是团队运动中无可避免的竞争。强调输赢而不是单纯地享受和发展技能，"失败者"消极的情绪体验，以及我们以各种途径教会儿童竞争而不是合作，这些都成为担心的理由。迫使儿童参加规则游戏或竞争性运动对儿童并不是最好的，还可能增加他们的焦虑和沮丧水平。幼儿的竞争"通常会导致那些想当体育之星的儿童被孤立。练习、队服、轮流、专业技能、严格的规则、器材、教练、观众和选择队伍——最差的运动员被最后选择——这些方面在合作游戏中不会出现"（Sobel, 1983, p.31）。一些研究者发现少于4%的幼儿园儿童使用正式的规则进行游戏（Rogers, C. S. & Sawyers, 1988）。

在合作游戏中，参与者一起玩而不是彼此相争，这是适合幼儿的。重点在于接纳所有的玩家，分数、立场、输赢被淡化。有些活动，如堆积木、戏剧游戏、舞蹈和运动，是天然的合作活动。其他本来具有竞争气息的活动可以稍加改动以减少竞争并增加合作、参与和乐趣。比如，改变传统的抢凳子游戏，让所有人都不被淘汰。当音乐停止凳子不够时，儿童可以找到一种方法安全地分享一张凳子，如，两三个儿童坐在一张凳子上或坐在彼此的膝上，几个儿童把手或脚放在凳子上，等等。教师可以发明新游戏或改变熟悉的游戏，这样所有的儿童都能参与并胜出（Sobel, 1983）。

学前儿童可能会因团队游戏而感到沮丧和压力，学龄儿童则需要有机会开展自己的游戏并设立规则。教师可以通过强调游戏的乐趣，帮助儿童学会面对输赢来培养他们对游戏的正确态度（Kamii & DeVries, 1980）。对于年龄大一点的儿童，游戏和活动不仅是他们的认知和社会性发展的重要部分，还是他们身体技能的测试场。

促进感知运动技能发展的目标和活动

儿童发展的具体目标有以下几个方面：（1）手眼／脚眼协调；（2）位移技能；（3）非位移技能；（4）对身体的管理和控制。此外，本节还包括给婴儿、学步儿和学前儿童的活动。

手眼／脚眼协调

感知运动发展的第一个子领域是手眼协调和脚眼协调能力的发展。儿童发展出越来越复杂的操作物品的技能。这一子领域的具体发展目标如下：

- 鼓励儿童发展物品操作技能（Williams H. G., 1983）。
- 帮助儿童学习瞄准物品的技能，如扔、抓、击打（Williams, H. G., 1983）。
- 促进儿童精细动作技能的发展，如涂鸦、绘画和写字。
- 提升儿童视觉追踪技能的发展。

在儿童能操作各种物品和材料的环境中，他们的手眼协调和脚眼协调能力能够得到很好的发展。另外，教师可以开展具体的活动来促进儿童手眼协调和脚眼协调能力的发展。这里有一些适合婴儿、学步儿和学前儿童的活动，教师可根据儿童的不同发展水平对它们进行调整（带*的活动表示它同样适用于户外游戏环境）。

婴儿的活动

 串奶嘴环（安静的游戏） *

提供许多（把奶嘴固定在瓶子上的）奶嘴环和一根长绳子。鼓励婴儿将绳子穿过奶嘴环，你可能需要把绳子的一端固定在一个大的东西上以防奶嘴环掉落。你还可以把绳子的两端系在一起做一条项链。奶嘴的环越大，婴儿越容易把它们串在一起。尝试使用不同类型和粗细的绳子。

额外的技能：

认知（问题解决/推理）；交流（接受性语言）。

为残障儿童所做的调整：

身体残障：如果婴儿抓绳子有困难，在绳子上系一个小环、拨浪鼓或其他婴儿能抓住的（并且能通过奶嘴环的）东西。必要时提供身体帮助。

言语残障：无须调整。

视觉残障：无须调整。

听觉残障：无须调整。

行为失调/情感障碍：无须调整。

学步儿的活动

箱子里的球（活跃的游戏） *

弄一个有一面开口的大箱子。允许儿童练习把球踢进箱子里。给儿童不同大小的球让他踢。给儿童机会以不同的方式踢球，比如在球滚动时或静止时踢球。

变化：让儿童用两只手或一只手把球扔进箱子里。

额外的技能：

感知运动（位移技能）。

为残障儿童所做的调整：

身体残障：如果儿童不能踢球，把这个活动改为让儿童把球扔、推或打进箱子里。

言语残障：鼓励儿童说出正在进行的动作。

视觉残障：详细地解释这个活动。敲打箱子以提供声音线索。让儿童面对敲打的声音，然后告诉儿童他哪只脚离球更近。鼓励儿童独立地踢球，但要在必要时提供帮助避免沮丧。

听觉残障：使用标志和手势来解释这个活动。

行为失调/情感障碍：无须调整。

学前儿童的活动
裁剪派对（艺术活动）

通过邀请儿童参加一个裁剪派对来鼓励他们探索和练习使用剪刀。在儿童走向桌子裁剪时给他们提供用纸做的派对帽子。比如，伴着《打开，合上它们》的旋律唱："打开，合上它们；打开，合上它们；剪刀打开又合上。打开，合上它们；打开，合上它们；这就是剪东西的方法！"或者，伴着《我们在一起越多》的旋律唱："我们剪得越多，我们就越开心！"儿童可以剪废纸、报纸、杂志图片、旧日历等。应该给遇到困难的儿童窄细的纸条，这样他只需剪一下就能成功。

额外的技能：

社会化（社会性互动）。

为残障儿童所做的调整：

身体残障：为儿童提供裁纸刀或剪刀，让儿童独立使用，必要时提供帮助。硬纸可能对儿童来说容易一些。如果儿童坐得远离桌子而在膝上裁剪感觉更容易，可以允许儿童这样做。

言语残障：无须调整。

视觉残障：使用窄细的纸条来提供更多成功的机会。鼓励儿童感受被剪前的整张纸。如有需要提供口头的指示。

听觉残障：使用标志和手势来解释这个活动。

行为失调/情感障碍：无须调整。

位移技能

感知运动技能发展的第二个子领域是位移技能。儿童需要发展越来越复杂的位移技能以便成功地加入各种游戏。这一子领域的具体发展目标如下：

- 帮助儿童学会在水平空间上移动整个身体时，使用身体的大肌肉（Williams, H. G., 1983）。
- 帮助儿童学习跑、跳、蹦、滑、跃等身体技能（Williams, H. G., 1983）。
- 通过创造性的舞蹈促进儿童整个身体运动能力的发展（Hendrick, 1998）。
- 培养儿童在运动时保持身体平衡的能力（Williams, H. G., 1983）。

尽管室内外一些特定的活动会强调发展儿童位移技能的重要性，但是一个室内游戏与室外游戏整合良好的课程方案，会让儿童有许多机会在空间移动和探索他们的身体，这样儿童的位移技能会得到最好的发展。这里有一些适合婴儿、学步儿和学前儿童的活动，教师可根据儿童的不同发展水平对它们进行调整（带*的活动表示它同样适用于户外游戏环境）。

婴儿的活动
弹跳的婴儿（运动）

教师需要挑选两三个大的靠枕或一个旧床垫做一张"蹦床"。在靠枕周围放上包好的积木、平台、小的房间隔断、弹簧墙甚至是硬纸箱。帮助婴儿在靠枕上弹跳。非常小的婴儿可以轻轻地弹跳（不要摇晃），用俯卧或仰卧的姿势，或是抓着教师的手坐着。能站立的婴儿可以抓着教师的手站着弹跳。应该鼓励会走路的儿童自己弹跳。教师可以帮助婴儿站立，让婴儿跳起来感受弹跳和落地的感觉。鼓励婴儿"像兔子一样跳"。婴儿还可以自己探索这些靠枕。

额外的技能：

社会化（社会性互动）；认知（模仿/记忆）。

为残障儿童所做的调整：

身体残障：无须调整。

言语残障：无须调整。

视觉残障：无须调整。

听觉残障：使用标志和手势来解释这个活动。

行为失调/情感障碍：无须调整。

学步儿的活动
动物跳舞（运动）*

鼓励儿童假装他们是某种动物，移动时发出动物的声音。这儿有些动物声音和移动的例子：

奶牛：缓慢行走，"哞———"。

兔子：蹦跳，把手竖在头上做出耳朵的样子。

狗：在地上行走，"汪汪———"，摇晃屁股来假装尾巴摇动。

猴子：弓着身子行走，双手挠身子的一侧，"吱———吱———"。

蛇：在地上扭动，"嗞嗞———"。

小鸟：伸出双臂假装飞翔，"啾啾———"。

额外的技能：

认知（联想/分类）。

为残障儿童所做的调整：

身体残障：需要时提供身体帮助，但鼓励儿童尽可能地独立且有创造性地移动。

言语残障：无须调整。

视觉残障：口头描述动物移动的方式。鼓励其他儿童使用各种各样的身体动作进行暗示。需要时提供身体帮助。

听觉残障：使用标志和手势来解释这个活动。

行为失调/情感障碍：无须调整。

学前儿童的活动
一起溜冰（想象游戏）

设立一个想象游戏的区域作为结冰的湖面。使用胶带弄出湖的边界。在湖的边缘弄一团篝火（把烤炉架子与积木黏在一起，用石头、木棍和红色纸巾做出火焰）。提供空的牛奶瓶和可可粉瓶，用于加热可可粉的平底锅，还有勺子和杯子。还需提供帽子、围巾和手套。儿童可以享受在墙上的厚油纸上画出高大长青的树木。把纤维板切割成小块（大约为15厘米×30厘米）做成"滑板"。儿童通过站上木板和滑动木板来溜冰。

变化： 需提供木板，然后使用"神奇粉末"[1]让教室变得寒冷。放慢音乐的节奏并鼓励儿童跟着音乐溜冰。

额外的技能：

社会化（社会性互动与合作）。

为残障儿童所做的调整：

身体残障：把"滑板"附在椅子或学步车的边上，这样儿童就不会在溜冰时滑倒，并能够

---

[1] "神奇粉末"，此处作者指的可能是干冰，在教室中使用时应注意安全。——译者注

与其他儿童共同参与。另外，把硬纸箱剪得适合于轮椅，能够做出给儿童使用的"雪橇"。

言语残障：鼓励识别接受性语言和说出活动中的各种道具的名字。

视觉残障：在这个区域里进行一次"旅行"以便让孩子知道有什么道具，道具怎么用，还有道具在哪儿。在旅行中带上一个视力正常的儿童，让这名儿童在接下来的几天里充当"旅行向导"。

听觉残障：使用标志和手势来解释这个活动和说出道具的名字。

行为失调/情感障碍：无须调整。

非位移技能

感知运动技能发展的第三个子领域是非位移技能。儿童的非位移技能与他们对身体的掌控相关，包括放松、把运动控制在一定范围内、保持平衡状态的能力。此子领域的具体目标如下：

- 帮助儿童发展在一定范围的小空间内移动身体或身体的某些部位，同时保持身体稳定的能力（Williams, H. G., 1983）。
- 帮助儿童学习身体控制技能，如推、拉、举、转、伸、扭、滚和弯腰等（Williams, H. G., 1983）。
- 鼓励儿童学会放松和使身体平静下来（Hendrick, 1998）。
- 培养在静止状态下保持身体平衡的能力（Williams, H. G., 1983）。

若儿童有许多机会参与运动、放松和身体控制的各种游戏，其非位移技能将得到发展。此外，还可以为每个年龄段的幼儿提供一些具体的活动，以发展他们的非位移技能。这里有一些适合婴儿、学步儿和学前儿童的活动，教师可根据儿童的不同发展水平对它们进行调整（带*的活动表示它同样适用于户外游戏）。

婴儿的活动

 摇晃瓶（自然/科学活动）

教师可以用塑料酱瓶或饮料瓶做几个摇晃瓶。把瓶子装上铃铛或塑料珠子，用胶带把它们固定。给每个婴儿一个摇晃瓶，并示范摇晃它们。让婴儿通过触摸、感受、对其喃喃自语和操作摇晃瓶来进行探索。说一说摇晃瓶产生的声音。可以播放光碟鼓励婴儿摇晃并感受节奏。对于非常小的婴儿，可抓住他们的手握住瓶子，帮助他们摇晃。鼓励婴儿在坐着、站着、舒展和蹲着的时候摇晃瓶子。

额外的技能：

认知（概念形成）。

为残障儿童所做的调整：

身体残障：用硬卡纸或塑料做出手柄方便儿童摇晃。如果儿童不能用手抓住手柄，可以把手柄做得足够大让婴儿的手腕穿进去。

言语残障：无须调整。

视觉残障：无须调整。

听觉残障：使用标志和手势来解释这个活动。

行为失调/情感障碍：无须调整。

学步儿的活动

舒展身体（运动）*

给每个儿童一条彩色的围巾。放轻柔舒缓的音乐，让儿童跟着音乐舒展身体。鼓励他们双手拿着围巾然后伸高到头顶，再俯低到脚趾头。鼓励儿童由右至左地舒展身体，然后让儿童躺在地上把围巾举过头顶。

额外的技能：

交流（接受性语言）；情感健康（应对

技能）。

为残障儿童所做的调整：

身体残障：如果儿童抓不住围巾，在围巾上附上尼龙手环让儿童双手"戴上"围巾。必要时提供身体帮助。

言语残障：无须调整。

视觉残障：无须调整。

听觉残障：使用标志和手势来解释这个活动和发出指令。

行为失调/情感障碍：无须调整。

学前儿童的活动
你在扭动吗？（运动）

使用《你在睡觉吗？》的旋律和非位移动作如伸手、弯腰、摇晃、扭动等等进行替代。

唱：

你在扭动吗？你在扭动吗？

约翰兄弟，约翰兄弟

起床铃声响起

起床铃声响起

叮—叮—咚——

叮—叮—咚——

轮流选择儿童充当领导者，替换歌曲中的儿童的名字。

额外的技能：

交流（接受性语言）；情感健康（人格整合）。

为残障儿童所做的调整：

身体残障：使用儿童能独立完成的非位移动作。

言语残障：无须调整。

视觉残障：鼓励儿童听口头的指令，需要时提供身体帮助。

听觉残障：使用标志和手势来解释这个活动和唱歌。

行为失调/情感障碍：无须调整。

对身体的管理与控制

感知运动技能发展的第四个子领域是对身体的管理与控制。帮助儿童在空间中了解自己的身体，在多种情形下管理运动技能，这是发展身体管控能力的主要任务。具体的发展目标如下：

- 促进儿童管理日常运动技能的发展（Hendrick, 1998）。
- 帮助儿童学习节奏、静止时和运动时的平衡和时间意识（Hendrick, 1998）。
- 帮助儿童发展灵活性和协调性（停止、开始、改变方向的能力）（Williams, H. G., 1983）。
- 帮助儿童学习身体感知和空间感知（Hendrick, 1998）。

尽管儿童在日常生活中练习各种运动技能能使其身体管控技能得到最好的发展，但是教师也可以为不同年龄组的儿童提供一些活动来发展这些能力。这里有一些适合婴儿、学步儿和学前儿童的活动，教师可根据儿童的不同发展水平对它们进行调整（带*的活动表示它同样适用于户外游戏）。

婴儿的活动
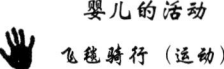
飞毯骑行（运动）

教师可以使用一张大的毯子或被子作为飞毯。大一些的婴儿可以坐在被子上，小一些的婴儿可以俯卧着。教师在教室中拉动被子，速度可快可慢。可以停下来，在某个地点让婴儿上来或下去。教师可以让婴儿"一起骑行"或"轮流骑行"飞毯。飞毯可以沿弯曲或笔直的路径前行,给婴儿保持稳坐制造挑战。

额外的技能:

社会化(社会性互动与合作)。

为残障儿童所做的调整:

身体残障:把儿童放在最安全的位置。提供儿童椅或让另一个成人拉住婴儿。对有病史的儿童需要缓慢移动。

言语残障:无须调整。

视觉残障:无须调整。

听觉残障:使用标志和手势来解释这个活动。

行为失调/情感障碍:无须调整。

学步儿的活动
像我一样做做看(音乐活动)

给婴儿提供各种乐器,如铜钹、积木、鼓和棍子。从简单的敲打开始,如每次两拍。让儿童模仿他们听到的声音。增加节拍的难度以发展儿童的节奏感。在儿童掌握了简单的节奏后,鼓励他们边敲打乐器边在教室内走动。

额外的技能:

感知运动(协调性);交流(接受性语言;听觉记忆/辨别)。

为残障儿童所做的调整:

身体残障:如果儿童拿不住一样乐器,就在儿童的手腕上系上一个铃铛或者摇晃瓶,鼓励儿童模仿节奏。

言语残障:无须调整。

视觉残障:无须调整。

听觉残障:使用标志和手势来解释这个活动。让儿童模仿节奏出现的顺序。使用夸张的动作来提示儿童。

行为失调/情感障碍:无须调整。

学前儿童的活动
走钢索(活跃的游戏)*

把3根约3厘米长的橡皮绳绑在两根约30厘米高的小木桩上。两个人扶住木桩将绳子调到约30~45厘米高。向要走钢索的儿童宣布:"女士们、先生们,伟大的史蒂芬先生将要在城市中心走钢索了!"儿童踏在绳索上时会有真正走钢索的错觉,尽管每一步都会把绳子压到地面上。观看的儿童为"走钢索"的儿童喝彩。

额外的技能:

情感健康(人格整合)。

为残障儿童所做的调整:

身体残障:如有需要,帮助儿童"走钢索"。如果儿童使用轮椅或助步器,则使用宽大的皮绳。

言语残障:无须调整。

视觉残障:让另一名儿童充当该儿童的伙伴,带着该儿童走过"钢索"。

听觉残障:使用标志解释这个活动。

行为失调/情感障碍:无须调整。

与家庭合作拓展课程

儿童的感知运动技能发展与他们的情感和认知发展密切相关。虽然它对儿童的健康发展有很大的作用,但并不总能获得人们的关注。与家长分享促进儿童此方面发展的活动。鼓励家庭创造能和孩子共同进行体育活动的时间。向家长强调幼儿园中富有营养的饮食、大量的大肌肉活动和令人愉悦的运动也有助于促进儿童的社会交往和游戏。帮助家长理解人们对儿童肥胖越来越关切和身体意象在情感健康发展中的重要性。

本章小结

如果教师希望儿童发展身体掌控技能并对自己的身体感到满意,那么就要在室内和室外游戏环境中为儿童提供各种体育活动。那些不因技能发展水平较低而被教师忽视的儿童更可能尝试新的体育活动,并享受参与这些活动的乐趣。当体育活动中的竞争和比较消失时,儿童无论能力如何,都能形成良好的自我感觉并提升自己的体育活动能力。

要发展感知运动技能,儿童需要有机会积极地探索环境并参与各种运动、大肌肉活动和小肌肉活动。教师需要辨别儿童的身体、认知和社会性发展水平,以便为儿童计划具有发展适宜性的并能促进他们成长的活动。教师尤其要做到以下几点:

- ◆ 为婴儿和学步儿提供能够探索物品、活动和器材的环境。
- ◆ 规划室内外环境以增加学前儿童通过象征性游戏发展运动技能的机会。
- ◆ 在儿童的发展准备充分时,允许他们对团队游戏感兴趣,而不是迫使他们参加团队运动。当儿童对团队游戏感兴趣和充满动力时,着重促进他们的问题解决能力、创造力与合作能力的发展,而不是关注教师强加的规则和竞争。
- ◆ 无论儿童的运动技能水平如何,都要为他们营造一个帮助他们取得成功的氛围,鼓励儿童检验他们的身体技能。
- ◆ 通过计划适合儿童的各种技能水平和迎合他们的各种兴趣的活动,来帮助儿童树立积极的自我身体意象。

反思与应用

1. 讨论本章开头的小故事。你还有其他的问题或看法吗?讨论本章结尾对小故事的回答。对于这种情况,你还有其他的应对方法吗?
2. 在室内外环境中观察儿童。你看到了身体运动促进儿童认知发展和学习的例子吗?
3. 在午餐时间观察一个学步儿或学前儿童的教室。你能从他们的对话中了解到他们对食物、健康甚至身体意象的哪些态度?
4. 构成有效教学的一些基本原则和实践是复杂的。你不会一下子就全部学会,但会随着时间的推移而逐渐理解。你应该阅读和反思,尝试新主意,评估结果并继续建构你的知识和实施有效的实践。关于本章的哪些问题,你想知道得更多?你将使用什么策略和资源来做到这一点?
5. 为感知运动技能发展的四个主要子领域中的某一个设计课程活动。选择一个具体的发展目标和特定的年龄群体,设计一个合适的活动。完善并评估你的活动,与同事分享这一活动并讨论活动结果。

补充资源

[1] Engstrom, G. (Ed.). (1971). The significance of the young child's motor development. Washington, DC: National Association for the Education of Young Children.

[2] Rivkin, M. (1995). The great outdoors: Restoring children's right to play outside. Washington, DC: National Association for the Education of Young Children.

[3] Sanders, S. (2002). Active for life: Developmentally appropriate movement programs for young children. Washington, DC: National Association for the Education of Young Children.

[4] Schickedanz, J., & Casbergue, R. (2004). Writing in preschool: Learning to orchestrate meaning and marks. Washington, DC: National Association for the Education of Young Children.

第四部分

幼儿教育课程中的当代问题

第十六章

当代社会中的儿童

> 身为幼儿园教师，你对幼儿园周边街角发生的暴力犯罪感到震惊。当你班上的孩子在室外玩的时候，有位老人被枪击中并遭到了抢劫。尽管救护人员和警察迅速到达现场并救护受害者，但儿童目击了这一暴力事件后感到极度不安。经过这个恐怖的暴力事件之后，你发现班级中的许多儿童采取不同的办法应对：有的在戏剧游戏区演出当时的场景，扮演不同的角色，如受害者、罪犯、救护车司机、突发事故应对人员和警察；有的画出个人对事件的印象；有的与教师谈话，提出问题并寻求安抚。
>
> 但是，有一个叫威廉的儿童，他的反应是变得愈发孤僻和胆小。威廉站在老师身边，不愿意到户外玩耍。他一遍又一遍地画着同样的画面，描绘的是受害者被枪击中后躺在地上的场景。威廉的疑惑和恐惧可能会阻碍他的社会和认知活动，还可能威胁到他的情感健康，你对此十分担忧。
>
> ◆ 与威廉谈论他的恐惧最合适的方法是什么？
> ◆ 有没有什么儿童读物可以用来引出一场开放的、安全的和无威胁的关于此次事件的谈话？
> ◆ 你能为威廉提供什么样的支持以便帮助他应对恐惧？
> ◆ 你会鼓励威廉使用什么样的材料或参与什么样的活动以帮助他在游戏中不再焦虑和恐惧？
> ◆ 你怎样才能提供必要的安抚，帮助威廉重拾在幼儿园特别是在户外游戏环境中的安全感？

我们将在本章末尾与大家分享关于上面问题的应对建议。

阅读本章时，注意师生谈话和与儿童分享压力性生活事件[1]的真实信息的重要性。同时，要了解发展适宜性的策略，如促进儿童游戏、鼓励儿童通过绘画表达想法和情绪、使用相关压力源[2]的儿童读物等，帮助儿童谈论、理解和应对压力性生活事件。

后现代社会中的儿童正在面临威胁他们发展、身体和情感健康甚至是生存的压力性生活事件。社会、社区和家庭中存在的暴力、离婚、疾病与住院、死亡、贫困、流浪和其他许多问题每天都在困扰着我们的儿童。几乎所有儿童都对这些压力性生活事件存有疑问。加巴林诺(Garbarino, 1995)把当代社会描述为儿童的"社会毒药"，"暴力、毒品、不安全的社区、贫困、虐待和监护权之争毒害着他们的生活。儿童的心理健康和整体幸福受到了威胁"(p.6)。

教师和父母不能完全将儿童与当今现实隔离开来。但我们永远不应该让儿童为自己的安全承担责任。当我们使用非发展适宜性的、不符合道德的方法试图教儿童自我保护和生存的技能时，我们忽视了儿童发展中的重要需求：信任、安全感和保障感。教师应该全权负责，在"有毒"的社会中确保儿童的身体和情感健康，并努力减少社会和身体攻击给儿童身心发展与健康带来的

---

[1] 压力性生活事件(stressful life event)，指个体在生活中突然遭受到急剧的、使心理上产生强烈反应的重大事件。一般来说，亲人死亡、事业受挫、家人分离、破产、考试失败、罹患重大疾病和恋爱失意等，皆可视为压力性生活事件。——译者注

[2] 压力源(stressor)，指引发压力性反应的事物。——译者注

从20世纪40年代和第二次世界大战时期起，有研究帮助教师明白什么东西能防止或减轻儿童因重大压力性生活事件而受到极大的心理伤害。早期出现在抗压力文献中的术语"不易受伤害"一词被抛弃，因为它表现出固定不变、先天性的特征。相反，抵抗危机和挑战的能力是"一种随时间发展，在人与环境的互动中发展的能力"（Egeland, Carlson, & Sroufé, 1993, p.517）。若儿童能至少与一个伙伴或其他重要成人建立稳定积极的关系，拥有充满支持的教育环境，并有来自家庭之外的他人的支持，那么儿童就能避免压力源带来的伤害。若教师为儿童提供社会支持，帮助他们发展积极的自尊、联系感、归属感及社交技能，则可以帮助儿童提高抗压力和应对压力源威胁的能力。

当悲剧发生时，教师能提供的最有益的帮助是继续在儿童生活中扮演关爱体贴的角色。细心照料的行为能消除悲剧带来的恐惧、焦虑和混乱。作为教育者，我们有能力陪伴儿童度过最艰难的时期（Greenberg, J., 1996, p.77）。

儿童对压力性生活事件的理解

儿童理解、反应和处理压力性生活事件的能力根据他们的认知发展水平有所差异。

- 3岁的莫莉对她的老师说："你死了，你死了，今天你死了。"她的老师问道："你是指什么呢？"莫莉答："我是说你闭上眼睛，当我碰到你的时候，你跳起来然后追我。"
- 4岁的塔雅一直在等着邻居家的猫回来。邻居解释说那只猫已经非常老了，它离开了，或许要找一个地方老去。几个月后，塔雅的爸爸妈妈向她解释他们要离婚了，她的爸爸会离开这幢房子去另一个地方生活。塔雅开始边啜泣边恳求："我不想你离开然后死掉。"
- 5岁的泰德向班上的其他孩子解释说他将到医院摘除扁桃体。"我有两个扁桃体，所以我要动两场手术。"
- 6岁的凯文听父母说他的小猫斯库特太老了，不得不让它安乐死。几个月后，当凯文在医院要动一个手术时，医生说："你在手术前会被麻醉。"凯文开始大声地反抗："你们把斯库特弄睡着了[1]，它就再也没有回来！"

儿童对压力性生活事件的反应很大程度上取决于他们的认知发展水平。了解儿童认知的能力与局限，有利于教师理解儿童对压力源的正确与错误的感知，预测儿童对压力性生活事件的情绪反应，并对这些事件做出适合儿童理解能力的解释。儿童的反应还基于以下原因而有所不同：气质和个性因素（Chess & Hassibi, 1978）、儿童生活中重要人物的反应（Slager-Jorne, 1978）、儿童对压力源的先前经验和生成的应对策略（Allen, J., & Figley, 1982）。

皮亚杰的理论与儿童对压力源的认识

皮亚杰关于儿童认知的发展理论为理解儿童的感知与反应提供了有意义的理论框架。感知运动阶段的儿童在第一年的后半年会对环境（包括养育者和其他重要的成人）的变化做出反应。在大约8个月时，婴儿会对预期中将重复的痛苦经历表现出焦虑。比如，当面临再一次注射时，尤其是两次注射的间隔时间较短的时候，大于7个月的婴儿会哭泣。

---

[1] 在英文原文中，"安乐死"、"麻醉"和"弄睡着了"使用的是同一个词语：put to sleep。——译者注

在前运算阶段，尽管儿童的语言和运动能力相当不错，但是他们的思维仍然是有局限性的。儿童的自我中心阻碍了他们的认知，并经常导致儿童对他人行为的错误感知。儿童可能会把分离看作父母对他们的拒绝，可能会把父母离异看作父母对他们的愤怒，可能会把父母的死亡看作父母故意抛弃他们。前运算阶段的儿童关于内在公正的想法和信念，可能会让他认为他们是变化和压力性生活事件的原因，他们相信是因为自己错误的行为才受到惩罚。比如，如果玛莎可的父母分开了或受伤了，如果她生病了，她可能认为这是因为她"不够好"，这些损失和痛苦是对她的惩罚。儿童对世界的权威与神奇的看法可能会使他们把疾病或死亡归咎于父母而非环境。儿童可能会想："如果爸爸真的想帮助我，他可以让我不去医院。"前运算阶段的儿童会混淆想象与现实。他们以为愿望的力量是强大的，他们相信某个兄弟姐妹的受伤是因为不希望他再出现的愿望导致的。媒体，尤其是电视和电影，可能成为压力的一种来源。儿童前运算阶段的思维（包括他们不能区分想象与现实）经常导致他们对在电视上看到的东西感到恐惧和疑惑。电视中的符号表征可能会被儿童误解，他们还不能完全理解时间、空间、距离、顺序和推理，也不能同时考虑多种信息。

对于前运算阶段的儿童来说，关系和时间概念是难以掌握的。像"妈妈这次会出去很长时间"或"我很快就回来"这样的表述，会更使儿童感到疑惑而不是消除他们的疑虑。解释时间的更好方法是，将儿童经历过的事情作为参考。也许这么说——"你待在医院里的时间和每天待在幼儿园里的时间一样久"或"和你今年夏天在奶奶那儿待的时间一样久"，能帮助儿童理解。更重要的是让他们明白这次经历或分离会结束。

你对儿童认知能力和局限的理解有利于你预测儿童的问题和恐惧，并为儿童提供发展适宜性的信息，消除他们的疑虑。

儿童与死亡

大多数儿童在学前阶段首次提出关于死亡的问题——"爷爷出了什么事？他什么时候回来？""这只沙鼠怎么再也不动了？""妈妈，你会死吗？""我会死吗？"儿童在前运算阶段和学前时期的思维使得他们很难明白死亡的最终性、不可逆性和普遍性（Speece & Brent, 1992）。儿童不把死亡看作最后的结局。他们相信死去的人继续活着，只不过换了一个地方，如天堂或者地下。他们可能认为大人把死去的人埋葬是残忍的："他会觉得冷和孤单，他在地底下没有东西可以吃。"儿童会以为死亡像是睡去，他们想知道那个人什么时候睡醒然后回来。年幼的儿童也不明白死亡是不可逆的，他们相信那些死去的人还会回来。他们反复询问什么时候能再见到奶奶，并且认为她的离去是故意的。准确理解死亡这一概念的最后一个部分是它的普遍性：所有人都会死去。儿童相信一些人是受保护的，因此不会死。库克尔（Koocher, 1973）发现，儿童报告说，父母、老师和他们自己可以避开死亡。他们甚至可能知道成功地避免疾病和死亡的策略："别吃虫子，别吃塑料杯子，别亲吻老太太。"（p. 371）前运算阶段儿童的想法通常是以自我为中心的。当有人生病、受伤或死亡时，他们会责怪自己。儿童认为愿望是强有力的。他们相信魔力，并且混淆想象与现实，因此他们对死亡本身、死亡的原因和随之而来的后果的思考，反映了他们对死亡的理解不准确和不成熟。

当向儿童谈论死亡时，应避免令人困惑的甚至是不真实的解释。不要将死亡描述为睡觉或旅行。儿童可能会因此惧怕上床睡觉或者父母外出旅行。不要说"上帝太喜爱你的爸爸了（或者你爸爸太棒了、天堂需要一名会计),所以把他带走了"。因为当这样说时,儿童可能就会想弄清楚他们也许不应该表现"太棒",或觉得他们不想让上帝爱,以免他们也被带走。要简单、具体地解释死亡:"当一个人死了,他的心脏不再跳了,呼吸停止了,再也不吃东西,也感觉不到疼。大多数人在非常老的时候死去。有的人病得非常严重,医生和护士会十分努力地照顾生病的人,但有时没有药可以治好他们,所以他们就死掉了。"谈及死亡时,向儿童提供安慰并消除他们的疑虑同样重要。"有很多人爱你并照顾着你。当你生病时,你还记得你是怎么吃药、打针然后病好了的吗?"对那些有亲人、老师或朋友死去的儿童来说,他们会询问健在的亲人或朋友的健康状况。可以这样对儿童说:"我努力保持身体健康。我会吃对我有益的食物,我会锻炼,还记得我总是系上安全带吗?我做了很多事情照顾自己并保持身体健康。我打算活很久呢!"

儿童与离婚

每年会有一百多万的儿童的父母离婚,1/3 的儿童在 18 岁之前会经历父母的离异。父母分居和离婚的过程对儿童影响深远。经历了父母离异的儿童会感到被遗弃、焦虑、迷惘、愤怒、孤独、悲伤甚至自责,这很常见。儿童会陷入深深的悲伤之中,有被丢失和遗弃之感。"爸爸也会离开我吗?""谁来照顾我呢?""我妈妈还爱我吗?"这些问题反映了儿童对将发生在他们身上的事情的忧虑。年长一些的儿童可能会表现出对父母的愤怒,并由于对离婚的意义有着更现实的理解而产生恐惧。"我们将会搬家然后离开我的学校和朋友们吗?""我们会有足够的钱吗?"有一些儿童会表现出叛逆行为,有一些儿童会表现出破坏性,而另一些儿童会表现出对家人和朋友的疏远。

要向儿童强调离婚是父母的决定,他们不是罪魁祸首。向儿童保证在他们的一生中会有许多人爱他们。帮助儿童认同和适应将会出现的新变化:新房子、新的邻居、新的幼儿园和老师,还有日常生活与日程的变化。如果儿童能了解这些变化并掌握能帮助他们适应的技能,那么他们就能更好地看待父母的离异。如果父母陷入了离婚中针对儿童的纠纷,比如探视权、监护权、抚养权等的纠纷,那么这些儿童便不能很好地看待父母的离异 (Wallerstein & Kelley, 1980)。

儿童与暴力

在美国,许多儿童生活在真实的暴力环境中。每三个小时会有一个美国孩子死于枪支暴力。在芝加哥长大的孩子被杀死的概率是北爱尔兰的 15 倍 (Garbarino, Dubrow, Kostelny, & Pardo, 1992)。在首都华盛顿,61% 的孩子看见过刺杀、抢劫和身体威胁等暴力活动 (Richters & Martinez, 1993)。在新奥尔良,51% 被调查的孩子曾是某种暴力的受害者;90% 的孩子亲眼看到过中等到重度的暴力;超过 1/4 的孩子看到过枪击;将近 40% 的孩子看到过死尸;近 50% 的孩子看见过有人在暴力中受伤 (Osofsky, Wewers, Hann, & Fick, 1993)。1992 年,在大骚乱一个星期后,洛杉矶一个关于学前儿童的研究发现,那些直接经历了城市中的暴力的孩子在讲反映攻击和暴力特征的故事 (Farver & Frosch, 1996)。

几乎所有的儿童还生活在另一种暴力中,即电视中的暴力。大多数儿童每天看 3~4 小时的电视,他们会看到关于暴力攻击、强奸、谋杀的新闻报道和电视剧情节。一份评估报告称,儿童 18 岁前将看到 2.6 万场死亡 (Tuchscherer, 1988)。"儿童电视"是专门为儿童开设的频道,每小时上演着 32 种形式的暴力。教师报告称,他们相信班上儿童的暴力行为的增加多半归因于电视节目，还有市场上售卖的与暴力相关的玩具、影碟和其他产品（Carlsson-Paige & Levin，1991）。

对许多儿童来说，暴力就在身边。事实上，暴力就在家中。每年近一百万名儿童成为已确认的被虐待和被忽视案件的受害者。自1990年以来，受虐并严重受伤的儿童的数量是原来的四倍。在美国，每一天会有三个虐童事件的受害者死亡，这当中近80%的儿童在4岁以下（Children's Defense Fund, National Clearinghouse on Child Abuse and Neglect information, 2005）

生活在暴力中和暴力威胁对儿童的成长有什么影响呢？研究者研究了生活在暴力家庭和社区中的儿童，他们说暴力对儿童产生的心理影响好比越战后的美国老兵和生活在战争纷乱的国家（如伊拉克、科威特、柬埔寨、加沙地带）中的儿童所经历的创伤后应激障碍。儿童会有入睡和饮食方面的问题，会在脑海中回忆往事，不能集中注意力，做噩梦（Garbarino et al., 1992）。他们可能会认可攻击者并模仿他们的暴力行为，感到痛苦和悲伤，有着较低的道德伦理和发展水平，感到无助和失望，并相信他们的寿命会很短（Martinez, P., & Richters, 1993；Osofsky，1996）。

从发展的角度来看，生活在暴力中的儿童不能达到一些对儿童的健康发展来说至关重要的里程碑。帮助儿童建立起信任并掌握自主权的积极的养育者和安全的环境、有机会到户外玩耍和与他人进行社会交往、有可能学习榜样并发展冲突解决技能，这些对于生活在暴力家庭和社区中的儿童来说都是不存在的。

科特洛维茨（Kotlowitz，1991）描述了一些生活在城市中心的儿童，他们几乎常年经历着暴力、恐惧和不信任。科特洛维茨写下了一位妈妈说的话："……你知道，这里没有儿童。对于儿童来说，他们看过太多的不适合的东西。"(p.x)在被问到职业志向时，一个儿童说："如果我长大了，我想当一个巴士司机。"(p.8)那些甚至不确定是否能活过童年的儿童，像计划葬礼一样计划着他们的未来。也许这是暴力对儿童发展所造成的最大的伤害：丧失了对童年的体验，丧失了探索、发现、建构关于物质世界的知识的机会，丧失了建立信任的、无伤害的社会关系的能力。

洛琳·沃拉克（Lorraine Wallach, 1993）为教师提出了建议，认为教师"不能治愈当今儿童经受的所有伤痛，但能够让这种情况有所改变"(p.7)：

- 我们的班级应该提供机会，让儿童与有爱心、有见识的成人建立有意义的关系。这种关系的建立对教师的情绪、精力和时间提出了要求。跟不断提出要求的、没有互动经验的儿童建立关系可不是一半对一半的事情，成人需要对这些儿童付出更多（p.8）。

- 教师应当妥善安排时间和制订计划，尽最大可能陪伴儿童。儿童需要强烈的归属感、稳定的关系以及与养育者积极有效的互动。"为身处危机的儿童能提供的最好的帮助是给他一个有爱心的人——他要在身体和精神上都能陪伴儿童，这样才能建立一种触动人心的亲密关系。"(p.11)

- 教师要建立规矩，做出非常清晰的期望和限制。儿童需要清晰的界限来帮助他们在生活中获取经验、发展和控制自我。

- 教师应当帮助儿童寻找合适的发泄自我的方法。儿童需要述说自己的情绪，利用游戏、绘画、讲故事的机会来抚平心灵上的创伤。

儿童与性虐待

每年向官方报道的儿童性虐案超过15万件。在对成人的追溯性研究中，成人被要求回忆儿童时期的性虐待经历，研究显示超过20%的女性和多达10%的男性是儿童性虐案的受害者。对学前儿童群体的虐待事件最不易被察觉，因为儿童通常不会披露这种事情。性虐待事件常发生于缺乏足够和有效的父母保育的环境中。若父母酗酒、吸毒、情绪不稳定、爱用惩罚、情感冷漠，那么儿童更容易成为性虐待的受害者。对于那些在情感上被剥夺了与父母或其他成人间亲密、温暖、积极回应的关系的儿童，他们更容易遭受施虐者的虐待，这些施虐者往往会对他们倾注感情、关注和友谊（Finkelhor, 1994; U.S. Development of Health and Human Services, 2005）。

受虐儿童会表现出较高水平的恐惧、焦虑，并在集中注意力时遇到问题；受虐儿童有着较低的自尊感、自我效能感和自我信任。他们感到无助，还可能会因为被虐待而责怪自己。当暴力和威胁伴随性虐待时，儿童会表现出更多的恐惧和焦虑。当重要的成年人相信他们对虐待的揭露并给予他们支持，不因为他们遭受虐待而惩罚和责备他们时，儿童的这种焦虑会减少（Briere & Elliott, 1994）。

受虐儿童更可能染上艾滋病。一定要在身体和精神上给艾滋病患儿特殊的照顾（Coleman, 1991; Savage, Mayfield & Cook, 1993; Wadsworth & Knight, 1996）。据估计，美国有4000多名学前儿童被确诊患有艾滋病（Centers for Disease Control, 1999）。在世界范围里，近50万名儿童患有艾滋病，1500万名儿童因艾滋病成为孤儿（Children's Defense Fund, 2005）。和这些儿童一起工作对教师是最有挑战性的，这些儿童需要的保育、治疗和短暂的寿命对教师来说都充满挑战，这会使教师不知所措，也会使教师感到害怕。

教师还需意识到儿童对艾滋病的认识和误解。琳达华、斯万内维特和扬（Lindaver, Schvaneveldt & Young, 1989）最早开展了一项关于儿童对艾滋病想法的研究。他们向11个学前儿童、10个一年级学生、10个三年级学生和11个五年级的学生提出以下问题："你听过艾滋病这个词吗？""艾滋病是什么意思？""什么原因导致了艾滋病？""患有艾滋病的人会怎样？""怎么才能预防艾滋病？""我们怎么帮助患有艾滋病的人？"只有18%的学前儿童和60%的一年级学生听过艾滋病这个词，更大一些的儿童全听过这个词。更大一些的儿童，而非学前儿童，报告了对他们或家人患上艾滋病的惧怕，并错误地认为艾滋病是由于蚊子叮咬、马桶坐垫、衣服和香烟导致的。基斯特纳和他的同事（Kistner et al., 1996）向608名小学生提出以下问题："你听说过艾滋病吗？""人们是怎么得上艾滋病的？""一个患艾滋病的人的身体会怎样？""人们怎么才能避免艾滋病？"超过80%的儿童听说过艾滋病。随着年龄的增长，儿童并没有像期望的那样，对于艾滋病有更为准确的理解，尤其是对其传播方式——他们把其他疾病的传播方式或者不健康的行为，比如抽烟和喝酒，当作艾滋病的传播方式。

儿童与国家灾难

"挑战者号"宇宙飞船的遇难、波斯湾战争、2001年的"9·11"事件、飓风卡特里娜和丽塔……儿童经常在电视的新闻报道中看到这些不利于他们发展的信息和影像。先进的科技社会加上电视和网络的新闻报道，使得全国性报道的灾难和危机成了儿童日常经历的一部分。他们正常的生活轨迹可能会被打乱。当成年人将他们的情绪反应表现出来时，如恐惧、担忧、悲伤或愤怒等，儿童则会为他们自己和家人的安全感到担心和害怕。他们可能会在睡眠、吃饭和如厕方面出现异常。儿童可能会远离游戏和社交，表现出更高的进攻性或在与人交往中感到不安。

如果儿童经历了电视报道的、被广泛讨论的事件，那么教师要保持敏感并用使儿童安心、感到安慰和适合于他们年龄的信息来作为回应。要强调有很多人正在为确保他们的安全而工作："总统、警察、消防员、你的老师、你的家人……说出所有爱你的人的名字，他们全都希望你安全。有许多人正在努力确保儿童的安全。"给儿童机会诉说他们的情绪。不要介绍新的词汇，比如恐怖主义、轰炸，相反，让儿童说出他们的想法和感受，然后与他们讨论并做出回应。儿童的问题和担心反映了他们的年龄和经历。帮助父母预测儿童的问题和行为上的变化，向父母提供利用适合儿童年龄和行为的方式进行回应的建议。利用游戏让儿童体验到对环境有掌控感。好的班级会持续为儿童提供稳定的日常生活，安抚儿童，为儿童提供适合其发展水平的信息和挑战，以便支持儿童的健康成长。

儿童与非发展适宜性的教室

不能为儿童提供适宜的活动的幼儿教育和保育项目对儿童来说充满压力。这样的非发展适宜性的教室缺失很多游戏的机会、集体活动、练习本和工作表。在这样的教室中，儿童会表现出更高的压力（Burts et al., 1990）。在强调教授学业技能而非注重发展与游戏的幼儿园中，儿童在学业技能或知识水平上并不占优势，反而表现出了更多对学校的焦虑、更低的创造性、对学校更为负面的态度（Hirsh-Pasek, Hyson, & Rescorla, 1990）。如果幼儿园所谓的"学业"活动被狭隘地定义并等同于"技术上的子技能（比如，背诵字母表、解出数学算式）或机械的教学（比如，强调作业的练习）"，那么真正的"学习"在学前课程中没有立足之地（Kostelnik, 1992, p.21）。儿童对单词和数字是感兴趣的。他们喜欢从各种各样的活动和经历中学习：看书；听正在读着的书；重复故事中的单词、短语和句子；数物品的个数、测量尺寸、分析空间问题。这些为他们阅读和形成数学思维打下了基础。

儿童在日常生活中体验并学习着学术上的概念。但教与学的方法在发展适宜性和非发展适宜性的课程中有很大的差别。"不能满足幼儿需要的课程关注孤立技能的发展，依赖长时间的集体教学或者抽象的纸笔活动。在有意义的教学情境中，能为儿童打下坚实基础的课程则利用小组教学，强调概念和过程，强调对具体材料的积极操作，还强调互动式的学习。"（Kostelnik, 1992, p.22）教师应当使用更广泛的词汇和创造更多数学方面的体验；辨识儿童学习和兴趣表现的不同方式和风格；让儿童去观察、比较、提问、实验、预测，并让他们从经历中获得知识（Kostelnik, 1992）。教师可以为儿童计划发展适宜性的体验，帮助他们避免和减少压力，并增加他们的乐趣和知识。

与儿童谈论压力性事件

与儿童谈论压力性事件能为儿童提供信息和安慰。事实上，提供适合儿童年龄、需要和认知水平的信息是帮助儿童理解和应对压力的关键。大多数儿童希望得到与他们所经历的变故、失败和分离相关的信息。如果儿童之前尝试与教师谈论敏感的话题，而且得到了能使人安心的、诚实的和发展适宜性的信息，那么他们会继续这种谈话。利用所有谈话机会向儿童传达对他们的想法和感受的尊重和珍视。表16.1列举了与儿童谈论压力性事件时的指导原则。

表16.1 与儿童谈论压力性事件的指导原则

1. 对于儿童而言，谈话的过程和内容一样重要，你做什么、你怎么与儿童谈话和你说什么一样重要。
   "让我们一起坐在石凳子上，说说发生的事情和你的感受。"

2. 牢记儿童的年龄和理解水平，使用发展适宜性的语言。
   "医生会用听诊器听你的心跳。这可以帮助他更好地听清你身体里的声音。这是一个听诊器，你觉得他会怎么用它呢？"

3. 倾听儿童的问题，仔细想想他们真正的问题是什么。儿童不能够或者不总是提问他们真正在思考和想要知道的内容。尽量分辨儿童提出的问题需要的是事实上的答案还是安慰（或者两者都需要）。
   "你在问我能不能和你待在这儿吗，是不是想知道我会不会和你一直待到你妈妈来接你？我们可以一起玩到那个时候。"

4. 从找出儿童已经知道的事物开始，然后再阐明、纠正、拓展知识和理解。
   "你觉得我们班上的儿童对去医院了解多少？"
   "你对于'死亡'这个词是怎么理解的呢？"

5. 真实地回答儿童的问题并给出解释。对于儿童将要面对的变化给出真实的信息。
   "是的，你爸爸告诉你的是真的。佩顿要离开幼儿园，搬到新奥尔良去了。我觉得他也会想你的。如果你想他的话，我们可以写信给他。"

6. 为儿童提供的信息要符合他们以后的认知能力。由于儿童逐渐成熟后需要更详细的或包含更多认知信息的答案，所以不要给他们提供需要改正的信息。
   "小狗死后就不能吃东西、大叫或者移动了。它的心脏不再跳动，它死了。"

7. 列举具体的例子帮助儿童理解信息。最佳的解释往往是简单的，并能最大程度地利用儿童自身的经历和已知的信息。
   "我们今天去看医生，我们会在那儿待一段时间，跟上周去逛动物园的时间差不多。然后，我们会准时回家看《罗杰斯先生的邻居》（*Mr. Rogers' Neighborhood*）。"

8. 对于儿童的问题所做的解释和回答不需要很啰唆，也不需要包罗万象。提供足够的信息回答儿童的问题即可，然后在儿童继续讨论和提问时提供更多的信息。
   "在医院里，医生会用手电筒检查你的耳朵，然后让你张大嘴巴望着你的喉咙。你觉得她还需要做些什么呢？"

9. 避免做出会让儿童感到恐慌的解释。
   "不，医生不会因为你表现不好给你打针，她给你打针是为了帮助你恢复健康。"

10. 不要回避儿童的问题。大人也不可能知道所有问题的答案，你可以承认你不确定或不了解某个问题。
    "这真是一个好问题。我觉得许多4岁小孩也想知道这个问题。我不认为大人真的知道天堂是什么样的，我们也不确定。"

11. 向儿童强调他们不是压力性事件的罪魁祸首。
    "这不是你的错。这件事跟你无关。你的爷爷并不想离开你。如果人们病得很重，通常就会死去。"

12. 尽量确定儿童明白了你的解释。
    "给布娃娃讲讲我刚刚讲的故事吧。"
    "当医生拿起听诊器时，她会怎么做呢？你能重复一遍我们刚刚说的话吗？"

13. 不要轻易否定儿童的反应、情绪或感知，要不带偏见地帮助儿童表达他们的感受。
    "我听见你说你讨厌那个护士。她给你打的那一针一定很疼。"

14. 鼓励儿童说出自己的感受。你可以谈论面对相似压力源时你的感受和反应，以此来帮助儿童。
    "如果你感到伤心，你可以跟我聊聊。"
    "如果这件事情发生在我身上，我也会感到很难过。"

15. 让儿童知道他们可以跟你谈任何事情，即使你不知道问题的答案，你也会尽力去找到解决办法。
    "对于这个问题的答案，我也不确定，让我们在这本书里找找看。"

表16.1续

16. 不要等到你对某事完全了解时才回答儿童提出的问题或为他们提供信息。
"这个问题对于我来说有点难,也许可以让戴安老师给我们找一本关于运动的书来谈谈。"

17. 让儿童明确他们的目标和力量,帮助他们从变故和失败中走出来。
"我知道你真的很想你的小狗苏菲,很难想象你跟新小狗一起玩耍的样子。你还记得你照顾苏菲时所做的事情吗?你还记得你跟它一起玩耍的情景吗?相信你的新小狗也会喜欢你的照顾。在照顾小动物方面,你真的做得很棒!"

儿童可能保持沉默或不愿意分享信息,对此要表示理解。沉默不一定表示畏惧、没礼貌或低智商。一些儿童可能还未建立起对成人的信任,认为老师的问题是窥探性的甚至是有威胁的,或者先前被告知谈论死亡、离婚或性是不合适的。文化和家庭因素会影响儿童是否愿意在家中谈论压力性事件。另外,教师自身的偏见、价值观、个人成长与家庭经历都会影响他们与儿童谈论压力源时对话的内容。非语言交流,如眼神接触和面部表情,需要充满关切,此时教师要努力理解儿童对问题的反应和对信息的分享。文化传统、家庭忌讳和交流风格等是促进或阻碍我们与儿童交流的可变因素(Garbarino, Stott, & Faculty of the Erikson Institute, 1990)。

儿童游戏与应对压力

"儿童要调整自身去适应社会",这让儿童感到压力。对于必须要去观察、体验、适应和应对压力性事件的"慌乱的儿童"来说,游戏能起到重要的减压和适应的作用(Elkind, 1988, p.198)。游戏——想象游戏、社会戏剧游戏和角色扮演游戏,能以多种方式帮助儿童减压和应对压力性事件。游戏是儿童释放压力带来的恐惧和焦虑的重要出口。游戏为儿童提供了以下机会:体验成为另一个人是什么样的、在安全的环境中再现可怕的经历、在角色的安全庇护下表达情绪、演练问题的解决办法,并让现实不那么可怕,如图16.1中儿童正在做的那样(Aleen, J., 1988a;Catron, 1981)。游戏通过"治愈疼痛和悲伤"促进儿童的情感健康发展(Cass, 1973, p.12)。比如,害怕打针的儿童可以让他练习给洋娃娃打针,以克服真实经历中的一些恐惧情绪。害怕医生、怪物和与父母分离的儿童可以在游戏中面对和控制这些恐惧的情绪,从而"在想象中获得现实中不能获得的胜利"(Peller, 1952)。儿童可以在游戏中反复地体验令他们害怕或疑惑的经历,直到他们把这些经历纳入自己的理解范畴,这样儿童能更好地发展并掌握应对相似经历的有效策略。

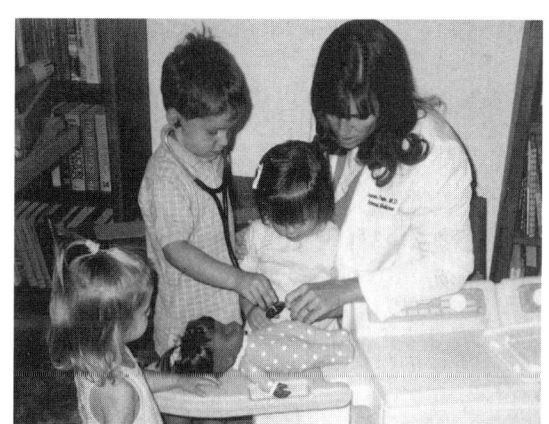

图 16.1

儿童游戏还能帮助教师对有压力的儿童开展工作。观察儿童在游戏中对压力的表现,以及对压力源的正确与错误的认知。比如,假扮医生的一个儿童正在给洋娃娃打针,说:"你挨这一针是因为你表现不好。"这时教师可以安抚儿童说:"打针不是为了惩罚儿童,相反,是为了帮助他们恢复健康或预防疾病,保持健康。"教师可以通过设计主题或角色,提供道具,鼓励儿童进行可以表达强烈情感、恐惧、体现解决问题和应对策略的对话,推动儿童对压力性事件的表演。确保儿童拥有包容的、安全的游戏环境,让儿童可以在这种环境中探索、模仿、练习和控制(Allen, J., 1988a;Smilansky, 1971)。

儿童读物与应对压力

与压力源有关的儿童读物是帮助儿童理解和应对变化、分离和失败的宝贵资源。书和故事提供了真实的信息,拓展了儿童对压力性事件(如死亡、离婚、疾病和住院)的认识。讨论故事和图画能帮助儿童认清和表达他们的恐惧、感受和想法。使用儿童读物时应做到以下几点:

- 提供准确直白的信息,帮助儿童理解当下或过去的压力性事件,并让儿童为将来可能的经历做好准备。
- 纠正或澄清儿童对压力源的错误认识。
- 提供机会让儿童听故事、看图片,看看别人是怎么应对压力性事件的。
- 让儿童知道他不是唯一一个面对家庭变故的人,别的儿童和家庭也会发生类似的情况。
- 若儿童的语言能力还不够,或者谈论自己的经历和感受太痛苦,允许儿童思考和谈论故事主人公的感受和想法。
- 让儿童理解别的儿童和家庭的价值观、经历、习惯、宗教和文化的多样性。
- 为儿童谈论他们的问题提供便利,并让儿童知道当压力源给他们带来恐惧和其他反应时,教师和其他成人会为他们提供安慰和其他帮助。

在儿童阅读过一本书后,教师可以鼓励他们讨论其中的故事情节或依据他们自身的经历和感受编故事。图16.2中的儿童正安静地看教师刚刚读的书。要以问题启迪儿童,如"你觉得故事中的孩子有什么感受?""对小男孩来说什么事情改变了?""你觉得当这种事情发生时,小孩害怕什么?""小男孩害怕什么?""当这种事情发生时,小孩能想些什么让他们感觉好受些呢?""他的老师做了什么让他感觉好受些?""他的爸爸妈妈(或者爷爷奶奶)做了什么帮助他?""你觉得他的爸爸妈妈(或老师)可以再做些什么来帮助他?""当这种事情发生时,孩子能做什么让事情变得好起来?"

图 16.2

教师在选择和使用与压力源有关的儿童读物前要仔细阅读。最重要的是考虑这本书是否适合儿童的年龄。虽然一些书有吸引幼儿的插图,但它的内容对学前儿童来说太超前了。有些书的语言可能是适合幼儿年龄的,但其中的故事太长了,而且信息量太大,有太多不同的概念。后一种情况中,教师可以仅使用书里涉及的一件事情或回答某一特定的问题。在为儿童挑选与压力性生活事件有关的图书时,教师还要考虑以下几条:

- 这本书适合在故事时间为所有儿童朗读,还是更适合为那些有相应问题的儿童朗读?

- 这本书是否表现了家庭、立场和观点的多样性？比如，尽管有关收养孩子的儿童读物存在了几十年，但直到1991年才有了描述跨种族收养孩子的书籍。
- 书中有幼儿可以模仿和学习的各种应对策略吗？
- 儿童在听过故事和看完图片后可能会产生什么问题？要对儿童可能会问的问题、后续的讨论以及对书中场景和主题的表演做好准备。
- 儿童读完故事后可能会产生什么感受？一些儿童可能对故事中一只宠物或爷爷奶奶的死亡非常敏感并感到悲伤。一些儿童可能听了去看医生的故事后感到害怕。准备好说一些能让他们感觉好受的事情。准备好安抚儿童。

儿童绘画与应对压力

幼儿通常不能口头表达他们对压力性事件的想法和感受。对于这样的儿童，绘画和其他形式的创造性表达方式能很好地代替口头表达。可以鼓励儿童画画——画出他们自己、家庭成员、朋友以及他们的房子、学校和社区。儿童更容易用铅笔、油画棒或马克笔表达他们的想法。手指绘画可以让他们发泄情绪。画好之后，有些儿童会根据他们的绘画作品讲故事——这些故事提供了关于他们想法和感受的更多信息（图16.3、图16.4和图16.5是有关学前儿童绘画作品的例子，还包括他们完成作品后与成人分享的故事）。教师可以发起关于压力源及应对办法的讨论，并让儿童通过绘画来表达宣泄，从而让经历不那么可怕。儿童绘画活动可以做到以下几点：

- 在不能用语言表达时帮助儿童交流想法和感受。
- 儿童绘画反映了他们的认知理解和社会关系，因此教师可以深入了解儿童的恐惧、想法和情绪。
- 允许儿童通过绘画重塑经历；让可怕的东西变得不那么让人害怕，从而让儿童获得力量与控制。
- 不受成人的分析、观察和看法的干扰。儿童应该"拥有"他们的绘画作品，并可以选择谈论或不谈论他们的作品。绘画对儿童是一种治疗过程，因为他们可以从中表达想法和处理一些成人不总能了解或明白的情绪。

图16.3 "看牙医的人。"（3岁儿童画）

图16.4 "宝宝在里面躺下了，因为她生病了。"（3岁儿童画）

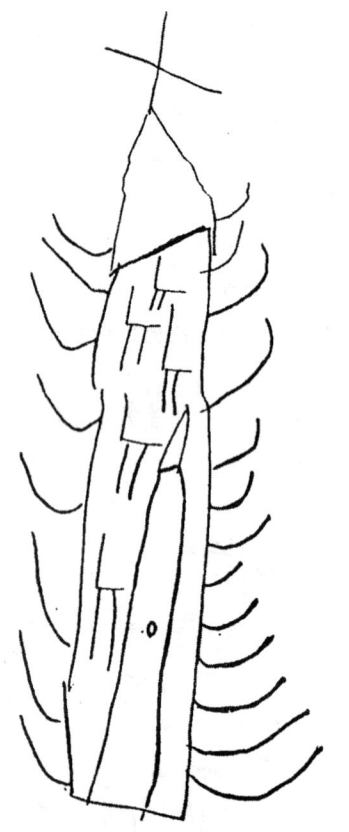

图 16.5 "一只臭虫把教堂搬走了。"（4岁儿童画）

师生关系中很重要的一点是要了解当代环境和生活方式中威胁儿童健康成长的因素，并以敏感的态度对待儿童因这些压力源而产生的情绪和反应。要想帮助幼儿掌握有效的应对策略，第一步是认识到儿童情感的脆弱性、认知的局限性和在恐惧或焦虑的情况中获得支持的需要。教师提供鼓励表达情绪和谈论恐惧的游戏性环境，不仅能帮助儿童说出和驱走他们的恐惧，还能帮助他们在面对生活中最混乱、最有挑战的时刻时获得支持和迅速恢复。在急剧变化的世界中，这样的教师具有能支持、鼓励儿童和家长的特质。

有效教学的五个 C[1]

在全国的儿童都接受发展适宜性的创造性课程之前，幼儿教师会遇到各种挑战。在提高儿童生活质量和生活稳定性方面，每位教师都能发挥作用：

- 为每个教室中的儿童提供最好的学习环境。
- 向家长、同事和公众普及学前教育的相关知识。
- 与其他专家合作，共同倡导更高的教学标准，并为早教项目呼吁更多的基金。

要想很好地发挥这些作用，幼儿教师需要具备多种品质，以下五个 C 能最好地概括教师所需的品质，即：爱心（Caring）、能力（Competence）、创造力（Creativity）、奉献（Commitment）和勇气（Courage）。

爱心

幼儿教师应该是温暖的、包容的和有爱心的人，还要有培养儿童和支持其家庭的能力。对大多数教师而言，他们进入学前教育专业的初心是爱护和关心幼儿的健康成长。

对儿童的愿望和要求感到不耐烦的人、给儿童的个体差异和能力水平贴标签或因此嘲笑儿童的人、指望所有儿童遵从一样的行为和学业成就标准的人都没有资格成为幼儿教师。教师需要培养儿童的自我意识，尊重他们的个体差异，珍视他们独特的学习方法，热情主动地接受他们的家庭。儿童需要教师有极大的爱心和同理心。

教师还需要有能力照顾自己，以免自己产生过度的压力或职业倦怠，让自己在学前教育领域成为一名积极的、热情的贡献者。幼儿教师常

---

[1] 五个"C"，指英文中五个以"C"开头的单词，即 Caring（爱心）、Competence（能力）、Creativity（创造力）、Commitment（奉献）和 Courage（勇气）。——译者注

有压力，这是由强烈的情感需要、严峻的工作环境，以及许多早教行业非常典型的低水平的工资造成的。职业倦怠通常是由于长期的压力造成的，其特点是精力不足、对工作任务的兴趣丧失、工作效率低、旷工增加，还有身体上的症状，如抑郁或失眠。压力始终困扰着许多教师，但他们可以定期花时间进行个人和职业的更新，以此来应对压力。要做到既照顾自我又关爱他人，则需要学习如何平衡个人的和职业的需求：在满足个人对人际关系、创造性的追求和精神满足的需要的同时，要在工作中照顾儿童、家长和同事的需要。

儿童需要最好的教师，他们对教师的需要不是一两年时间，而是一生的时间。当教师出现职业倦怠并在几年后离开学前教育领域时，这个行业便会承受知识和经验上的巨大损失。为了避免成为职业倦怠的牺牲品，继续有效地工作，教师需要对自己也表现出爱心（除了儿童和家长外）。

能力

幼儿教师需要有能力将所掌握的关于儿童发展的知识和幼儿教学策略运用到课堂实践中。然而，能力不仅包括这些。用《小熊维尼》中的话来说："'兔子很聪明，'维尼认真地说。小猪说：'是的。''兔子很聪明，他有头脑。''是的，'小猪说，'兔子有头脑。'然后是长时间的沉默。'我想，'小熊说，'这就是他从来不去理解任何东西的原因。'"（Milne，1957，pp.270—271）能力包括对学前教育原则（它们会影响儿童和教师的日常生活）的理解、对课程实践做出决策的眼光和能力，还有实施发展适宜性的、创造性课程必需的教学技能。

有能力的幼儿教师会做到以下几点：
- 形成一套教育哲学。
- 能够将发展理论和教育实践联系起来。
- 打造以儿童为中心、适合儿童年龄水平的课程。
- 评估教师活动和教学策略的有效性。
- 根据儿童的需要和兴趣对教室环境做出有效的决定。
- 表现出高尚的个人和专业素养，践行道德原则。
- 以敏感和有同理心的态度与儿童、家长和同事互动。
- 积极地对待儿童、处理家庭危机和教室问题。
- 为课程取得支持和获得资源进行有效的呼吁。
- 为学前教育领域做出专业贡献。

也许最重要的是，有能力的教师使用关于儿童的知识和教学能力来做出有效的判断和决策。有能力的教师关注儿童，知道什么对儿童来说是最重要的，有能力根据什么对儿童是最好的来做出决策。

创造力

幼儿教师应该是包容的、有创造力的和懂得思考的人，还要珍视每个儿童的独特性。若儿童遇到充满创造力的教师为他们提供可以培养想象、探索可行方案、拓展世界认知的环境，那么儿童就会得到充分的发展。这样的教师能进入孩子的世界，分享孩子的观点，并以新的、令人愉悦的方式拓展孩子的思维。如果幼儿教师为儿童示范有效的评估、问题解决办法和应对技能，那么便能帮助儿童做好面对急剧变化的世界的准备。有创造力的教师具有创新思维，他们会不断寻找新的挑战，产生新的想法，并尝试新的策略。教师需要通过鼓励多元思考、鼓励自我表达和激发创造性潜能来帮助儿童学习适应变化。

儿童需要享受学习、渴望分享新想法和新

见解的教师。若教师自身充满创造才能、热情地追求知识，那么儿童将会享受学习，并在充满丰富活动的游戏环境中成长。最好的、最有创造力的教师能够让儿童认识到学习是一段探索、发现、成长的旅程，这段旅程令人兴奋且会持续一生。

奉献

幼儿教师需要努力做到卓越，并且知晓儿童真正需要什么。对儿童来说，大的不一定是好的。庞大的班容量和较少的教师使得儿童与成人建立亲密关系的需要得不到满足。对儿童来说，快的不一定是好的。加速课程学习和急于开展有许多音乐课和集体活动的课程计划会阻碍儿童根据他们自己的速度和时间发展。对儿童来说，早一点未必是好的。实施结构化的学业课程并强调早期的标准化测验或升学预备考试，通常给儿童提出了超出他们能力范围的要求。

儿童需要的是小规模的班级，需要的是灵活的、有人文关怀的和合乎情理的课程。他们需要每天都这样生活。他们需要与聪明的、善解人意的和有爱心的成人一起生活，这个成人需要努力创造一个安全的、有充足养分的、能让儿童在游戏中学习的环境。

儿童还需要有终身学习的教师。这样的教师会阅读关于最新研究和新的教学策略的书籍和论文；为了获得新的观点、分享想法与信息，他们会去参加研讨会和各种会议；为了探索其他可行的教学方式、增进与其他学前教育工作者的联系，他们会参观其他幼儿园；他们会仔细倾听儿童的智慧，从与儿童共处的经历中学习。终身学习能激励教师不断评估教室的环境，并对课程实践做出最好的决定。

勇气

有的官员要求教室安静整洁，要求用更高的测验分数证明儿童确实在学习；有的国会议员在财政空虚时瞄准削减幼儿教育项目的开支，幼儿教师需要有勇气面对这些情况。关爱儿童和家庭是不够的；知道什么是最好的、最有创造力的课堂实践是不够的；能制定卓越的课程标准是不够的。如果学前教育领域要在未来达到它的目标，那么教师需要做勇敢的、明智的和有力的呼吁者。

这意味着幼儿教师需要做一个"既强硬又温和"的人，能够将温暖关爱的一面和强硬果敢的一面整合起来，做一个优秀的和勇敢的教育者。这里的"勇敢"意味着既善良慷慨，又立场明确、态度坚定。

儿童无法为自己发声。当教师在教职工大会上为儿童设计一日活动时，儿童并没有发言权；当决策者制定有关资源分配的决策时，儿童并不在行政者们的办公室里；当国会决定在学前教育项目上投入资金时，儿童也不会出现在国会大厦里。学前教育工作者必须有勇气为儿童发声。

与家庭合作拓展课程

对于个别儿童来说，家庭可能是他们年幼生活中最大的压力来源。但对所有儿童来说，家庭可以帮助他们应对压力，是最安全、最可靠和最值得信任的港湾。作为教师，我们需要与家长合作一起保护儿童，帮助他们学习适宜的应对技能。说得更宏观一点，对所有地球上的孩子来说，我们需要让世界变成一个更加安全和美好的地方。

本章小结

儿童会经历许多威胁他们健康成长、身体安全和心理健康的压力性生活事件。暴力、无家可归、性虐待、死亡、离婚以及由这些压力源所产生的问题在幼儿生活中是常见的。了解幼儿对这些压力源的认知水平及情绪反应,能帮助教师开展发展适宜性的谈话和活动,以便与儿童分享信息、减轻他们的情感焦虑,帮助他们掌握有效的应对策略。儿童读物、绘画活动和游戏有利于儿童表达情感、调节并缓解压力。让儿童感到身心安全的教室和以信息、安慰回应儿童的教师,能让儿童发展信任感,提升他们在当代社会中的竞争能力。

到目前为止,学前教育工作者面临的最大挑战是让幼儿的每一天都过得最好——打造高质量的教育项目、聘用最杰出的教师以及提供最恰当的、最能促进儿童成长的和最有创造性的课程。为了迎接这个挑战,幼儿教师需要具备爱心、能力、创造力、奉献精神和勇气,这样才能让所有的儿童都度过美好的一天,让所有的早教项目都做到最好。

为儿童提供机会、活动和游戏材料以帮助他们在安全的教室环境中应对压力源,是教师们的重要任务。要想帮助威廉应对这次暴力事件,教师需要提供以下信息和游戏资源。

◆ 通过提开放式的问题、仔细地倾听他的回答以及坦诚地做出简明的、具体的解释,鼓励威廉表达他的感受。

◆ 选择涉及受伤、死亡和暴力的发展适宜性儿童读物,以方便交流、澄清或拓展威廉对此事的理解。

◆ 让威廉操作不需要与别人互动的开放性游戏材料。比如,鼓励威廉绘画,以帮助他找到应对恐惧的办法。告诉威廉他的绘画作品确实反映了一个恐怖的事件。让威廉想想可以在图画中添加什么东西,以让画面看起来不那么可怕。

◆ 与威廉谈论教室、家庭和社区中能让他感到安全的人,如教师、父母和警察叔叔等。

◆ 找机会让威廉知道你的职责是保护儿童免受伤害,以让他产生安全感。同时,保持教室环境的一贯性,提供口头的和非口头的安慰,开展许多具有发展适宜性的游戏活动。让威廉得到你的支持,让他觉得自己是一个有能力的、适应力很强的人。

反思与应用

1. 讨论本章开头的小故事。你还有什么其他的问题或看法吗?讨论本章结尾对小故事的回答,你对这种情况还有其他的应对方法吗?
2. 观察某一个班上的儿童,他们经历了哪些压力性情境?他们与老师或同伴交流了哪些压力性事件?教师是怎么回应的?儿童表现出了怎样的反应?

3. 当一个孩子问到"我在电视上看到有人死去,他们为什么死去"或者"我也会死吗"时,你会怎样回答这个问题?
4. 选择一本有关情绪、死亡或离婚的书读给儿童听。3岁的儿童会提出什么问题?你会怎么回应?
5. 当家长问你怎么跟孩子谈论电视中播出的有人伤亡的国家灾难时,你该说些什么?拿最近国内或国外的新闻做例子,构思你的回答。

补充资源

[1] Greenman, J. (2005). What happened to my world? Helping children cope with natural disaster and catastrophe. Watertown, MA: Comfort for Kids.

[2] Groves, B. (2002). Children who see too much: Lessons from the child witness to violence project. Boston: Beacon Press.

[3] Hyson, M. (Ed.). (2003). Preparing early childhood professionals. Washington, DC: National Association for the Education of Young Children.

[4] Knitzer, J. (2000). Promoting resilience: Helping young children and parents affected by substance abuse, domestic violence, and depression in the context of welfare reform (Children and Welfare Reform, Issue Brief No. 8). New York: National Center for Children in Poverty.

[5] Koplow, L. (1996). Unsmiling faces: How preschools can heal. New York: Teachers College.

[6] Sullivan, D. (2003). Learning to lead: Effective leadership skills for teachers of young children. St. Paul, MN: Redleaf Press.

[7] Yamamoto, K., Davis, O., Dylak, S., Whittaker, J., Marsh, C., & Westhyizen, P. (1996). Across six nations: Stressful events in the lives of children. Child Psychiatry and Human Development, 26(3), 139—151.

[8] Zaslow, M., & Martinez-Beck, M. (2006). Critical issues in early childhood professional development. Baltimore:Brookes.

附 录

附录A

全美幼儿教育协会的《伦理行为守则和承诺声明》[1]

前言

全美幼儿教育协会认为,那些和幼儿一起工作的人在日常生活中需要做出许多涉及道德和伦理的决定。全美幼儿教育协会的《伦理行为守则》为幼儿教师应该具有怎样负责任的行为提供了指导,并为他们解决幼儿保育和教育中所遇到的主要道德难题奠定了基础。《承诺声明》不是《伦理行为守则》的一部分,而是代表个体认可并愿意接受幼儿保育和教育领域的特色价值观和道德责任。《伦理行为守则》主要关注幼儿教师与参加教育项目的儿童及其家庭的日常互动情况,这些教育项目是为0-8岁的儿童设计的,包括婴儿和学步儿教育项目、学前儿童教育项目、日托中心、医院、儿童生活中心、家庭式托儿所、学前班和小学教室等。《伦理行为守则》也同样适用于那些不直接和幼儿一起工作的人,包括教育项目的管理者、幼儿父母的指导者、与幼儿相关的成人的指导者以及负责项目监管和注册的政府官员。(备注:你可以在线阅读《伦理行为守则:与幼儿相关的成人指导者的补充说明》)

核心价值观

幼儿保育和教育中的道德行为标准是在下列核心价值观的基础上形成的,而这些核心价值观深深植根于幼儿保育和教育发展的历史。我们承诺:

- 把童年时期看作人类整个生命周期中一个独特的和有价值的时期。
- 以儿童如何发展和学习的有关知识为基础来开展我们的工作。
- 重视并支持儿童和家庭之间的联系。
- 认识到将儿童置于家庭、文化[2]、社区和社会的大背景下,有助于我们更好地了解和支持儿童。
- 尊重每一个个体(儿童、家长和同事)的尊严、价值和独特性。
- 尊重儿童、家庭和同事的多元化。
- 认识到儿童和成人在基于信任和尊重的关系的前提下,能实现他们的全部潜能。

概念性框架

《伦理行为守则》建立了一个有关职业责任的框架。这个框架分为四部分,每一部分均涉及职业关系的一个领域:(1)和儿童的关系;(2)和家庭的关系;(3)和同事的关系;(4)和社区及社会的关系。每一部分均介绍了在特定关系背景

---

[1] 资料来源:NAEYC.(2005). Code of Ethical Conduct and Statement of Commitment (2005 rev.) A position statement of the National Association for the Education of Young Children. Washington, DC: National Association for the Education of Young Children. 在全美幼儿教育协会授权下复印。

[2] 文化包括民族、种族、经济水平、家庭结构、语言、宗教信仰和政治信仰等因素,这些因素会深刻影响每一个儿童的身心发展和他们与世界的关系。

下，幼儿教育工作者的主要职责，紧接着呈现了一系列的理念和原则，其中理念部分可以反映幼教工作者典型的专业实践；原则部分描述了被要求的、被禁止的或被允许的实践。

理念反映了幼儿教育工作者的理想，原则能指导并帮助幼儿教育工作者解决道德难题[1]。当幼儿教育工作者想要解决这些难题时，理念和原则能为他们做出负责任的决定奠定基础。然而，《伦理行为守则》只能为某些道德难题的解决指出明确的方向，其他许多难题则需要幼儿教育工作者结合《伦理行为守则》的指南和专业判断做出决定。

《伦理行为守则》中的理念和原则为我们呈现了一个可以共享的职责框架，这个职责框架肯定了我们对核心价值观所做的承诺。《伦理行为守则》公开地认可了我们在幼教领域中已经承担的责任，并支持了我们在工作中的道德行为。面临道德难题的幼儿教育工作者可以从《伦理行为守则》的某一合适的部分获得指导，也可以从整个《伦理行为守则》所传达的精神中获得帮助。

通常，要想获得"正确的答案"——解决道德难题的最佳方法，是不容易的。也许不存在一个明显的、有效的方法来解决问题。当一个重要的价值观和另一个相矛盾时，我们就面临着一个道德难题。当我们面对这一难题时，我们要履行自己的职责——求助《伦理行为守则》并和同事一起讨论，以便找出最佳的解决办法。

第一部分：对儿童的道德责任

童年时期在人类整个生命周期中是一个独特的和有价值的时期。面对这一重要时期，我们最重要的责任就是为每个儿童提供安全的、健康的、有充足养分的、能回应他们的需求的环境。同时，我们要全身心地支持儿童的发展和学习；尊重个体差异；帮助儿童学会生存、游戏及合作；促进儿童的自我意识、竞争力、自我价值感、灵活性和身体的发展。

理念

I-1.1——熟悉幼儿保育、教育的基础知识，并且通过继续教育和在职培训增进对这些知识的了解。

I-1.2——要基于幼儿教育、儿童发展和相关学科的现有知识、研究以及每个儿童自身的发展水平实施教育。

I-1.3——发现并尊重每个儿童的独特品质、能力和潜能。

I-1.4——理解儿童身心发展的脆弱性和他们对成人的依赖性。

I-1.5——创设并维持一个安全的、健康的环境，促进儿童的社会性、情感、认知和身体的发展，并尊重儿童的人格和他们做出的贡献。

I-1.6——使用适合儿童的评估工具和策略，评估工具要实现设计的意图，并能使儿童从中受益。

I-1.7——使用评估信息来理解和支持儿童的发展和学习、支持教学，以及鉴别哪些儿童需要额外的辅导。

I-1.8——支持每一个儿童游戏和学习的权利，创设一个包容性的环境，满足所有儿童（包括身体残障儿童）的需要。

I-1.9——倡导并确保所有的儿童（包括有特殊需要的儿童）有机会得到支持并获得成功。

---

[1] 理念和原则不一定要一一对应。

I-1.10——确保每一个儿童的文化背景、语言、种族和家庭结构都能在项目中得到认可和重视。

I-1.11——为所有儿童提供他们所知道的语言方面的经验,支持儿童坚持使用母语及学习英语。

I-1.12——当儿童和家庭从一个项目转到另一个项目时,和家庭共同努力让儿童实现安全、平缓的过渡。

原则

P-1.1——首先,我们不能伤害儿童。我们不能组织会伤害儿童情感、危害儿童身体健康、不尊重儿童、贬损儿童、给儿童带来危险、利用或恐吓儿童的活动。在《伦理行为守则》中,这条原则优先于其他原则。

P-1.2——我们需要在充满积极情感和促进认知发展的社会环境中照顾和教育儿童,这个环境支持具有不同文化背景、语言、种族和家庭结构的儿童。

P-1.3——我们不能因为儿童的性别、种族、国籍、宗教信仰、身体状况、残疾或儿童父母的婚姻情况、儿童的家庭结构、儿童的家庭成员的性别倾向、宗教信仰及其他家庭特征而歧视儿童,包括否认儿童的优点、给予儿童特别优待或排斥儿童参与项目和活动。(这条原则的某些方面不适用于由法律规定为特定儿童提供服务的项目。)

P-1.4——我们需要与所有知道儿童信息的人(包括家长和同事)共同做出关于儿童的决定,并且要根据情况注意对敏感信息保密。

P-1.5——我们需要使用合适的评估系统。它包含各种各样的信息源,可以提供有关儿童学习和发展的信息。

P-1.6——我们要努力确保类似让儿童入学、留级或接受特殊教育服务的决定,是在获得大量信息源的基础上做出的,而不是仅凭一次评估做出的,比如一次考试成绩或一次简单的观察。

P-1.7——我们要努力和每个儿童建立联系,使每个儿童都能适应教学策略、学习环境和课程。为了确保儿童能更好地从项目中受益,我们需要和儿童的家庭讨论交流。如果这些努力不起作用,比如,目前的课程设置不能满足儿童的需要,或者某一个儿童已经严重影响到其他儿童从项目中受益,那么我们需要和儿童的家庭或相关专家合作,来决定儿童是否需要额外的服务或其他的安排——这些安排要能在最大程度上保证儿童获得成功。(这条原则的某些方面不适用于由法律规定为特定儿童提供服务的项目。)

P-1.8——我们需要熟悉虐待儿童、忽视儿童的风险因素和表现,包括对儿童进行身体、性、言语和情感虐待以及忽视儿童的身体、情感、教育和医疗需求。我们也需要了解并遵照国家法律和社区援助程序来保护儿童远离虐待和忽视。

P-1.9——当我们有合理的理由怀疑儿童遭受虐待或被忽视时,我们需要上报给相关的社区机构，并督促它们采取合适的行动。在适当的时间，我们可以告知儿童的父母或监护人我们已经采取了保护行动。

P-1.10——当有人告诉我们他怀疑某个儿童正在遭受虐待或被忽视时，我们需要帮助这个人采取合适的行动来保护被虐待或被忽视的儿童。

P-1.11——当我们意识到某个活动或某种情况会危害儿童的健康、安全和幸福时，我们有责任保护儿童或通知儿童的父母以及其他人。

第二部分：对家庭的道德责任

家庭在儿童发展过程中的重要性居于首位。因为家庭和幼儿教育工作者在儿童健康成长方面有着共同的利益，所以我们意识到我们的主要责任就是通过让家庭与幼儿教育项目之间进行交流和合作来促进儿童的发展。

理念

I-2.1——熟悉有效开展家长工作的基础知识，并通过继续教育和培训增进对知识的了解。

I-2.2——和家长之间相互信任，并建立一种伙伴关系。

I-2.3——欢迎并鼓励所有的家庭成员参与项目活动。

I-2.4——倾听家长的意见，承认并善于发挥家长的优势和能力；支持家长的育儿工作，并向家长学习。

I-2.5——尊重每个家庭及其偏好，努力了解每个家庭的结构、文化背景、语言、风俗习惯和信仰。

I-2.6——认可家庭的教育观并承认家庭为儿童做决定的权利。

I-2.7——和家庭分享每个儿童的教育情况和身心发展情况，并帮助他们理解和领会幼儿教育领域的专业知识。

I-2.8——帮助家长更好地理解自己的孩子，并支持他们不断提高教育孩子的能力。

I-2.9——通过为家庭提供与项目工作人员、其他家庭、社区和专业服务机构互动的机会来参与家庭支持网络的建设。

原则

P-2.1——我们不能否认家庭成员进入儿童教室的权利，除非这一权利被法庭禁止或受到其他法律的限制。

P-2.2——我们需要告诉家长教育项目的哲学理念、政策、课程、评估体系和人员资质，并且向他们解释为什么我们要这样教学——应该与我们对儿童的道德责任相协调。

P-2.3——我们应该通知家长教育项目的有关政策，并在合适的时候让家长参与政策的制定。

P-2.4——我们应该让家长参与制定能影响儿童的重要决策。

P-2.5——尽量用一种家长能够理解的语言与其沟通；如果项目中没有足够的资源，我们可以借助社区资源向家长解释。

P-2.6——当家长与我们分享儿童和家庭的信息

时，我们可以考虑使用这些信息来策划和实施课程。

P-2.7——我们需要告诉家长教育项目中有关儿童评估的性质、目的以及我们将如何使用这些数据。

P-2.8——我们要严格保密儿童的评估信息，只在有需要时，我们才可以分享这些信息。

P-2.9——我们需要告诉家长儿童将来有可能发生的意外及承担的风险，比如可能患传染性疾病或产生情绪压力的风险。

P-2.10——我们应该告知家长任何一项建议儿童参与的研究项目，同时告诉家长他们有机会表示赞成或否定，并且不会受到任何处罚。我们不被允许参与会阻碍儿童的教育、发展或健康的研究项目。

P-2.11——我们不能利用儿童的家庭谋取利益，也不支持别人这样做。我们不能利用与儿童家庭的关系来获得个人利益、达到个人目的，也不能和儿童的家庭成员形成某种关系，从而有损我们与家庭的有效合作。

P-2.12——我们需要制定书面政策来保护儿童的隐私和相关记录不被泄露。所有的项目工作人员和家庭成员都可以看到这些书面政策。当把儿童的记录信息向儿童的家庭成员、项目工作人员以及咨询人员（法律有义务保护个人隐私）以外的人公开时，需要得到家庭的同意（虐童或忽视儿童的案件除外）。

P-2.13——我们应该保护儿童的私密信息，尊重儿童的家庭保护隐私的权利，避免儿童的私密信息被泄露出去或侵犯儿童的家庭。然而，当我们有合理的理由怀疑儿童的权益受到侵害时，我们可以和相关机构以及有法律责任保护儿童权益不受侵害的个人分享这些信息。

P-2.14——如果家庭成员之间发生了冲突，我们应该和他们公开讨论并分享我们对儿童观察的信息，这样可以帮助双方做出明智的决定；我们应该避免成为某一方的袒护者。

P-2.15——我们应该熟悉并能帮助家庭恰当地利用社区资源，获得专业的支持服务。我们应该继续追踪以确保家庭获得了合适的服务。

第三部分：对同事的道德责任

在一个充满关爱和合作氛围的工作场所，人的尊严会得到尊重，职业满意度会得到提升，积极的关系将得以形成和保持。基于核心价值观，我们对同事的主要责任是建立并保持能支持有效工作、满足职业需要的环境和关系。适用于儿童的理念同样适用于和我们在一起工作的成人。

A-对同事的责任

理念

I-3A.1——和同事建立并保持相互尊重、相互信任、保护隐私、协同合作的关系。

I-3A.2——和同事分享资源，通过共同合作来确保为儿童提供最好的幼儿保育和教育项目。

I-3A.3——满足同事的专业需求，促进同事的专业发展。

I-3A.4——认可同事的专业成就。

原则

P-3A.1——我们应该承认同事对教育项目做出的贡献，并且不做损害他们名誉或降低其工作效率的事情。

P-3A.2——当我们担心同事的专业行为表现时，我们首先应该让同事知道我们的担心，并用一种保护他们的尊严并尊重同事之间个体差异的方式表达出来，然后和同事一起尝试用私密的方式来解决这个问题。

P-3A.3——我们应该谨慎地表达我们对同事个性和专业行为表现的看法。我们的看法应基于第一手资料而不是传闻，同时应该与儿童的权益、项目的利益相关。

P-3A.4——我们不能歧视同事，不能因为同事的性别、种族、国籍、宗教信仰、党派、年龄、婚姻状况、家庭结构、身体残疾、性别倾向而歧视他们。

B-对雇主的责任

理念

I-3B.1——尽力提供高质量的教学服务。

I-3B.2——不做损害教育项目名誉的事情，除非它违反了保护儿童的法律法规或本《伦理行为守则》的相关规定。

原则

P-3B.1——我们应该遵循教育项目的所有政策。当我们不同意相关政策时，我们可以尝试在机构内部提出建设性的建议，以便做出有效改变。

P-3B.2——只有当我们被授权后，我们才能代表一个机构发言、行动。当我们谈及机构或表达个人观点时，要注意认可机构。

P-3B.3——我们不能违反保护儿童的法律法规，并且当我们意识到违反了某些规定时，我们应该采取合适的行动来与本《伦理行为守则》保持一致。

P-3B.4——如果我们认为同事的行为有问题，但这一行为没有危害儿童的利益，那么我们可以提醒同事注意自己的行为。如果同事的行为可能危害儿童的利益或同事的行为在提醒后仍然没有改善，那么我们应该把同事不道德、不称职的表现上报给合适的管理机构。

P-3B.5——当我们担心某些环境和情况会影响教育项目的质量时，我们应通知项目管理人员。必要时，可以通知其他合适的管理机构。

C-对雇员的责任

理念

I-3C.1——提供安全、健康的工作环境并制定政策来促使员工之间互相尊重、合作协助，提升员工的竞争力、幸福感，保护员工的隐私和自尊。

I-3C.2——营造并保持互相信任、公开透明的氛围，使得员工说话和做事能在最大程度上关照儿童、家庭和教育项目的利益。

I-3C.3——要努力确保员工得到足够且合理的报酬（薪水和福利）。

I-3C.4——鼓励并支持员工不断发展，使他们成为技能更熟练、知识更渊博的从业者。

原则

P-3C.1——在做涉及儿童和项目的决定时，我们要善于利用教育方面的最新研究、从培训中获得的知识、自己的经验和员工的专业知识。

P-3C.2——我们应该为员工提供安全的、支持性的工作环境，鼓励员工更加自信，并通过以下方式帮助他们更好地履行责任：进行公平的绩效评估、制定书面的申诉程序、给予建设性的反馈以及提供专业发展的机会。

P-3C.3——我们应该制定内容全面的书面人事制度并坚持使用，这些制度反映了项目的标准。新入职员工需要学习这些制度，并且所有员工都要能很容易学习这些制度并用它们来评估自己。

P-3C.4——我们需要告知员工在自己的职责范围内其表现是否达到了项目的预期；可能的话，帮助他们改进自己的工作。

P-3C.5——我们需要根据适用的法律法规以正当理由解雇员工，并告诉员工被解雇的原因。当因为某一原因要解雇员工时，我们应基于员工近期不称职的行为做出判断，而且这些行为会被准确记录下来，可以供员工查阅。

P-3C.6——在评估员工和提建议时，我们应基于事实以及儿童、项目的利益做出判断。

P-3C.7——我们在雇用、辞退和晋升员工时，应仅仅基于他们的工作能力、工作成绩、履行岗位职责的能力、是否具有能使儿童达到特定发展水平的职业准备来做出判断。

P-3C.8——我们不能基于一个人的性别、种族、国籍、宗教信仰、党派、年龄、婚姻状况、家庭结构、身体残疾、性别倾向做出雇用、辞退和晋升员工的决定。我们应熟悉并遵守有关禁止雇用歧视的法律法规（这条原则的某些方面不适用于由法律规定需要基于上述提到的一个或多个标准来决定任职资格的项目）。

P-3C.9——在处理涉及员工工作表现的问题时，需要保密而且要尊重员工的个人隐私权。

第四部分：对社区和社会的道德责任

幼儿教育项目是在社区背景下开展的，而社区是由家庭和其他关注儿童福利的机构组成的。我们对社区的责任是提供教育项目，满足家庭多样化的需求；和有关机构及专业人士合作，分担儿童教育的责任；帮助家庭获得这些机构和专业人士的帮助；帮助发展社区项目（这些社区项目是必需的但目前还不具备）。

作为个体，我们认识到自己的责任是为儿童提供最好的保育和教育项目，并用真诚和包容的心态来引导自己的行为。因为我们在幼儿发展和教育方面具有专业知识和技能，并且整个社会需要共同承担保护儿童的责任，所以我们认为我们有责任共同呼吁社会最大程度地保障儿童的权益，不论是项目活动中的儿童，还是社区中的儿童，并且我们有责任去为儿童发声。

这一部分的理念和原则从个体和集体两个角度进行陈述。个体角度指出了属于幼儿教育工作者个体的工作职责；集体角度则指出了为确保儿童获得最大利益，幼教工作者共有的工作职责，也可以这样理解，每个幼教工作者都要遵循理念和原则中有关"集体"的这一部分内容。

理念（个体）

I-4.1——为社区提供高质量的幼儿保育和教育项目及服务。

理念（集体）

I-4.2——就儿童的健康教育问题以及儿童、家庭、幼教工作者的利益问题，专业人士与相关机构之间应加强合作，并促进不同学科间专业人士的合作。

I-4.3——通过教育、研究和呼吁的方式建立一个安全的世界，让所有的儿童都可以得到医疗关怀、食物和住所，可以获得丰富的营养，可以生活在一个远离暴力的家庭和社区里。

I-4.4——通过教育、研究和呼吁的方式构建一个让所有幼儿都可以参与的、高质量的幼儿保育和教育项目的社会。

I-4.5——确保使用合适的评估系统，它包括大量的信息源，可以使儿童从中受益。

I-4.6——了解并理解幼儿及幼儿的需求。朝着构建一个能承认儿童权利以及更好地承担责任来保障儿童利益的社会，不断努力工作。

I-4.7——支持保障儿童和家庭权益的政策和法律，改变损害儿童权益的政策和法律，并与他人及团体合作来制定需要的政策和法律。

I-4.8——进一步促进幼儿保育和教育领域的专业化发展，并致力于实现《伦理行为守则》所反映的核心价值观。

原则（个体）

P-4.1——我们应公开、坦诚地交流我们所提供的服务的性质和范围。

P-4.2——我们应申请、接受、从事合适的并与专业资格相符的工作，不会提供无法胜任、没有资格或缺乏可用资源的服务。

P-4.3——我们会严格审查介绍信，不会聘用或推荐无法胜任、没有资格或性格与职位不符的人工作。

P-4.4——我们应客观、准确地报告我们的教育项目所依据的知识基础。

P-4.5——我们应了解如何恰当地运用评估策略和工具，并能准确地向儿童家庭说明结果。

P-4.6——我们应熟悉保护儿童的法律法规，并要确保遵守这些法律法规。

P-4.7——当我们意识到某个活动或某种情况可能会危害儿童的健康、安全或幸福时，我们在道德上有责任去保护儿童或通知儿童的父母或其他人。

P-4.8——我们不能违反保护儿童的法律法规。

P-4.9——当我们有证据表明某一幼儿教育项目违反了保护儿童的法律法规时，我们可以上报给可以纠正这一情况的管理机构。

P-4.10——当某一教育项目违反或要求员工违反本《伦理行为守则》时，在对证据进行合理评估后，可以公开这一教育项目。

原则（集体）

P-4.11——当制定的政策不能使儿童从中受益时，我们均有责任改变这些政策。

P-4.12——当我们有证据表明某一机构不能履行自身的责任——提供保障儿童权益的服务时，我们在道德上有责任向合适的管理机构或公众报告，而且应注意追踪事件的进展直到问题得以解决。

P-4.13——当某一儿童保护机构不能为受虐待的儿童或被忽视的儿童提供足够的保护时，我们应在道德上有责任来改善这些服务。

与伦理相关的术语

伦理守则（Code of Ethics）：定义了某一领域的核心价值观；同时，它指出，当专业人士在工作中遇到与义务或责任相冲突的情况时，他们应该做什么。

价值观（Values）：个体深信并认为有价值的品质或原则是他们评价自己、他人和所生活的世界的标准。

核心价值观（Core values）：某一行业的从业者自觉接受、时刻谨记的责任，因为履行这些责任可以使从业者为社会做出贡献。个人价值观和职业核心价值观之间存在差别。

道德（Morality）：人们关于什么是好的、对的、合适的，什么是他们应尽的义务，以及他们应该怎样行事的看法。

伦理（Ethics）：关于对与错、责任与义务的研究。它是道德的重要反映，它涉及当遇到道德难题时，如何做出正确选择的能力。

职业道德（Professional Ethics）：某一职业做出的道德承诺，它能扩展并提高个体的职业道德感，它关注工作中的对与错，并能帮助个体解决工作中遇到的道德难题。

伦理责任（Ethical Responsibilities）：个体能做的和不能做的行为。《伦理行为守则》清楚地阐述了幼教工作者应承担的伦理责任。比如，幼教工作者绝不能向没有合理理由知道儿童私密信息的人告知儿童和家庭的私密信息。

道德难题（Ethical Dilemma）：个体面对的道德冲突，要求其在面对职业价值观和责任冲突时，表现出合适的行为。

全美幼儿教育协会是一个非营利的、免税的组织，代表了幼儿的需要和权益。全美幼儿教育协会的《伦理行为守则》是为了促进协会非营利的、免税的目的的实现而制定的。《伦理行为守则》中的相关信息是为了给学前教育工作者提供指导,而这些学前教育工作者是和0—8岁的儿童一起工作的。《伦理行为守则》的使用、参照和评估不能保证和全美幼儿教育协会幼儿教育项目标准、认证指标以及认证程序完全符合。专家建议,《伦理行为守则》可以和幼儿教育项目标准一起作为指南使用,但是《伦理行为守则》不能代替幼儿教育项目标准的评估功能和应用。

全美幼儿教育协会已经采取了合理措施,利用现有的数据,按照一种公正、开放、无偏见和客观的方式完善《伦理行为守则》。然而,未来的研究或发展也许会改变目前的知识水平。全美幼儿教育协会和它的官员、主管、成员、雇员及代理人将不会为任何损失、伤害负责,也不会承担《伦理行为守则》或《伦理行为守则》中相关信息所造成的类似直接的、特殊的或间接的伤害等不利后果。

承诺声明[1]

作为和幼儿一起工作的个体,我承诺自己将致力于推动幼儿教育中的价值观。这些价值观在全美幼儿教育协会《伦理行为守则》中得以反映。我将尽最大的能力做到以下几点:

- 从不伤害儿童。
- 确保幼儿教育项目是基于儿童发展和幼儿教育领域当前的知识和研究开展的。
- 尊重并支持家长的育儿工作。
- 尊重从事幼儿保育和教育工作的同事,并支持他们坚持按照全美幼儿教育协会《伦理行为守则》工作。
- 为生活在社区和社会中的儿童、家庭和教师倡导权益。
- 了解并能保持高标准的专业行为。
- 不断自我反省,并能认识到自己的性格、偏见和信念会对儿童和家庭产生影响。
- 乐于接受新观点,愿意倾听他人的建议。
- 作为一名专业人士,不断学习、成长并做出自己的贡献。
- 尊重全美幼儿教育协会《伦理行为守则》的行为理念和行为原则。

---

[1] 《承诺声明》不是《伦理行为守则》的一部分,而是代表个体认可并愿意接受幼教领域中的特色价值观和道德责任。它是个体对道德责任的认同,从而使个体成为幼儿教育专业人士。

附录B

发展核查表

发展核查表为教师提供了一种系统观察儿童的方法，可以作为工具被教师使用。它旨在为教师提供关于儿童发展的特定信息，同时促进项目和课程的发展。

发展核查表的结果可以被用来为每一个儿童设置目标和促进创造性游戏课程的开展。设计课程时，发展核查表可以为教师提供与儿童发展相关的信息。

发展核查表不是一个诊断性工具，因此也不能用来预测儿童的认知发展。它也不能被用来给儿童贴标签。它获得的信息不是用来比较儿童之间的发展水平的。

发展核查表的使用者在评估儿童的发展水平时，应该从低于儿童实足年龄的一个阶段开始测量，然后再测量实足年龄这一阶段，最后测量高于实足年龄的一个阶段（比如，如果一个儿童是22个月大，那么在评估一个儿童的发展水平时，被测量的三个年龄阶段将会是12—18个月、18—24个月和24—30个月）。这种方法考虑了儿童的发展水平的变化。如果某个儿童有非常少的项目或者所有的项目都获得"+"，那么评估者也可以扩展这个年龄阶段的范围（更低于或者更高于儿童的实足年龄）。

发展核查表中的大部分项目可以在自然的教室环境中通过观察儿童来评估。一些项目需要教师在教室中投放特别的玩具或材料，然后当儿童操作这些材料的时候，教师问他们特定的问题来评估。发展核查表用"+"来表示儿童可以连贯一致、自信从容地完成这个任务，用"−"来表示儿童不能或者只能在帮助下完成任务。所有标注为"−"的项目应该在下次评估时重新进行评估。

创造性游戏课程发展核查表

儿童名字＿＿＿＿＿＿＿＿＿＿＿＿＿＿＿＿＿＿

出生日期＿＿＿＿＿＿＿＿＿＿＿＿＿＿＿＿＿＿

个 人 意 识

测试日期：＿＿＿＿＿＿＿＿＿＿

1—2个月
1. 能用手拉扯衣服。(SH)
2. 能用较多的活动表现希望被哺乳。(I)
3. 能张开嘴巴吸吮乳头或奶瓶。(SH)
4. 已经建立了哺乳或睡觉常规。(SH)
5. 能对较大的声音或突然的动作做出惊跳反射。(PS)
6. 能通过改变肌肉张力、声调等来表示自己希望被举起。(I)

观察记录：

测试日期：＿＿＿＿＿＿＿＿＿＿

2—4个月
1. 能认出奶瓶。(SH)
2. 能把手放到嘴里。(I)
3. 能够保持较长时间的清醒且不哭闹。(I)

观察记录：

个人意识子领域

SH　自理能力　　　PH　个人健康

　I　独立性　　　　PS　个人安全

测试日期：_____

4—6个月　　1．在他人的帮助下能握着奶瓶。(SH)
　　　　　　2．每天有2～3次的持续睡眠时间。(SH)
　　　　　　3．能把玩具放到嘴里。(I)
　　　　　　4．能认出并且伸手去拿奶瓶。(SH)

观察记录：

测试日期：_____

6—9个月　　1．在他人的帮助下能从杯中喝水。(SH)
　　　　　　2．开始用手抓食物吃。(SH)
　　　　　　3．能自己握着奶瓶。(SH)
　　　　　　4．能配合着他人换衣服。(PH)

观察记录：

测试日期：_____

9—12个月　　1. 能吃半固体的食物。(PH)
　　　　　　2. 感到湿时，能表达不舒服的感觉。(I)
　　　　　　3. 开始能把汤匙送到嘴里。(SH)
　　　　　　4. 能自己用手吃饭或吃点心。(SH)

观察记录：

_____

测试日期：_____

12—18个月　　1. 能脱下袜子或者鞋子。(SH)
　　　　　　 2. 能很好地咀嚼大部分食物。(PH)
　　　　　　 3. 能自己拿着杯子喝水，但是在喝水时会溅出一点。(SH)
　　　　　　 4. 能用汤匙把食物送到嘴里。(SH)
　　　　　　 5. 能配合成人洗手。(PH)
　　　　　　 6. 能根据要求指出玩具娃娃身体上的一个部位。(PH)

观察记录：

_____

测试日期：_____

18—24个月　　1. 能用杯子喝水，不再使用奶瓶。(SH)
      2. 能自己洗手。(H)
      3. 开始向他人暗示自己想去厕所，也可能会说自己想去厕所。(SH)
      4. 能根据要求指出玩具娃娃身体上的四个部位。(PH)

观察记录：

测试日期：_____

24—30个月　　1. 能穿上宽松的鞋子。(SH)
      2. 能脱下外套或衬衫。(SH)
      3. 能区别可以吃的食物和不可以吃的食物。(PH)
      4. 一整天都能保持身体干爽。(I)

观察记录：

测试日期：_____

30—36个月　　1. 能擦干自己的手。(PH)

2. 能穿上外套或衬衫。(SH)

3. 养成在白天如厕的习惯。(SH)

4. 能避免较简单的危险。(PS)

5. 对男性和女性的身体部位表示好奇。(PH)

观察记录：

_____

测试日期：_____

36—42个月　　1. 能用纸巾擦鼻子。(PH)

2. 如厕时能脱下裤子。(SH)

3. 从水壶中倒水时，能很少或不溅出水。(SH)

4. 能解开衣服前边的大号（2厘米或更大）纽扣。(SH)

5. 在午餐或者点心时间愿意吃提供给他的食物。(PH)

观察记录：

_____

测试日期：＿＿＿＿＿＿＿＿＿＿

42—48个月　　1. 能洗手并擦干净。(PH)
　　　　　　　2. 能跟随老师从户外游戏区回到教室。(I)
　　　　　　　3. 在无人提醒的情况下，能记得冲厕所。(SH)
　　　　　　　4. 能解开安全带。(PS)

观察记录：

测试日期：＿＿＿＿＿＿＿＿＿＿

48—54个月　　1. 能说出街道的名称。(PS)
　　　　　　　2. 能理解假设的安全事件。(PS)
　　　　　　　3. 能分辨衣服的前后。(SH)
　　　　　　　4. 在没有人提醒的情况下，能仔细地洗脸。(PH)
　　　　　　　5. 在没有人帮助的情况下，能擦干净溅出来的水。(I)
　　　　　　　6. 开始识别男孩和女孩的不同之处。(PH)

观察记录：

测试日期：_____

54—60个月　　1. 能自己穿衣服，不包括系鞋带。(SH)

　　　　　　　2. 能穿好鞋子。(SH)

　　　　　　　3. 能打开刀尖较钝的小刀。(SH)

　　　　　　　4. 能帮忙布置午餐桌或摆放活动材料。(I)

　　　　　　　5. 能爱护玩具和材料。(I)

观察记录：

_____

测试日期：_____

60—66个月　　1. 能将衣服前边拉开的拉链拉上。(SH)

　　　　　　　2. 能使用餐巾纸。(SH)

　　　　　　　3. 能系上安全带。(PS)

　　　　　　　4. 在没有人提醒的情况下，知道过马路前应先观察一下。(PS)

　　　　　　　5. 对个人物品表现出责任感。(I)

观察记录：

_____

测试日期：＿＿＿＿＿＿＿＿＿＿

66—72个月　　1. 能说出完整的地址。(PS)
　　　　　　　2. 能在没有人帮助的情况下穿脱衣服。(SH)
　　　　　　　3. 能自己擤鼻子。(PH)
　　　　　　　4. 知道搭乘陌生人的车或接受陌生人的食物和钱财是不安全的。(PS)
　　　　　　　5. 能根据要求指出至少8个身体部位。(PH)

观察记录：

测试日期：＿＿＿＿＿＿＿＿＿＿

72—78个月　　1. 能自己梳头发。(PH)
　　　　　　　2. 能使用餐刀和叉子切碎食物。(SH)
　　　　　　　3. 不用他人帮助就能自己洗澡。(SH)
　　　　　　　4. 知道电话号码。(PS)
　　　　　　　5. 能认同自己的性别。(PH)
　　　　　　　6. 在紧急情况下，能拨打报警电话求救。(PS)

观察记录：

创造性游戏课程发展核查表

儿童名字_____

出生日期_____

情 感 健 康

测试日期：_____

1—2个月
1. 能平静下来的时间逐渐增加。(CS)
2. 表现出伤心、激动和高兴。(AAEE)
3. 当被拥抱时，能放松身体。(PI)
4. 能对父母以外的人做出反应。(CS)
5. 能对光和声音表示关注，并做出强烈的反应。(AAEE)

观察记录：

_____

测试日期：_____

2—4个月
1. 能形成规律的睡眠模式。(PI)
2. 当被抚摸或拥抱时，既能表现出快乐的表情，也会看向被抚摸的地方。(AAEE)
3. 喜欢在空间中移动身体。(BV)
4. 能逐渐适应常规。(CS)
5. 喜欢成人注意他们，有时会"提出"这方面的要求。(PI)

观察记录：

_____

情感健康子领域

AAEE　情感意识、接纳和表达　　　PI　人格整合
CS　应对技能　　　　　　　　　　BV　树立价值观

测试日期：_____

4—6个月　　1. 开始通过发声与他人进行互动。(PI)
　　　　　　2. 能对父母、老师的声音或面部表情做出
　　　　　　　 微笑的反应。(AAEE)
　　　　　　3. 开始出现突然的情绪变化，主要情绪有
　　　　　　　 愉悦、委屈和发脾气。(AAEE)
　　　　　　4. 会对着镜子中的影像微笑。(PI)

观察记录：

测试日期：_____

6—9个月　　1. 开始出现探索行为并充满了自信。(BV)
　　　　　　2. 会向外探出身子让人抱。(AAEE)
　　　　　　3. 会重复让他们感到快乐的活动。(CS)
　　　　　　4. 表现出对成人的强烈依恋；能与成人拥抱
　　　　　　　 5～10分钟。(PI)

观察记录：

测试日期：_____

9—12个月　　1. 一天之中会表现出多种情绪，而且这些情绪通常与环境刺激有关。（AAEE）
　　　　　　2. 几分钟后就能从愤怒的情绪中平复过来。（CS）
　　　　　　3. 能用复杂的行为与他人建立亲密的关系。（PI）
　　　　　　4. 在与他人建立关系的过程中，开始理解原因和结果。（BV）

观察记录：

_____

测试日期：_____

12—18个月　　1. 能用自己的情绪引起成人特定的情绪反应。（AAEE）
　　　　　　　2. 能对行为和情绪进行复杂的模仿。（AAEE）
　　　　　　　3. 能从与成人远距离的交流中获得安全感。（CS）
　　　　　　　4. 在环境探索方面表现出不断增强的独立性。（PI）
　　　　　　　5. 会对着镜子中自己的影像微笑。（PI）

观察记录：

_____

测试日期：＿＿＿＿＿＿＿＿

18—24个月　　1．能用语言或复杂的手势来表达想要与他人建立亲密关系的愿望。(AAEE)

2．开始独自玩假装游戏。(CS)

3．开始表现出一致的情感类型。(PI)

4．会照顾、拥抱玩具娃娃或其他填充玩具。(BV)

5．能用面部表情来表达情绪。(AAEE)

观察记录：

测试日期：＿＿＿＿＿＿＿＿

24—30个月　　1．能识别镜子中自己的影像并对其微笑。(PI)

2．能主动安静下来睡觉或休息。(CS)

3．开始用语言或复杂的手势来表达自己的需要或感受。(AAEE)

4．开始表现出控制自己的能力。(CS)

5．开始基于自己的需要和愿望发起活动，而不是仅仅模仿别人的活动。(PI)

观察记录：

测试日期：_____

30—36个月　　1. 能通过假装游戏来表达情绪。（AAEE）
　　　　　　　2. 能热情、积极地与成人相处，但不会
　　　　　　　　 过度依赖成人。（BV）
　　　　　　　3. 开始喜欢小组活动和交流。（PI）
　　　　　　　4. 能描述对某一情感状态的记忆。（CS）

观察记录：

_____

测试日期：_____

36—42个月　　1. 能说出自己当前的情绪。（BV）
　　　　　　　2. 能从愤怒和发脾气中平复过来，然后变
　　　　　　　　 得合作、配合安排。（CS）
　　　　　　　3. 能用语言而不是身体抗争来表达不
　　　　　　　　 满的情绪。（BV）
　　　　　　　4. 与父母分开时，没有不情愿。（PI）

观察记录：

_____

测试日期：_____

42—48个月
1. 能识别他人的情绪。(BV)
2. 能说出行为的后果。(CS)
3. 大部分时间都能保持适当的、稳定的情绪。(PI)
4. 开始区分事实和想象。(PI)

观察记录：

测试日期：_____

48—54个月
1. 能对其他儿童的需要和愿望做出回应。(BV)
2. 能分辨他人的情绪和自己的情绪。(AAEE)
3. 在小组活动中，能表现出更多的积极交流和友好行为。(PI)
4. 能识别日常生活中的幽默事件。(CS)

观察记录：

测试日期：＿＿＿＿＿＿＿＿

54—60个月

1. 在与他人进行分享或轮流时，会关注是否公平。（BV）
2. 能轻松地表达一系列的情绪。（AAEE）
3. 能在经历紧张情绪之后恢复平静。（CS）
4. 能热情地表达对其他儿童的喜爱之情。（AAEE）

观察记录：

_____

测试日期：＿＿＿＿＿＿＿＿

60—66个月

1. 具有更强的区分事实和想象的能力。（PI）
2. 愿意延迟获得满足和控制任性行为，并显示出内在的控制力（CS）
3. 能更灵活、轻松地应对变化。（CS）
4. 能安慰其他感到痛苦的儿童。（AAEE）

观察记录：

_____

测试日期：_____

66—72个月
1. 知道并能说出感觉和行为之间的关系。（AAEE）
2. 在小组活动中，能支持并帮助其他人。(BV)
3. 和其他人相处时，能逐渐发挥自己的个性和独特性。(PI)
4. 能区分一系列情绪。(AAEE)

观察记录：

测试日期：_____

72—78个月
1. 在做决定和解决问题方面，会表现出更多的自主性。(PI)
2. 能形成积极的自我概念，并高度认同自己的情感和行为。(PI)
3. 对其他感到痛苦、沮丧的人，能给予更多的同情。(BV)
4. 对小组活动表现出热情、快乐，并且更有安全感地与其他儿童进行互动。(PI)

观察记录：

创造性游戏课程发展核查表

儿童名字_____

出生日期_____

社 会 化

测试日期：_____

1—2月　1. 开始通过微笑做出回应。(SI)
　　　　2. 会注意成人的脸和声音。(SI)
　　　　3. 会对除父母以外的人做出反应。(SI)
　　　　4. 更愿意看到人而非物体。(SI)
　　　　5. 当听到一个人的声音或看到他的脸时，能安静下来；当被拥抱时，能做出反应。(SI)

观察记录：

_____

测试日期：_____

2—4个月　1. 当看到熟悉的脸时，能全身做出反应。(SI)
　　　　　2. 开始调整对人的反应。(SI)
　　　　　3. 开始对有趣的物体或生动的面部表情做出反应。(SI)
　　　　　4. 有选择性地微笑，对父母或熟悉的成人有"特别"的微笑表情。(SI)

观察记录：

_____

社会化子领域

SI　社会性互动　　　CR　保护资源
C　合作　　　　　　RO　尊重他人

测试日期：_____

4—6个月　　1. 通过微笑做出回应。(SI)
　　　　　　2. 自己能在一段较短的时间内玩玩具。(CR)
　　　　　　3. 能通过微笑和发声与他人进行社会性互动
　　　　　　　 或引起他人的注意。(SI)
　　　　　　4. 偶尔听到说话声时，会停止哭闹。(C)
　　　　　　5. 开始能认出母亲、父亲或其他熟悉的人。(SI)

观察记录：

测试日期：_____

6—9个月　　1. 希望获得他人除了拥抱之外的关注。(SI)
　　　　　　2. 当看到熟悉或有趣的玩具时，会表现出
　　　　　　　 想玩的倾向（移动身体、大笑等）。(CR)
　　　　　　3. 可以把玩具给另一个儿童或成人，但不
　　　　　　　 一定会放开玩具。(C)
　　　　　　4. 对母亲或父亲表现出明显的依恋。(SI)

观察记录：

测试日期：＿＿＿＿＿＿＿＿＿＿

9—12个月
1. 可能会让自己远离陌生人。(SI)
2. 当被鼓励继续做游戏时，能通过做重复动作来回应。(SI)
3. 当被要求时，能把玩具给成人。(C)
4. 能不用哭闹的方式表达自己的需要。(C)
5. 会模仿游戏中的另外一个儿童。(SI)
6. 可能对其他儿童很敏感。(SI)

观察记录：

＿＿＿＿＿＿＿＿＿＿＿＿＿＿＿＿＿＿＿＿＿＿＿＿＿＿＿＿＿＿＿＿

测试日期：＿＿＿＿＿＿＿＿＿＿

12—18个月
1. 参与平行游戏。(SI)
2. 与成人一起玩推车或滚球的游戏。(CR)
3. 能集中注意力、有组织地玩游戏。(SI)
4. 开始接受成人对他的约束。(C)

观察记录：

＿＿＿＿＿＿＿＿＿＿＿＿＿＿＿＿＿＿＿＿＿＿＿＿＿＿＿＿＿＿＿＿

测试日期：_____

18—24个月　　1. 一般而言，能遵从成人的要求、指导等。(C)
　　　　　　　2. 能和其他儿童有效地玩游戏。(SI)
　　　　　　　3. 当想要引起成人的注意时，会把成人
　　　　　　　　 拉过来并给他"展示"某样东西。(SI)
　　　　　　　4. 在午餐桌旁或婴儿床上，能做到
　　　　　　　　 延迟满足。(C)
　　　　　　　5. 当有人提醒时，能问候熟悉的成人
　　　　　　　　 和同龄人。(SI)

观察记录：

_____

测试日期：_____

24—30个月　　1. 能以富有建设性的方式玩玩具而不是试图破坏。
　　　　　　　　 (CR)
　　　　　　　2. 大部分时间能配合成人的要求。(C)
　　　　　　　3. 开始理解行为和结果之间的关系。(SI)
　　　　　　　4. 当被要求时，能和其他儿童分享
　　　　　　　　 物品。(SI)

观察记录：

_____

测试日期：＿＿＿＿＿＿＿＿＿＿

30—36个月
1. 能和另一个儿童合作玩游戏。(SI)
2. 当有人提醒时，能说"请"或"谢谢"。(RO)
3. 当被要求时，能做出选择。(C)
4. 大部分时间能参与到小组活动中。(C)

观察记录：

_____

测试日期：＿＿＿＿＿＿＿＿＿＿

36—42个月
1. 喜欢和其他人一起说童谣、做手指游戏、唱简单的歌。(SI)
2. 在无人提醒的情况下，能问候熟悉的成人或同伴。(SI)
3. 能尝试帮忙做清洁工作。(C)
4. 能玩简单的小组游戏。(SI)
5. 开始学会轮流做事情。(C)
6. 能持续听5~10分钟的故事。(C)

观察记录：

_____

测试日期：_____

42—48个月
1. 能参与互动游戏，玩联合游戏。(SI)
2. 在和同伴做游戏时，很少发生冲突。(SI)
3. 当使用别人的物品时，会征求别人的意见。(RO)
4. 能用一种适宜的社交方式和同伴交往。(SI)
5. 能用一种适宜的社交方式和成人交往，而且大部分时间能配合成人的要求。(SI)

观察记录：

_____

测试日期：_____

48—54个月
1. 有困难时能请求帮助。(SI)
2. 会重复地唱歌曲、旋律等给别人听。(C)
3. 在没有人严格监管的情况下，能把玩具收起来放好。(CR)
4. 在无人提醒的情况下，会说"请"和"谢谢"。(RO)
5. 能持续听10~15分钟的故事。(C)
6. 能经常和小组同伴合作玩游戏。(SI)

观察记录：

_____

测试日期：＿＿＿＿＿＿＿＿＿＿

54—60个月　　1. 吃饭时，能参与谈话活动。(SI)
　　　　　　　2. 能以建设性的方式使用游戏材料——
　　　　　　　　搭建而非拆卸。(CR)
　　　　　　　3. 能和两个及两个以上儿童合作玩游戏。(SI)
　　　　　　　4. 能建立初步的同伴关系。(SI)

观察记录：

_____

测试日期：＿＿＿＿＿＿＿＿＿＿

60—66个月　　1. 能通过表达感受来解决和同伴间的
　　　　　　　　冲突。(SI)
　　　　　　　2. 能轮流玩游戏，能理解简单游戏的规则，
　　　　　　　　如捉迷藏、红绿灯等游戏。(C)
　　　　　　　3. 喜欢朋友超过其他人。(SI)
　　　　　　　4. 能在小组中发起活动。(SI)

观察记录：

_____

测试日期：_____

66—72个月　　1. 能帮助成人完成一些简单的任务。(C)
　　　　　　2. 能用名字称呼两个熟悉的成人。(SI)
　　　　　　3. 当参加由成人发起的小型谈话活动时，
　　　　　　　 能进行口头谈话。(SI)
　　　　　　4. 能通过特征而非姓名来识别他人。(SI)
　　　　　　5. 在小组活动中，能积极地与他人交流。(SI)
　　　　　　6. 在无人提醒的情况下，能一直履行规则游戏
　　　　　　　 所赋予的责任。(C)

观察记录：

_____

测试日期：_____

72—78个月　　1. 能组织一个小组来玩游戏或开展活动。(SI)
　　　　　　2. 当发生冲突时，能借助小组其他成员的力量
　　　　　　　 来解决问题。(SI)
　　　　　　3. 在无人提醒的情况下，能爱护材料和环境。(CR)
　　　　　　4. 能理解并尊重人们的不同之处
　　　　　　　 (种族、性别、文化背景等)。(RO)

观察记录：

_____

创造性游戏课程发展核查表

儿童名字_____

出生日期_____

交 流 能 力

测试日期：_____

1—2 个月　　1. 对声音有反应。(RL)
　　　　　　2. 能发出除哭声以外的声音。(EL)
　　　　　　3. 会通过眨眼、哭闹、微笑等形式对较大的声音做出反应。(A)
　　　　　　4. 出现具有区分度的哭声。(EL)
　　　　　　5. 不哭时，开始用元音发声。(EL)

观察记录：

_____

测试日期：_____

2—4 个月　　1. 会用眼睛寻找声音。(A)
　　　　　　2. 当有人和自己说话时，会做出积极的反应。(RL)
　　　　　　3. 会大声地笑。(EL)
　　　　　　4. 会发出声音来回应叫嚷声。(EL)
　　　　　　5. 会模仿叫嚷声。(EL)

观察记录：

_____

交流能力子领域

RL　接受性语言　　　　NV　非语言交流
EL　表达性语言　　　　A　听觉记忆/辨别

测试日期：_____

4—6个月　　1. 会用眼睛定位声音。(A)
　　　　　　2. 会发出声音来回应咿呀声。(EL)
　　　　　　3. 当看到某一信号，比如奶瓶、围嘴等物品时，会改变活动水平。(NV)
　　　　　　4. 会用哭声以外的声音来表示不高兴。(EL)
　　　　　　5. 在哭的音调和节奏方面会发生变化。(EL)

观察记录：

_____

测试日期：_____

6—9个月　　1. 开始用简单的手势进行交流。(NV)
　　　　　　2. 当自己发音或和人说话时，会改变音调。(EL)
　　　　　　3. 能定位视线以外的声音或说话声。(A)
　　　　　　4. 在发音游戏中，能发出多种元音。(EL)
　　　　　　5. 会发出咿呀声。(EL)
　　　　　　6. 开始用手势做出回应。(NV)

观察记录：

_____

测试日期：＿＿＿＿＿＿＿＿＿＿

9—12月　　1. 对于一些熟悉的词语，会通过发声做出回应（也许会用一些相似的声音）。(EL)
　　　　　2. 会用只有婴儿听得懂的语言进行表达。(EL)
　　　　　3. 开始用摇头表示"是"或"不是"。(NV)
　　　　　4. 开始模仿手势。(NV)
　　　　　5. 会说出"妈妈"和"爸爸"这两个词。(EL)
　　　　　6. 能模仿一个简单的韵律模式。(A)

观察记录：

测试日期：＿＿＿＿＿＿＿＿＿＿

12—18个月　　1. 会模仿咿呀声或熟悉的词语。(EL)
　　　　　　2. 能掌握至少10个功能性词语。(EL)
　　　　　　3. 能遵从与熟悉的物体有关的简单指令。(RL)
　　　　　　4. 能理解问题。(RL)
　　　　　　5. 能发声表达自己的需要。(EL)
　　　　　　6. 能通过指向物体或做手势来表明自己的需要。(NV)

观察记录：

测试日期：＿＿＿＿＿＿＿＿＿＿

18—24个月　　1．能掌握20个功能性词语。(EL)
　　　　　　　2．能说出图片中三个物体的名字。(EL)
　　　　　　　3．能遵从简单的指令。(RL)
　　　　　　　4．能使用代词。(EL)
　　　　　　　5．能用两个词语组成句子或短语。(EL)

观察记录：

测试日期：＿＿＿＿＿＿＿＿＿＿

24—30个月　　1．会使用规则可数名词的复数形式。(EL)
　　　　　　　2．能根据要求说出自己的名字。(EL)
　　　　　　　3．在听一个简单的故事时，会对以前听过
　　　　　　　　的故事表现出偏爱。(A)
　　　　　　　4．能根据要求认出图片中的物体。(RL)
　　　　　　　5．能对更改的指令做出反应。(RL)
　　　　　　　6．能用3个词语组成句子或短语。(EL)

观察记录：

测试日期：_____

30—36个月　　1. 能回答"是什么"的问题。(EL)
　　　　　　　2. 能分辨谁是发出噪声的人。(A)
　　　　　　　3. 能重复由5个词语组成的句子。(EL)
　　　　　　　4. 能根据要求认出图画中简单的动作。(RL)
　　　　　　　5. 能遵从只有一个步骤的指令。(A)
　　　　　　　6. 能连贯地使用由4个词语组成的句子。(EL)

观察记录：

测试日期：_____

36—42个月　　1. 能说出自己的名字和姓氏。(EL)
　　　　　　　2. 能说出3个常见动作的名称。(EL)
　　　　　　　3. 能讲述一次简单的经历。(A)
　　　　　　　4. 当被要求做出选择时，能说出更喜欢的
　　　　　　　　 物体或活动。(EL)
　　　　　　　5. 开始有目的性地问问题。(EL)
　　　　　　　6. 能连贯地使用完整的句子。(EL)

观察记录：

测试日期：_____

42—48个月
1. 能唱一首简单的歌曲。(EL)
2. 会用"谁""什么""哪里"等词语问一系列问题。(EL)
3. 能借助图画讲故事。(EL)
4. 能回答"如果……那么……"的问题。(EL)
5. 能转述言语信息中的一部分内容。(EL)

观察记录：

测试日期：_____

48—54个月
1. 能遵从包含两个步骤的指令。(RL)
2. 能描述物体的功能。(EL)
3. 能通过指向物体来区分"是"或"不是"。(RL)
4. 能使用名词所有格。(EL)
5. 能连续地使用连词。(EL)
6. 能使用平均包含5个词语的句子进行交谈。(EL)

观察记录：

测试日期：_____

54—60个月　　1．当被要求说出所有能想到的动物名字时，
　　　　　　　　能至少说出6种动物的名字。(EL)
　　　　　　2．能重复说出一系列由四位数组成的数字。(A)
　　　　　　3．对新奇的词语感兴趣。(EL)
　　　　　　4．能描述书中的条目或动作。(EL)

观察记录：

_____

测试日期：_____

60—66个月　　1．能遵从包含3个动作的指令。(A)
　　　　　　2．能说出15种动作的名称。(EL)
　　　　　　3．能使用不规则名词的复数形式。(EL)
　　　　　　4．经过示范后能使用押韵的词语。(EL)

观察记录：

_____

测试日期：＿＿＿＿＿＿＿＿＿＿

66—72个月　　1．能将三幅图画排序并根据图画讲故事。(A)
　　　　　　　2．能转述包含两部分内容的言语信息。(EL)
　　　　　　　3．能从图片和描述中辨别动物。(RL)
　　　　　　　4．能重复由11个或12个音节组成的句子。(A)

观察记录：

测试日期：＿＿＿＿＿＿＿＿＿＿

72—78个月　　1．能说出至少8种动物的名字。(EL)
　　　　　　　2．能根据他人的示范造句。(A)
　　　　　　　3．能理解左边和右边。(RL)
　　　　　　　4．能不借助图画讲故事。(EL)

观察记录：

创造性游戏课程发展核查表

儿童名字_____

出生日期_____

认 知 能 力

测试日期：_____

1—2个月
1. 能注视眼前20～25厘米远的物体。（CF）
2. 能看向光源。（CF）
3. 开始通过视觉感知周围的环境。（CF）

观察记录：

_____

测试日期：_____

2—4个月
1. 能转180度追踪物体的轨迹。（CF）
2. 处于仰卧姿势或坐在婴儿车里时，在物体远离视觉区域后，仍试图保持视觉接触。（PS/R）
3. 当看到成人展示某一物体时，会提高或降低活动水平。（CF）
4. 会关注成人做出的手势。（CF）
5. 能模仿自己已经习得的行为。（I/M）

观察记录：

_____

认知能力子领域

PS/R　问题解决/推理　　I/M　模仿/记忆

CF　概念形成　　　　　A/C　联想/分类

测试日期：_____

4—6个月　　1. 在物体消失的位置继续寻找物体。(PS/R)
　　　　　　2. 能区分陌生人和父母、熟悉的人。(A/C)
　　　　　　3. 开始表现出重复性行为，会重复某一
　　　　　　　 步骤，得到由某一物体或玩具引发的
　　　　　　　 相同结果。(I/M)
　　　　　　4. 会玩自己的手、脚、手指、脚趾等身体
　　　　　　　 部位。(CF)
　　　　　　5. 能找到有一部分被隐藏起来的物体。
　　　　　　　 (PS/R)

观察记录：

测试日期：_____

6—9个月　　1. 用布盖住手和物体后，仍能用手拿出
　　　　　　　 物体。(PS/R)
　　　　　　2. 能找到幕布下方隐藏的物体。(PS/R)
　　　　　　3. 能操作玩具。(I/M)
　　　　　　4. 表现出早期问题解决的能力。(PS/R)
　　　　　　5. 当物体从视线中消失后，仍能跟随物体
　　　　　　　 的轨迹。(PS/R)
　　　　　　6. 通过视觉和触觉来感知物体。(CF)
　　　　　　7. 通过触摸成人的手或玩具这一随意的动
　　　　　　　 作来回应操作玩具的成人。(PS/R)

观察记录：

测试日期：＿＿＿＿＿＿＿＿＿＿

9—12个月　　1．能通过移动身体来获得自己范围之外的物体。(PS/R)

2．能模仿复杂的手势。(I/M)

3．向上或向下扔物体时，会用眼睛一直追随着物体。(CF)

4．开始理解物体和事件之间的关系。(A/C)

观察记录：

＿＿＿＿＿＿＿＿＿＿＿＿＿＿＿＿＿＿＿＿＿＿＿＿＿＿＿＿＿

测试日期：＿＿＿＿＿＿＿＿＿＿

12—18个月　　1．当儿童看到玩具或物体被隐藏起来或远离视线范围时，会看向它们的正确位置。(PS/R)

2．能够用线沿着地板拉玩具。(PS/R)

3．会模仿新奇的手势。(I/M)

4．能遵从某一指示。(I/M)

5．能找到在两块幕布下方隐藏的物体。(I/M)

6．能将物体放进杯中并拿出来。(PS/R)

7．能识别或指出代表某一物体的图片。(A/C)

8．能将圆形放到形状板中。(CF)

观察记录：

＿＿＿＿＿＿＿＿＿＿＿＿＿＿＿＿＿＿＿＿＿＿＿＿＿＿＿＿＿

测试日期：_____

18—24个月　　1. 能打开并移动小箱子中的物体。(PS/R)
　　　　　　　2. 能用物体模仿某一假装动作。(I/M)
　　　　　　　3. 知道某一熟悉的人不在场。(A/C)
　　　　　　　4. 能将圆形和方形积木放到相应的形状板中。(CF)
　　　　　　　5. 开始产生所有权意识。(CF)

观察记录：

测试日期：_____

24—30个月　　1. 会玩象征性游戏。(CF)
　　　　　　　2. 能理解两个介词。(CF)
　　　　　　　3. 能数出两个物体。(CF)
　　　　　　　4. 能将三个形状放到形状板中。(CF)
　　　　　　　5. 能记得玩具被存放在哪里。(A/C)
　　　　　　　6. 能理解"大"的概念。(CF)
　　　　　　　7. 通过打开东西、查找箱子或抽屉，问"为什么"等方式，对周围环境表现出好奇心和兴趣。(PS/R)

观察记录：

测试日期：_____

30—36个月
1. 当被要求拿"一个"时，知道"一个"的概念。(CF)
2. 能用5块水平放置的积木模仿一列"火车"。(I/M)
3. 能匹配一种颜色。(CF)
4. 能说出隐藏的物体的名字。(I/M)
5. 能从纸上的两条线中选出更长的一条。(CF)
6. 通过问问题，比如"为什么""它是怎样运转的""那个来自什么地方""是什么使它动起来的"，来表现对材料和环境的好奇心和兴趣。(PS/R)

观察记录：

_____

测试日期：_____

36—42个月
1. 能记起熟悉的物体。(I/M)
2. 能背数到3。(I/M)
3. 当给出两个相似的物体和一个不同的物体时，能指出那个"不同"的物体。(PS/R)
4. 能按照种类给物体分类。(A/C)
5. 能给两种不同颜色的立方块分类。(CF)
6. 能给带号码的图画配对。(A/C)
7. 能理解3个介词。(C/F)

观察记录：

_____

测试日期：_____

42—48个月　　1. 能数出三个物体。(CF)
　　　　　　　2. 能匹配两种颜色。(CF)
　　　　　　　3. 能理解"当你……你会做什么"的问题。(PS/R)
　　　　　　　4. 知道自己的性别。(CF)
　　　　　　　5. 当被要求多给一个时，知道"多一个"的概念。(CF)
　　　　　　　6. 知道"空的"是什么意思。(CF)

观察记录：

测试日期：_____

48—54个月　　1. 能背数到10。(I/M)
　　　　　　　2. 能说出被藏起来的图画的名字。(I/M)
　　　　　　　3. 能画由两部分组成的人。(A/C)
　　　　　　　4. 经他人解释后，能完成相反的类似叙述。(A/C)
　　　　　　　5. 能理解"和……一起，我们能做什么"的问题。(A/C)
　　　　　　　6. 能拼一幅由12块图片组成的拼图。(PS/R)

观察记录：

测试日期：_____

54—60个月
1. 能数出4个物体。(CF)
2. 能区别坚硬的表面和柔软的表面。(CF)
3. 能识别4种颜色。(CF)
4. 能识别圆形。(CF)
5. 知道适合白天和晚上的活动。(A/C)
6. 能画出由三部分组成的人。(A/C)
7. 能有逻辑性地扩展句子。(PS/R)

观察记录：

_____

测试日期：_____

60—66个月
1. 能说出4种颜色的名字。(CF)
2. 能数出10个物体。(CF)
3. 能识别8种颜色。(CF)
4. 能识别正方形。(CF)
5. 能有逻辑性地按照顺序扩展事件。(PS/R)

观察记录：

_____

测试日期：_____

66—72个月　　1. 能识别位于"中间"的物体。(CF)
　　　　　　　2. 能描述天气。(A/C)
　　　　　　　3. 能数出13个物体。(CF)
　　　　　　　4. 能按照从小到大的顺序将物体排序。(CF)
　　　　　　　5. 能说出哪个"更大"。(CF)
　　　　　　　6. 能想出其他办法解决同伴的问题。(PS/R)

观察记录：

测试日期：_____

72—78个月　　1. 能数出20个物体。(CF)
　　　　　　　2. 能说出一周七天的名称。(I/M)
　　　　　　　3. 知道适合上午和下午的活动。(A/C)
　　　　　　　4. 在游戏情境中，能制造和解决问题。(PS/R)
　　　　　　　5. 能通过增加任务的难度和复杂度，给自
　　　　　　　　　己提出挑战。(PS/R)

观察记录：

创造性游戏课程发展核查表

儿童名字_____

出生日期_____

感知运动技能

测试日期：_____

1—2个月
1. 手臂或腿能做相同的动作。(BMC)
2. 当处于俯卧姿势时，能把头抬高45度。(NLS)
3. 当肩部被抱住时，能抬起头。(NLS)
4. 当处于仰卧姿势时，能把头转向两边。(NLS)

观察记录：

_____

测试日期：_____

2—4个月
1. 有想要使用手的意识。(EHC)
2. 能把两只手放到身体中间。(EHC)
3. 能粗鲁地抓住放在手里的物体。(EHC)
4. 能左右（从侧面到背面）翻滚。(NLS)
5. 当处于坐姿时，能控制头部。(BMC)

观察记录：

_____

感知运动技能子领域

EHC　手眼／脚眼协调　　　NLS　非位移技能

LS　位移技能　　　BMC　对身体的管理与控制

测试日期：_____

4—6个月	1．能伸手拿到附近的物体。(EHC)
	2．能把两个玩具放到身体中间。(EHC)
	3．当处于俯卧姿势时，开始用手臂支撑胸部向前移动。(EHC)
	4．能从背面翻滚到正面。(NLS)
	5．开始通过翻滚或快走的方式移动。(LS)
	6．在成人的帮助下坐着时，头能不下垂。(NLS)
	7．能把手放到嘴里。(EHC)

观察记录：

测试日期：_____

6—9个月	1．能把玩具从一只手换到另一只手。(EHC)
	2．能用一只手抓握2.5厘米长的物体。(EHC)
	3．能用整只手去抓体积小的物体。(EHC)
	4．在没有支撑的情况下，能保持坐姿几分钟。(NLS)
	5．在他人的帮助下能站立。(BMC)
	6．开始像突击队员一样向前爬。(LS)

观察记录：

测试日期：＿＿＿＿＿＿＿＿＿＿

9—12个月　　1. 能像钳子一样抓握物体。(EHC)
　　　　　　2. 能拔出小钉板中的钉子。(EHC)
　　　　　　3. 每只手拿一个2.5厘米左右长的物体，并撞击
　　　　　　　 两个物体发出声音。(EHC)
　　　　　　4. 慢慢地爬行。(LS)
　　　　　　5. 能在没有支撑的情况下，独自
　　　　　　　 站立一小会儿。(BMC)
　　　　　　6. 能倚着家具行走。(LS)

观察记录：

测试日期：＿＿＿＿＿＿＿＿＿＿

12—18个月　　1. 能握住蜡笔。(EHC)
　　　　　　 2. 能搭建两层高的塔。(EHC)
　　　　　　 3. 能一次一页地翻阅由卡纸制成的书。(EHC)
　　　　　　 4. 能在没有支撑的情况下站立。(LS)
　　　　　　 5. 能在没有支撑的情况下弯腰并恢复
　　　　　　　 平衡。(BMC)
　　　　　　 6. 能坐在小椅子上。(NLS)

观察记录：

测试日期：＿＿＿＿＿＿＿＿＿＿

18—24个月
1. 能搭建四层高的塔。(EHC)
2. 能扔一个小球。(EHC)
3. 能打开一个小包裹。(EHC)
4. 跑得很好，只是偶尔会摔倒。(LS)
5. 在没有手部支撑的情况下，能蹲下玩并保持平衡。(BMC)
6. 能在行走时推和拉一个大物体。(LS)

观察记录：

测试日期：＿＿＿＿＿＿＿＿＿＿

24—30个月
1. 能搭建六层高的塔。(EHC)
2. 能拍打、挤压、滚动和提拉黏土。(EHC)
3. 能一次一页地翻阅图书。(EHC)
4. 能双脚离地跳跃。(LS)
5. 能借助扶手上下楼梯。(LS)
6. 能站着踢球。(EFC)

观察记录：

测试日期：_____

30—36个月　1. 能搭建八层高的塔。(EHC)

2. 会用剪刀，但不一定能正确裁剪。(EHC)

3. 开始能用手指握住蜡笔或铅笔，食指与大拇指相对。(EHC)

4. 能骑大小合适的儿童三轮脚踏车。(LS)

5. 能单脚站立一小会儿。(BMC)

6. 能爬过物体和障碍物。(BMC)

观察记录：

_____

测试日期：_____

36—42个月　1. 能搭建九层高的塔。(EHC)

2. 能串2.5厘米长的珠子。(EHC)

3. 能用汤匙搅动液体。(EHC)

4. 能从比较低的物体（15～20厘米）上跳下来。(LS)

5. 能把球至少扔出1.8米远。(EHC)

6. 能用手臂接住一个直径为15～20厘米的球。(EHC)

7. 当跑步或骑车时，能转较大的弯绕过障碍物。(LS)

观察记录：

_____

测试日期：_____

42—48个月　　1．能很容易地使用剪刀将纸剪成两片。(EHC)
　　　　　　　2．能用各种积木进行搭建。(EHC)
　　　　　　　3．在不借助扶手或成人帮助的情况下，
　　　　　　　　　能上下楼梯，一梯一步。(LS)
　　　　　　　4．单脚站立并保持平衡4～5秒。(BMC)
　　　　　　　5．手过肩或不过肩投球时，能
　　　　　　　　　至少扔出1.8米远。(EHC)
　　　　　　　6．能把宽22厘米、长28厘米的纸对折。
　　　　　　　　　(EHC)

观察记录：
_____

测试日期：_____

48—54个月　　1．在用一只手写字时，另一只手能按住
　　　　　　　　　纸张保持不动。(EHC)
　　　　　　　2．能用剪刀沿着较粗的线进行裁剪。(EHC)
　　　　　　　3．能跳过离地面15厘米高的
　　　　　　　　　固定的绳子。(EHC)
　　　　　　　4．单脚站立并保持平衡5～10秒。(BMC)
　　　　　　　5．能骑儿童三轮脚踏车转急弯绕过
　　　　　　　　　障碍物。(LS)
　　　　　　　6．能弯曲手臂用手接住一个球。(EHC)
　　　　　　　7．能用手指握住蜡笔，食指与大拇指
　　　　　　　　　相对。(EHC)

观察记录：
_____

测试日期：_____

54—60个月　　1. 会系鞋带。(EHC)
　　　　　　 2. 能沿着较粗的曲线进行裁剪。(EHC)
　　　　　　 3. 能更准确地投球。(EHC)
　　　　　　 4. 能跳过正在摆动的绳子。(LS)
　　　　　　 5. 能按照脚跟先着地、脚尖后着地
　　　　　　 　 的顺序倒退着走。(BMC)

观察记录：

测试日期：_____

60—66个月　　1. 能打简单的结。(EHC)
　　　　　　 2. 能用剪刀剪出一个边长为8厘米的正方形。(EHC)
　　　　　　 3. 能用一只手把纸揉成球。(EHC)
　　　　　　 4. 能迈步向前踢球。(EFC)
　　　　　　 5. 能踮起脚尖站着。(BMC)
　　　　　　 6. 能向后跳。(LS)
　　　　　　 7. 能画出或写出认识的物体或字母。(EHC)

观察记录：

测试日期：_____

66—72个月　　1. 能写出自己的名字。(EHC)
　　　　　　　2. 能交换脚跳。(LS)
　　　　　　　3. 能踮着脚尖跑。(LS)
　　　　　　　4. 能单脚向前跳。(LS)
　　　　　　　5. 能跳过正在摆动的绳子。(EFC)

观察记录：

_____

测试日期：_____

72—78个月　　1. 能根据杂志上图片的形状把它剪下来。(EHC)
　　　　　　　2. 能在半空中跳跃和旋转。(LS)
　　　　　　　3. 能用一只手拍球，然后用
　　　　　　　　 两只手接住。(EHC)
　　　　　　　4. 能抓住攀爬架并悬挂在上边。(BMC)

观察记录：

_____

# 附录C

儿童观察指南

婴儿（6周到15个月）观察指南

个人意识

自理能力	提高独立进餐、穿衣服的能力，学会如厕并养成良好的睡眠习惯

穿衣服　　婴儿是怎样穿衣服的？比如，把衣服拽过来，把胳膊伸到袖子里，抬腿穿裤子，把袜子或者鞋子往脚上穿，等等。婴儿是如何在他人的帮助下穿衣服的？

午睡/休息　　婴儿是如何放松或者入睡的？比如，独自待着，抱着奶瓶，被成人轻轻摇晃着或者拍着，躺在摇晃的小床里，等等。婴儿是如何表示自己想要睡觉的？比如，用手揉眼睛或者脸蛋，小声地哭泣，号啕大哭，在小床里摇脑袋，打哈欠，玩毯子，唱歌或者发出声音，等等。婴儿是如何表示自己醒了的？比如，从小床上站起来，哭喊，发出声音，向四周看，在小床里打滚玩，伸出胳膊够老师，等等。婴儿是如何让自己再次入睡的？比如，叼着安抚奶嘴，吮吸手指，哭泣，等等。婴儿会频繁地醒来并再次入睡吗？

进餐时间　　婴儿是如何用奶瓶吃奶或者吃母乳的？婴儿会将奶嘴放到嘴里然后吐出来以调节奶的流量吗？婴儿会用勺子舀起食物，并急切地张大嘴巴吃吗？当吃饱时或者食物喂得太快时，婴儿会把头移开或者转向一边吗？进餐时，大一点的婴儿能帮助你摆放饭菜吗？婴儿会使用杯子吗？婴儿经常还是很少把食物弄撒或被食物噎住？婴儿是用两只手还是一只手进餐？婴儿能够将杯子放回到桌子上或者托盘里，而不将水洒出来吗？

如厕　　检查婴儿的尿布时，它经常是湿的吗？或者说，婴儿只能在短时间内保持尿布干燥吗？当尿布湿了或者被弄脏之后，婴儿能够发出信号表示应该换尿布了以及自己身体不适吗？婴儿完全依靠成人来换尿布吗？婴儿会伸手够湿尿布或者拽湿尿布吗？婴儿会帮忙拿换尿布所需的东西吗？

独立性	展现对自我和环境的控制
接受责任	当另一名婴儿想要拿走玩具时，他会紧紧抓住不放手吗？婴儿开始接受一些简单的任务吗？比如，帮助老师做一件事情，把玩具放到柜子里，等等。
与家人的分离	入园时间，婴儿是如何与父母分离的？婴儿哭了吗？哭了多长时间？婴儿会急切地找老师或者伸手去拿玩具吗？婴儿是向父母挥手说再见还是不理父母呢？婴儿会紧紧地黏着父母并假装哭泣吗？当父母把他交给老师时，婴儿很合作吗？当与不同的人分开或者被另一名老师接手时，他会有不同的反应吗？
与环境的互动	婴儿是独自选择活动还是在他人的帮助下选择活动？婴儿需要怎样的帮助，言语上的还是身体上的？在开始玩游戏或者进行探究活动时，婴儿需要教师多长时间帮助自己一次？当婴儿感到疲倦、饥饿时，他需要教师帮助自己吗？
控制环境	婴儿是如何满足自己的需要的？会通过非语言交流、手势或者哭泣吗？婴儿需要教师提供多少帮助来满足自己的需要？婴儿是如何寻求成人的帮助的？在哪些活动或者常规中，婴儿需要成人的帮助？
个人健康	**掌握关于身体各部分、营养、卫生、防止吸毒和健康方面的知识**
身体意象	当成人说出、触摸和讨论婴儿身体上的不同部位时，婴儿是如何反应的？婴儿是面带微笑非常感兴趣地倾听，还是害羞地走开呢？当提到自己的衣服或者身体时，婴儿是如何反应的？婴儿会表现出自豪感吗？
性别认同	婴儿会摸或者摆弄自己的生殖器吗？当成人谈论性别，比如"你是一个女孩，××是一个男孩"时，婴儿做何反应？在换尿布的过程中，当成人说出生殖器的名字并谈论它时，婴儿做何反应？
卫生保健	婴儿是如何表现出干净或者脏的意识的？比如，要求洗手、擤鼻子，等等。换尿布、洗手、洗脸时，婴儿是如何参与其中的或者如何配合成人的？婴儿能够意识到湿衣服或者脏衣服吗？描述一下你是如何知道婴儿有这种意识的。
饮食习惯	婴儿表现出健康的饮食习惯吗？比如，按时吃饭，愿意尝试新的食物，吃各种各样的婴儿食物，等等。讨论食物时，婴儿感兴趣吗？婴儿能控制食物的摄取量或者当吃饱时拒绝再吃吗？婴儿会不停地吃直到成人阻止他吗？婴儿偏爱哪些食物？

个人安全	学会保护自己免受虐待，知道乘车和步行时的安全知识，意识到环境中的危险
乘车安全	婴儿愿意坐在汽车座位上还是拒绝坐在汽车座位上？当把婴儿放在手推车里时，他做何反应？
步行安全	当向婴儿解释步行时的安全规则时，他会认真听吗？婴儿意识到了步行时的安全规则吗？比如，能够按照教师说的，"过马路时往两边看"。当成人演示步行时的安全规则或者讨论它们时，婴儿做何反应？婴儿具有交通安全方面的意识吗？
同成人的安全/不安全的互动	婴儿意识到了人与人之间的不同吗？婴儿是如何对不同环境中的不同人做出反应的？对于陌生人，婴儿做何反应？什么情况下，婴儿的反应最为强烈？
隐私权/身体所有权	当个人空间被"侵犯"时，婴儿做何反应？当被要求独处一段时间时（成人在一旁），婴儿做何反应？当被成人或者同伴挤到时，他又是如何反应的？

情感健康

情感意识、接纳和表达	辨识各种各样的情感并向他人表达自己的情感
情感认知与表达	婴儿会用语言表达自己的愤怒、兴奋、快乐和不舒服吗？他是怎样表达的？由不同情绪引发的哭泣有差别吗？
情感分化	婴儿如何回应儿童或者成人的情感表达？婴儿意识到或者开始意识到他人的情感了吗？婴儿只关注自己的情感及其对它们的表达吗？看到别人表达某种情感，婴儿会表达另一种不同的情感吗？
情感维持与控制	在某些情况下，婴儿能够使自己保持平静吗？描述这些情况。婴儿只有依靠成人才能使自己平静下来吗？婴儿能用号啕大哭以外的方式来表达自己的愤怒或者不高兴吗？描述这些方式。
情感表达	你看到婴儿表达了哪些情感？比如，愤怒、恐惧、高兴、喜欢、愉快、不信任，等等。描述一下婴儿是怎样表达这些情感的，比如通过语言、非语言、大哭、手势等方式，或者综合使用这些方式。

应对技能	对压力源、冲突或变化做出适应性的、健康的反应；使用放松的技巧；解决情感冲突或问题	
利用游戏或创造性材料	婴儿是如何使用游戏材料来让自己平静下来的？婴儿能够被有趣的或者特殊的活动吸引而使自己平静下来吗？请详细描述一下。它在什么时候最可能发生？哪种玩具或者活动能够有效地帮助婴儿平静下来？哪类活动——缓慢的、安静的或者剧烈的——最能帮助婴儿释放紧张、愤怒和沮丧的情绪？	
内部控制点	在什么样的情况下，婴儿能够使自己平静下来？婴儿是如何做的？婴儿是通过怎样的方式来展示对自我的控制的？它在哪种情况下最有可能发生？	
面对现实和适应变化	婴儿是如何应对一日生活常规和过渡环节的变化的？他是怎样适应与不同人的互动或者新环境的？对于成人的口头提醒或者成人对变化做出的解释，婴儿做何反应？成人的提醒或者解释能帮到婴儿吗？在什么样的情况下，它们最有效？	
对压力和危机情况的反应	婴儿如何应对让他感到紧张的情况？比如，消防演习，哭闹不休的婴儿，工人在教室里敲击东西发出的声音，等等。什么时候婴儿能更好地应对这些情况？比如，休息好、吃饱后，当教师或者父母陪伴他时，等等。在这些情况下，婴儿会做出怎样的反应？比如，向成人靠近，哭叫，不理会，向四周张望，等等。	
人格整合	表现出综合的调节能力、自主性和积极的自我概念	
自尊	婴儿具有积极的自我认知还是消极的自我认知？它是怎样通过婴儿的行为表现出来的？婴儿会为自己的所作所为感到自豪吗？比如，被表扬时会微笑，或者不断重复刚刚学会的行为或者技能。婴儿需要成人怎样的鼓励才能参与一个新活动？婴儿是急切地想要参与新活动还是驻足观看或者在成人的陪伴下才能参与新活动？	
对性别、民族、文化遗产的情感	当成人谈论一个婴儿的性别以及民族、文化、种族背景时，这个婴儿做何反应？婴儿表现出对所有人包括他自己感兴趣的迹象了吗？	
与他人的关系	婴儿这一独特的个体与他人的关系是怎样的？婴儿在人际交往中表现出哪些独特性呢？比如，与他人进行不同寻常的互动，与成人建立亲密的关系，需要他人的关注，当被抱起来时身体放松，表现出依赖性或者独立性，等等。婴儿依恋父母吗？与对其他照料者的依恋相比，这种依恋情感有什么不同？	

自主性	在日常交往和探索活动中（比如，在问题解决和做出决策方面），婴儿表现出多大的自主性？婴儿会坚持按照自己的方式完成一项任务吗？
树立价值观	**培养同理心、信任、尊敬、尊重等品质**
态度	婴儿表现出什么样的态度——信任、自主、主动、独立、灵活以及好奇？小一些的婴儿更喜欢人还是更喜欢玩具？婴儿在何时以及如何将这些态度转化成行为？
同理心	婴儿表现出有利于其之后同理心发展的超前技能吗？比如，对其他人和同伴表现出积极的兴趣，意识到其他人的情感状态（愤怒、高兴），有兴趣帮助别人，等等。当另一个小宝宝哭泣时，婴儿做何反应？婴儿关注成人的情感吗？大一些的婴儿会轻拍哭泣的婴儿或给他一个玩具吗？
理解并尊重生命	婴儿表现出理解并尊重生命的迹象了吗？比如，对人、特殊的生物或者外界事物表现出积极的兴趣。当讨论尊重和关心生物的重要性时，婴儿做何反应？婴儿需要身体或者语言上的鼓励去轻轻地触摸别的婴儿、动物、虫子或者花朵吗？
认识他人的情感	婴儿能意识到他人的情感吗？比如，停下来去看一个哭泣的儿童；当看到一个儿童或者成人大笑时，会轻拍、拥抱他或者大笑；当其他人很兴奋或者高兴时，也变得很兴奋，等等。这种现象发生的频率如何？它们什么时候有可能发生？
社会化	
社会性互动	**与同伴和成人互动，解决冲突**
成人	婴儿是如何与成人互动的？婴儿会向成人伸出双手、向成人移动、朝成人微笑、发出声音或者与成人进行目光接触吗？婴儿是如何主动与成人互动的？婴儿是如何回应成人的互动的？婴儿在与熟悉的人互动和与不熟悉的人互动方面，有什么不同吗？婴儿与成人互动的频率或者时长是怎样的？
同伴	婴儿是如何与其他婴儿互动的？婴儿会观察别的婴儿、朝别的婴儿微笑、触摸别的婴儿、朝别的婴儿发出声音、模仿别的婴儿、靠近别的婴儿、与别的婴儿玩追逐游戏、给别的婴儿玩具吗？这种互动是婴儿主动发起的，还是只

是对别的婴儿互动的回应？详细描述这些例子。婴儿与同伴互动的频率和时长是怎样的？与熟悉的同伴交往和与不熟悉的同伴交往，婴儿的表现有什么不同吗？

冲突解决	婴儿一般会与成人和同伴发生什么样的冲突呢？在解决这些冲突时，婴儿在多大程度上需要成人的帮助？婴儿需要成人提供怎样的帮助——语言提示、身体上的帮助、改变或控制？婴儿是以什么方式来解决冲突的——离开或者告诉同伴自己不高兴了？详细描述一下。
合作	**帮助、分享和轮流**
乐于助人	婴儿是如何帮助教师和成人打扫、拿奶瓶或拿玩具的？在这些情况下，婴儿需要成人的鼓励吗？被表扬时，婴儿做何反应？婴儿会为了得到成人的更多的表扬而重复这类行为吗？这些助人行为什么时候会出现？
表达需求	婴儿是如何表达自己的需求或者愿望的——哭泣、跑向成人、指向相关的具体事物、用言语表达、直接用手去拿想要的东西？婴儿使用什么方法来得到自己想要的东西？这些方法是适宜的吗？
理解自己在世界上的位置	婴儿是如何理解自己既是一个独特的个体又是团队的一员的？婴儿仍然是以自我为中心的还是开始意识到别人的需求和愿望了？成人可以改变婴儿的行为方式吗？婴儿开始学着分享了吗？
作为小组一员发挥作用	大一些的婴儿会参与小组活动吗？需要成人的鼓励吗？小一些的婴儿会充满兴趣地观看小组活动吗？对于和大家坐在一起吃点心或者午餐，婴儿做何反应？婴儿表现出怎样的小组合作能力——分享，轮流（在成人的鼓励下），朝教室里的人群移动，或者与其他婴儿一起听故事？
保护资源	**恰当地使用、保护材料和环境**
使用游戏材料	婴儿一般会选择什么类型的玩具和材料？哪些玩具是婴儿从不主动选择而是需要成人鼓励才会玩的？婴儿是如何玩这些玩具的？婴儿会频繁地换玩具还是在很长时间内玩一个玩具？婴儿总是把玩具放到嘴里吗？
保护材料和环境	婴儿表现出保护材料和环境的能力了吗？婴儿会小心谨慎地操作材料吗？在成人的鼓励和表扬下，婴儿会轻轻地操作材料吗？婴儿对材料和环境表现出

	积极的兴趣吗？在成人的鼓励下，婴儿会帮忙收拾材料吗？
尊重和关心自然环境	婴儿对户外环境感兴趣吗？在成人的鼓励下或者没有成人的鼓励，婴儿会小心地操作自然材料吗？当讨论户外环境的重要性时，小一些的婴儿做何反应？
意识到生态问题和保护行为	在这方面，婴儿表现出哪些能力——对户外环境感兴趣；喜欢到户外散步和做游戏；当成人为草地浇水或者喂鱼时，会观看并提供帮助；帮助成人打扫户外环境；小心地使用户外游戏材料？
尊重他人	**理解并尊重个体差异；理解多元文化问题**
回应他人的需求	婴儿表现出回应他人需求的能力了吗？比如，意识到他人的存在；同他人交往时感到很快乐；当看到婴儿哭泣或者成人很沮丧时，会上前触摸他们表示安慰，等等。婴儿会把一个玩具或者一张纸巾递给另一名婴儿吗？
理解人们之间的相同点和不同点	对于熟悉的人和不熟悉的人，婴儿有不同的反应吗？当不熟悉的人靠近时，婴儿有怎样的表现——害怕、走开、哭泣、找熟悉的人？当父母靠近时，婴儿有不同的表现吗？详细描述一下。对于其他婴儿的特殊需要，婴儿意识到了或者感兴趣吗？
尊重和理解人们之间的差异	对于与自己性别不同或者具有不同音调或者口音的人，婴儿会做出不同的反应吗？婴儿是怎样做出不同的反应的？婴儿意识到人们之间的差异并对这些差异感兴趣吗？比如，头发、衣服、配饰，等等。婴儿意识到了小一些的婴儿和大一些的婴儿之间的差别了吗？他意识到了别的儿童和自己的哥哥或者姐姐之间的差别了吗？
对他人的友好行为	对于他人，婴儿表现出怎样的友好行为——拥抱、轻拍、亲吻、伸手去拉？这些行为最可能在什么时候出现？这些行为是自发的还是对他人行为的回应？当被他人拥抱时，小一些的婴儿会回以拥抱吗？
交流能力	
接受性语言	服从指令；理解基本的概念
理解故事和歌曲	当成人讲故事或者唱歌时，婴儿会做出反应吗？婴儿的反应是怎样的？在手指游戏中，婴儿会努力模仿一些简单的手势吗？婴儿会观看手指游戏或者听歌曲吗？婴儿会走过去坐在正在讲故事或者唱歌的成人旁边吗？对于熟悉的歌曲和不熟悉的歌曲，婴儿的反应有何不同吗？

理解概念	婴儿能理解一些基本概念吗？比如，里和外、上和下、冷和热等。婴儿是如何表现出这种理解力的？对于这些指令——去外边、吃点心、换尿布，婴儿会做出反应吗？详细描述一下婴儿的反应。
服从指令	婴儿能遵从简单的只包含一个动作的指令吗？比如，走、拿来、带走、捡起来，等等。大一些的婴儿能遵从包含两个动作的指令吗？当成人发出指令时，小一些的婴儿能倾听并遵从吗？
对交流做出反应	当他人与自己交流时，婴儿做何反应？他是微笑以对还是置之不理？婴儿在什么时候会忽视这种交流？婴儿会维持这种交流吗？对于成人、父母以及其他儿童与自己的交流，婴儿会做出不同的反应吗？对于语言和非语言的交流，婴儿会做出不同的反应吗？
表达性语言	**表达需求、愿望和情感；使用单词、短语和句子；说话时，语言清晰明确**
语言表达	婴儿会说出什么样的语言？他只是发出一些声音还是会使用一些单词？婴儿最有可能什么时候发出声音——对成人做出回应还是主动发起交往？音调有什么变化吗？是响亮的还是轻柔的？婴儿会通过哭泣来表达需求吗？婴儿会笑吗？他什么时候会笑？
可理解性	婴儿用语言进行表达时的清晰度和区别度如何？这些语言能帮助婴儿表达自己的需求吗？当婴儿的需求发生变化时，他的哭声也会变化吗？当婴儿说话和哭泣时，他的音调、音高和节奏是如何变化的？
言语流畅性	婴儿能轻松自如地使用多少种声音和多少个单词？这些语言是自发的还是对他人交流的回应？婴儿使用这些声音和单词的频率如何？婴儿会咿呀学语吗？他什么时候会咿呀学语？会发出哪些声音？
交流效果	婴儿会通过哭泣来表达需求吗？他是怎样做的？以何种方式？婴儿会以对话的形式与成人轮流说话吗？除了哭泣以外，婴儿还会用其他语言来表达需求吗？
非语言交流	**使用适宜的交流方式、面部表情、身体姿势和手势**
面部表情	婴儿会使用什么样的面部表情——微笑、皱眉、皱鼻子、张大眼睛？他会在什么时候使用这些表情？什么情况下使用这些表情？这些表情是自发出现的还是受到刺激后出现的？

身体姿势和手势	婴儿会使用什么样的身体姿势或手势——点头、摇头、伸手拿想要的东西、挥手？看到奶瓶、父母或者一个特殊的玩具时，婴儿的身体动作（踢、挥动胳膊）会增多吗？婴儿是单独地使用手势或者身体姿势，还是会把它们与语言一起使用？这些身体语言是婴儿自发的还是对他人的模仿？婴儿是如何使用这些身体语言来表达自己的需求的？
目光接触	婴儿什么时候会同成人进行目光接触——回应成人的互动还是主动向他人发起互动？这种目光接触会持续多长时间？什么情况会使婴儿停止与成人进行目光接触？
一致的言语信息和非言语信息	婴儿的手势、身体姿势和面部表情与他发出的声音、表达的感情一致吗？比如，当婴儿生气时，他的身体动作是僵硬的、紧张的吗？当婴儿放松和感到满意时，他的表情是平静的、舒缓的吗？什么情况下，婴儿的言语和非言语表达信息不一致？详细描述一下。
听觉记忆/辨别	**能听懂口语；能辨别不同的声音**
听觉辨别能力	对于响亮的突然发出的声音与轻柔的声音，婴儿会做出不同的反应吗？描述一下婴儿的不同反应。婴儿能区分不同音高的噪声吗？比如，尖锐的哭声和沉闷的敲击声。对于人发出的声音和物体发出的声音，对于熟悉的声音和不熟悉的声音，婴儿的反应又会是什么？婴儿是如何做出不同的反应的？
节奏	婴儿能通过拍手或者敲打来模仿或者重复之前听到的节奏吗？他重复的节奏的复杂程度如何？自由游戏时，婴儿能敲击出什么样的节奏？婴儿会跟着音乐拍手或者摇晃身体吗？
传递复杂语言信息	婴儿开始出现传递复杂的语言信息的能力了吗？比如，发出声音，听别人讲话，遵从简单的指令，等等。
给故事和事件排序	婴儿开始出现给故事和事件进行排序的能力了吗？比如，听别人讲话，发出自己的声音，听故事或对图书表现出积极的兴趣，模仿成人发出的一连串声音，等等。
听觉记忆	婴儿能重复一个简单的声音吗，如动物的叫声？婴儿能够按照一定的顺序重复多种不同的声音吗？

认知能力	
问题解决/推理	运用发散性思维；为同伴的问题解决提供建议；回答问题；有逻辑性地扩展句子或故事

独立思考	婴儿是如何表现出独立思考过程的？比如，不需要成人的建议或者鼓励就去做某事，独立选择玩具或者活动，独立进行探索，等等。这些行为经常出现在什么时候？婴儿会采用多种方式来解决认知方面的问题吗？婴儿会观察别人做事并主动去尝试吗？
解决问题或提出替代性选择	婴儿如何解决认知方面的问题？比如，找到一个部分被隐藏起来的物体，努力维持与成人的目光接触，视觉追踪一个视线之外的物体，找到一个隐藏起来的物体，等等。在多大程度上，婴儿需要成人的鼓励？婴儿会尝试采用几种不同的方式来解决问题吗？详细描述一下。
自信地解决认知上的难题	婴儿自信快乐地解决认知上的难题吗？在进行这类活动时，婴儿是犹豫不决、容易感到沮丧或者需要成人不断地鼓励才能坚持下去吗？当婴儿成功地解决了认知上的难题或者因此被表扬时，他会微笑、拍手或者发出声音吗？
扩展句子、故事或者事件顺序	婴儿表现出扩展句子、故事或者事件顺序的能力了吗？比如，当成人停下来时，发出声音；饶有兴趣地听成人读故事或者讲故事；按照顺序做事（如洗手、父母来接时穿上外套、球弹起来后接住它），等等。

概念形成	理解空间关系；识别颜色、数字、形状

感觉加工	根据皮亚杰的感知运动阶段理论，婴儿在这个阶段表现出了哪些行为？比如，小一些的婴儿从被动地回应到主动地寻找，为得到快乐的反应而重复做某事，有意识地进行以目标为导向的活动，认识到客体的永久性特点，不断地探索影响事物发生的变量，等等。
区分颜色和形状	婴儿表现出颜色和形状的识别能力了吗？婴儿会试着把某种形状的物体放到与它形状相同的物体里吗？婴儿会探索不同颜色的物体吗？小一些的婴儿会把所有物体都放到嘴里去感觉它们的形状或者积极探索不同形状的物体吗？
数概念	婴儿表现出对数概念的理解能力了吗？婴儿会通过用手指、伸手够或者发出声音来要求更多的东西吗？当被要求去拿另一个球或者玩具时，婴儿能完成吗？

空间关系	婴儿是如何意识到自己的身体所处的空间位置，或者自己与其他人、其他物体的空间关系的？婴儿能判断空间的大小并绕着物体走吗？婴儿能小心地爬到积木或者设备的顶部吗？婴儿会因为太靠近物体的边缘而经常跌倒吗？婴儿能爬到物体里面并轻松地在里面移动吗？当物体靠近脸时，小婴儿会眨眼吗？
模仿/记忆	**模仿；回忆过去的事件；给事件排序**
回忆熟悉的物体或事件	当问婴儿"××在哪里"时，他会朝着这个物体看或用手指着这个物体吗？婴儿能用这种方式识别哪些物体？婴儿能用这种方式识别人吗？能识别出哪些人？婴儿能说出一些物体的名称吗？对于一些熟悉的物体（如奶瓶、安抚奶嘴、父母或者一个特殊的玩具），婴儿会表现出更多的身体动作或者伸手去够吗？
模仿和示范行为	婴儿会模仿哪些行为——发出声音、微笑、挥手、拍手、拍头？婴儿需要成人多少帮助？婴儿的模仿很准确或者很接近吗？婴儿能按照顺序模仿两种或两种以上行为吗？描述一下。婴儿模仿的频率是怎样的？
表征过去的人和事	婴儿表现出这方面的能力了吗？当婴儿看到一张有关过去的人或者物的照片时，他能认出来吗（很兴奋或者微笑）？当婴儿看到一个最近才认识的人时，他能认出来吗（朝这个人移动或伸手去够他）？婴儿是多久之前认识这个人的？他与这个人的关系维持多长时间了？
给过去的事件排序	婴儿表现出对过去的事件进行排序的能力了吗？比如，知道完成一个任务以后接下来要做什么（比如，洗手，到外面去，按照之前的顺序重复一个活动，按照相同的顺序摆弄一个玩具的各部分）。
联想/分类	**配对；分类；组合；归类；建立物体间的联系**
心智能力	婴儿具有对物体进行匹配、分组、排序和分类的能力吗？婴儿能积极地探索物体的不同特征并倾听成人对物体的相似性和差异性所做的解释吗？婴儿能将两个相同的东西（两块正方体积木）放在一起吗？婴儿在这样做时是否需要成人的鼓励？
识别用途和特征	婴儿是按照物体的既定用途来使用它们吗？比如，用勺子吃东西、滚动球、用杯子喝水、推车、把帽子戴到头上、把安抚奶嘴放到玩具熊的嘴里，等等。婴儿开始认识身体部位了吗？当父母来接自己时或者成人说"去外面"时，婴儿会去拿外套吗？

类比关系	婴儿能够理解类比关系吗？婴儿会倾听成人所列举的类比例子吗？婴儿能积极地探索环境来了解许多不同的情况和物体的不同特征，以便随后进行比较吗？
物体之间的关系	婴儿能理解尺寸（更大一些/更小一些）的概念吗？婴儿会扔掉一个大的物体而拿起一个小的更适合放到嘴巴里的物体吗？婴儿会把不同大小的物体互相套在一起吗？婴儿能用勺子把碗里的食物舀起来送到嘴巴里吗？

感知运动技能

手眼/脚眼协调	绘画、写作、操作物体、视觉追踪、抛、抓、踢
操作物体	婴儿是如何抓握物体的？婴儿用手掌抓握吗？他会弯曲所有手指来抓握吗？婴儿会用哪一只手来够东西或者抓握东西？婴儿会把物体从一只手转到另一只手上吗？这样做时，婴儿是感到轻松自如的还是力不从心呢？哪种尺寸的物体易于幼儿操作，大一点的还是小一点的？物体是软的还是硬的？婴儿会把玩具或者手放到嘴里探索吗？当婴儿抓住一个物体时，他只是抓住它不放呢还是会去摇它、挥动它、扔它或者拍它？
投掷物体	婴儿会滚、扔或者踢物体吗？婴儿用的是哪只手或者哪只脚？当滚动、扔或者踢一个物体时，婴儿会盯着看吗？婴儿会推大的物体还是小的物体？婴儿会接住朝自己滚过来的玩具吗？婴儿是如何操作这些玩具的，如小汽车、小卡车、四轮马车等？
精细动作	婴儿如何握蜡笔，用整个拳头还是手指？婴儿能画一些记号吗，比如画点或者涂鸦？婴儿用的是哪只手？婴儿会翻书吗？婴儿能用积木搭建一座塔吗？需要多少块积木？做这件事时，婴儿是轻松自信的还是力不从心呢？婴儿能捡起小的物体吗，如纸片、石头、树叶、食物等？婴儿能拍手吗？
视觉追踪	婴儿能按照45度、90度和180度的角度进行视觉追踪吗？婴儿能水平地、垂直地或者绕着圆圈追踪物体吗？婴儿可以按照复杂的路线追踪物体吗，如之字形、对角线等？婴儿能转头一直看着物体吗？当照料者拍手或者穿过房间时，婴儿会盯着看吗？婴儿会全神贯注地注视着某一个物体，交替看两个物体，以及当玩具滚出视线时还盯着它吗？

位移技能	在空间移动身体，如走、跑、跳、飞奔、滚、爬等
在空间移动身体	婴儿是如何通过翻滚、爬行和走来移动身体的？婴儿能翻滚几次？婴儿会翻滚着去拿一个够不着的物体吗？这些动作多久发生一次？婴儿能在大积木上爬上爬下吗？婴儿经常脸朝下摔倒吗？婴儿在协调胳膊和腿的动作时有困难吗？婴儿能正着爬和倒着爬吗？婴儿走路时需要照料者扶着吗？婴儿能抓着东西走路或者绕来绕去吗？在没有人扶着的情况下，婴儿能走几步？婴儿是自发地这样做的还是在成人的鼓励下这样做的？无论地面是平坦的、凹凸不平的还是铺有垫子的，婴儿都能走得很稳吗？婴儿是轻松自信地走呢还是经常停下来歇歇再继续走？
身体移动	在照料者的扶持下，婴儿能跳起来吗？婴儿能尝试着在蹦床上跳吗？
创意舞蹈	婴儿是如何对音乐做出反应的？婴儿会左右摇晃、晃动屁股和扭动肩膀吗？婴儿会转圈、挥动胳膊、拍手吗？在成人的支持下，婴儿能跳跃吗？婴儿会抬高胳膊吗？会随着音乐做动作吗？
平衡	婴儿在走动时是如何保持身体平衡的？婴儿会伸直手臂、蹲下来或者停下来吗？婴儿能自信地保持身体平衡吗？婴儿能平稳地站在大积木的边缘、攀登架上或者椅子上吗？对于婴儿来说，在平坦的地面上保持平衡容易还是在坑洼不平的地面上保持平衡容易？小一些的婴儿是如何控制头部和颈部肌肉的？
非位移技能	在空间无位移的运动，如弯曲、转向、扭动、舒展、摇摆、蹲下、坐下、站立等
在有限空间内活动	当婴儿处于攀登架的边缘或者当教师告知婴儿靠近攀登架的边缘时，他做何反应？
身体支配	婴儿是如何舒展身体的，比如，伸直胳膊和腿，把背拱起来，并伴随着相应的面部表情？婴儿何时会舒展身体？婴儿多久舒展一次身体？婴儿是如何扭动身体的，比如，左右扭动腰，或者把腰扭向一侧？当婴儿扭动身体时，他会移动或者抬高胳膊和头吗？婴儿是自发地这样做的还是在成人的鼓励下这样做的？婴儿是如何翻滚的——从一侧翻到另一侧、从前向后翻或者从后向一侧翻？婴儿在翻滚时是如何使用胳膊、腿和头的——伸直胳膊，用腿蹬地和把腿伸直？婴儿何时会翻滚？婴儿能弯曲身体并重新站立还是会摔倒呢？

放松并平静下来	当感到疲倦或者沮丧时，婴儿做何反应？婴儿能让自己安静下来并独自去睡觉吗？婴儿在多大程度上需要成人的帮助？
静止时保持平衡	当站立不动或者坐下来时，婴儿是如何保持平衡的？婴儿会伸直手臂或者屈腿吗？婴儿需要他人的支持吗？当站在不平坦的表面上或者坐在豆袋椅上时，婴儿是如何保持平衡的？当快要摔倒时，小一些的婴儿会借助胳膊保持身体平衡吗？婴儿能从坐姿转为站姿吗？这种事情发生的频率如何？
对身体的管理与控制	**展现身体意识、空间意识、节奏感；具有开始、停止和改变方向的能力**
身体部位	婴儿如何控制身体某一部位的动作？婴儿的动作是随意的、偶然的，还是精确的、有目的的？婴儿可以同时使身体的好几个部位活动起来吗？婴儿是怎样综合使用几种动作的？当向大一些的婴儿发出具体的指令时（比如，伸手够××，踢球，扔球，拍手，等等），他是如何控制身体部位的？
日常动作控制能力	在一日运动过程中，婴儿是如何控制身体的？婴儿的运动是否安全？婴儿经常摔倒还是很少摔倒？婴儿需要成人多大的帮助呢？
节奏、平衡和时间意识	婴儿是如何运用节奏的？对于不同节奏（快节奏和慢节奏）的音乐，婴儿会做何反应？婴儿对歌曲、手指游戏和乐器的反应是怎样的？婴儿会跟着音乐拍手或跳舞吗？描述一下。
身体和空间知觉	婴儿意识到了自己的身体所处的空间位置以及自己与其他物体的关系了吗？婴儿会爬到其他儿童头上或者玩具上面，还是会绕过它们？婴儿坐下来时会留有足够的空间还是会坐在另一名婴儿身上？当走或者爬时，婴儿会经常撞到其他物体还是很少撞到？当被挤到时或者个人空间被侵犯时，婴儿做何反应？

学步儿（15个月到3岁）和学前儿童（3岁到5岁）观察指南

个人意识

自理能力	提高独立进餐、穿衣服的能力，学会如厕并养成良好的睡眠习惯
穿衣服	幼儿会拉拉链、系纽扣、系鞋带、穿衣服和穿裤子吗？必要时，幼儿能与成人合作吗？
午睡/休息	幼儿能使用自己安静下来吗？能调节自己对休息、睡眠和睡眠时间的需求吗？当从睡眠中被叫醒时，幼儿会做什么？
进餐时间	幼儿能独立进餐、使用各种餐具并在餐后进行清理吗？进餐过程中，幼儿还会表现出哪些行为？
如厕	幼儿是如何调节如厕习惯并表示自己想要如厕的？幼儿需要他人提供多大的帮助？
独立性	展现对自我和环境的控制
接受责任	幼儿是如何表现出对个人所有物、玩具、衣服等的责任的？
与家人的分离	入园时间，当幼儿与父母分离时，他表现出了哪些行为？他需要多久才能恢复平静？
与环境的互动	幼儿是如何做出选择和决定的？幼儿做出选择的理由是什么以及他在何种情况下会做出选择？幼儿一般会在哪些方面做出选择——选择同伴做游戏，选择游戏材料，或者选择一个活动来代替另一个活动？
控制环境	幼儿是如何满足自己的需要的？他需要怎样的帮助？幼儿试图控制什么？他在什么时候最有可能表现出这种控制能力？
个人健康	掌握关于身体各部分、营养、卫生、防止吸毒和健康方面的知识
身体意象	幼儿是如何理解自我及身体的？幼儿是如何讨论自己的身体部位的？幼儿如何回应有关身体的讨论？幼儿是如何讨论衣服、头发、身高和体重的？
性别认同	幼儿是如何表现出对性别差异的认识的？幼儿能很自在地讨论性别差异或者性别认同吗？

卫生保健	幼儿如何表现出自己对洁净的需求？幼儿会洗手、洗脸、刷牙、如厕后擦干净以及常洗头和换衣服吗？
饮食习惯	幼儿喜欢吃什么样的食物？幼儿愿意尝试新的食物或者各种各样的食物吗？幼儿会调整或者控制自己的进食量吗？是如何做的？
个人安全	**学会保护自己免受虐待，知道乘车和步行时的安全知识，意识到环境中的危险**
乘车安全	幼儿乘车时会坐在安全座椅上或者系上安全带吗？对于乘车规则，幼儿的反应是怎样的？幼儿意识到了安全乘车规则吗？当讨论安全乘车规则时，幼儿做何反应？
步行安全	当讨论安全的作用时，幼儿会玩角色扮演游戏、回答问题或者回应图片上描述的各种情境吗？外出时，幼儿具有交通安全意识吗？无论成人有没有提醒，过马路时，幼儿都会向两边看吗？
同成人的安全/不安全的互动	幼儿意识到各种各样的情况、回答问题并对图片上呈现的安全和不安全的互动场景进行回应了吗？幼儿会自发地做出评论吗？
隐私权/身体所有权	幼儿如何表现出对隐私的重视？幼儿是如何保护自己的？幼儿是如何表现出对自己身体的所有权的？在操场上或者室内，幼儿会进行一些不必要的冒险活动吗？幼儿会在秋千或者三轮车前面走，爬自己能力不及的高度，或者奔跑时不看障碍物吗？

情感健康

情感意识、接纳和表达	**辨识各种各样的情感并向他人表达自己的情感**
情感认知与表达	幼儿能识别、表达和讨论哪些情感？比如，伤心、快乐、恐惧、生气、高兴、自豪，等等。幼儿知道各种各样的情感还是只知道快乐和悲伤？
情感分化	幼儿如何区分自己的情感和他人的情感？幼儿如何回应他人的情感？当他人的情感与自己的不同时，幼儿做何反应？
情感维持与控制	幼儿在学习控制情感的过程中是如何维持自己的情感的？幼儿能以安全、适宜的方式抒发情感而不是压抑它们吗？

情感表达	幼儿通过哪些方式来表达情感?幼儿会使用各种各样的表达方式吗,如语言的和非语言的?幼儿会频繁地表达哪种情感?
应对技能	**对压力源、冲突或变化做出适应性的、健康的反应;使用放松的技巧;解决情感冲突或问题**
利用游戏或创造性材料	幼儿会采用什么方式来表达情感和解决情感难题?他是怎么做的?它什么时候会发生?是什么鼓励幼儿这样做的?
内部控制点	幼儿是通过何种方式展现自己的控制力的?幼儿会在什么时候以及以何种方式利用内控点?幼儿发怒的频率是怎样的?在何种情况下,幼儿会发怒?
面对现实和适应变化	对于不能改变的现实,幼儿是如何接受它的?幼儿对替代性解决方式感到满意吗?幼儿能应对过渡环节吗?幼儿的自我调节什么时候会发生?为什么会发生?
对压力和危机事件的反应	幼儿以何种方式应对压力?幼儿会使用什么样的应对机制——放松、幽默、谈话、运动、游戏?幼儿什么时候会使用它们?
人格整合	**表现出综合的调节能力、自主性和积极的自我概念**
自尊	幼儿是如何讨论和看待自己的——以一种积极的方式还是消极的方式?幼儿愿意尝试并参与新的活动吗?幼儿的自我感觉怎样?幼儿会对自己做出怎样的判断?当对自己感到满意时,幼儿做何反应?
对性别、民族、文化遗产的情感	幼儿以何种方式表达对性别、民族和文化遗产的情感?幼儿如何看待他人并讨论他们的性别、民族和文化遗产?当其他人讨论性别、民族和文化遗产时,幼儿做何反应?
与他人的关系	幼儿如何看待和尊重个性以及每个人在相互关系中的独特性?幼儿是如何以不同的方式对待不同的人的?
自主性	在做出决定和解决问题方面,幼儿需要多大的自主性呢?什么时候幼儿需要更大的自主性呢?幼儿会在哪些区角或者哪些活动中消磨时间?

树立价值观	培养同理心、信任、尊敬、尊重等品质
态度	幼儿表现出什么样的态度——信任、自主、主动、独立？幼儿什么时候以及以何种方式表现出这些态度？
同理心	幼儿以何种方式表现出对他人的同理心？幼儿什么时候会产生同理心？幼儿知道温柔的触摸和粗暴的触摸之间的差别吗？幼儿如何爱护玩具，关心同伴和成人？
理解并尊重生命	幼儿以何种方式表现对生命的理解、尊重和珍视？幼儿如何表现出对人、宠物和植物的特殊兴趣？
认识他人的情感	幼儿是如何识别、理解并关注他人的情感的？幼儿会在什么时候表现出上述行为以及它们发生的频率如何？幼儿能识别他人的哪些情感？幼儿会说出他人的情感并以适当的方式做出回应吗？

社会化

社会性互动	与同伴和成人互动；解决冲突
成人	幼儿是如何与成人互动的？这种互动的频率、时长和质量如何？幼儿如何向成人发起互动和回应成人发起的互动？
同伴	幼儿是如何与同伴互动的？这种互动的频率、时长和质量如何？幼儿会主动发起互动吗？平行游戏和合作游戏发生的概率是怎样的？
冲突解决	幼儿是如何解决冲突的？幼儿需要怎样的帮助？幼儿是否对解决方式感到满意？

合作	帮助、分享和轮流
乐于助人	幼儿是以何种方式帮助他人的，以个人的方式还是以集体的方式？哪些表现说明幼儿对助人行为感到满意？幼儿在何时、何地、以何种方式帮助他人？
表达需求	幼儿是如何满足自我的需要的？幼儿能采用适宜的方式来满足自我的需要吗？

理解自己在世界上的位置	在一对一的关系中和一对多的关系中，幼儿是如何看待自己的？幼儿意识到自己是集体的一员吗？在集体中，幼儿表现如何——退缩、开朗、作为领导者？
作为小组一员发挥作用	幼儿在集体中如何运用交流、协商和妥协技能？幼儿还使用了哪些技能？幼儿在什么时候最有可能使用这些技能？幼儿需要成人给予怎样的鼓励？
保护资源	**恰当地使用、保护材料和环境**
使用游戏材料	幼儿能以富有建设性的、适宜的方式使用游戏材料吗？举例描述一下。幼儿是自发地采用适宜的方式使用游戏材料的还是在成人的提示下这么做的？
保护材料和环境	在保护材料和环境方面，幼儿担负着怎样的责任？幼儿的行为是自发出现的还是在成人的鼓励下出现的？
尊重和关心自然环境	幼儿是如何表现出对自然环境的关心和尊重的？这样的行为是自发出现的还是在成人的鼓励下出现的？对什么样的材料或者在什么样的活动中，幼儿会表现出这样的行为呢？
意识到生态问题和保护行为	幼儿是如何表现出对外部世界的关注的，比如，照料花园中的植物？幼儿理解保护环境和让环境保持清洁的意义吗？
尊重他人	**理解并尊重个体差异；理解多元文化问题**
回应他人的需求	幼儿如何识别并回应他人的需求？幼儿会做出什么样的反应——赞成的、支持的？在什么样的情况下，幼儿能意识到他人的需求并做出回应？
理解人们之间的相同点和不同点	幼儿是如何表现出对人们之间相似性和差异性的理解的？幼儿会说些什么和做些什么？他能理解什么样的相似性和差异性？
尊重和理解人们之间的差异	对于人们在性别、文化、能力、年龄、个性和民族上的差异，幼儿表现出对它们的尊重和理解了吗？
对他人的友好行为	幼儿是如何回应他人的？幼儿向他人表达了自己的善良、同情和慷慨了吗？

交流能力

接受性语言	服从指令；理解基本的概念
理解故事和歌曲	幼儿是如何演唱歌曲、讲故事以及理解和区别故事和歌曲中的概念的？
理解概念	幼儿是如何表现出对概念的理解的？幼儿能理解哪些概念？
服从指令	幼儿是如何遵从指令的？幼儿能遵从哪些复杂的指令？
对交流做出反应	对于成人和同伴的交流信息，幼儿做何反应？幼儿会做些什么？对于各种各样的交流信息，幼儿做何反应？
表达性语言	**表达需求、愿望和情感；使用单词、短语和句子；说话时，语言清晰明确**
语言表达	幼儿如何使用语言来表达自己的观点、需求和情感？
可理解性	幼儿说话清楚吗？幼儿的理解能力如何？幼儿能够很好地交流自己的观点吗？
言语流畅性	幼儿能说出多少功能性词汇？幼儿如何使用语言来交流？幼儿在流畅地表达方面存在困难吗？
交流效果	幼儿如何使用语言来控制物理环境和社会环境？他是如何做的？幼儿交流的效果如何？幼儿如何使用语言来解决问题？
非语言交流	**使用适宜的交流方式、面部表情、身体姿势和手势**
面部表情	幼儿如何运用面部表情来表达情感？他会使用什么样的面部表情？使用它们的频率如何？
身体姿势和手势	幼儿如何使用身体姿势来表达需求和愿望——单独使用还是同语言结合使用？他会使用什么样的身体姿势？
目光接触	幼儿什么时候会利用目光接触主动发起互动？这种目光接触一般会维持多长时间？

一致的言语和非言语信息	幼儿如何使用与言语相一致的非言语表达方式？幼儿会使用什么样的身体语言？身体语言和口头语言相匹配吗？	
听觉记忆/辨别	**能听懂口语；能辨别不同的声音**	
听觉辨别能力	幼儿意识到不同噪声的差别了吗？幼儿能识别噪声的来源吗？	
节奏	幼儿是如何模仿或者重复节奏的？幼儿会模仿什么类型的节奏？哪些节奏更容易模仿，哪些更难一些？	
传递复杂语言信息	幼儿能记住多少信息？幼儿传递信息的准确程度如何？	
给故事和事件排序	幼儿如何重构一个听过的故事？幼儿能对故事中的事件进行正确排序吗？幼儿需要什么样的提示呢？	

认知能力

问题解决/推理	**运用发散性思维；为同伴的问题解决提供建议；回答问题；有逻辑性地扩展句子或故事**	
独立思考	幼儿能经常表现自己独立思考的过程吗？他通过何种方式表现呢？幼儿会通过选择活动、解决问题以及以新的方式探索材料来表现独立思考的过程吗？	
解决问题或提出替代性选择	幼儿是如何解决问题的？他需要帮助吗？幼儿会提出其他替代性选择吗？需要成人的提示吗？幼儿能解决哪些方面的问题？	
自信地解决认知难题	幼儿是如何表现出自己认知能力上的自信的？在什么情况下，这种表现最明显？幼儿需要成人的提示吗？幼儿能理解因果关系吗？	
扩展句子、故事或者事件顺序	幼儿是如何扩展故事和句子的？幼儿会有逻辑性地进行吗？幼儿在多大程度上需要成人的提示或者示范？	
概念形成	**理解空间关系；识别颜色、数字、形状**	
感觉加工	幼儿是如何与环境互动并感知环境的？有迹象表明学习发生了吗？	

区分颜色和形状	幼儿知道哪些颜色和形状？幼儿能给它们命名吗？幼儿能够通过使用它们来表明自己已经掌握了相关知识吗？
数概念	幼儿能数到几？幼儿是机械地背诵还是运用一一对应的方法？幼儿还知道哪些数概念？幼儿是如何数数的？
空间关系	幼儿意识到了自己的身体所处的空间位置、自己的身体同物体的空间关系以及物体之间的相互空间关系吗？当向幼儿发出指令（比如，把小汽车放在椅子上面、下面、后面或者一旁）时，幼儿能做出正确的反应吗？
模仿/记忆	**模仿；回忆过去的事件；给事件排序**
回忆熟悉的物体/事件	幼儿能回忆起什么？为了保证回忆的准确性，幼儿需要多少提示或者示范？
模仿和示范行为	幼儿是怎样模仿的？幼儿会模仿些什么？模仿行为何时最有可能发生？幼儿需要他人的提示吗？幼儿会扩展行为或用不同的方式做事吗？幼儿能准确地模仿一种行为吗？
表征过去的人和事	幼儿是如何描述过去的人和事的？会采用什么样的方式？幼儿会使用视觉方面的专有名词吗？
给过去的事件排序	幼儿是如何对过去的事件进行排序的？需要他人的提示吗？幼儿能准确地说出事件的顺序吗？
联想/分类	**配对；分类；组合；归类；建立物体间的联系**
心智能力	幼儿是如何对物体进行配对、排序和分组的？幼儿需要他人的提示吗？他会以何种方式进行？
识别用途和特征	幼儿是如何描述物体、事件、天气和身体部位的用途和特征的？幼儿能根据物体的描述把它识别出来吗？
类比关系	幼儿是如何陈述类比关系的？幼儿会使用什么样的类比句？他需要他人的提示吗？幼儿比较物体、事件和特征的能力如何？

物体之间的关系	幼儿能理解物体之间的相互关系吗？是如何表现出来的？幼儿知道一个活动需要哪些物品吗？ |//
感知运动技能	
手眼/脚眼协调	绘画、写作、操作物体、视觉追踪、抛、抓、踢
操作物体	幼儿是如何用双手操作物体的？哪种尺寸的物体最易于幼儿操作？幼儿主要使用哪只手进行操作？是使用一只手还是两只手？
投掷物体	幼儿是如何扔、接或踢物体使它们移动的？幼儿使用的是哪只手或者哪只脚？
精细动作	幼儿是如何涂鸦、画画和写字的？幼儿一般会使用哪只手？幼儿会选择哪类书写工具？幼儿是如何握笔的？幼儿能画出什么样的图形？
视觉追踪	幼儿能用眼睛准确地追踪物体吗？幼儿的追踪路径是怎样的——水平的、垂直的或圆形的？
位移技能	在空间移动身体，如走、跑、跳、飞奔、滚、爬等
在空间移动身体	幼儿如何通过翻滚、爬行和走等来实现空间上的移动？
身体移动	幼儿是如何跑、单脚跳和双脚跳的？
创意舞蹈	幼儿是如何调动全身来跳舞或者做一些富有创意的身体动作的？
平衡	幼儿是如何表现出自己的平衡能力和身体控制能力的？对于幼儿来说，什么时候保持身体平衡更容易一些？
非位移技能	在空间无位移的运动，如弯曲、转向、扭动、舒展、摇摆、蹲下、坐下、站立等
在有限空间内活动	幼儿如何在有限的空间内移动身体部位？需要他人的提示吗？

身体支配	幼儿什么时候以及如何舒展身体、扭动身体、翻滚和弯曲身体？
放松并平静下来	幼儿会使用非位移技能（舒展身体、晃动身体）来放松身体吗？幼儿是如何识别并应对紧张和疲惫的状态的？幼儿需要成人的提示或者帮助吗？
静止时保持平衡	幼儿是如何利用单脚保持平衡和在平衡木上保持平衡的？
对身体的管理与控制	**展现身体意识、空间意识、节奏感；具有开始、停止和改变方向的能力**
身体部位	幼儿如何控制身体特定部位的动作？
日常动作控制能力	幼儿在一天中是如何控制身体的动作的？幼儿需要成人提供怎样的帮助？
节奏、平衡和时间意识	幼儿是如何使用节奏和乐器的？幼儿能跟着音乐活动吗？
身体和空间知觉	幼儿意识到自己的身体所处的空间了吗？他是如何表现这种意识的？幼儿能判断空间大小和身体大小的关系吗？他是如何展现这种能力的？